高等院校"十三五"经济管理类课程精品教材

税法与纳税会计

Tax Law and Tax Accounting

罗新运　编著

经济管理出版社

ECONOMY & MANAGEMENT PUBLISHING HOUSE

图书在版编目（CIP）数据

税法与纳税会计/罗新运编著 . —北京：经济管理出版社，2018.8
ISBN 978 - 7 - 5096 - 5836 - 9

Ⅰ. ①税… Ⅱ. ①罗… Ⅲ. ①税法—中国②税收会计 Ⅳ. ①D922. 22②F810. 42

中国版本图书馆 CIP 数据核字（2018）第 113991 号

组稿编辑：王光艳
责任编辑：许　兵　李红贤
责任印制：黄章平
责任校对：赵天宇

出版发行：经济管理出版社
　　　　　（北京市海淀区北蜂窝 8 号中雅大厦 A 座 11 层　100038）
网　　　址：www. E - mp. com. cn
电　　　话：(010) 51915602
印　　　刷：三河市延风印装有限公司
经　　　销：新华书店
开　　　本：787mm×1092mm/16
印　　　张：23.75
字　　　数：549 千字
版　　　次：2018 年 8 月第 1 版　　2018 年 8 月第 1 次印刷
书　　　号：ISBN 978 - 7 - 5096 - 5836 - 9
定　　　价：68.00 元

前　　言

为贯彻教育部《工商管理类教学质量国家标准（会计学专业)》、财政部《会计行业中长期人才发展规划（2010～2020)》以及《会计改革与发展"十三五"规划纲要》精神，做好应用创新型财务与会计人才培养工作，笔者依据教育部新颁布的学科专业调整方案和高校教材建设目标，根据高等院校财会主干核心课程改革趋势，以近年来国内外公认的具有科学和合理性的一系列研究成果为研究基础，结合数十年税法与会计的教学研究成果和实践工作经验，撰写了这本书，作为高等院校经管类专业应用技术型《税法与纳税会计》的专业教科书。

与同类教材相比，本书具有以下特点：

1. 结构创新

全书各章首列出了学习目标、本章知识结构图，便于了解本章基本理论、基本知识、基本技能与重难点；正文从案例导入开始，按照各税种征税对象、纳税人、税率、税收优惠、应纳税额计算与会计处理、征收管理与纳税申报安排内容；根据税收征管软件化、信息化、网络化要求，以二维码形式关联"相关知识""考考你""相关链接"等内容，反映税法新动态、税法最新政策；章后附有本章小结、本章重要名词概念、复习思考题和综合实训题；以二维码形式列示即测即评题。读者通过扫描二维码即可用手机做题，查看参考答案及解析，这样既满足学生喜欢用机的需求，又减轻教师评阅作业的负担。

2. 内容新颖

税法具有多变性、时代性。本书以2017年12月国务院发布的新增值税条例、财税〔2016〕36号文件、财会〔2016〕22号文件、国税公告〔2017〕54号文件，以及截至2018年6月30日前公布和有效的税收法律、法规和企业会计准则与会计处理方法为依据撰写，内容包括增值税、消费税、关税、行为目的税、财产税、企业所得税、个人所得税诸税种。内容丰富、时效性强，形式活泼多样。内容、例题、习题的设计，充分反映了互联网时代税法与纳税会计的基本需求，便于学生在掌握理论、知识的基础上，提升自身清晰的专业理念、敏锐的专业判断能力和高超的专业技能以及创新能力和综合素质。

3. 突出实践操作与能力培养，实用性强

遵循高等教育重在素质教育、应用创新与综合能力培养，为国家和地方培养生产、建设、管理、服务需要的高级专门应用型人才的要求，充分体现"以学生为中心、以能力为本位"的要求，本着厚基础、宽口径、求创新的原则，着眼于提高、造就学生的学习能力、实践能力，实现三个"零距离"，希望读者从本书学到的不仅是知识，而且是思维方式、操作技能和综合创新能力。本书从学生为未来纳税人角度出发，全面体现大学生应该掌握的税法、纳税会计基本理论、基本知识及相关执业能力；同时照顾学生参加中级、初级会计资格考试、CPA 资格考试、CTA 资格考试的需要，理论紧密联系实际，全面反映纳税人实际应纳税额计算、纳税申报、会计处理等需要，注重综合能力培养。书中例题均来源于我国历年资格考试真题和企业纳税会计工作实际，具有"新""鲜""活"等特点；全真模拟、注重实践操作与动手能力培养，具有较强的适用性和指导性，努力提高学生取得资格考试证书的能力。

笔者为中国注册会计师、注册税务师、注册评估师、广东外语外贸大学南国商学院教授，负责制定本书编写大纲并撰写全部内容。本书在撰著的过程中，参考吸收了国内外最新同类教材、图书和文献的优点，在此一并表示衷心感谢。

笔者力求内容完整并准确无误，但由于理论水平和实践知识有限，疏漏与不足之处在所难免，敬请读者和各位专家批评指正，以便于修订，使之日趋完善。

编著者

2018 年 6 月

目 录

第一章
税法与纳税会计概论

学习目标

通过本章学习，您应该了解：税法的概念与分类，纳税人的权利与义务，我国现行税收体制，纳税会计的定义，税款缴纳的方式。熟悉：税收法律关系及其主要内容，税务登记的种类与内容，纳税会计与财务会计的联系与区别，纳税会计的主要会计科目与凭证。掌握：税法基本要素，纳税会计的特点，纳税会计的对象，纳税会计工作内容，纳税会计的原则，违反税收法律规定应承担的法律责任。

本章知识结构图

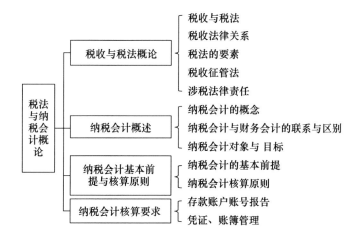

案例导入

ABC 公司总会计师颜先生最近一直为公司涉税问题烦恼：2016 年 5 月全面开始实行营改增，增值税会计科目和会计处理发生很大变化，2017 年颁布新的增值税条例，2018 年纳税人身份转变，增值税率也相继发生变化，企业所得税预缴申报发生变化，对公司涉税业务的核算提出了新的更高的要求。而会计人员忙于应付日常事务、疏于学习，对税收法律法规变化知之甚少，涉税业务处理较差，被税务机关处罚时有发生，使公司蒙受数额不小的经济损失。为减少不必要的损失，颜主任聘请主管税务机关税政处黄处长到公司为会计人员进行普税教育。

黄处长讲，为减少被税务机关处罚或多缴税款给企业带来不必要的损失，会计人员首先必须掌握以下知识和能力：

- 熟悉税法的基本要素与分类、税收管理体制、税收征管等基础知识。
- 掌握纳税会计的对象、核算原则、工作内容和程序。
- 正确使用纳税会计核算的基本凭证、账簿，准确进行纳税会计核算。
- 正确填报纳税申报表，按期进行纳税申报、缴纳税款，减少因违反税法规定被税务机关处罚。

第一节　税收与税法概论

一、税收与税法

（一）税收的特点

税收是国家为了满足一般的社会共同需要，凭借政治权力，按照法定标准，无偿取得财政收入的一种特定分配方式。税收具有如下特点：

1. 强制性

强制性是指国家凭借公共权力以法律、法令形式对征纳税双方的权利义务进行规定：纳税人必须依法纳税，否则就要受到法律制裁。

2. 无偿性

无偿性是指国家对纳税人征税不需要支付对价或报酬，也不需要返还，而是由国家财政统一分配。

3. 固定性

固定性是指国家对包括纳税人、课税对象、税率、纳税期限、纳税地点等因素预先规定了统一的征税标准，并在一定时期内是相对稳定的。

税收三要素相互依存，缺一不可。无偿性由财政支出的无偿性决定，是税收的本质和体现，是"三性"的核心，决定着税收的强制性，如果是有偿就不能强制征税了。强制性是实现无偿性、固定性的保证。固定性是强制性的要求和必然结果。

（二）我国现行税法的分类

税法，是国家权力机关和行政机关制定的用以调整国家与纳税人之间在征纳税方面权利与义务关系的法律规范的总称。按照税法基本内容和效力的不同分类，分为税收基本法和税收普通法。按征收对象的不同分为流转税法、所得税法、资源税法、特定目的税法、财产税法和行为税法。按照计税标准不同分从价税法和从量税法。

我国现行税法是采用综合分类法分类，共分为以下几类：

1. 流转税类

流转税类是以商品、劳务和服务流转额为课税对象计征的一类税，包括增值税、消费税和关税等。

2. 所得税类

所得税类是以各种所得额为课税对象计征的一类税，包括企业所得税、个人所得税。

3. 资源税类

资源税类是对在我国境内占用、使用或从事开发资源的单位和个人征收的一种税，包括资源税、土地增值税、城镇土地使用税等。

4. 特定目的税类

特定目的税类是为了达到特定目的对特定行为征收的一种税，包括土地增值税、城建税、车辆购置税、耕地占用税、烟叶税等。

5. 财产和行为税类

财产和行为税类是以纳税人所拥有或支配的财产为课税对象征收的一种税，包括房产税、车船税、契税、印花税等，该类税主要是对某些财产和行为发挥调节作用。

上述税种中的关税、进口货物增值税、消费税由海关负责征收，其他税种由税务机关负责征收管理。

二、税收法律关系

税收法律关系是税法所确认和调整的国家与纳税人之间、国家与国家之间以及各级政府之间在税收分配过程中形成的权利与义务关系。国家征税与纳税人纳税形式上表现为利益分配的关系，但经过法律明确其双方的权利与义务后，这种关系实质上已上升为一种特定的法律关系。

（一）税收法律关系的构成

税收法律关系由税收法律关系的主体、客体和内容三方面构成。

1. 税收法律关系的主体

法律关系的主体是指法律关系的参加者，即税收法律关系中享有权利和承担义务的当事人，包括征纳双方。一方是代表国家行使征税职责的国家行政机关，包括国家各级税务机关、海关和财政机关；另一方是履行纳税义务的人，我国采取属地兼属人的原则，包括法人、自然人和其他组织，在华的外国企业、组织、外籍人、无国籍人，以及在华虽然没有机构、场所但有来源于中国境内所得的外国企业或组织。

属人属地
原则二维码

2. 税收法律关系的客体

客体即税收法律关系主体的权利、义务所共同指向的对象，也就是征税对象。例如，企业所得税法律关系的客体就是生产经营所得和其他所得，财产税法律关系的客体即是财产，流转税法律关系的客体就是货物销售收入或劳务收入。

3. 税收法律关系的内容

税收法律关系的内容就是主体所享有的权利和所应承担的义务，这是税收法律关系中最实质的东西，也是税法的灵魂。它规定权利主体可以有什么行为，不可以有什么行为，若违反了这些规定，必须承担相应的法律责任。

税务机关的权利主要表现：依法进行征税、税务检查以及对违章者进行处罚；其义务主要是向纳税人宣传、咨询、辅导解读税法，及时把征收的税款解缴国库，依法受理纳税人对税收争议的申诉等。

纳税义务人的主要权利：对国家税收法律、行政法规的规定以及与纳税程序有知情权；对税务机关获取的商业秘密和个人隐私要求其保密权；征收税款和查处税收违法案件与纳税人有利害关系的税务人员，有申请该人回避权；纳税申报方式选择权，申请延期申报、延期缴纳税款权和退还多缴税款权；依法享受税收优惠权，委托税务代理权，陈述与申辩权，拒绝检查权，税收法律救济权与依法要求听证权，索取税收凭证权，税收监督权。纳税人的义务主要有按照税法规定办理税务登记，设置账簿、保管账簿和有关资料以及依法开具、使用、取得和保管发票，将财务会计制度和会计核算软件报送税务机关备案，按照规定安装、使用税控装置的义务，按时、如实进行纳税申报，依法按时缴纳税款，代扣、代收税款，接受税务检查，及时提供信息，报告其他涉税信息等。

（二）税收法律关系的产生、变更与消灭

税法是引起税收法律关系的前提条件，但税法本身并不能产生具体的税收法律关系。

税收法律关系的产生、变更与消灭必须有能够引起税收法律关系产生、变更与消灭的客观情况，也就是由税收法律事实来决定。税收法律事实可以分为税收法律事件和税收法律行为。税收法律事件是指不以税收法律关系权力主体的意志为转移的客观事件。例如，自然灾害可以导致税收减免，从而改变税收法律关系内容的变化。税收法律行为是指税收法律关系主体在正常意志支配下做出的活动。例如，纳税人开业经营即产生税收法律关系，纳税人转业或停业就会造成税收法律关系的变更或消灭。

（三）税收法律关系的保护

税收法律关系是同国家利益及企业和个人的权益相联系的。保护税收法律关系，实质上就是保护国家正常的经济秩序、保障国家财政收入、维护纳税人的合法权益。税收法律关系的保护形式和方法是很多的，税法中关于限期纳税、征收滞纳金和罚款的规定，《中华人民共和国刑法》中对构成逃税、抗税罪给予刑罚的规定，以及税法中对纳税人不服税务机关征税处理决定可以申请复议或提出诉讼的规定等都是对税收法律关系的直接保护。税收法律关系的保护对权利主体双方是平等的，不能只对一方保护，而对另一方不予保护。同时对其享有权利的保护，就是对其承担义务的制约。

三、税法的要素

税法要素是指各种单行税法具有的共同基本要素的总称。首先，税法要素既包括实体性的，也包括程序性的；其次，税法要素是所有完善的单行税法都共同具备的，仅为某一税法所单独具有而非普遍性的内容，不构成税法要素，如扣缴义务人。税法的构成要素一般包括以下几个项目：总则，纳税义务人，征税对象，税目，税率，纳税环节，纳税期限，纳税地点，减税、免税税收加成和附加，罚则，附则。其中纳税义务人、税率和征税对象是税法最基本的要素。

（一）总则

总则主要包括立法依据、立法目的、适用原则等。

（二）纳税义务人

纳税义务人即纳税主体，是指税法规定直接负有纳税义务的自然人和法人。自然人指享有民事权利并承担民事义务的个人，包括本国公民，也包括外国人和无国籍人。法人是基于法律规定享有权利能力和行为能力，拥有独立支配的财产和经费，依法独立承担民事责任的社会组织。我国的法人包括机关法人、企业法人、事业法人和社团法人四种。

扣缴义务人，是指有义务从纳税人收入中扣除其应纳税款并代为缴纳的企业、单位或个人。

（三）征税对象

征税对象又称课税对象，主要是指税收法律关系中征纳税双方权利义务所指向的客体或标的物，是区分不同税种的主要标志。例如，我国增值税的课税对象是销售货物、提供应税劳务和应税服务的增值额；企业所得税的课税对象是企业和其他组织的生产经营所得和其他所得。征税对象体现征税的最基本界限，决定某一税种的基本征税范围，同时也决定不同税种的名称。

（四）税目

税目是税法对征税对象分类规定的具体征税项目，具体反映征税的范围，是对征税对象质的界定。设置税目的目的首先是明确具体的征税范围，凡列入税目的即为应税项目，未列入税目的，则不属于应税项目。其次，划分税目也是贯彻国家税收调节政策的需要，国家可根据不同项目的利润水平以及国家经济政策等制定高低不同的税率，以体现不同的税收政策。并非所有税种都需规定税目，有些税种不分课税对象的具体项目，一律按照课税对象的应税数额采用同一税率计征税款，如企业所得税。有些税种具体课税对象比较复杂，需要规定税目，如消费税、个人所得税等，一般都规定有不同的税目。

（五）税率

税率是对征税对象的征收比例或征收额度。税率是计算税额的尺度，也是衡量税负轻重与否的重要标志。我国现行使用的税率主要有以下几种：

1. 比例税率

比例税率是指对同一征税对象，不论数额大小，统一按一个比例征税，同一课税对象的不同纳税人税负相同。比例税率有统一比例税率、差别比例税率、幅度比例税率三种形式。

差别比例
税率二维码

2. 定额税率

定额税率是指按征税对象确定的计算单位，直接规定一个固定的税额。我国现行采用定额税率的有城镇土地使用税、车船税、消费税中的成品油和啤酒等。

3. 累进税率

累进税率是指随税基的增加而按其级距提高的税率。累进税率的确定是把征税对象的数额划分等级再规定不同等级的税率。征税对象数额越大的等级，税率越高。按其使用方法的不同可以分为超额累进税率、全额累进税率、超率累进税率三种。

累进税率
二维码

（六）纳税环节

纳税环节主要指税法规定的征税对象在从生产到消费的流转过程中应当缴纳税款的环节。例如，流转税在生产和流通环节纳税，所得税在分配环节纳税等。

（七）纳税期限

纳税期限是指税法规定纳税人缴纳税款时间的限定。税法关于纳税时间的限定有三层含义：

1. 纳税义务发生时间

纳税义务发生时间是指应税行为发生的时间。如消费税暂行条例规定：纳税人采取赊销和分期收款结算方式的，为书面合同约定的收款日期的当天，书面合同没有约定收款日期或者无书面合同的，为发出应税消费品的当天。

2. 纳税期限

纳税期限是指税法规定每种税的纳税期限，即每隔固定时间汇总一次纳税义务的时间。如增值税暂行条例规定，增值税的具体纳税期限分别为 1 日、3 日、5 日、10 日、15 日、1 个月或者 1 个季度。纳税人的具体纳税期限，由主管税务机关根据纳税人应纳税额的大小分别核定；不能按照固定期限纳税的，可以按次纳税。

3. 缴库期限

缴库期限即税法规定的纳税期满后，纳税人将应纳税款缴入国库的期限。如增值税暂行条例规定，纳税人以 1 个月或者 1 个季度为 1 个纳税期的，自期满之日起 15 日内申报纳税；以 1 日、3 日、5 日、10 日或者 15 日为 1 个纳税期的，自期满之日起 5 日内预缴税款，于次月 1 日起 15 日内申报纳税并结清上月应纳税款。

（八）纳税地点

纳税地点主要是指根据各个税种纳税对象的纳税环节和有利于对税款的源泉控制而规定的纳税人（包括代征、代扣、代缴义务人）的具体纳税地点。我国税法目前规定的纳税地点主要有：一是向机构所在地申报纳税，二是向劳务提供地申报纳税，三是向进口货物报关地申报纳税。

（九）减税、免税、税收加成和附加

减税、免税主要是对某些纳税人和征税对象给予鼓励或照顾的特殊规定。

减税是对应纳税额少征一部分；免征是对应纳税额予以全部免征。税收加成是按规定的税率计算应纳税额后再加征一定成数的税额；附加是在征税之后附加征收一部分税费。前者如个人所得税中劳务收入畸高征收的加成；后者如纳税人在缴纳增值税等流转税后附加征收的城建税和教育费附加。

（十）罚则

罚则主要是指对纳税人违反税法的行为采取的处罚措施。

（十一）附则

附则一般都规定与该法紧密相关的内容，如该法的解释权、生效时间等。

四、税收征管法

（一）税务登记

1. 税务登记的范围

税务登记又称纳税登记，是指税务机关根据税法规定，对纳税人的生产、经营活动进行登记管理的一项法定制度，是税务机关对纳税人实施税收管理的首要环节、基础工作和整个税收征收管理的起点，也是征纳双方法律关系成立的依据和证明，纳税人必须依法履行的义务。依据《税收征收管理法》和《税务登记管理办法》的规定，下列单位和个人应该办理税务登记：

其一，从事生产、经营的纳税人：企业，企业在外地设立的分支机构和从事生产、经营的场所，个体工商户和从事生产、经营的事业单位。

其二，非从事生产经营但依照规定负有纳税义务的单位和个人（国家机关、个人和无固定生产经营场所的流动性农村小商贩除外）。

其三，扣缴义务人：负有扣缴税款义务的扣缴义务人（国家机关除外），享受减免税待遇的纳税人需要办理税务登记。

2. 税务登记的种类

（1）开业税务登记。从事生产、经营的纳税人应当自领取营业执照之日起 30 日内，向生产、经营或者纳税义务发生地的主管税务机关申报办理税务登记，如实填写税务登记表，并按照税务机关的要求提供有关证件、资料。前款规定以外的纳税人，除国家机关和个人外，应当自纳税义务发生之日起 30 日内，持有关证件向所在地的主管税务机关申报办理税务登记。

扣缴义务人应当自扣缴义务发生之日起 30 日内，向所在地的主管税务机关申报办理扣缴税款登记，领取扣缴税款登记证件。

（2）变更税务登记。纳税人税务登记内容发生变化的，应当自工商行政管理机关或者其他机关办理变更登记之日起 30 日内，持有关证件向原税务登记机关申报办理变更税务登记。纳税人税务登记内容发生变化，不需要到工商行政管理机关或者其他机关办理变更登记的，应当自发生变化之日起 30 日内，持有关证件向原税务登记机关申报办理变更税务登记。

从事生产、经营的纳税人应当自开立基本存款账户或者其他存款账户之日起 15 日内，向主管税务机关书面报告其全部账号；发生变化的，应当自变化之日起 15 日内，向主管税务机关书面报告。

纳税人办理变更税务登记，应当向主管税务机关领取变更税务登记表一式三份，按照表式内容逐项如实填写，加盖企业或业主印章后报送主管税务机关，经主管税务机关核准后，按照规定的期限到主管税务机关领取填发的税务登记证等有关证件。

（3）停业、复业登记。实行定期定额方式征收的纳税人，在营业执照核准的经营期限内需要停业的，应当向主管税务机关提出停业登记，说明停业的理由、时间、停业前的纳税情况和发票领、用、存情况，如实填写停业登记表，结清税款并交回税务登记证件、发票领购簿和发票。

纳税人应当于恢复生产、经营之前，向税务机关提出复业登记申请，办理复业登记，领回或启用税务登记证件、发票领购簿和发票，纳入正常管理。

（4）注销税务登记。纳税人发生解散、破产、撤销以及其他情形，依法终止纳税义务的，应当在向工商行政管理机关或者其他机关办理注销登记前，持有关证件向原税务登记机关申报办理注销税务登记；按照规定不需要在工商行政管理机关或者其他机关办理注册登记的，应当自有关机关批准或者宣告终止之日起15日内，持有关证件向原税务登记机关申报办理注销税务登记。

纳税人因住所、经营地点变动，涉及改变税务登记机关的，应当在向工商行政管理机关或者其他机关申请办理变更或者注销登记前或者住所、经营地点变动前，向原税务登记机关申报办理注销税务登记，并在30日内向迁达地税务机关申报办理税务登记。

纳税人被工商行政管理机关吊销营业执照或者被其他机关予以撤销登记的，应当自营业执照被吊销或者被撤销登记之日起15日内，向原税务登记机关申报办理注销税务登记。

纳税人在办理注销税务登记前，应当向税务机关结清应纳税款、滞纳金、罚款，缴销发票、税务登记证件和其他税务证件。

（5）外出经营报验登记。外出经营报验登记是指纳税人到外县（市）临时从事生产经营活动的，应当在外出生产经营以前，持税务登记证向主管税务机关申请开具《外出经营活动税收管理证明》（以下简称《外管证》）。

纳税人应当在《外管证》注明地进行生产经营前向当地地方税务机关报验登记，并提交相关证件、资料。纳税人外出经营活动结束，应当向经营地地方税务机关填报《外出经营活动情况申报表》，并结清税款、缴销发票。纳税人应当在《外管证》有效期届满后10日内，持《外管证》回原税务登记地税务机关办理《外管证》缴销手续。

（二）纳税申报、税款缴纳与退还

1. 纳税申报

纳税申报是指纳税人按照税法规定的期限和内容，向税务机关提出书面报告的法律行为。

（1）纳税申报的对象。纳税申报的对象为纳税人和扣缴义务人。纳税人和扣缴义务人在申报期限内，无论有无应税收入、应税所得或者代扣代缴、代收代缴税款，都必须按规定办理纳税申报。纳税人享受减、免税优惠的，其减免税期间应当按照规定办理纳税申报。

（2）纳税申报的内容。纳税申报的内容主要包括在填写的各税种纳税申报表和代扣代缴、代收代缴税款报告表，随纳税申报表附报的财务报告和有关纳税资料中。纳税人、扣缴义务人的纳税申报和代扣代缴、代收代缴税款报告的主要内容：税种、税目、应纳税项目或者应代扣代缴、代收代缴税款项目、计税依据、扣除项目及标准，适用税率或单位税额，应退税项目及税额、应减免税项目及税额，应纳税额或者应代扣代缴、代收代缴税额，税款所属期限、延期缴纳税额、欠税、滞纳金等。

（3）纳税申报的期限。纳税期限是指法律、行政法规规定的纳税人或者扣缴义务人计算的应纳税额的期限或者解缴税款的期限。法律、行政法规规定了纳税期限的，纳税人应当按照法律规定期限申报缴纳；税务机关根据法律、行政法规的原则，结合纳税人生产、经营实际情况确定的纳税期限的，按税务机关确定的期限缴纳。纳税人、扣缴义务人申报期限的最后一天如遇国家法定的公休假日，可以顺延。

（4）纳税申报的方式。经税务机关批准，纳税人、扣缴义务人可以采取以下方式办理纳税申报或者报送代扣代缴、代收代缴税款报告表：

1）数据电文方式，是指税务机关确定的电话语音、电子数据交换和网络传输等电子方式。

2）纳税人采取邮寄方式办理纳税申报的，应当使用统一的纳税申报专用信封，并以邮政部门收据作为申报凭证。邮寄申报以寄出的邮戳日期为实际申报日期。

3）纳税人采取电子方式办理纳税申报的，应当按照税务机关规定的期限和要求保存有关资料，并定期书面报送主管税务机关。

4）纳税人在纳税期内没有应纳税款的，也应当按照规定办理纳税申报。纳税人享受减税、免税待遇的，在减税、免税期间应当按照规定办理纳税申报。

5）纳税人办理纳税申报时，应当如实填写纳税申报表，并根据不同的情况相应报送下列有关证件、资料：

• 财务会计报表及其说明材料。

• 与纳税有关的合同、协议书及凭证。

• 税控装置的电子报税资料。

• 外出经营活动税收管理证明和异地完税凭证。

• 境内或境外公证机关出具的有关证明文件。

• 税务机关规定应当报送的其他有关证件、资料。

• 扣缴义务人填写的代扣代缴、代收代缴税款报告表，以及代扣代缴、代收代缴税款的合法凭证以及税务机关规定的其他有关证件、资料。

• 扣缴义务人办理代扣代缴、代收代缴税款报告时，应当如实填写代扣代缴、代收代缴税款报告表，并报送代扣代缴、代收代缴税款的合法凭证以及税务机关规定的其他有关证件、资料。

• 纳税人、扣缴义务人因不可抗力，不能按照税法规定的期限办理纳税申报或者报送代扣代缴、代收代缴税款报告表，由纳税人在其申报期限内向当地主管税务机关提出书面申请报告，税务机关可以批准纳税人、扣缴义务人在一定期限内延期办理纳税申报。

2. 税款征收与缴纳

（1）税款征收方式。

1）查账征收。是税务机关按照纳税人提供的账表所反映的经营情况，依照适用的税率计算缴纳税款的方法。查账征收适用于账簿、凭证和财务会计核算比较健全、能够认真履行纳税义务的纳税人。

2）查定征收。是由税务机关依据纳税人的从业人员、生产设备和采用原材料等因素，对其生产的应税产品查定核定产量、销售额并据以征税的一种方式。查账征收适用于账册不健全但能够控制原材料或进销货的纳税人。

3）查验征收。是税务机关对纳税人应税商品，通过现场查验数量，按市场一般销售单价计算期限销售收入并据以计算征收税款的一种方式。查验征收适用于经营品种单一，经营地点、时间和商品来源不固定的纳税单位。

4）定期定额征收。是税务机关通过典型调查，逐户确定营业额和所得额并据以征税的方式。定期定额征收适用于无完整考核依据的小型纳税单位。

5）委托代征。是税务机关委托代征人以税务机关的名义向纳税人征收税款，并将税款缴入国库的方式。委托代征适用于小额、零星税源的征收。

6）代扣代缴、代收代缴。是法律规定的扣缴义务人在法律、行政法规规定的范围，依照法律、行政法规规定的征收标准，向纳税人收取税款并缴纳的一种法律行为。扣缴义务人不履行代扣、代收义务的，要承担法律责任。

（2）税款缴纳方式。

1）自核自缴。是指企业依照税法规定自行计算应纳税额，自行填写审核纳税申报表，自行填写税收缴款书，到开户银行解缴应纳税款，并按规定向主管税务机关办理纳税申报，报送纳税资料和财务会计报表。自核自缴适用于生产规模较大、会计核算准确、一贯依法纳税的企业。

2）申报核实缴纳。是指企业依照税法规定计算应纳税款，自行填写税收缴款书，按规定向主管税务机关办理纳税申报，报送纳税资料和财务会计报表，经主管税务机关审核，填开税收缴款书，纳税人按规定到开户银行解缴应纳税款。这种方式适用于生产经营正常，会计核算较准确的企业。

3）申报查验缴纳。财务制度不健全、凭证账簿不完备的固定业户，经主管税务机关审查测定或实地查验后，填开税收缴款书或完税证，纳税人按规定期限到指定银行解缴应纳税款。

4）定额申报缴纳。生产经营规模较小，无建账能力或账证不全，不能准确提供纳税资料的固定业户，按照主管税务机关核定的销售额和征收率，按规定向主管税务机关申报缴纳税款。

5）延期缴纳税款。纳税人和扣缴义务人因特殊原因不能按期缴纳税款的，经省级税务局批准，可以延期缴纳税款，但最长不得超过 3 个月。

纳税人未按规定期限缴纳税款的，扣缴义务人未按照规定期限解缴税款的，税务机关除责令限期缴纳外，从滞纳税款之日起按日加收滞纳税款 5‰的滞纳金。

3. 税款退还

纳税人超过应纳税额缴纳的税款，自缴纳之日起 3 年内发现的，可向税务机关要求退还多交的税款，并加收按银行同期存款的利息；税务机关及时查实后应当立即退还。纳税人既有应退税款，又有欠交税款的，主管税务机关应将应退税款和利息先抵扣税款，抵扣后有余额的办理退还手续。

税款退还包括多交（预交）所得税汇算、开具出口专用缴款书汇算等、减免退税、误收税款的退还（包括退付利息）和其他税款的退还四类。

4. 税款减免

税收法律法规规定或经法定的审批机关批准减税、免税的纳税人，应当持有关批复文件和资料到主管税务机关办理减税、免税手续。减税、免税期满，应当自期满之日起恢复纳税。减税、免税条件发生变化的，应当自发生变化之日起 15 日内向税务机关报告。不再符合减税、免税条件的，应当依法履行纳税义务；未依法纳税的，税务机关应当予以追缴。

五、涉税法律责任

法律责任是指违反税收法规行为的单位或个人应当承担的法律后果，即税收法律、行政法规给予的制裁和处罚措施。违反税收法律、法规应承担的法律责任包括涉税行政责任和涉税刑事责任。

（一）涉税行政责任与处罚

涉税行政责任是纳税人因违反税收法律、法规的规定，但尚未触犯刑律并构成犯罪的违法行为应承担的法律责任。涉税行政责任的种类包括：违反税务管理基本规定；未按规定使用税务登记证；扣缴义务人违反账簿、凭证管理；纳税人、扣缴义务人未按规定进行纳税申报；偷税；进行虚假申报和不进行申报；逃避追缴欠税；骗税；抗税；在规定期限内不交或者少交应纳或应解缴税款；扣缴义务人不履行扣缴义务；拒绝或阻挠税务机关检查；非法印制发票；其他。

纳税人有下列行为之一的，由税务机关责令限期改正，可以处 2000 元以下的罚款；情节严重的，处 2000 元以上 1 万元以下的罚款。

（1）未按照规定的期限申报办理税务登记、变更或者注销登记的。

（2）纳税人未按照规定设置、保管账簿或者保管记账凭证和有关资料的。

（3）未按照规定将财务、会计制度或者财务、会计处理办法和会计核算软件报送税务机关备查的。

（4）未按照规定将其全部银行账号向税务机关报告的。

（5）未按规定安装使用税控装备，或者毁损或擅自改动税控装置的。

（6）纳税人未按照规定办理税务登记证件验证或者换证手续的。

（7）纳税人通过提供虚假的证明资料等手段，骗取税务登记证的。

纳税人不办理税务登记的，由税务机关责令限期改正；逾期不改正的，由工商行政管理机关吊销其营业执照。

纳税人未按照规定使用税务登记证件，或者转借、涂改、损毁、买卖、伪造税务登记证件的，处2000元以上1万元以下的罚款；情节严重的，处1万元以上5万元以下的罚款。

纳税人非法印制发票的，由税务机关销毁非法印制的发票，没收违法所得和作案工具，并处1万元以上5万元以下的罚款。

扣缴义务人未按照规定设置、保管代扣代缴、代收代缴税款账簿或者保管代扣代缴、代收代缴税款记账凭证及有关资料的，由税务机关责令限期改正，可以处2000元以下的罚款；情节严重的，处2000元以上5000元以下的罚款。

（二）涉税刑事责任及处罚

涉税刑事责任是纳税人因违反税收法律、法规规定，且触犯刑律并构成犯罪行为应承担的刑事处罚。刑法对该类犯罪规定了罚金刑且都有罚金下限的规定和税务机关追缴优先的原则，即在判决未执行前，应先由税务机关追缴税款和骗取的出口退税款。

1. 偷税及法律责任

纳税人伪造、变造、隐匿、擅自销毁账簿、记账凭证，或者在账簿上多列支出或者不列、少列收入，或者经税务机关通知申报而拒不申报或者进行虚假的纳税申报，不交或者少交应纳税款的，是偷税。对纳税人偷税的，由税务机关追缴其不交或者少交的税款、滞纳金，并处不交或者少交的税款50%以上5倍以下的罚款；构成犯罪的，依法追究刑事责任。

扣缴义务人采取上述所列手段，不交或者少交已扣、已收税款，由税务机关追缴其不交或者少交的税款、滞纳金，并处不交或者少交的税款50%以上5倍以下的罚款；构成犯罪的，依法追究刑事责任。

纳税人、扣缴义务人编造虚假计税依据的，由税务机关责令限期改正，并处5万元以下罚款。

纳税人不进行纳税申报，不交或者少交应纳税款的，由税务机关追缴其不交或少交的税款、滞纳金，并处不交或少交税款50%以上5倍以下的罚款。

2. 抗税及其处罚

抗税是指以暴力、威胁方法拒不缴纳税款的行为。抗税情节轻微，未构成犯罪的，由国家税务机关追缴其拒缴的税款、滞纳金外，处以拒缴税款 1 倍以上 5 倍以下的罚款。构成犯罪的，除由税务机关追缴其拒缴的税款、滞纳金外，依法追究刑事责任。

3. 欠税及其处罚

纳税人欠交应纳税款，采取转移或者隐匿财产的手段，妨碍税务机关追缴欠交的税款的，由税务机关追缴欠交的税款、滞纳金，并处欠交税款 50% 以上 5 倍以下的罚款；构成犯罪的，依法追究刑事责任。

纳税人、扣缴义务人在规定期限内不交或者少交应纳或者应解缴的税款，经税务机关责令限期缴纳，逾期仍未缴纳的，税务机关除依法采取强制执行措施追缴其不交或者少交的税款外，可以处不交或者少交的税款 50% 以上 5 倍以下的罚款。

扣缴义务人应扣未扣、应收而不收税款的，由税务机关向纳税人追缴税款，对扣缴义务人处应扣未扣、应收未收税款 50% 以上 3 倍以下的罚款。

4. 骗税及其处罚

骗税是指企业事业单位采取对所生产或者经营的商品假报出口或者其他欺骗手段，骗取国家出口退税款的行为。骗税数额在 1 万元以下的，由国家税务机关追缴其骗取的出口退税款，并处以所骗税款 1 倍以上 5 倍以下的罚款。数额在 1 万元以上的，除由国家税务机关追缴其骗取的出口退税款外，由司法机关依法处罚。

第二节　纳税会计概述

一、纳税会计的概念

（一）纳税会计的定义

纳税会计产生的根本原因在于税法与会计目标的不同。税法的目标是保证国家取得税收收入以实现其职能，会计的目标是为会计信息的使用者提供财务状况、经营成果和现金流量等财务决策真实可靠的会计信息。目标的不同决定了建立在不同目标基础之上的税收制度和会计制度，必然会遵循不同的确认原则和计量标准，由此导致计税依据与会计收入或会计所得存在差异。

随着税收制度的不断发展和会计制度改革的不断深化，税收制度与财务会计处理的差异越来越大。在新的企业会计准则和新的税收法律、法规制度中，对企业纳税处理的规定体现了会计和税收各自相对的独立性和适当分离的原则。为了真实、客观地反映企业的纳税事项，客观上要求企业纳税事项的会计核算内容应从企业财务会计中独立出来，由此便产生了纳税会计，并且正在发展成为现代会计学中的一门新的专业会计学科。

纳税会计是以税收法律法规和企业会计准则为依据，以货币为主要计量单位，运用会计学的理论与方法，核算与监督纳税人经济交易和事项引起的资金运动，参与纳税人预测、决策，达到既依法纳税又合理减轻税负的专门会计。是融税收法律制度与企业会计准则于一体的一种特殊专业会计。

纳税会计以财务会计为基础，对按会计准则、会计制度与国家税收法规处理不一致或者出于纳税筹划目的的经济业务和交易事项，由纳税会计进行纳税调整或重新计算。纳税会计并不要求企业在财务会计的凭证、账簿、报表之外再设一套纳税会计的账簿和报表（纳税申报表及其附表除外），而是要求各企业均应设置专职纳税会计人员（大企业还应设置专门的纳税会计机构）进行纳税调整、计算，并作纳税调整会计分录后，再融入财务会计账簿和财务报告。纳税会计资料大多来自财务会计，需要应用企业财务会计核算的基本信息进行会计处理。

（二）纳税会计的特点

通过以上分析可以看出，纳税会计具有一般企业财务会计的共同特征，但作为一个相对独立的会计分支，纳税会计具有以下几个显著特点：

1. 法定性

法定性表现为纳税会计在核算和监督应纳税款形成、计算和缴纳的过程中，必须依据国家的税收法律法规规定，做到依法计税、依法纳税、依法减免税，这是纳税会计区别于其他专业会计的首要特点。

在财务会计核算中，企业可以根据其生产、经营及经济环境的实际需要选择会计政策；纳税会计必须在遵守国家现行税收法令的前提下进行会计政策的选择；当财务会计准则、制度与现行税法在计税方法、计税范围等发生矛盾时，纳税会计以现行税收法规为准绳，对财务会计做适当调整、修改或补充。对某些在财务会计准则、制度中不便按照税法规定反映的会计事项，必须单独设置账簿、单独核算征税对象，以便按不同税种、税率计税或减税、免税；否则税率从高或不予减免。

2. 范围的广泛性

税法适用的广泛性决定了纳税会计工作的广泛性，它适用于国民经济中的工商业、交通运输业、建筑业、服务业、房地产、金融保险等各个行业，不论是法人还是自然人，只要发生了税法规定的事项和涉税行为，都负有纳税义务并按税法规定缴纳税款。

3. 会计处理的统一性

纳税会计是融各类会计和税收法规于一体的会计，税法的统一性决定了纳税会计对同一涉税事项的会计处理是统一的，即都要按照相同的计税依据、税率计算应纳税额，其会计处理结果和缴纳的税额是相同的。例如，不论是国有企业、股份制企业、外商投资企业、乡镇企业、行政事业单位、军事单位或机关团体，只要发生销售和进口商品、提供应税劳务和服务、销售无形资产、转让不动产等业务，不分单位隶属关系和性质，都应按统一计税方法、计税依据和税率计算应纳税额，在同一纳税期限进行纳税申报和税款缴纳，会计处理方法及结果相同。

统一性并不表明会计处理是一成不变的，也不排除特殊情况下的灵活性。例如，对应税销售额低于规定标准或会计核算不够健全的纳税人，增值税可以采用简易计税办法；再如，减免税规定、个体工商业户确实无力建账的经批准可暂免建账或实行核定征税等。

4. 差异互调性

财务会计是为了满足会计信息使用人进行决策的需要，纳税会计是为了满足国家征税和纳税人合法纳税并进行纳税筹划的需要，加之纳税会计的法定性和相对独立性，决定了两者在收入实现、费用扣除、资产计价、损耗计提和资产损失等方面确认、计量的处理结果存在差异，造成了税前会计利润和应纳税所得额也存在一定的差异。对此，纳税会计并不需要另外设置一整套的账簿体系并进行账务处理，而是对财务会计不符合税法规定的经济业务和事项，按税法规定以表调账不调的方法进行调整，即只调整纳税所得额，不调整其账户记录。可见，纳税会计和财务会计是互相配合、互相协调的。

5. 独立性

纳税会计并不是一门和财务会计并列的专业会计，它只是企业会计的一个特殊领域，是对企业生产经营活动中涉税部分的核算和反映，其核算基础也依据会计学的理论和核算方法。但和其他会计相比较，纳税会计具有其相对的独立性和特殊性，具体表现如下：

（1）会计处理方法的独立性。会计和税收各自遵循不同的行为规范和原则，征税依据与企业会计制度的规定是有一定差别的，其处理方法、计算口径、收入、费用的确认和计量不尽相同。纳税会计有一套自身独立的处理准则，按照税收法律制度规定来进行会计处理，而不是遵照普遍公认的企业会计准则。

（2）会计核算内容的独立性。独立性是指纳税会计具有自身相对独立的核算内容。如自产自用货物视同销售的有关规定、企业会计利润与应纳税所得额的差异及其调整等，都反映了纳税会计核算内容的相对独立性。

二、纳税会计与财务会计的联系与区别

（一）纳税会计与财务会计的联系

纳税会计是会计与税收共同发展的产物，财务会计是纳税会计形成的前提和基础，纳税会计根植于财务会计之中。纳税会计资料大多数来源于财务会计，两者的核算前提、计

量单位、使用文字、核算方法和程序等方面基本是相同的。纳税会计并不要求企业在财务会计凭证、账簿和报表之外再设一套账表，也不需要设置独立的纳税会计机构。企业只需设置一套完整的会计账表，平时按照会计准则进行会计处理，期末对财务会计处理与现行税法规定不相符的交易和事项按税法规定进行调整和加工，即它借助于财务会计的会计账表以及会计核算方法来进行各种税务处理。

（二）纳税会计与财务会计的区别

纳税会计与财务会计的区别主要表现在如下几个方面：

1. 会计主体不同

财务会计主体是为之服务的特定单位或组织，典型的财务会计主体是企业、经济组织等法人单位。会计处理的数据和提供的财务信息，被严格限制在一个特定的、独立的或相对独立的经营单位之内。

纳税会计主体是税法规定的直接负有纳税义务并能够独立承担纳税义务的特定单位或组织，以及依法承担义务的扣缴义务人，包括法人和自然人。在某些垂直领导的行业（如铁路、银行），其基层单位是会计主体但不是纳税主体。又如，对稿酬征纳个人所得税时，其纳税人（即稿酬收入者）并非会计主体，而作为扣缴义务人的出版社或杂志社则成为这一纳税事项的会计主体。纳税主体作为代扣（或代收、代付）代缴义务人时，纳税人与负税人是分开的。

2. 报告的目标不同

财务会计报告的目标主要是向会计信息使用人提供企业财务状况、经营成果和现金流量等相关会计信息，反映管理层受托责任的履行情况，使会计报告使用者能够及时、准确地了解企业的生产经营情况，预测其未来发展趋势，从而做出正确的判断和决策。

纳税会计目的是促使纳税义务人及时、足额地将应纳税款缴纳入库，保证国家及时、足额地取得税金，纳税会计目标是正确引导纳税人合法、合理地缴纳税金，以提高企业的经济效益。

3. 会计核算基础、处理依据和结果不同

财务会计核算的基础是权责发生制，依据是企业会计准则，不同会计人员根据职业判断对相同的经济业务核算的结果不同，应该认为是正常情况。

纳税会计遵循修正的权责发生制的联合制基础，核算依据是税收法律法规，当财务会计的核算结果与纳税会计不一致时，应按税法规定调整会计所得。相同的经济业务不允许出现不同的核算结果。核算基础和处理依据不同，导致两者在收入、费用和收益的确认、计量上存在不一致，并由此形成暂时性差异

4. 会计计量的属性不同

财务会计同时采用历史成本计价、重置成本、可变现净值、现值、公允价值五种属性

进行会计计量。

纳税会计则坚持历史成本的原则，以纳税人实际取得或购建时发生的实际成本作为扣除标准进行核算，客观、及时地反映税务资金的运动，不考虑其他计量属性和期末价值变动的问题。

5. 范围不同

财务会计要对每一笔经济业务进行记录，反映整个企业财务状况、经营成果和资金流转情况。

纳税会计按税法规定的要求，仅对应纳税额进行计算并对税款缴纳进行核算，反映的是纳税人履行纳税义务的概况。

第三节　纳税会计的对象与目标

一、纳税会计的对象

纳税会计的对象是纳税人在生产、经营过程中因纳税活动引起的能以货币表现的经济活动，具体包括以下几个方面：

（一）确定计税依据

计税依据是指计算应纳税额的根据，是课税对象的量的表现。课税对象同计税依据有密切的关系，前者是从质的方面对征税的规定，即对什么征税；后者则是从量的方面对征税的规定，即如何计量。纳税会计中属于计税依据的内容如下：

1. 流转额

流转额是指纳税单位或者个人在生产、经营过程中发生的应税的销售额（包括视同销售额）或销售数量、购进和自用额（或数量）、所得额等。我国实行流转税、所得税等多税种并存的复税制税收制度。流转额是流转税和所得税的计税基础和重要依据。

2. 成本、费用和损失额

成本、费用是纳税人在生产、经营过程中为取得应税收入发生的纳税成本和流通过程的纳税费用。损失是纳税人在生产经营过程中发生的税法准予扣除的营业外支出、经营亏损、投资损失以及其他损失。一定会计期间的成本、费用总额与同期经营收入总额相配比，可以反映企业的生产经营成果。正确确认和计量成本、费用、损失额，是计算企业所得税应纳税所得额和应纳所得税额的基础。

3. 财产和行为金额（或数额）

财产和行为金额（或数额）是纳税人拥有应税财产数量（金额）和应税行为交易额。对各种财产税如房产税、车船税、契税和行为税，需要在财务会计确认、计量、记录的基础上，按税法规定确认、计量各类应税财产数量或应税行为交易额作为计税基础和应纳税额。

4. 资源耗费或使用额

资源耗费或使用额是纳税人占有资源的数量（面积）或资源销售量、销售额或者使用额。资源税和城镇土地使用税是以资源消耗或使用量为计税依据计算缴纳的一种税。

（二）税款的计算与核算

税法规定的每一税种的计算是纳税会计核算和监督的基本内容，纳税会计应在正确确认计税依据额基础上，按照税法规定正确计算应纳税额，并按财政部规定的会计处理办法进行账务处理。

（三）税款的缴纳、补退与减免税款

各税种的计税依据和征收管理不同，纳税人应根据应交各税种征管规定及时进行纳税申报、缴纳税款并进行账务处理。退税、补税、减税、免税都是针对企业涉税活动中特殊业务、特殊事项作出的特殊规定，体现税收政策的灵活性和税收杠杆的调节作用，它的过程和结果也应及时在纳税会计中记录和反映。

（四）记录税收滞纳金与罚款、罚金

企业因逾期缴纳税款或违反税法规定而支付的各项税收滞纳金、罚款、罚金，是税金支出的附加，也属于税务活动，应该如实记录和反映。

二、纳税会计的目标

纳税会计的目标是给信息使用人提供税务决策时所需的各种会计信息。企业纳税会计除了提供会计信息外，还有区别于财务会计的特定目标。

1. 依法纳税

税收是国家财政收入的主要来源，依法纳税是保证国家财政收入、使企业免于或减少税务机关处罚的基本前提。因此，依法纳税是纳税会计的首要目标。

2. 提供与纳税相关的会计信息

纳税会计的目标是向纳税会计信息使用者提供有助于纳税决策的会计信息。纳税会计信息的使用者首先是各级税务机关，可以凭此信息进行税收征收、检查、监督，并作为税收立法的主要依据；其次是企业的投资人、债权人、经营者等，可以凭此信息了解企业纳税义务的履行情况和税收负担，并为其进行经营决策、投资决策等提供税收因素的会计信息，这些信息更是企业进行纳税筹划必不可少的依据；最后是社会公众，他们通过企业提供的纳税会计报告，了解企业纳税义务的履行情况，以及对社会的贡献额、诚信度和社会责任感。

3. 纳税筹划

纳税筹划是指通过对涉税业务进行策划，制作一整套完整的纳税操作方案，从而达到节税目的一种活动。纳税筹划通过科学地对纳税人、课税对象金额、税率、起征临界点、收入、成本费用进行筹划，正确计算应纳税款，可以使企业选择合理的税负，充分享受税收优惠，降低经营成本并避免遭受罚款损失，实现纳税人自身经济利益的最大化。

第四节　纳税会计基本前提与核算原则

一、纳税会计的基本前提

纳税会计目标是向税务信息使用者提供有关纳税人税务活动的信息，以便于他们进行管理或决策。因纳税人的税务活动错综复杂，使得纳税会计实务中存在种种不确定因素，要进行正确判断和估计，必须首先明确纳税会计的基本前提。由于纳税会计是以财务会计为基础的，因此，财务会计的基本前提（假设）如会计分期、货币计量等，基本也适用于纳税会计。但由于纳税会计的法定性等特点，纳税会计的基本前提也有其特殊性。纳税会计的基本前提如下：

（一）纳税主体

纳税主体是税法规定的直接负有纳税义务的单位和个人。正确界定纳税主体就是要求将每个纳税主体与其他纳税主体、纳税会计主体分开，保持单独、符合税法要求的会计记录并填报纳税申报表，报告纳税人的应税所得与税款缴纳情况。一般情况下，纳税主体就是纳税会计主体。但在特定情况下，纳税主体不一定是纳税会计主体。例如，工资薪金、劳务报酬个人所得税的纳税主体是取得工资薪金、劳务报酬所得的纳税人，纳税主体并非纳税会计主体，作为扣缴义务人的企事业单位才是这一纳税事项的会计主体——纳税会计主体。

纳税会计主体与财务会计中的"会计主体"既相互联系又有一定区别。会计主体是财务会计为之服务的特定单位或组织，会计处理的数据和提供的财务信息被严格限制在一个特定的、独立的或相对独立的经营单位之内，典型的会计主体是企业。纳税主体必须是能够单独承担纳税义务的纳税人。在一般情况下，财务会计主体同时也是纳税会计主体；但在特殊或特定情况下，财务会计主体不一定是纳税会计主体，反之亦然。

（二）持续经营

持续经营前提意味着该企业个体将继续存在足够长的时间以实现其现在的承诺，如预期所得税在将来被继续课征。这是所得税递延、亏损前溯或后转以及暂时性差异能够存在，并且能够使用资产负债表债务法进行所得税跨期摊配的理论依据。以固定资产折旧、无形资产摊销为例，它意味着在缺乏相反的证据时，人们总是假定该企业将在足够长的时间内为转回暂时性的纳税利益而经营并获得收益。

（三）货币时间价值

货币（资金）在其运行过程中具有增值能力，即使不考虑通货膨胀因素，今天的 1 元钱比若干年后收到（或付出）1 元钱的价值要大得多。这说明同样一笔资金在不同时间具有不同的价值。随着时间的推移，投入周转使用的资金将会发生增值，这种增值的能力或数额就是货币的时间价值。这一基本前提已成为税收立法、税收征管的基点，因此，各个税种都明确规定了纳税义务发生的确认原则、纳税期限、缴库期限等。也正因为如此，在纳税筹划实践中人们逐步认识到，递延确认收入或加速确认费用可以产生巨大的资金优势，最少纳税或迟纳税额对纳税人是重要的。与此同时，政府及财税部门也深感货币时间价值原则的重要性，开始注重这些问题，积极地参与税收立法活动。

（四）纳税年度

纳税年度是指纳税人按照税法规定应向国家缴纳各种税款的起止时间。我国税法规定，纳税年度统一为日历年度，即自公历 1 月 1 日起至 12 月 31 日止，非由纳税人自己选择。纳税主体必须以年度为基础报告其经营所得。纳税人在一个纳税年度中间开业，或者由于改组、合并、破产、关闭等原因，使该纳税年度的实际经营期限不足 12 个月的，应当以其实际经营期限为一个纳税年度。纳税人清算时，应当以清算期间作为一个纳税年度。虽然纳税会计可以将年度划分为月、季度，但强调的是年度收益，尤其是企业所得税、车船税、房产税等，实行按月或季预缴，年末汇算清缴。

纳税年度不等同于纳税期限，如增值税、消费税的纳税期限一般是一个月。各国纳税年度规定的具体起止时间有所不同，有日历年度、非日历年度、财政年度或营业年度，纳税人可以在税法规定范围内选择、确定纳税年度，但必须符合税法规定的采用和改变纳税年度的办法，并遵循税法中对不同企业组织、不同企业类型的各种限制性规定。

二、纳税会计核算原则

纳税会计是从财务会计中派生出来的，财务会计中有关会计信息质量原则、会计要素的确认与计量原则及其修正原则，大部分或基本上全都适用于纳税会计。但因纳税会计与税法的特定联系，税收理论和税收立法中的实际支付能力原则、公平税负原则、程序优先于实体原则等，会非常明显地影响甚至主导纳税会计原则，使得纳税会计原则与会计原则之间存在诸多差异。纳税会计的特定原则可以归纳如下：

1. 真实性、合法性原则

真实性是指纳税会计应使用真实、合法、有效的涉税凭证，证明涉税业务和事项已经发生。除税法规定的加计费用扣除外，任何费用、支出除非确有合法有效的涉税凭证证明确实发生，否则申报扣除就可能被认定为偷税行为，将受到税务机关的处罚。

合法性是指纳税会计在收入与费用确认和计量、计算应纳税额、筹划税务活动和申报缴纳税款过程中，必须符合国家税收法律、法规的规定，其他法规与税收法律法规规定不一致的，以税收法律法规为准绳。纳税人已经发生的费用、支出或损失，税法规定不得扣除或超出了税法规定可以扣除标准的，都不能在当期扣除。

2. 与财务会计日常核算方法相一致原则

纳税会计一般遵循财务会计准则。只有当某一事项按会计准则、制度，在财务会计报告日确认以后，才能确认该事项按税法规定确认的应纳税款；依据会计准则、制度，在财务会计报告日尚未确认的事项可能影响到当日已确认的其他事项的最终应纳税款，但只有在根据会计准则、制度确认导致征税效应的事项之后，才能确认这些征税效应，这就是"与日常核算方法相一致"的原则。具体包含以下内容：

其一，对于已在财务报表中确认的全部事项当期或递延税款，应确认为当期或递延所得税负债或资产。

其二，根据现行税法的规定计量某一事项的当期或递延应纳税款，以确定当期或未来年份应付或应退还的所得税金额。

其三，为确认和计量递延所得税负债或资产，不预期未来年份赚取的收益或发生的费用的应纳税款或已颁布税法或税率变更的未来执行情况。

3. 修正的权责发生制原则

收付实现制（亦称现金制）原则突出地反映了纳税会计的重要原则——现金流动原则。该原则是确保纳税人有能力支付应纳税款而使政府具有获取财政收入的基础。但由于现金制不符合企业会计准则的规定，一般只适用于个人和不从事商品购销业务的中小企业纳税申报。

权责发生制（应计制）广泛应用于财务会计中，目前大多数国家的税务当局都接受应计制原则。当它被应用于纳税会计时，与财务会计的应计制存在一些差别：一是必须考虑实际支付能力，使得纳税人在最有能力支付时支付税款；二是确定性的需要，使得收入和费用的实现具有确定性；三是保护政府财政税收收入，例如，在收入的确认上，应计制的纳税会计由于在一定程度上被支付能力所覆盖而包含着一定的收付实现制的方法，而在费用的扣除上，财务会计采用稳健原则列入的某些估计、预计费用，在纳税会计中不能被接受。纳税会计强调"该项经济行为已经发生"的限制条件，从而达到保护国家政府税收的目的。在美国税制中著名的克拉尼斯基定律基本含义是：如果纳税人的财务会计方法致使收益立即得到确认，而费用永远得不到确认，税务当局可能会因所得税目的允许采用这种会计方法；如果纳税人的财务会计方法致使收益永远得不到确认，而费用立即得到确认，税务当局可能会因所得税目的不允许采用这种会计方法。由此可见，世界上大多数国家都采用修正的权责发生制原则。

4. 配比原则

配比原则是某一特定时期的收入应当与取得该项收入相关的成本、费用项配比，并据以正确计算当期损益并据以进行收益分配。纳税会计的配比原则要根据该会计期间内为会计目的所报告的收入和费用来确定所得税费用，即所得税费用与导致纳税义务的税前会计收益相配比（在同期报告），而不考虑为纳税目的所确认的收入和费用的时间性。由于所得税费用随同相关的会计收益在同一期间确认，所得税的跨期摊配方法也符合收入与费用的配比原则。

5. 统一性

纳税会计以税法为主要依据。我国税法指导思想是"统一税法，公平税负，简化税制，合理分权"。其中"合理分权"是指税收立法权集中在国家的前提下，依法赋予地方适当的税收立法权，但绝非指纳税人可拥有自由取舍和裁量税法规则和方法的权利。从这个意义上说，税法在其有效范围内具有高度集中、高度统一的特性。

为了体现和保持税法的统一性，一方面在我国的税收程序法中明确规定了纳税人的权利与义务，税收实体法中对构成各税法要素进行了统一规定，严格要求纳税人依法进行纳税申报并缴纳税款；另一方面，对税额计算中需要即时做出判断及结论的交易和事项（如财产损失金额及其处理等），税法或是要求纳税人必须报经税务机关审核批准，税务机关或是有权核定征收，或是有权依法确定计税依据，这样就极大限度地控制了纳税人对应纳税额、纳税时间的自由调整权。纳税会计在进行涉税业务会计处理时，要严格遵守税法。因此，统一性是纳税会计必须遵守的一项原则。

6. 确定性原则

确定性是指应当让所有的纳税人及其他人了解清楚明白，与纳税人应缴纳的税款有关的事项如计税依据、税率、纳税日期、纳税方法等，必须是确定的，不得随意变更。这一原则也适用于所得税的税前扣除，凡税前可扣除的费用，不论何时支付，其金额必须是确定的。费用、损失金额如果无法准确确定（如各项资产减值准备），不得扣除。

7. 税款支付能力原则

税款支付能力与纳税能力有所不同。纳税能力是指纳税人应以合理的标准确定其计税基数，有同等计税基数的纳税人应负担同一税种的同等税款。因此，纳税能力体现的是合理负税原则。与企业的其他费用支出有所不同，税款支付全部是现金流出，因此在考虑纳税能力的同时，更应考虑税款的支付能力。纳税会计在确认、计量、记录其收入、收益、成本、费用时，应尽可能选择保证支付能力的会计处理方法（包括销售方式、结算方式、结算工具等）。

8. 划分营业收益和资本收益原则

营业收益（经营所得）和资本收益（资本利得）具有不同的来源，担负着不同的纳税责任，在纳税会计中应严格划分。营业收益是指企业通过其经常性的主要经营活动而获得的收入，通常变现为现金流入或资产的增加或负债的减少，其内容包括主营业务收入和其他业务收入两部分，其税额的课征标准一般按正常税率计征。资本收益是指在出售或交换税法规定的资本资产时所获得的收益（如投资收益、出售或交换有价证券的收益等）。资本收益的课税标准具有不同于营业收益的特殊规定。为了正确计算所得税负债和所得税费用，就应该划分和遵循两种收益的原则和具体的划分标准。

9. 纳税筹划原则

纳税筹划（Tax Planning）又称税务筹划，是纳税人在其经营决策、筹资决策和投资决策过程中，在符合或不违反税法规定的前提下，以降低税负为目标，运用现代管理理论与方法，对涉税活动进行规划、预测、比较、决策，研究节税策略，制定纳税操作方案，合理筹划税务活动，实现少纳税或不纳税，以求取得经济利益最大化。征税机关通过纳税人的纳税筹划，可以发现税法漏洞和缺陷，不断完善税法，强化反避税和税收征管措施，保证国家税收收入及时、足额入库。

第五节 纳税会计核算基本要求

一、存款账号报告

从事生产经营的纳税人应当按照国家有关规定，持税务登记证件，在银行或者其他金融机构开立基本账户和其他存款账户，并将其全部账号向税务机关报告。

纳税人应提供《纳税人存款账户账号报告表》主表 1 份，格式如表 1 - 1 所示。

纳税人需出示的资料有《税务登记证》（副本）。

纳税人需报送的资料有银行开户许可证及复印件。

纳税人办理纳税时限的要求：从事生产、经营的纳税人应当自开立基本账户或其他存款账户之日起 15 日内，向主管税务机关书面报告其全部账号；发生变化的，应当自变化之日起 15 日内向主管税务机关报告。

表1-1　纳税人存款账户账号报告表

纳税人名称				纳税人识别号		
经营地址						
银行开户登记证号				发证日期		年　月　日
账户性质	开户银行	账号	开户时间	变更时间	注销时间	备注
≈≈≈≈≈≈≈≈≈≈≈≈≈≈≈≈≈≈≈≈≈≈≈≈≈≈≈≈≈≈≈≈≈≈≈≈≈≈						
报告单位： 经办人： 法定代表人（负责人）：　　报告单位（签章） 　　　　　　　　　　　　　年　月　日				受理税务机关： 经办人： 负责人：　　　　税务机关（签章） 　　　　　　　　　　年　月　日		

注：账户性质按照基本账户、一般账户、专用账户、临时账户如实填写。
本表一式两份，报送税务机关一份，纳税人留存一份。

二、账簿、凭证管理

会计凭证是记录经济业务发生或者完成情况的书面证明，明确经济责任，并据以登记账簿的依据。会计账簿是纳税人、扣缴义务人以会计凭证为依据，对全部经济业务进行全面、系统、连续、分类记录和核算的簿籍。税务机关按照税收法律、行政政法规和财务会计制度规定，对纳税人的会计账簿、凭证等实行管理和监督。

（一）纳税人财务、会计制度备案制度

从事生产、经营的纳税人应当自领取税务登记证件之日起15日内，将其财务、会计制度或者财务、会计处理办法报送主管税务机关备案。纳税人使用计算机记账的，应当在使用前将会计电算化系统的会计核算软件、使用说明书及有关资料报送主管税务机关备案。

纳税人应提供《财务会计制度及核算软件备案报告书》1份。

纳税人应提供财务、会计制度或财务核算办法，财务核算软件及其使用说明书（使用计算机记账的纳税人）。

（二）企业财务会计制度与税收不一致的处理办法

纳税人执行的财务会计制度或办法与税收规定抵触的，依照有关税收规定计算纳税。

（三）账簿设置要求

从事生产、经营的纳税人应当自领取营业执照或者发生纳税义务之日起 15 日内，按照国家有关规定设置账簿。前款所称账簿是指总账、明细账、日记账以及其他辅助性账簿。总账、日记账应当采用订本式。

生产、经营规模小又确无建账能力的纳税人，可以聘请经批准从事会计代理记账业务的专业机构或者财会人员代为建账和办理账务。聘请上述机构或者人员有实际困难的，经县以上税务机关批准，可以建立收支凭证粘贴簿、进货销货登记簿或者使用税控装置。

扣缴义务人应当自税收法律、行政法规规定的扣缴义务发生之日起 10 日内，按照所代扣、代收的税种，分别设置代扣代缴、代收代缴税款账簿。

纳税人、扣缴义务人会计制度健全，能够通过计算机正确、完整地计算其收入和所得或者代扣代缴、代收代缴税款情况的，其计算机输出的完整书面会计记录，可视同会计账簿。纳税人、扣缴义务人会计制度不健全，不能通过计算机正确、完整计算其收入和所得或者代扣代缴、代收代缴税款情况的，应当建立总账及与纳税或者代扣代缴、代收代缴税款有关的其他账簿。

纳税人应当按照税务机关的要求安装、使用税控装置，并按照税务机关的规定报送有关数据和资料。

纳税人建立的会计电算化系统应当符合国家有关规定，并能正确、完整核算其收入或者所得。

（四）记账凭证使用要求

纳税会计凭证是记载纳税人有关税务活动、具有法律效力并据以登记账簿的书面文件。纳税会计凭证按其所反映税收经济业务内容的不同，分为应征凭证、减免凭证、完税凭证等三类。

1. 应征凭证

应征凭证是指纳税人、代征代扣人本期应缴纳税负的原始凭证，应征凭证主要有以下几种：

（1）纳税申报表。是纳税人在发生纳税义务后，根据税务机关规定的申报期限和纳税期限，按期向税务机关填报的一种计算其应缴税款的凭证。这是应征凭证中数量最多、最典型的一种，它按不同税种设计，如增值税纳税申报表、消费税纳税申报表、企业所得税纳税申报表等。

（2）代扣代缴、代收代缴税款报告表。是负有代扣（代收）代缴税款义务的扣缴义务人填报，用以向税务机关报告实际代扣代缴、代收代缴税款的一种凭证。

（3）定额税款通知书或定税清册。是税务机关对实行定期定额缴纳税款的纳税人即"双定户"，根据核定的一定时期的应纳税额填制，用以将应纳税款核定情况通知纳税人，并作为征纳双方征缴税款依据的一种凭证。

（4）应缴税款核定书。是税务机关对应设未设账簿，或虽设置账簿但账目混乱或凭证不全，以及逾期未申报的纳税人，根据有关资料核定其应纳税额时填制的一种凭证。

（5）预缴税款通知单。是实行分期或分次预缴税款、定期结算的纳税人在预缴税款时，由征收人员或纳税人根据预缴税款填制的、专门用以进行应征税费账务处理的一种凭证。

（6）审计决定书和财政监督检查处理决定书。是审计和财政监督机关对查出的税务违规行为进行处理时填制的，用以通知纳税人和税务机关征缴税款、滞纳金和罚款的一种凭证。

（7）其他应征凭证。是指除上述应征凭证以外的其他应征税款原始凭证，如税款处理决定书、复议决定书、申报（交款）错误更正通知书以及临时征收凭证等。

2. 减免凭证

减税免税是在一定时期内给予纳税人或课税对象的鼓励或照顾措施。减税是减征部分应纳税款；免税是免征全部应纳税款，是纳税人的一种税收优惠。减免凭证是享受减免税的纳税人按税务机关确定的纳税申报期限向税务机关填报的，用以确定实际享受减征、免征税额的一种原始凭证。

3. 完税凭证

完税凭证是指税务机关征收税款、扣缴义务人代扣或代收税款时，向纳税人开具的、证明纳税人履行纳税义务的书面凭证。是纳税单位和个人履行纳税义务的合法凭证，又是税务机关进行税收时会计和统计核算、监督的原始凭证，同时也是国库收纳国家预算收入的凭证。常见的完税凭证有《税收通用缴款书》（第 1 联）、《税收〈出口货物专用〉缴款书》（第 1 联）、《税收通用完税证》（第 2 联）、《税收定额完税证》（收据联）、《车船使用税定额完税证》、《税收转账专用完税证》（第 2 联）、《代扣代收税款凭证》（第 2 联）、《出口货物完税分割单》（第 2 联）、《个人所得税完税证明》等。印花税票本身在粘贴、划销之后即为印花税已缴纳的完税凭证。

记账凭证应合法、有效。合法是指按照法律、行政法规的规定取得并填制凭证，不得使用非法凭证。有效是指取得和填制的凭证内容真实，要素齐全。

（五）账簿、凭证的保管

账簿、记账凭证、报表、完税凭证、发票、出口凭证以及其他有关涉税资料应当合法、真实、完整。

账簿、会计凭证和报表，应当使用中文。民族自治地方可以同时使用当地通用的一种民族文字。外商投资企业和外国企业可以同时使用一种外国文字。

账簿、记账凭证、报表、完税凭证、发票、出口凭证以及其他有关涉税资料应当保存10 年；但是法律、行政法规另有规定的除外。

三、纳税会计核算

（一）应设置的会计科目

纳税会计主要确定计税依据，核算应纳税额的计算、申报与缴纳，因此，除财务会计已有的相关科目外，还必须设置以下会计科目：

1."应交税费"科目

本科目属于负债类科目，核算纳税人应缴纳的各种税金。该科目贷方反映企业应缴纳的税款，借方反映企业实际缴纳的税款和已支付待抵扣的税款；期末余额贷方表示企业应交未交的税款，期末余额借方表示企业多交未退或者留待下一期抵扣的税款。该科目应按税种设置二级科目或明细科目，进行明细核算。

2."税金及附加"科目

本科目属损益类科目，借方登记纳税人发生的除增值税、企业所得税以外的各种税金及附加，贷方登记期末转入"本年利润"科目的各种税金及附加，期末结转后本科目无余额。

除上述两个科目外，纳税人还应设置"所得税费用""递延所得税负债""递延所得税资产"等科目。上述各科目与"应交税费"科目的具体核算办法详见以后各章。

（二）纳税会计处理

"应交税费"科目的一般核算程序：纳税人计算出除增值税、企业所得税以外的税费，借记"税金及附加"等科目，贷记"应交税费"科目及所属有关明细科目。

纳税人购进货物、劳务、服务、无形资产或不动产，借记"应交税费——应交增值税（进项税额）""应交税费——待认证进项税额"等科目，贷记"应付账款""银行存款"等科目。纳税人发生应税销售行为计算出增值税销项税额，借记有关科目，贷记"应交税费——应交增值税（销项税额）"科目。

纳税人计算出当年应交企业所得税，借记"所得税费用"科目，贷记"应交税费"科目。

纳税人实际缴纳各种税费时，借记"应交税费"科目及有关明细科目，贷记"银行存款"科目。

期末，将应交税费及企业所得税转入本年利润，计算本年损益时，借记"本年利润"科目，贷记"税金及附加""所得税费用"科目。

四、进行纳税申报

期末，纳税人应该按照《税收征收管理法》及其他税收法律、行政法规的有关规定，向税务机关进行纳税申报，报送纳税申报表和税务机关需要报送的其他纳税资料。纳税人进行纳税申报的资料主要包括以下两类：一类是各种纳税申报表及附表、代扣代缴、代收代缴税款报告表；另一类是税务机关实际要求报送的其他有关资料，如会计报表、资产损失盘点表、国内外有关机构出具的具有法律效力的文件等。

上述报表中，财务报表已在"企业财务会计"课程中讲述，各种纳税申报表或代扣代缴、代收代缴税款报告表及附表的基本内容、格式和填制方法，将在以后各章节中说明。

 **本章小结**

本章讲述税法与纳税会计的基本理论与基本知识，以及纳税会计核算的基本要求，为以后各章学习奠定基础。税法的基本理论和知识包括：税收法律关系，税法的基本要素，税务登记，纳税申报，税款征管与征收，涉税法律责任等。纳税会计的基本理论与知识：纳税会计的概念与特点，纳税会计与财务会计的联系与区别，纳税会计的对象与目标，纳税会计的基本前提与核算原则。纳税会计核算的基础包括：向税务机关报送存款账号，按照征管法的要求对凭证、账簿进行管理，按企业会计准则规定设置有关会计科目，进行会计核算。

 本章重要名词概念

纳税会计　征税对象　税款支付能力　税务登记　纳税申报
（请扫描右侧二维码进行即测即评）

即测即评
二维码

 复习思考题

1. 纳税人的权利义务有哪些？
2. 税法的要素有哪些？涉税行政责任和刑事责任有哪些？
3. 税务登记包括哪些内容？如何进行税务登记？
4. 税款征收有哪几种方式？税款征收制度有哪些内容？
5. 什么是纳税会计？纳税会计有哪些特点？纳税会计与财务会计有何区别与联系？
6. 纳税会计的对象包括哪些内容？纳税会计基本假设和核算原则有哪些？
7. 纳税会计核算基本要求有哪些？

第二章
增值税法与增值税会计

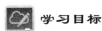 **学习目标**

　　通过本章学习，您应该了解：增值税含义、类型与特点；增值税起征点；增值税的两种计算方法；不得扣除进项税额的凭证。理解并熟悉：一般纳税人与小规模纳税人的划分标准；适用简易征税的项目；增值税优惠的类型及主要内容；准予扣除进项税额的凭证；应交增值税明细账的设置与登记方法；增值税专用发票使用的有关规定。掌握：增值税的征税范围与对象、增值税率、征收率及其适用范围；一般计税方法销售售额、进项税额和应纳税额的计算；简易计税法的适用范围与应纳税额计算；增值税的会计处理方法；增值税征管规定与纳税申报表的填制。

本章知识结构图

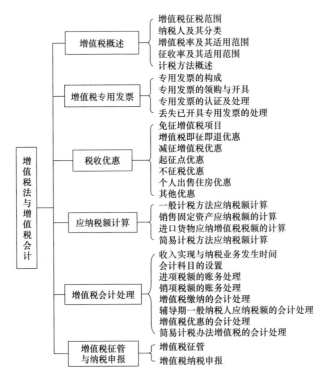

案例导入

　　2018 年 7 月，冯佩欣大学毕业后应聘到 ABC 公司担任纳税会计一职，该公司为一般纳税人，主营各种机床制造、销售和修理修配业务，同时兼营房地产开发和进出口业务。对于纳税会计应从哪儿做起，具体应做哪些工作，章佩欣一头雾水，便向公司在纳税会计岗位上工作了二十余年的高级会计师李师傅请教。李师傅讲，纳税会计人员首先应根据交易和事项确定增值税计税依据和适用的税率；其次应根据计税依据和适用税率计算应纳税额并进行会计核算，包括编制记账凭证、预交增值税、登记应交增值税明细账；最后在月终计算本月销项税额、进项税额、可抵免增值税额和应纳增值税额以及出口退税额，在规定时间内填制纳税申报表和税收缴款书，缴纳各种税费并进行账务处理。为此，必须掌握以下基本理论、基本知识和基本操作技能：

- 增值税征税范围、税目、税率、税收优惠的具体规定。
- 能根据具体交易和事项计算销项税额。
- 根据取得的各种凭证，进行比较、认证，确定当期可抵扣的进项税额，计算应纳税额。
- 按规定期限预交增值税并进行会计处理。
- 填制增值税纳税申报表并进行纳税申报。
- 计算出口退税额，办理出口退税并进行会计处理。

第一节　增值税法概述

一、增值税征税范围

（一）征税范围与对象的一般规定

1. 销售或者进口货物

销售货物是指有偿转让货物的所有权。货物是指有形动产，包括电力、热力、气体在内。有偿是指取得货币、货物或者其他经济利益。

进口货物是指将货物从境外移送至我国境内的行为。

2. 销售加工、修理修配劳务（以下简称劳务）

加工是指受托加工货物，即委托方提供原料及主要材料，受托方按照委托方的要求制造货物并收取加工费的业务；修理修配是指受托对损伤和丧失功能的货物进行修复，使其恢复原状和功能的业务。

3. 销售现代服务

销售服务是指提供服务、有偿转让无形资产或者不动产，但属于非经营活动的情形除外。

销售现代
服务二维码

4. 销售无形资产、不动产

销售无形资产、不动产，是指有偿转让无形资产、不动产所有权。具体包括以下内容：

- 服务（租赁不动产除外）或者无形资产（自然资源使用权除外）的销售方或者购买方在境内。
- 所销售或者租赁的不动产在境内。
- 所销售自然资源使用权的自然资源在境内。
- 财政部和国家税务总局规定的其他情形。

5. 境外单位或者个人以下情况属于在我国境内销售服务、无形资产

- 境外单位或者个人向境内单位或者个人销售的完全在境内发生的服务。
- 境外单位或者个人向境内单位或者个人销售的未完全在境外发生的服务。
- 境外单位或者个人向境内单位或者个人销售的完全在境内使用的无形资产。
- 境外单位或者个人向境内单位或者个人销售的未完全在境外使用的无形资产。

相关知识

下列情形不属于在境内销售服务或者无形资产：

（1）境外单位或者个人向境内单位或者个人销售完全在境外发生的服务。

（2）境外单位或者个人向境内单位或者个人销售完全在境外使用的无形资产。

（3）境外单位或者个人向境内单位或者个人出租完全在境外使用的有形动产。

（4）财政部和国家税务总局规定的其他情形，具体包括以下内容：

- 为出境的函件、包裹在境外提供的邮政服务、收派服务；
- 向境内单位或者个人提供的工程施工地点在境外的建筑服务、工程监理服务；
- 向境内单位或者个人提供的工程、矿产资源在境外的工程勘察勘探服务；
- 向境内单位或者个人提供的会议展览地点在境外的会议展览服务。

（二）增值税征税的特殊行为

1. 视同销售行为

- 将货物交付其他单位或者个人代销。

- 销售代销货物。
- 设有两个以上机构并实行统一核算的纳税人，将货物从一个机构移送至其他机构用于销售，但相关机构设在同一县（市）的除外。
- 将自产、委托加工的货物用于集体福利或个人消费。
- 将自产、委托加工或购买的货物作为投资，提供给其他单位或个体工商户。
- 将自产、委托加工或者购进的货物分配给股东或投资者。
- 将自产、委托加工或者购进的货物无偿赠送其他单位或者个人。
- 单位或者个体工商户向其他单位或者个人无偿提供服务，但用于公益事业或者以社会公众为对象的除外。
- 单位或者个人向其他单位或者个人无偿转让无形资产或者不动产，但用于公益事业或者以社会公众为对象的除外。
- 财政部和国家税务总局规定的其他情形。

2. 混合销售行为

一项销售行为如果既涉及服务又涉及货物，为混合销售。判断一项销售行为是否属于混合销售时必须同时符合两项标准：一是该销售行为同时涉及货物又涉及服务，服务是为销售货物而提供的；二是两者之间是紧密的从属关系，指向同一主体。

3. 兼营不同税率的销售行为

兼营是指纳税人在销售货物或提供应税劳务的同时，还从事销售服务、转让无形资产、不动产或者经营不同税率的货物销售，并且各类应税行为不发生在同一项销售行为中，这些经营活动间并无直接的联系和从属关系。

（三）增值税征税的特殊项目

- 货物期货（包括商品期货和贵金属期货）。
- 典当业的死当物品销售业务，寄售商店代销委托人寄售的物品。
- 电力公司利用自身输变电设备进行电力调压并按电量向电厂收取的并网服务费。
- 从事电力、热力、燃气、自来水等公用事业的一般纳税人收取的与货物的销售数量有直接关系的一次性费用。
- 油气田企业从事原油、天然气生产以及为原油、天然气生产提供的生产劳务。
- 供电企业利用自身输变电设备对并入电网的企业自备电力生产进行调压，并按电量向电厂收取的并网服务费。
- 经批准允许从事二手车经销业务的纳税人按照《机动车登记规定》的有关规定，将收购的二手车办理过户手续登记到自己名下，销售时再将该二手车登记过户到买家名下的行为。
- 航空运输企业已售票但未提供航空运输服务取得的逾期票证收入。
- 罚没物品。

二、纳税人与扣缴义务人

（一）增值税纳税人概述

在中华人民共和国境内（以下简称"在境内"）销售货物或者加工、修理修配劳务（以下简称"劳务"），销售服务、无形资产、不动产以及进口货物的单位和个人，为增值税的纳税人。

单位以承包、承租、挂靠方式经营的，承包人、承租人、挂靠人（以下统称"承包人"）以发包人、出租人、被挂靠人（以下统称"发包人"）名义对外经营并由发包人承担相关法律责任的，以发包人为纳税人。不同时满足上述两个条件的，以承包人为纳税人。

增值税暂行条例将纳税人分为增值税一般纳税人（以下简称"一般纳税人"）和增值税小规模纳税人（以下简称"小规模纳税人"）两类。

（二）小规模纳税人的认定

1. 小规模纳税人认定标准

小规模纳税人是指年应征增值税销售额（以下简称"应税销售额"）在规定标准以下，会计核算不健全，不能按规定报送有关税务资料的单位和个人。国家税务总局公告〔2018〕第18号规定，自2018年5月1日起，小规模纳税人的认定标准如下：

（1）年应征增值税销售额500万元及以下。
（2）年应税销售额超过小规模纳税人标准的其他个人（非个体工商户）。

2. 以下纳税人可以选择认定为小规模纳税人

（1）年应税销售额超过小规模纳税人规定标准的个体工商户。
（2）非企业性单位，不经常发生应税行为的企业。

（三）一般纳税人的认定

1. 一般纳税人的认定标准

一般纳税人是指年应税销售额超过财政部和国家税务总局规定的小规模纳税人标准的企业和企业性单位。除了上述基本规定外，国家税务总局还就资格判断做出如下规定：

（1）兼有销售货物、提供应税劳务与应税服务的纳税人，应税货物和应税劳务销售额与应税服务销售额应分别计算，分别适用增值税一般纳税人资格认定标准。

（2）兼有销售货物、提供应税劳务和应税服务的纳税人，且不经常发生应税行为的单位和个体工商户，可以选择按小规模纳税人缴纳增值税。

（3）年应税销售额未超过规定标准的纳税人，会计核算健全，能够提供准确税务资料的，可以向主管税务机关办理一般纳税人资格登记，成为一般纳税人。

2. 一般纳税人的管理

（1）一般纳税人向税务机关办理认定手续，以取得法定资格，一般纳税人实行增值税购进扣税法，销售货物、加工修理修配劳务、服务、无形资产和不动产开具增值税专用发票。

（2）兼有销售货物、加工修理修配劳务、服务、无形资产和不动产的纳税人，应税销售货物、加工修理修配劳务、服务、无形资产和不动产应当分别计算，分别适用一般纳税人资格认定标准。

（四）扣缴义务人

中华人民共和国境外（以下简称"境外"）单位或者个人在境内发生应税行为，在境内未设有经营机构的，以购买方为增值税扣缴义务人。财政部和国家税务总局另有规定的除外。

三、增值税率及其适用范围

（一）基本税率（16%）的适用范围

财政部、国家税务总局《关于调整增值税税率的通知》规定，自2018年5月1日起，一般纳税人销售或进口货物，劳务和有形动产租赁服务，除下列第（二）、第（三）、第（四）项另有规定外，一律适用16%的基本税率。

（二）低税率（10%）的适用范围

财政部、国家税务总局《关于调整增值税税率的通知》规定，自2018年5月1日起，纳税人销售交通运输、邮政、基础电信、建筑、不动产租赁服务，销售不动产，转让土地使用权，销售或者进口下列货物，税率为10%：
（1）粮食等农产品、食用植物油、食用盐。
（2）自来水、暖气、冷气、热水、煤气、石油液化气、天然气、二甲醚、沼气、居民用煤炭制品。
（3）图书、报纸、杂志、音像制品、电子出版物。
（4）饲料、化肥、农药、农机（不包括农机零配件）、农膜。
（5）国务院规定的其他货物。

（三）低税率（6%）的适用范围

纳税人销售服务、其他无形资产，除上述第（一）项、第（二）项，下述第（四）

项另有规定外，适用6%的低税率。

（四）零税率的适用范围

- 境内纳税人出口货物，税率为零，国务院另有规定的除外。
- 境内的单位和个人跨境销售国务院规定范围内的服务、无形资产，税率为零。
- 纳税人按照国家有关规定取得应取得相关资质的国际运输服务项目，适用增值税零税率政策；未取得的适用增值税免税政策。
- 境内单位和个人发生与港、澳、台有关的应税行为，除另有规定外，参照上述规定执行。

税率的调整，由国务院决定。

四、增值税征收率及其适用范围与扣缴增值税适用的税率

（一）小规模纳税人发生的应税销售行为

小规模纳税人销售货物、劳务、无形资产、服务，适用3%的征收率。
非房地产企业的小规模纳税人转让2016年5月1日后取得土地使用权。

（二）一般纳税人发生的特殊应税销售行为

1. 减按3%的征收率

一般纳税人销售下列应税行为，可选择适用简易计税方法，减按3%的征收率计算应纳税额，不得抵扣取得增值税扣税凭证上注明的增值税税款：

（1）提供轮客渡、公交客运、地铁、城市轻轨、出租车、长途客运、班车等公共交通运输服务。

（2）经认定的动漫企业为开发动漫产品提供的服务以及在境内转让动漫版权（包括动漫品牌、形象或者内容的授权及再授权）。

（3）提供的电影放映服务、仓储服务、装卸搬运服务、收派服务和文化体育服务。

（4）以清包工方式提供的建筑服务，为甲供工程提供的建筑服务，为建筑工程老项目提供的建筑服务。

（5）提供非学历教育服务。

（6）房地产开发企业销售自行开发的房地产老项目。

（7）提供游览场所取得的收入。

（8）拍卖行受托拍卖增值税应税货物向购买方收取的全部价款和价外费用。

（9）非企业性单位中的一般纳税人提供的研发和技术服务、信息技术服务、鉴证咨询服务以及销售技术、著作权等无形资产。

（10）提供物业管理服务的纳税人向服务接受方收取的自来水水费。

（11）对属于一般纳税人的自来水公司采用简易计税办法销售自产自来水。桶装饮用水应按照16%的适用税率征收增值税。

（12）寄售商店代销寄售物品（包括居民个人寄售的物品在内）；典当业销售死当物品；拍卖行受托拍卖增值税应税货物，向买方收取的全部价款和价外费用。

2. 适用5%征收率

纳税人的下列行为，适用5%征收率征收增值税：

（1）小规模纳税人销售自建或者取得的不动产，出租其取得的不动产（不含个人出租住房）。

（2）其他个人销售其取得（不含自建）的不动产（不含其购买的住房），其他个人出租其取得的不动产（不含住房）。

（3）一般纳税人销售、出租其2016年4月30日前取得、自建的不动产。

（4）房地产开发企业中的一般纳税人销售自行开发的房地产老项目。

（5）一般纳税人2016年4月30日前签订的不动产融资租赁合同，取得的不动产提供的融资租赁服务。

（6）以纳入营改增试点之日前取得的有形动产为标的物提供的经营租赁服务；签订的尚未执行完毕的有形动产租赁合同。

（7）公路经营企业中的一般纳税人收取试点前开工的高速公路的车辆通行费。

（8）一般纳税人选择适用简易计税方法提供人力资源外包服务。

（9）一般纳税人转让2016年4月30日前取得的土地使用权。

（10）一般纳税人提供劳务派遣服务、安全保护服务选择差额纳税的。

（11）纳税人以经营租赁方式将土地出租给他人使用，按照不动产经营租赁服务缴纳增值税。

（12）财政部和国家税务总局规定的其他情形。

💬 **特别提示**

选择适用简易计税方法计税，需要到主管税务机关备案。

3. 按3%减按2%的征收率

一般纳税人的下列行为，按3%减按2%的征收率征收增值税：

（1）销售旧货。

（2）销售自己使用过的、纳入营改增试点之日前取得的固定资产。

（3）销售其按照规定不得抵扣且未抵扣进项的已使用过的固定资产。

增值税率、
征收率一览
表二维码

💬 **考考你**

小规模纳税人与一般纳税人在计算增值税时适用的税率有何区别？

（三）扣缴增值税适用的税率

境内的代理人和接受方为境外单位和个人扣缴增值税的，按照适用税率扣缴增值税。

五、计税方法概述

（一）一般计税方法

一般计税方法是以纳税人当期销售货物、劳务、服务、无形资产或者不动产（以下简称销售应税行为）收取的销项税额抵扣当期准予进项税额后的余额作为应纳增值税的计税方法。计算公式：

应纳税额 = 当期销项税额 − 当期进项税额

当期销项税额小于当期进项税额不足抵扣时，其不足部分可以结转下期继续抵扣。

（二）简易计税方法

简易计税方法是指按照销售额和征收率计算应纳增值税额，不得抵扣进项税额的计税方法。简易计税方法应纳税额计算公式为：

应纳税额 = 当期销售额（不含增值税）× 征收率

简易计税方法适用于小规模纳税人销售应税行为，也包括一般纳税人的特殊销售应税行为。销售额与一般计税方法中销售额一样，不含增值税额。

（三）扣缴义务人适用的计税方法

境外单位和个人在境内提供应税服务，在境内未设有经营机构的，扣缴义务人按照下列公式计算应扣缴税额：

应扣缴税额 = 购买方支付的价款 ÷（1 + 税率）× 税率

在计算应扣缴税额时，应将应税行为购买方支付的含税价款，换算为不含税价款，再乘以应税行为的增值税适用税率（不适用增值税征收率），计算出应扣缴的增值税税额。

第二节　增值税专用发票

增值税专用发票（以下简称专用发票）是由国家税务总局监制设计印制的，只限于增值税一般纳税人领购使用的，既是纳税人反映经济活动中的重要会计凭证，又是兼记销货方纳税义务和购货方进项税额的合法证明，还是增值税计算和管理中重要的决定性的合法凭证。一般纳税人销售应税行为，应使用增值税发票管理新系统（以下简称新系统）开具增值税专用发票、增值税普通发票、机动车销售统一发票或者增值税电子普通发票。

特殊情况也可以由付款人向收款方开具发票。特殊情况是指：①收购单位和扣缴义务人支付个人款项时；②国家税务总局认为其他需要由付款方向收款人开具发票的。

一、专用发票的构成

专用发票由基本联次或者基本联次附加其他联次构成，基本联次为三联：

记账联是销售方核算销售收入和增值税销项税额的记账凭证。票面上的"税额"是指"销项税额"，"金额"是指销售货物的"不含税金额价格"。发票三联是具有复写功能的，一次开具，三联的内容一致。

抵扣联是购货方报送主管税务机关认证和留存备查的凭证，用来抵扣销项税额联。

发票联是购买方核算采购成本和增值税进项税额的记账凭证。专用发票格式如图2－1所示。

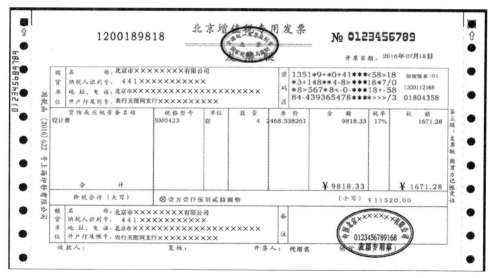

图2－1　北京市增值税专用发票

二、专用发票的领购与开具

（一）专用发票的领购

一般纳税人凭《发票领购簿》、IC卡和经办人身份证明领购专用发票。一般纳税人有下列情形之一者，不得领购使用专用发票：

其一，会计核算不健全，不能向税务机关准确提供增值税销项税额、进项税额、应纳税额数据及其他有关增值税税务资料的。

其二，有《税收征收管理法》规定的税收违法行为，拒不接受税务机关处理的。

其三，有下列行为之一，经税务机关责令限期改正而仍未改正的：

- 虚开专用发票；私自印制专用发票。
- 向税务机关以外的单位或个人买取专用发票。
- 借用他人专用发票。
- 虚开增值税专用发票。
- 未按规定要求开具专用发票。
- 未按规定保管专用发票和专用设备。
- 未按规定申报专用发票的购、用、存情况。
- 未按规定申请办理防伪税控系统变更发行。
- 未按规定接受税务机关检查。

有上述情形的，如已领购专用发票，主管税务机关应暂扣其结存的专用发票和 IC 卡。

（二）专用发票开具

1. 专用发票的开具范围

（1）一般纳税人销售货物或者提供应税劳务、服务、无形资产和不动产，应向购买方开具专用发票。

（2）商业企业一般纳税人零售的烟、酒、食品、服装、鞋帽（不包括劳保专用部分）、化妆品等消费品不得开具专用发票。

（3）增值税小规模纳税人需要开具专用发票的，可向主管税务机关申请代开。

（4）销售免税货物不得开具专用发票，法律、法规及国家税务总局另有规定的除外。

（5）纳税人提供应税服务，应当向索取增值税专用发票的接受方开具增值税专用发票，并在增值税专用发票金额栏分别注明销售额和销项税额。

（6）属于下列情形之一的，不得开具增值税专用发票：

- 向消费者个人销售应税项目、提供应税服务。
- 适用免征增值税规定的应税服务、销售免税项目。
- 销售报关出口的货物或在境外销售应税劳务。
- 将货物用于非应税项目。
- 将货物用于集体福利或个人消费。

2. 开具要求

（1）字迹清楚，不得涂改。如填写有误，应另行开具专用发票，并在误填的专用发票上注明"误填作废"四字。如专用发票开具后因购货方不索取而成为废票的，也应按填写有误办理。

（2）项目填写齐全，各项目内容正确无误。开具专用发票，必须在"金额""税额"栏合计（小写）数前用"￥"符号封顶，在"价税合计（大写）"栏大写合计数前用"￥"符号封顶。

（3）票、物与实际交易相符，票面金额与实际收取的金额相符。

（4）发票联和抵扣联加盖单位发票专用章，发票专用章使用红色印泥。

（5）纳税人开具专用发票必须预先用蓝色印泥加盖专用发票销货单位栏戳记。不得手工填写"销货单位"栏，用手工填写的，属于未按规定开具专用发票，购货方不得作为扣税凭证。

（6）全部联次一次填开，上联、下联的内容和金额一致。

（7）按照规定的时限开具专用发票。

（8）一般纳税人发生应税行为因项目较多，在一张专用发票上无法填写完毕，可以汇总开具专用发票的，同时使用防伪税控系统开具《销售货物或者提供应税劳务清单》，并加盖财务专用章或者发票专用章。

（9）不得开具伪造的专用发票；不得拆本使用专用发票；不得开具票样与国家税务总局统一制定的票样不相符合的专用发票。

（10）发生退货、销售折让收到购货方抵扣联、发票的处理方法。

未按规定保管专用发票和专用设备二维码

除上述规定外，"营改增"还结合实际情况对专用发票的开具作出了如下规定：

自 2016 年 5 月 1 日起，纳入新系统推行范围的试点纳税人及新办增值税纳税人，应使用新系统根据《商品和服务税收分类与编码（试行）》选择相应的编码开具增值税发票。

1）按照现行政策规定适用差额征税办法缴纳增值税且不得全额开具增值税发票的（财政部、税务总局另有规定的除外），纳税人自行开具或者税务机关代开增值税发票时，通过新系统中差额征税开票功能，录入含税销售额（或含税评估额）和扣除额，系统自动计算税额和不含税金额，备注栏自动打印"差额征税"字样，发票开具不应与其他应税行为混开。

2）提供建筑服务，纳税人自行开具或者税务机关代开增值税发票时，应在发票的备注栏注明建筑服务发生地县（市、区）名称及项目名称。

3）销售不动产，纳税人自行开具或者税务机关代开增值税发票时，应在发票"货物或应税劳务、服务名称"栏填写不动产名称及房屋产权证书号码（无房屋产权证书的可不填写），"单位"栏填写面积单位，备注栏注明不动产的详细地址。

4）出租不动产，纳税人自行开具或者税务机关代开增值税发票时，应在备注栏注明不动产的详细地址。

5）个人出租住房适用优惠政策减按 1.5% 征收，纳税人自行开具或者税务机关代开增值税发票时，通过新系统中征收率减按 1.5% 征收开票功能，录入含税销售额，系统自动计算税额和不含税金额，发票开具不应与其他应税行为混开。

6）税务机关代开增值税发票时，"销售方开户行及账号"栏填写税收完税凭证字轨及号码或系统税票号码（免税代开增值税普通发票可不填写）。

7）国税机关为跨县（市、区）提供不动产经营租赁服务、建筑服务的小规模纳税人（不包括其他个人），代开增值税发票时，在发票备注栏中自动打印"YD"字样。

开票时，发票的抬头要与企业名称的全称一致。2017年7月1日以后，增值税发票必须要有税号，不符合规定的发票，不得作为税收凭证。从2018年1月1日开始，货物名称不用再手动输入，而是根据国税总局制定的"商品和服务分类简称"表自动生成。自2018年2月1日起，月销售额超3万元（或季销售额超9万元）的工业以及信息传输、软件和信息技术服务业的小规模纳税人（以下简称试点纳税人）发生增值税应税行为，需要开具增值税专用发票的，可以通过增值税发票管理新系统自行开具；试点纳税人销售其取得的不动产，需要开具增值税专用发票的，应当按照有关规定向主管税务机关申请代开。自2018年4月1日起，二手车交易市场、二手车经销企业、经纪机构和拍卖企业应当通过增值税发票管理新系统开具二手车销售统一发票。

税务机关代开专用发票，除加盖纳税人财务专用章外，必须同时加盖税务机关代开增值税专用发票章，专用章加盖在专用发票底端的中间位置，使用红色印泥。凡未加盖上述用章的，购货方一律不得作为抵扣凭证。

开具的专用发票有不符合上列要求者，不得作为扣税凭证，购买方有权拒收。

3. 专用发票开具后发生退货或开票有误的处理

一般纳税人开具专用发票后，发生销货退回、开票有误、应税服务中止以及发票抵扣联、发票联均无法认证等情形但不符合作废条件，或者因销货部分退回及发生销售折让，需要开具红字专用发票的，按以下方法处理：

（1）购买方取得专用发票已用于申报抵扣的，购买方可在增值税发票管理新系统中填开并上传《开具红字增值税专用发票信息表》（以下简称《信息表》），在填开《信息表》时不填写相对应的蓝字专用发票信息，应暂依《信息表》所列增值税税额从当期进项税额中转出，待取得销售方开具的红字专用发票后，与《信息表》一并作为记账凭证。信息表格式见表2-1、表2-2。

购买方取得专用发票未用于申报抵扣、但发票联或抵扣联无法退回的，购买方填开《信息表》时应填写相对应的蓝字专用发票信息。

销售方开具专用发票尚未交付购买方，以及购买方未用于申报抵扣并将发票联及抵扣联退回的，销售方可在新系统中填开并上传《信息表》。销售方填开《信息表》时应填写相对应的蓝字专用发票信息。

（2）主管税务机关通过网络接收纳税人上传的《信息表》，系统自动校验通过后，生成带有"红字发票信息表编号"的《信息表》，并将信息同步至纳税人端系统中。

（3）销售方凭税务机关系统校验通过的《信息表》开具红字专用发票，在新系统中以销项负数开具。红字专用发票应与《信息表》一一对应。

（4）纳税人也可凭《信息表》电子信息或纸质资料到税务机关对《信息表》内容进行系统校验。

税务机关为小规模纳税人代开专用发票，需要开具红字专用发票的，按照一般纳税人开具红字专用发票的方法处理。

表 2－1　开具红字增值税专用发票信息表

填开日期：　　　年　月　日

<table>
<tr><td rowspan="2">销售方</td><td>名　称</td><td></td><td rowspan="2">购买方</td><td colspan="2">名　称</td><td></td></tr>
<tr><td>纳税人识别号</td><td></td><td colspan="2">纳税人识别号</td><td></td></tr>
<tr><td rowspan="5">开具红字专用发票内容</td><td>货物（劳务服务）名称</td><td>数量</td><td>单价</td><td>金额</td><td>税率</td><td>税额</td></tr>
<tr><td></td><td></td><td></td><td></td><td></td><td></td></tr>
<tr><td></td><td></td><td></td><td></td><td></td><td></td></tr>
<tr><td></td><td></td><td></td><td></td><td></td><td></td></tr>
<tr><td></td><td></td><td></td><td></td><td></td><td></td></tr>
<tr><td></td><td>合计</td><td>—</td><td>—</td><td></td><td>—</td><td></td></tr>
<tr><td>说明</td><td colspan="6">一、购买方□
对应蓝字专用发票抵扣增值税销项税额情况：
1. 已抵扣□
2. 未抵扣□
（1）无法认证□
（2）纳税人识别号认证不符□
（3）增值税专用发票代码、号码认证不符□
（4）所购货物或劳务、服务不属于增值税扣税项目范围□
对应蓝字专用发票的代码：＿＿＿＿＿号码：＿＿＿＿＿
二、销售方□
1. 购买方拒收发票□
2. 发票尚未交付□
对应蓝字专用发票的代码：＿＿＿＿＿号码：＿＿＿＿＿</td></tr>
<tr><td>红字发票信息表编号</td><td colspan="6"></td></tr>
</table>

表 2－2　开具红字货物运输业增值税专用发票信息表

填开日期：　　年　月　日

<table>
<tr><td rowspan="2">承运人</td><td colspan="2">名　称</td><td colspan="2"></td><td rowspan="2">实际受票方</td><td colspan="2">名　称</td><td colspan="3"></td></tr>
<tr><td colspan="2">纳税人识别号</td><td colspan="2"></td><td colspan="2">纳税人识别号</td><td colspan="3"></td></tr>
<tr><td rowspan="2">收货人</td><td colspan="2">名　称</td><td colspan="2"></td><td rowspan="2">发货人</td><td colspan="2">名　称</td><td colspan="3"></td></tr>
<tr><td colspan="2">纳税人识别号</td><td colspan="2"></td><td colspan="2">纳税人识别号</td><td colspan="3"></td></tr>
<tr><td rowspan="3">开具红字货运专用发票内容</td><td colspan="5">费用项目及金额</td><td colspan="5">运输货物信息</td></tr>
<tr><td colspan="5"></td><td colspan="5"></td></tr>
<tr><td>合计金额</td><td></td><td>税率</td><td></td><td>税额</td><td></td><td>机器编号</td><td></td><td>车种车号</td><td></td></tr>
</table>

续表

说明	一、实际受票方□ 　　对应蓝字专用发票抵扣增值税销项税额情况： 　　1. 已抵扣□ 　　2. 未抵扣□ 　　（1）无法认证□ 　　（2）纳税人识别号认证不符□ 　　（3）货运专票代码、号码认证不符□ 　　（4）所购服务不属于增值税扣税项目范围□ 　　对应蓝字货运专票的代码：_____ 号码：_____ 二、承运人□ 　　1. 受票方拒收发票□ 　　2. 发票尚未交付□ 　　对应蓝字货运专票的代码：_____ 号码：_____
红字发票 信息表编号	

　　纳税人需要开具红字增值税普通发票的，可以在所对应的蓝字发票金额范围内卅具多份红字发票。红字机动车销售统一发票需与原蓝字机动车销售统一发票一一对应。

　　按照《国家税务总局关于纳税人认定或登记为一般纳税人前进项税额抵扣问题的公告》（国家税务总局公告 2015 年第 59 号）的规定，需要开具红字专用发票的，按照上述规定执行。

三、专用发票的认证及处理

（一）专用发票比对认证时间的规定

　　专用发票认证是指通过增值税发票系统对增值税发票所包含的数据进行识别、确认。自 2017 年 7 月 1 日起，一般纳税人取得的 2017 年 7 月 1 日及以后开具的增值税专用发票和机动车销售统一发票、海关进口增值税专用缴款书，自开具之日起 360 日内认证或登录增值税发票选择确认平台进行确认。对取得的 2017 年 6 月 30 日前开具的增值税扣税凭证认证期限仍为 180 天。

　　专用发票认证期限是 360 个自然日而不是 360 个工作日，节假日不能顺延。在开具之日起 360 日内到税务机关办理认证，并在认证通过的次月申报期内，向主管税务机关申报抵扣进项税额。

（二）专用发票的认证方式

1. 勾选认证

是指纳税信用为 A 级、B 级的增值税一般纳税人取得销售方使用新系统开具的增值税发票（包括增值税专用发票、机动车销售统一发票），可登录增值税发票选择确认平台进行勾选确认。

2. 远程认证

是由纳税人自行扫描、识别专用发票抵扣联票面信息，生成电子数据，通过网络传输至税务机关，由税务机关完成解密和认证，并将认证结果信息返给纳税人的认证方式。

3. 上门认证

是纳税人携带专用发票抵扣联等资料，到税务机关申报征收窗口或自助办税机（ARM）进行认证的方式。此种认证方式目前已很少使用。

（三）认证结果的处理

1. 用于抵扣增值税进项税额的专用发票应经税务机关认证相符（国家税务总局另有规定的除外）

认证相符的专用发票应作为购买方的记账凭证，不得退还销售方。上述认证是税务机关通过防伪税控系统对专用发票所列数据的识别、确认。认证相符是指纳税人识别号无误，专用发票所列密文解译后与明文一致。专用发票抵扣联无法认证的，可使用专用发票发票联到主管税务机关认证。专用发票发票联复印件留存备查。

2. 不得作为增值税进项税额的抵扣凭证

经认证，有下列情形之一的，不得作为增值税进项税额的抵扣凭证，税务机关退还原件，购买方可要求销售方重新开具专用发票：

（1）无法认证。是指专用发票所列密文或者明文不能辨认，无法产生认证结果。

（2）纳税人识别号认证不符。是指专用发票所列购买方纳税人识别号有误。

（3）专用发票代码、号码认证不符。是指专用发票所列密文解译后与明文的代码或者号码不一致。

3. 暂不得作为增值税进项税额的抵扣凭证

经认证，有下列情形之一的，暂不得作为增值税进项税额的抵扣凭证，税务机关扣留原件，查明原因，区别情况进行处理：

（1）重复认证。是指已经认证相符的同一张专用发票再次认证。

（2）密文有误。是指专用发票所列密文无法解译。

（3）认证不符。是指纳税人识别号有误，或者专用发票所列密文解译后与明文不一致。

认证不符不含上述第2项的第（2）、第（3）项所列情形。

（4）列为失控专用发票。是指认证时的专用发票已被登记为失控专用发票。

四、丢失已开具专用发票的处理

1. 丢失前已认证相符或已勾选确认

一般纳税人丢失已开具专用发票的发票联和抵扣联，丢失前已认证相符或已勾选确认的，购买方凭销售方提供的相应专用发票记账联复印件及销售方所在地主管税务机关出具的《丢失增值税专用发票已报税证明单》（以下简称《证明单》），经购买方主管税务机关审核同意后，可作为增值税进项税额的抵扣凭证。

一般纳税人丢失已开具专用发票的抵扣联，丢失前已认证相符或已勾选确认的，可将专用发票发票联复印件留存备查。

一般纳税人丢失已开具专用发票的发票联，可以将专用发票抵扣联作为记账凭证，专用发票抵扣联复印件留存备查。

2. 丢失前未认证或未勾选确认

一般纳税人丢失已开具专用发票的发票联和抵扣联，丢失前未认证或未勾选确认的，购买方凭销售方提供的相应专用发票记账联复印件进行认证或直接在专用发票查询平台进行勾选，认证相符或已勾选确认后可以用专用发票记账联复印件及销售方所在地主管税务机关出具的《证明单》，作为增值进项税额的抵扣凭证。将专用发票记账联复印件和《证明单》留存备查。

一般纳税人丢失已开具专用发票的发票联，丢失前未认证或未勾选确认的，可将专用发票的抵扣联作为记账凭证，将专用发票抵扣联复印件留存备查。

一般纳税人丢失已开具专用发票的抵扣联，如果丢失前未认证或未勾选确认的，可以使用专用发票的发票联认证或直接在专用发票查询平台进行勾选，将专用发票的发票联复印件留存备查。

第三节 税收优惠

增值税税收优惠是指对纳税人货物销售或者提供应税劳务、销售服务、无形资产或不动产给予不征、免征或者减征增值税税款。减免税款只减免征本环节的应纳税额。对货物在以前生产流通环节所缴纳的税款不予退还，免税后的货物仍然负担着一定的增值税即进项税额。

一、暂行条例规定的免征增值税优惠

（一）《增值税暂行条例》规定的免征优惠

● 农业（种植、养殖、林业、牧业、水产业）生产者销售自产的初级农业产品，包括制种企业生产销售的种子。

● 避孕药品和用具。

● 古旧图书。是指向社会收购的古书和旧书。

● 直接用于科学研究、科学试验和教学的进口仪器、设备。

● 外国政府、国际组织无偿援助的进口物资和设备。

● 由残疾人组织直接进口供残疾人专用的物品。

● 个人销售自己使用过的物品。

（二）"营改增"免征增值税项目

（1）托儿所、幼儿园提供的保育和教育服务。

（2）养老机构提供的养老服务。

（3）残疾人福利机构提供的育养服务。

（4）婚姻介绍服务。

（5）殡葬服务。

（6）残疾人员本人为社会提供的服务。

（7）医疗机构提供的医疗服务。

（8）从事学历教育的学校提供的教育服务。

（9）学生勤工俭学提供的服务。

（10）农业机耕、排灌、病虫害防治、植物保护、农牧保险以及相关技术培训业务，家禽、牲畜、水生动物的配种和疾病防治。

（11）纪念馆、博物馆、文化馆、文物保护单位管理机构、美术馆、展览馆、书画院、图书馆在自己的场所提供文化体育服务取得的第一道门票收入。

（12）寺院、宫观、清真寺和教堂举办文化、宗教活动的门票收入。

（13）行政单位之外的其他单位收取的符合规定条件的政府性基金和行政事业性收费。

（14）个人转让著作权。

（15）个人销售自建自用住房。

（16）2018 年 12 月 31 日前，公共租赁住房经营管理单位出租公共租赁住房。

（17）台湾航运公司、航空公司从事海峡两岸海上直航、空中直航业务在大陆取得的运输收入。

（18）纳税人提供的直接或者间接国际货物运输代理服务。

（19）以下业务取得的利息收入：

1）国家助学贷款；

2）国债、地方政府债；

3）人民银行对金融机构的贷款；

4）住房公积金管理中心用住房公积金在指定的委托银行发放的个人住房贷款；

5）外汇管理部门在从事国家外汇储备经营过程中，委托金融机构发放的外汇贷款；

6）统借统还业务中，企业集团或企业集团中的核心企业以及集团所属财务公司按不高于支付给金融机构的借款利率水平或者支付的债券票面利率水平，向企业集团或者集团内下属单位收取的利息。

（20）金融同业之间的利息收入。

（21）被撤销金融机构以货物、不动产、无形资产、有价证券、票据等财产清偿债务。

除另有规定外，被撤销金融机构所属、附属企业，不享受被撤销金融机构增值税免税政策。

（22）保险公司开办的一年期以上人身保险产品取得的保费收入。

（23）下列金融商品转让收入：

1）合格境外投资者（QFII）委托境内公司在我国从事证券买卖业务；

2）香港市场投资者（包括单位和个人）通过沪港通买卖上海证券交易所上市 A 股；

3）对香港市场投资者（包括单位和个人）通过基金互认买卖内地基金份额；

4）证券投资基金（封闭式证券投资基金、开放式证券投资基金）管理人运用基金买卖股票、债券；

5）个人从事金融商品转让业务。

（24）金融同业往来利息收入。包括：金融机构与人民银行所发生的资金往来业务；银行联行往来业务；金融机构间的资金往来业务；金融机构之间开展的转贴现业务；同业往来利息收入，包括同业存款、同业借款、同业代付、买断式买入返售金融商品、持有金融债券及同业存单。

（25）同时符合规定条件的担保机构从事中小企业信用担保或者再担保业务取得的收入（不含信用评级、咨询、培训等收入）3 年内免征增值税。

（26）国家商品储备管理单位及其直属企业承担商品储备任务，从中央或者地方财政取得的利息补贴收入和价差补贴收入。

（27）纳税人提供技术转让、技术开发和与之相关的技术咨询、技术服务。

（28）同时符合规定条件的合同能源管理服务。

（29）政府举办的从事学历教育的高等、中等和初等学校（不含下属单位），举办进修班、培训班取得的全部归该学校所有的收入。

举办进修班、培训班取得的收入进入该学校下属部门自行开设账户的，不予免征增值税。

（30）政府举办的职业学校设立的主要为在校学生提供实习场所，并由学校出资自办、由学校负责经营管理、经营收入归学校所有的企业，从事《销售服务、无形资产或者不动产注释》中"现代服务"（不含融资租赁服务、广告服务和其他现代服务）、"生活服务"（不含文化体育服务、其他生活服务和桑拿、氧吧）业务活动取得的收入。

（31）家政服务企业由员工制家政服务员提供家政服务取得的收入。

（32）福利彩票、体育彩票的发行收入。

（33）军队空余房产租赁收入。

（34）按照国家住房制度改革，企业、行政事业单位按房改成本价、标准价出售住房取得的收入。

（35）将土地使用权转让给农业生产者用于农业生产。

（36）涉及家庭财产分割的个人无偿转让不动产、土地使用权。

（37）土地所有者出让土地使用权和土地使用者将土地使用权归还给土地所有者。

（38）县级以上地方人民政府或自然资源行政主管部门出让、转让或收回自然资源使用权（不含土地使用权）。

（39）为安置随军家属就业而新开办的企业，自领取税务登记证之日起，其提供的应税服务3年内免征增值税。享受税收优惠政策的企业，随军家属必须占企业总人数的60%（含）以上，并有军（含）以上政治和后勤机关出具的证明。从事个体经营的随军家属，自办理税务登记事项之日起，其提供的应税服务3年内免征增值税。随军家属必须有师以上政治机关出具的可以表明其身份的证明。每一名随军家属可以享受一次免税政策。

（40）从事个体经营的军队转业干部，自领取税务登记证之日起，其提供的应税服务3年内免征增值税。为安置自主择业的军队转业干部就业而新开办的企业，凡安置自主择业的军队转业干部占企业总人数60%（含）以上的，自领取税务登记证之日起，其提供的应税服务3年内免征增值税。

享受上述优惠政策的自主择业的军队转业干部必须持有师以上部队颁发的转业证件。

（三）其他免税项目

（1）蔬菜流通环节增值税免税政策。

（2）医疗卫生的增值税优惠政策。

• 非营利性医疗机构自产自用的制剂免税；

• 营利性医疗机构取得的收入，按规定征税，自执业登记起3年内对自产自用的制剂免税；

• 疾病控制机构和妇幼保健机构等的服务收入，按国家规定价格取得的卫生服务收入免税；

• 血站供应给医疗机构的临床用血，免征增值税。

（3）供热企业向居民个人供热收取的采暖费收入免征增值税。

（4）纳税人生产销售、批发、零售有机肥产品免征增值税。

（5）再生水。

（6）以废旧轮胎为全部生产原料生产的胶粉；胎体100%来自废旧轮胎的翻新轮胎。

（7）生产原料中掺兑废渣比例不低于30%的特定建材产品。

（8）对销售自产的以建（构）筑废物、煤矸石为原料的建筑砂石骨料免征增值税。

（9）对垃圾处理、污水处理、污泥处理处置劳务免征增值税。

二、不征增值税优惠

（1）供应或开采未经加工的天然水。

（2）国家管理部门行使其管理职能发放的执照、牌照和有关证书等收取的工本费收入。

（3）从事电力、热力、燃气、自来水等公用事业的增值税一般纳税人收取的与货物销售数量无直接关系的一次性费用。

（4）体育彩票发行取得的收入；增值税纳税人收取的会员费收入。

（5）同时具备以下三个条件的代购货物行为：受托方不垫付资金；销货方将发票开具给委托方，并由受托方将该项发票转交给委托方；受托方按销售方实际收取的销售额和销项税额（如代理进口货物，则为海关代征的增值税额）与委托方结算货款，并另外收取手续费。

（6）基本建设单位和从事建筑安装业务的企业附设工厂、车间在建筑现场制造的预制构件，用于本单位或本企业建筑安装工程的。

（7）纳税人取得的中央财政补贴收入；被保险人获得的保险赔付；存款利息。

（8）燃油电厂从政府财政专户取得的发电补贴。

（9）以积分兑换形式赠送的电信服务。

（10）纳税人在资产重组过程中通过合并、分立、出售、置换等方式，新纳税人承受应税货物、不动产、土地使用权转让行为。

（11）融资性售后回租业务中，承租方出售资产的行为。

（12）根据国家指令无偿提供的铁路运输服务、航空运输服务等公益事业的服务。

（13）纳税人在资产重组中，通过合并、分立、出售、置换等方式，将全部或部分实物资产以及与其相关的债权、债务和劳动力一并转让给其他单位和个人，属于整体性转让涉及的不动产、土地使用权转让行为不属于增值税的征税范围，转让的货物不征收增值税。

（14）药品生产企业提供给患者后续免费使用的相同创新药。

（15）房地产主管部门或者其指定机构、公积金管理中心、开发企业以及物业管理单位代收的住宅专项维修资金。

（16）纳税人销售软件产品并随同销售一并收取的软件安装费、维护费、培训费等收入，应按照增值税混合销售的有关规定征收增值税，并可享受软件产品增值税即征即退政策。对软件产品交付使用后按期或按次收取的维护、技术服务费、培训费等，不征收增值税。

（17）纳税人受托开发软件产品，著作权属于受托方的征收增值税；著作权属于委托方的或属于双方共同拥有的，不征收增值税。

三、增值税即征即退优惠

● 一般纳税人销售其自行开发生产的软件产品，或将进口软件进行转换等本地改造后对外销售，其实际税负超过3%的部分实行即征即退。

● 一般纳税人提供管道运输服务，对其增值税实际税负超过3%的部分，实行增值税即征即退政策。

● 实收资本达到1.7亿元的，经人民银行、银监会或者商务部批准从事融资租赁业务试点纳税人中的一般纳税人，提供有形动产融资租赁服务和有形动产融资性售后回租服务，对其增值税实际税负超过3%的部分实行增值税即征即退政策。

● 对安置残疾人的单位和个体工商户，按实际安置残疾人人数实行限额即征即退增值税。

● 属于增值税一般纳税人的动漫企业销售自主开发的动漫软件，其增值税实际税负超过3%的部分实行即征即退。

● 一般纳税人销售自产的资源综合利用产品和提供资源综合利用劳务，符合《资源综合利用产品和劳务增值税优惠目录》的相关规定，可享受增值税即征即退政策，退税比例分别为100%、50%、50%、30%。

四、扣减增值税优惠

（一）一般纳税人销售自己使用过的物品

一般纳税人销售自己使用过的属于规定的不得抵扣且未抵扣进项税额的固定资产，按照简易办法依照3%征收率减按2%征收增值税。

一般纳税人，销售自己使用过的、纳入营改增试点之日前取得的固定资产，按照3%的征收率减按2%征收增值税。

纳税人销售旧货按照简易办法依照3%征收率减按2%征收增值税。旧货是指进入二次流通的具有部分使用价值的货物（含旧汽车、旧摩托车和旧汽艇），但不包括自己使用过的物品。

（二）小规模纳税人

小规模纳税人销售自己使用过的固定资产，按3%的征收率减按2%征收率征收增值税。

五、起征点优惠

按照小规模纳税人纳税的个体工商户和其他个人，发生销售货物、劳务和应税行为的月销售额未达到国务院财政、税务主管部门规定的增值税起征点的，免征增值税；达到起征点的，全额计算缴纳增值税。增值税起征点幅度如下：

其一，按期纳税的，为月应税销售额 5 000 ~ 20 000 元（含本数）。

其二，按次纳税的，为每次（日）销售额 300 ~ 500 元（含本数）。

起征点调整由财政部和国家税务总局规定。省、自治区、直辖市财政厅（局）和省级税务局应当在规定的幅度内，根据实际情况确定本地区适用的起征点，并报财政部和国家税务总局备案。

其三，国家税务总局公告 2017 年第 52 号规定：增值税小规模纳税人应分别核算销售货物或者加工、修理修配劳务的销售额和销售服务、无形资产的销售额。增值税小规模纳税人销售货物或者加工、修理修配劳务月销售额不超过 3 万元（按季纳税 9 万元），销售服务、无形资产月销售额不超过 3 万元（按季纳税 9 万元）的，自 2018 年 1 月 1 日起至 2020 年 12 月 31 日，可分别享受小微企业暂免征收增值税优惠政策。

增值税小规模纳税人月销售额不超过上述金额，当期因代开增值税专用发票（含货物运输业增值税专用发票）已经缴纳的税款，在专用发票全部联次追回或者按规定开具红字专用发票后，可以向主管税务机关申请退还。

其四，其他个人采取一次性收取租金的形式出租不动产，取得的租金收入可在租金对应的租赁期内平均分摊，分摊后的月租金收入不超过 3 万元的，可享受小微企业免征增值税优惠政策。

六、个人出售住房税收优惠

京、沪、广、深之外地区的个人将购买不足 2 年的住房对外销售的，按照 5% 的征收率全额缴纳增值税；个人将购买 2 年以上（含 2 年）的住房对外销售的，免征增值税。

京、沪、广、深等市的个人将购买不足 2 年的住房对外销售的，按照 5% 的征收率全额缴纳增值税；个人将购买 2 年以上（含 2 年）的非普通住房对外销售的，以销售收入减去购买住房价款后的差额按照 5% 的征收率缴纳增值税；个人将购买 2 年以上（含 2 年）的普通住房对外销售的，免征增值税。

七、其他减免税优惠

对自主就业退役士兵持《就业创业证》或 2015 年 1 月 27 日前取得的《就业失业登记证》的人员从事个体经营的，在 3 年内按每户每年 8 000 元为限额依次扣减其当年实际应缴纳的增值税、城建税、教育费附加、地方教育附加和个人所得税，限额标准最高可上浮 20%。省级人民政府可根据本地区实际情况在此幅度内确定具体限额标准，并报财政部和国家税务总局备案。

纳税人年度应缴纳税款小于上述扣减限额的，以其实际缴纳的税款为限；大于上述扣减限额的，应以上述扣减限额为限。纳税人的实际经营期不足一年的，应当以实际月份换算其减免税限额。换算公式：

减免税限额 = 年度减免税限额 ÷ 12 × 实际经营月数

对商贸企业、服务型企业、劳动就业服务企业中的加工型企业和街道社区具有加工性质的小型企业实体，在新增加的岗位中，当年新招用在人力资源社会保障部门公共就业服务机构登记失业半年以上且持《就业创业证》或 2015 年 1 月 27 日前取得《就业失业登记证》的人员，与其签订 1 年以上期限劳动合同并依法缴纳社会保险费的，在 3 年内按实际招用人数予以定额依次扣减增值税、城市维护建设税、教育费附加、地方教育附加和企业所得税优惠。定额标准为每人每年 4 000 元，最高可上浮 30%，省级人民政府可根据本地区实际情况在此幅度内确定具体定额标准，并报财政部和国家税务总局备案。

按上述标准计算的税收扣减额应在企业当年实际应缴纳的增值税、城市维护建设税、教育费附加、地方教育附加和企业所得税税额中扣减，当年扣减不足的，不得结转下年使用。

上述税收优惠政策纳税人在 2016 年 12 月 31 日未享受满 3 年的，可继续享受至 3 年期满为止。

八、财政部、国税总局其他减免税规定

纳税人兼营免税、减税项目的，应当分别核算应税项目与免税、减税项目的销售额；未分别核算销售额的，不得免税、减税。

纳税人发生应税行为同时使用免税和零税率规定的，可以选择免税或者适用零税率。

纳税人发生应税行为适用免税、减税规定的，可以放弃免税、减税，并按照增值税暂行条例规定缴纳增值税。放弃免税、减税后，36 个月内不得再申请免税、减税。

纳税人一经放弃免税权，其生产销售的全部增值税应税货物或劳务或应税行为均应按照适用税率征税，不得选择某一免税项目放弃免税权，也不得根据不同的销售对象选择部分货物或劳务或应税行为放弃免税权。

安置残疾人单位既符合促进残疾人就业增值税优惠政策条件，又符合其他增值税优惠政策条件的，可同时享受多项增值税优惠政策，但年度申请退还增值税总额不得超过本年度内应纳增值税总额。

境内的单位和个人销售财税〔2016〕36 号附件 4 第二项规定的服务和无形资产，免征增值税，但财政部和国家税务总局规定适用增值税零税率的除外。

纳税人既享受增值税即征即退、先征后退政策，又享受免抵退税政策的处理。纳税人既有增值税即征即退、先征后退项目，也有出口等其他增值税应税项目的，增值税即征即退和先征后退项目不参与出口项目免抵退税计算。纳税人应分别核算增值税即征即退、先

征后退项目和出口等其他增值税应税项目，分别申请享受增值税即征即退、先征后退和免抵退税政策。用于增值税即征即退或者先征后退项目的进项税额无法划分的，按照下列公式计算：

$$\text{无法划分进项税额中用于增值税即征即退或者先征后退项目的部分} = \text{当月无法划分的全部进项税额} \times \frac{\text{当月增值税即征即退或者先征后退项目销售额}}{\text{当月全部销售额、营业额合计}}$$

其他免征
增值税项目
二维码

第四节　应纳税额的计算

一、一般计税方法应纳税额的计算

在一般计税方法的情况下，应纳税额计算公式：

应纳税额 = 当期销项税额 − 当期进项税额

其中，销项税额的计算公式如下：

销项税额 = 销售额 × 税率

（一）销售额的确定

1. 一般情况下销售额的确定

销售额是指纳税人销售货物、劳务、服务、无形资产、不动产（以下简称应税销售行为）向购买方收取的全部价款和价外费用，财政部和国家税务总局另有规定的除外。

价外费用是指价外收取的各种性质的费用，包括向购买方收取的手续费、补贴、基金、集资费、返还利润、奖励费、违约金、滞纳金、延期付款利息、赔偿金、包装费、包装物租金、储备费、优质费、运输装卸费、代收款项、代垫款项、向购买方收取的消费税额及其他各种性质的价外收费。价外费用不包括下列项目：

（1）向购买方收取的销项税额。

（2）受托加工应征消费税的消费品所代收代缴的消费税。

（3）同时符合以下条件的代垫运输费用：①承运部门的运输费用发票开具给购货方的；②纳税人将该项发票转交给购货方的。

（4）同时符合以下条件代为收取的政府性基金或者行政事业性收费：

1）由国务院或者财政部批准设立的政府性基金，由国务院或者省级人民政府及其财政、价格主管部门批准设立的行政事业性收费；

2）收取时开具省级以上（含省级）财政部门监（印）制的财政票据；

3）所收款项全额上缴财政。

（5）销售货物的同时代办保险等向购买方收取的保险费，以及向购买方收取的代购买方缴纳的车辆购置税、车辆牌照费。

（6）以委托方名义开具发票代委托方收取的款项。

（7）单位或者个体工商户为聘用的员工提供雇主服务

（8）财政部和国家税务总局规定的其他情形。

凡随同销售应税行为收取的价外费用，无论其会计制度如何核算，均应并入销售额计算应纳税额。

2. 现代服务业销售额的确定

（1）旅游服务。纳税人提供旅游服务，可以选择以取得的全部价款和价外费用，扣除向旅游服务购买方收取并支付给其他单位或者个人的住宿费、餐饮费、交通费、签证费、门票费和支付给其他接团旅游企业的旅游费用后的余额为销售额。纳税人按照上述规定从全部价款和价外费用中扣除的价款，应当取得符合法律、行政法规和国家税务总局规定的有效凭证。否则，不得扣除。

上述凭证是指：

1）支付给境内单位或者个人的款项，以发票为合法有效凭证。

2）支付给境外单位或者个人的款项，以该单位或者个人的签收单据为合法有效凭证，税务机关对签收单据有疑义的，可以要求其提供境外公证机构的确认证明。

3）缴纳的税款，以完税凭证为合法有效凭证。

4）扣除的政府性基金、行政事业性收费或者向政府支付的土地价款，以省级以上（含省级）财政部门监（印）制的财政票据为合法有效凭证。

5）国家税务总局规定的其他凭证。

纳税人取得的上述凭证属于增值税扣税凭证的，其进项税额不得从销项税额中抵扣。

（2）交通运输服务。航空运输纳税人的销售额，不包括代收的机场建设费和代售其他航空运输企业客票而代收转付的价款。一般纳税人提供客运场站服务，以其取得的全部价款和价外费用，扣除支付给承运方运费后的余额为销售额，其从承运方取得的增值税专用发票注明的增值税，不得抵扣。

（3）金融服务业。

1）贷款服务。以提供贷款服务取得的全部利息及利息性质的收入为销售额，包括保本收益、报酬、资金占用费、补偿金等收入以及信用卡透支利息收入等。

各种占用、拆借资金取得的收入，包括金融商品持有期间（含到期）利息（保本收益、报酬、资金占用费、补偿金等）收入、信用卡透支利息收入、买入返售金融商品利息收入、融资融券收取的利息收入，以及融资性售后回租、押汇、罚息、票据贴现、转贷等业务取得的利息及利息性质的收入，以货币资金投资收取的固定利润或者保底利润。

2）直接收费金融服务。以提供直接收费金融服务收取的手续费、佣金、酬金、管理费、服务费、经手费、开户费、过户费、结算费、转托管费等各类费用为销售额。

3）金融商品转让。按照卖出价扣除买入价后的余额为销售额。卖出价是指卖出原价，不得扣除卖出过程中支付的各种费用和税金；买入价是指购进原价，以金融商品购入价减去金融商品持有期间取得的股票、债券红利收入余额，不包括购进过程中支付的各种费用和税金。金融商品买入价可以选择按照加权平均法或者移动加权平均法进行核算，选择后 36 个月内不得变更。金融商品转让，不得开具增值税专用发票。

【例 2 - 1】 某公司 2018 年 6 月 1 日购入年利率 6% 可流通金融债券，支付价款 5 000 万元，支付交易佣金和印花税 10 万元。6 月 30 日以 5 060 万元的价格出售该债券，支付交易佣金和手续费 10.1 万元。其销售额计算如下：

销售额 = 5 060 - 5 000 - 5 000 × 6% ÷ 12 = 35 （万元）

转让金融商品出现的正负差，按盈亏相抵后的余额为销售额。若相抵后出现负差，可结转下一纳税期与下期转让金融商品销售额相抵，但年末时仍出现负差的，不得转入下一个会计年度。

4）经纪代理服务。以取得的全部价款和价外费用，扣除向委托方收取并代为支付的政府性基金或者行政事业性收费后的余额为销售额。

5）自 2018 年 1 月 1 日起，金融机构开展贴现、转贴现业务，以其实际持有票据期间取得的利息收入作为贷款服务销售额计算缴纳增值税。

（4）融资租赁和融资性售后回租。

1）融资租赁服务。经人民银行、银监会或者商务部批准从事融资租赁业务的试点纳税人，提供融资租赁服务，以取得的全部价款和价外费用，扣除支付的借款利息（包括外汇借款和人民币借款利息）、发行债券利息和车辆购置税后的余额为销售额。

2）融资性售后回租服务。经人民银行、银监会或者商务部批准从事融资租赁业务的试点纳税人，提供融资性售后回租服务，以取得的全部价款和价外费用（不含本金），扣除对外支付的借款利息（包括外汇借款和人民币借款利息）、发行债券利息后的余额作为销售额。

（5）代理服务。纳税人提供代购货物、运输代理服务、劳务委派、劳动力外包、商务辅助等经纪代理服务，以取得的全部价款和价外费用，扣除向委托方收取并代为支付的政府性基金或者行政事业性收费后的余额为销售额。向委托方收取的政府性基金或者行政事业性收费，不得开具增值税专用发票。

纳税人提供劳务派遣服务，以取得的全部价款和价外费用为销售额，按照一般计税方法计算缴纳增值税；也可以选择差额纳税，以取得的全部价款和价外费用，扣除代用工单位支付给劳务派遣员工的工资、福利和为其办理社会保险及住房公积金后的余额为销售额。

纳税人提供人力资源外包服务，按照经纪代理服务缴纳增值税，其销售额不包括受客户单位委托代为向客户单位员工发放的工资和代理缴纳的社会保险、住房公积金。

（6）其他服务。纳税人提供人力资源外包服务，按照经纪代理服务缴纳增值税，其销售额不包括受客户单位委托代为向客户单位员工发放的工资和代理缴纳的社会保险、住房公积金。

纳税人提供安全保护服务，以取得的全部价款和价外费用，扣除代用工单位支付给外派员工的工资、福利和为其办理社会保险及住房公积金后的余额为销售额。

物业管理服务中收取自来水水费，以向服务接收方收取的自来水水费扣除其对外支付的自来水水费后的余额为销售额。

（7）电信企业及其成员单位通过手机短信公益特服号为公益性机构接受捐款服务，以其取得的全部价款和价外费用，扣除支付给公益性机构捐款后的余额为销售额。

3. 特殊销售方式销项税额

（1）折扣方式销售。是指销售方在销售货物、提供应税劳务、销售应税服务时，因购买方购买数量较大等原因而给予的价格优惠。现行税法规定：销售额和折扣额在同一张发票上分别注明的，可按折扣后的销售额征收增值税；未在同一张发票注明折扣额，折扣额不得从销售额中减除；如果将折扣额另开发票的，不论其在财务上如何处理，均不得从销售额中减除折扣额。应该注意以下问题：

1）折扣销售不同于销售折扣。销售折扣是指销货方在销售货物、提供应税劳务或发生应税行为后，为了鼓励购货方及早偿还货款而协议许诺给予购货方的一种折扣优待。销售折扣发生在销货之后，是一种融资费用，不得从销售额中减除。

2）折扣销售不同于销售折让。销售折让是指货物销售后由于其品种、质量等原因购货方未予退货，但要求销货方需给予购货方的一种价格折让。销售折让与销售折扣相比较，虽然都是在货物销售后发生的，但因为销售折让是由于货物品种和质量引起销售额的减少，因此，发生的销售折让可以从销售额中扣除。

3）折扣销售仅限于货物价格折扣。如果销货者将自产、委托加工和购买的货物用于实物折扣的，则该实物款额不能从货物销售额中扣除，且该实物应按《增值税暂行条例》"视同销售货物"中的"赠送他人"计算征收增值税。

（2）纳税人采用以旧换新方式销售的，应按新货物同期销售价格确定销售额，不得扣减旧货物的收购价格。对金银首饰以旧换新业务，可以按销售方实际收取的不含增值税的全部价款征收增值税。

（3）纳税人采取还本销售方式销售货物，其销售额就是货物的销售价格，不得从销售额中减除还本支出。

（4）以物易物双方都应作购销处理，以各自发出的货物核算销售额并计算销项税额，以各自收到的货物按规定核算购货额并计算进项税额。

（5）包装物出售、出租与出借。包装物连同货物一并销售的，无论包装物是否单独计价以及在会计上如何核算，均应并入应税消费品的销售额中缴纳消费税。

纳税人为销售货物而出租、出借包装物收取的押金，单独记账核算、时间在一年以内又未过期的，不并入销售额征税；但对逾期未收回包装物不再退还的押金，应按所包装货物的适用税率计算销项税额。前述"逾期"以一年为限，收取的押金超过一年时，无论是否退回，均应并入销售额计税。

纳税人销售啤酒、黄酒产品之外的酒类产品收取的包装物押金，无论将来押金是否返回或是否按时返回，以及财务会计上如何核算，均应并入当期销售额计税。

此类业务应注意：①收取包装物押金是含税的，没收时应将包装物押金还原为不含税价格，再并入其他业务收入征税；②没收包装物押金适用的税率是包装货物的适用税率。

（6）混合销售行为。从事货物的生产、批发或者零售的单位和个体工商户的混合销售行为，按照销售货物缴纳增值税；其他单位和个体工商户的混合销售行为，按照销售服务缴纳增值税。

（7）兼营行为销项税额的计算。纳税人兼营不同税率或者征收率项目的，应当分别核算适用不同税率或者征收率项目的销售额，未分别核算销售额的，按照以下方法适用税率或者征收率：①兼营不同税率的销售货物、劳务、服务、无形资产或不动产，从高适用税率。②兼营不同征收率的销售货物、劳务、服务、无形资产或不动产，从高适用征收率。③兼营不同税率和征收率的销售货物、劳务、服务、无形资产或不动产，从高适用税率。④纳税人兼营免税、减税项目的，应当分别核算免税、减税项目的销售额，未单独核算销售额的，不得免税、减税。

【例2-2】 华江商厦2018年1月份销售商品不含税收入总额为1 200万元，其中：工业品销售994.5万元，"副食区"销售粮食、食用植物油259.74万元，药品专柜销售非处方避孕药品实际收入5.85万元，"休闲区"提供风味小吃餐饮服务实现经营收入21.0834万元。

华江商厦分别核算不同税率货物、劳务、服务的销售额，分别按各自适用税率计算销项税额，免税计生用品不计算销项税额。销项税额的计算如下：

销项税额 = 994.5 ÷ (1 + 17%) × 17% + 259.74 ÷ (1 + 11%) × 11% + 21.0834 ÷ (1 + 6%) × 6% = 171.4334(万元)

假如该企业未分别核算不同税率的货物、劳务、服务销售额，从高适用17%增值税率，销项税额计算如下：

销项税额 = (994.5 + 259.74 + 21.0834 + 5.85) ÷ (1 + 17%) × 17% = 186.1534(万元)

4. 含税销售额的换算

增值税是价外税，计税依据中不含增值税本身的数额。一般纳税人销售货物、劳务和服务取得的含税销售额在计算销项税额时，必须将其换算为不含税的销售额。不含税销售额计算公式如下：

不含税销售额 = 含税销售额 ÷ (1 + 税率)

公式中的税率为销售的货物、劳务和服务所适用的税率。

单位和个体工商户的混合销售行为，按照销售服务缴纳增值税。

5. 视同销售无销售额或者明显偏低销售额的确定

纳税人发生应税行为价格明显偏低或者偏高且不具有合理商业目的的，或者发生向其他单位或者个人无偿转让不动产而无销售额的（用于公益事业或者以社会公众为对象的除外），主管税务机关有权按照下列顺序确定销售额：

（1）按照纳税人最近时期销售同类应税销售行为的平均价格确定。

（2）按照其他纳税人最近时期销售应税销售行为的平均价格确定。

（3）按照组成计税价格确定。组成计税价格的公式为：

组成计税价格 = 成本 × (1 + 成本利润率)

属于征收消费税的货物，其组成计税价格中应加上消费税税额。组成计税价格公式为：

$$组成计税价格 = 成本 × (1 + 成本利润率) + 消费税税额$$

$$= \frac{成本 × (1 + 成本利润率)}{1 - 消费税率}$$

$$= \frac{成本 × (1 + 成本利润率) + 从量征收消费税额}{1 - 消费税率}$$

式中，销售自产货物的成本为实际生产成本，销售外购货物的成本为实际采购成本。成本利润率根据规定统一为 10%；但属于应从价定率征收消费税的货物，其组成计税价格公式中的成本利润率，为国家税务总局确定的成本利润率。

不具有合理商业目的，是指以牟取税收利益为主要目的，通过人为安排，减少、免除、推迟缴纳增值税税款，或者增加退还增值税税款。

（二）准予扣除进项税额的确定

1. 进项税额

进项税额是纳税人购进货物、劳务、服务、无形资产、不动产所支付或者负担的增值税额。下列进项税额准予从销项税额中抵扣：

（1）从销售方取得的增值税专用发票（含税控机动车销售统一发票，下同）上注明的增值税额。

（2）从海关取得的专用缴款书上注明的增值税额。

（3）从境外单位或者个人购进劳务、服务、无形资产或者境内的不动产，自税务机关或者扣缴义务人取得的代扣代缴税款的完税凭证上注明的增值税额。

（4）购进农产品，除取得增值税专用发票或者海关进口增值税专用缴款书外，按照农产品收购发票或者销售发票上注明的农产品买价和规定扣除率计算的进项税额。国务院另有规定的除外。进项税额计算公式：

进项税额 = 买价 × 扣除率

式中，购进农产品按照《农产品增值税进项税额核定扣除试点实施办法》抵扣进项税额的除外。买价是指纳税人购进农产品在农产品收购发票或者销售发票上注明的价款和按规定缴纳的烟叶税。财税〔2006〕64 号、财税〔2018〕75 号文件规定，烟叶收购金额是纳税人支付给烟叶销售者烟叶收购价款和价格补贴。价外补贴统一按烟叶收购金额的 10% 计算，烟叶税率按收购价款和价格补贴之和的 20% 计算。买价计算公式如下：

买价 = 烟叶收购金额 + 烟叶税应纳税额

烟叶收购金额 = 烟叶收购价款 + 价外补贴 = 烟叶收购价款 × (1 + 10%)

烟叶税应纳税额 = 烟叶收购金额 × 税率（20%）

准予扣除的进项税额 = （烟叶收购金额 + 烟叶税应纳税额）× 扣除率（10%）

烟叶收购单位应将价格补贴与烟叶收购在同一张农产品收购发票或销售发票上分别注明，否则，价格补贴不得计算增值税进项税额进行抵扣。

2. 不动产分期扣除

（1）2016 年 5 月 1 日后取得并在会计制度上按固定资产核算的不动产或者 2016 年 5 月 1 日后取得的不动产在建工程，其进项税额应自取得之日起分 2 年从销项税额中抵扣，第一年抵扣比例为 60%，第二年抵扣比例为 40%。上述所称取得不动产，包括以直接购买、接受捐赠、接受投资入股、自建以及抵债等各种形式取得不动产，不包括房地产开发企业自行开发的房地产项目。

融资租入的不动产以及在施工现场修建的临时建筑物、构筑物，其进项税额不适用上述分 2 年抵扣的规定。

（2）纳税人 2016 年 5 月 1 日后购进货物和设计服务、建筑服务，用于新建不动产，或者用于改建、扩建、修缮、装饰不动产并增加不动产原值超过 50% 的，其进项税额依照上述取得不动产的规定分 2 年从销项税额中抵扣。

不动产原值，是指取得不动产时的购置原价或作价。上述分 2 年从销项税额中抵扣的购进货物，是指构成不动产实体的材料和设备，包括建筑装饰材料和给排水、采暖、卫生、通风、照明、通信、煤气、消防、中央空调、电梯、电气、智能化楼宇设备及配套设施。

（3）纳税人按照上述规定从销项税额中抵扣进项税额，应取得 2016 年 5 月 1 日后开具的合法有效的增值税扣税凭证。

上述进项税额中，60% 的部分于取得扣税凭证的当期从销项税额中抵扣；40% 的部分为待抵扣进项税额，于取得扣税凭证的当月起第 13 个月从销项税额中抵扣。

（4）购进时已全额抵扣进项税额的货物和服务，转用于不动产在建工程的，其已抵扣进项税额的 40% 部分，应于转用的当期从进项税额中扣减，计入待抵扣进项税额，并于转用的当月起第 13 个月从销项税额中抵扣。

（5）纳税人销售其取得的不动产或者不动产在建工程时，尚未抵扣完毕的待抵扣进项税额，允许于销售的当期从销项税额中抵扣。

（6）已抵扣进项税额的不动产，发生非正常损失，或者改变用途，专用于简易计税方法计税项目、免征增值税项目、集体福利或者个人消费的，按照下列公式计算不得抵扣的进项税额：

不得抵扣的进项税额 =（已抵扣进项税额 + 待抵扣进项税额）× 不动产净值率

不动产净值率 =（不动产净值 ÷ 不动产原值）× 100%

不得抵扣的进项税额小于或等于该不动产已抵扣进项税额的，应于该不动产改变用途的当期，将不得抵扣的进项税额从进项税额中扣减。

不得抵扣的进项税额大于该不动产已抵扣进项税额的，应于该不动产改变用途的当期，将已抵扣进项税额从进项税额中扣减，并从该不动产待抵扣进项税额中扣减不得抵扣进项税额与已抵扣进项税额的差额。

（7）不动产在建工程发生非正常损失的，其所耗用的购进货物、设计服务和建筑服务已抵扣的进项税额应于当期全部转出；其待抵扣进项税额不得抵扣。

（8）按照规定不得抵扣进项税额的不动产，发生用途改变，用于允许抵扣进项税额项目的，按照下列公式在改变用途的次月计算可抵扣进项税额。

可抵扣进项税额＝增值税扣税凭证注明或计算的进项税额×不动产净值率

依照规定计算的可抵扣进项税额，应取得 2016 年 5 月 1 日后开具的合法有效的增值税扣税凭证。

按照规定计算可抵扣的进项税额，60% 部分于改变用途的次月从销项税额中抵扣，40% 的部分为待抵扣进项税额，于改变用途的次月起第 13 个月从销项税额中抵扣。

（9）纳税人注销税务登记时，其尚未抵扣完毕的待抵扣进项税额于注销清算的当期从销项税额中抵扣。

（10）待抵扣进项税额记入"应交税费——待抵扣进项税额"科目核算，并于可抵扣当期转入"应交税费——应交增值税（进项税额）"科目。

（11）自 2018 年 1 月 1 日起，纳税人租入固定资产、不动产，既用于一般计税方法计税项目，又用于简易计税方法计税项目、免征增值税项目、集体福利或者个人消费的，其进项税额准予从销项税额中全额抵扣。

准予抵扣的项目和扣除率的调整，由国务院决定。

3. 下列项目的进项税额不得从销项税额中抵扣

（1）用于简易计税方法计税项目、免征增值税项目、集体福利或者个人消费的购进货物、加工修理修配劳务、服务、无形资产和不动产。其中涉及的固定资产、无形资产、不动产，仅指专用于上述项目的固定资产、无形资产（不包括其他权益性无形资产）、不动产。

注：纳税人的交际应酬消费属于个人消费。

（2）非正常损失的购进货物，以及相关的加工修理修配劳务和交通运输服务。

（3）非正常损失的在产品、产成品所耗用的购进货物（不包括固定资产）、加工修理修配劳务和交通运输服务。

（4）非正常损失的不动产，以及该不动产所耗用的购进货物、设计服务和建筑服务。

（5）非正常损失的不动产在建工程所耗用的购进货物、设计服务和建筑服务。

纳税人新建、改建、扩建、修缮、装饰不动产，均属于不动产在建工程。

（6）购进的旅客运输服务、贷款服务、餐饮服务、居民日常服务和娱乐服务。

（7）财政部和国家税务总局规定的其他情形。

上述第（4）项、第（5）项所称货物，是指构成不动产实体的材料和设备，包括建筑装饰材料和给排水、采暖、卫生、通风、照明、通信、煤气、消防、中央空调、电梯、电气、智能化楼宇设备及配套设施。

（三）进项税额的抵扣

1. 进项税额抵扣时间的界定

国家税务总局公告 2017 年第 11 号规定：自 2017 年 7 月 1 日起，增值税一般纳税人取得的 2017 年 7 月 1 日及以后开具的增值税专用发票和机动车销售统一发票，应自开具之日起 360 日内认证或登录增值税发票选择确认平台进行确认，并在规定的纳税申报期内，向主管税务机关申报抵扣进项税额。增值税一般纳税人取得的 2017 年 7 月 1 日及以后开具的海关进口增值税专用缴款书，应自开具之日起 360 日内向主管税务机关报送《海关完税凭证抵扣清单》，申请稽核比对。

相关知识

并非所有的增值税扣税凭证都有认证或申报抵扣期限，以下三种扣税凭证未规定抵扣期限：

（1）购进农产品，取得的农产品收购发票或者销售发票。

（2）从境外单位或者个人购进服务、无形资产或者不动产，自税务机关或者扣缴义务人取得的解缴税款的完税凭证。

（3）税务部门监制的公路通行费以及高速公路费发票。

2. 未在规定期限内认证或者申报抵扣的处理

纳税人取得的增值税专用发票、海关进口增值税专用缴款书等扣税凭证，未在规定期限内到税务机关办理认证（按规定不用认证的纳税人除外）或者申报抵扣或者申请稽核比对的，不得作为合法的增值税扣税凭证，不得计算进项税额抵扣。

对增值税一般纳税人发生真实交易但由于客观原因造成增值税扣税凭证逾期的，经主管税务机关审核、逐级上报，由国家税务总局认证、稽核比对后，对比对相符的增值税扣税凭证，允许纳税人继续抵扣其进项税额。前述所称增值税扣税凭证，包括增值税专用发票、海关进口增值税专用缴款书。

（四）一般纳税人应纳税额计算举例

【例 2-3】　W 股份有限公司为一大型企业集团，经营范围包括商品购销、农产品购销、建筑服务、物流仓储、交通运输、金融、文化体育、餐饮住宿、娱乐城、旅游服务、不动产租赁、经纪代理等服务，以及房地产开发销售。2018 年 7 月份发生如下经济业务：

（1）总公司当月销售货物开具专用发票载明销售额 25 000 万元，增值税额 4 000 万元；开具普通发票载明销售额 1 740 万元；开展家电下乡以旧换新业务取得现金收入 424 万元，收回旧货作价 40 万元；通过福利机构向灾区捐赠货物 13.92 万元。

（2）本期运输分公司取得客运收入 495 万元，物流分公司取得货运收入 671 万元，实现仓储、搬运、装卸收入 95.4 万元。

（3）金融分公司本期实际收取贷款利息 111.3 万元，应收逾期但未超过 90 天贷款利息 11.66 万元；收取客户加息、罚息 63.6 万元；取得票据贴现收入 106 万元，信用卡透支利息收入 286.2 万元；收取直接收费金融服务 15.9 万元；以 10 000 万元价格出售 9 470 万元购入的国库券；经纪代理收入 2 910 万元，支付给委托方 2 804 万元。

（4）本期娱乐城取得门票收入 63.6 万元，卡拉 OK 歌舞厅取得收入 212 万元，餐饮部取得收入 318 万元，棋牌中心取得收入 53 万元。

（5）销售新建办公楼一幢，取得收入 8 800 万元；销售 2017 年购入楼房一幢，取得收入 6 000 万元，该楼房账面原价 5 450 万元。

（6）旅行分公司组团国内外旅行，收取游客费用 1 085 万元，替游客支付国内交通、门票、餐饮、住宿等费用 643 万元；支付境外旅行社旅游费用 230 万元。

（7）餐饮住宿分公司取得住宿收入 636 万元，餐饮收入 583 万元；文体分部取得文化活动及文艺演出收入 487.6 万元。

（8）公司本期出租不动产取得收入 935 万元，出租固定资产取得收入 464 万元。

（9）咨询代理部取得审计、咨询收入 636 万元，其他代理收入 127.2 万元。

（10）本期购进货物取得专用发票载明货款 16 500 万元，增值税额 2 640 万元；取得运输业专用发票载明运输费 200 万元，增值税额 20 万元。

（11）本期向农业生产者收购农产品专用收购凭证上注明价款 500 万元，运输机构开具的运输业专用发票载明运费 15 万元，增值税 1.5 万元。本期将 10% 的农产品用于职工集体福利。

（12）运输分公司购入客运车辆 10 辆，机动车销售统一专用发票载明不含税价格为 520 万元，增值税款 83.2 万元；货运汽车 8 辆，机动车销售统一专用发票上载明价款 360 万元，增值税款为 57.6 万元；上述车辆运输费用 18 万元，增值税额 1.8 万元。

（13）餐饮住宿部本期购进粮油等专用发票载明价款 300 万元，增值税 30 万元；支付客房部布草洗涤费用，取得生活服务业专用发票载明洗涤费用 120 万元，增值税 7.2 万元。

（14）支付运输分公司客货汽车加油费、修理费取得专用发票载明 600 万元，增值税 96 万元。

假设上述业务均认证通过、比对相符，准予抵扣销项税额。

计算该公司当月应交增值税额。

销售货物销项税额 $= 4\,000 + 1\,740 \div (1 + 16\%) \times 16\% = 4\,240$（万元）

以旧换新销项税额 $= (424 + 40) \div (1 + 16\%) \times 16\% = 64$（万元）

向灾区捐赠货物销项税额 $= 13.92 \div (1 + 16\%) \times 16\% = 2.04$（万元）

客货运收入销项税额 $= (495 + 671) \div (1 + 10\%) \times 10\% = 106$（万元）

物流辅助服务销项税额 $= 95.4 \div (1 + 6\%) \times 6\% = 5.4$（万元）

利息收入销项税额 $= [111.3 + 11.66 + 63.6 + 106 + 286.2 + 15.9 + (10\,000 - 9\,470) +$

$(2\,910 - 2\,804)] \div (1 + 6\%) \times 6\% = 69.66(万元)$

娱乐餐饮收入销项税额 $= (63.6 + 212 + 318 + 53) \div (1 + 6\%) \times 6\% = 36.6(万元)$

销售楼房销项税额 $= [8\,800 + (6\,000 - 5\,450)] \div (1 + 10\%) \times 10\% = 800(万元)$

旅行分公司销项税额 $= (1\,085 - 643 - 230) \div (1 + 6\%) \times 6\% = 12(万元)$

餐饮住宿分公司销项税额 $= (636 + 583 + 487.6) \div (1 + 6\%) \times 6\% = 96.6(万元)$

出租不动产销项税额 $= 935 \div (1 + 10\%) \times 10\% + 464 \div (1 + 16\%) \times 16\% = 149(万元)$

咨询代理部销项税额 $= (636 + 127.2) \div (1 + 6\%) \times 6\% = 43.2(万元)$

销项税额合计 $= 4\,240 + 64 + 2.04 + 106 + 5.4 + 69.66 + 36.6 + 800 + 12 + 96.6 + 149 + 43.2 = 5\,624.5(万元)$

购进货物及运输费用销售额 $= 2\,640 + 20 = 2\,660(万元)$

购进农产品进项税额 $= (500 \times 10\% + 1.5) \times (1 - 10\%) = 46.35(万元)$

购进汽车及运费进项税额 $= 83.2 + 57.6 + 1.8 = 142.6(万元)$

餐饮部进项税额 $= 30 + 7.2 = 37.2(万元)$

运输部进项税额 $= 96(万元)$

进项税额合计 $= 2\,660 + 46.35 + 142.6 + 37.2 + 96 = 2\,982.15(万元)$

应纳税额 $= 5\,624.5 - 2\,982.15 = 2\,642.35(万元)$

二、销售固定资产应纳税额的计算

(一) 销售固定资产应纳税额的计算

一般纳税人销售自己使用过的其他固定资产，应区分不同情形征收增值税：

销售自己使用过的 2009 年 1 月 1 日以后购进或者自制的固定资产，按照适用税率征收增值税。

2008 年 12 月 31 日以前未纳入扩大增值税抵扣范围试点的纳税人，销售自己使用过的 2008 年 12 月 31 日以前购进或者自制的固定资产，按照 3% 征收率减按 2% 征收增值税。

2008 年 12 月 31 日以前已纳入扩大增值税抵扣范围试点的纳税人，销售自己使用过的在本地区扩大增值税抵扣范围试点以前购进或者自制的固定资产，按照 3% 征收率减按 2% 征收增值税；销售自己使用过的在本地区扩大增值税抵扣范围试点以后购进或者自制的固定资产，按照适用税率征收增值税。

一般纳税人（原营业税纳税人）销售自己使用过的、纳入营改增试点之日前取得的固定资产，按照旧货相关增值税政策执行。

(二) 转让不动产增值税应纳税额计算

1. 纳税人转让其取得的不动产（个人转让住房除外）

(1) 一般纳税人销售 2016 年 5 月 1 日以后取得的不动产，适用一般计税方法，以收取的全部价款和价外费用减去账面原价或作价后的余额为销售额，按适用税率计算缴纳增值税。计算公式如下：

$$应纳增值税额 = \left(\frac{全部价款和}{价外费用} - \frac{不动产购置原价或者}{不动产取得时的作价}\right) \div (1 + 10\%) \times 10\%$$

一般纳税人销售 2016 年 5 月 1 日以后自建不动产，适用一般计税方法，以收取的全部价款和价外费用为销售额，按适用税率计算缴纳增值税。计算公式如下：

增值税的销项税额 = 全部价款和价外费用 ÷ (1 + 10%) × 10%

应纳增值税额 = 销项税额 - 进项税额

（2）一般纳税人销售 2016 年 4 月 30 日之前取得（不含自建）不动产，可以选择按简易计税方法，以收取的全部价款和价外费用减去账面原价或作价后的余额为销售额，按 5% 税率计算缴纳增值税。计算公式如下：

$$应纳增值税额 = \left(\frac{全部价款和}{价外费用} - \frac{不动产购置原价或者}{不动产取得时的作价}\right) \div (1 + 5\%) \times 5\%$$

一般纳税人销售 2016 年 4 月 30 日之前取得自建不动产，可以选择按简易计税方法，以收取的全部价款和价外费用为销售额，按 5% 税率计算缴纳增值税。计算公式如下：

增值税应纳税额 = 全部价款和价外费用 ÷ (1 + 5%) × 5%

2. 个人转让住房

个人转让自建自用住房免征增值税。

个人转让其购买不足 2 年的住房的增值税应纳税额 =（全部价款和价外费用）÷ (1 + 5%) × 5%

【例 2 – 4】　RT 公司为未纳入"营改增"试点的一般纳税人，2018 年 8 月销售 2014 年 5 月购入营业用房 1 000 平方米，取得价款 9 000 万元存入银行，该房原购置成本为 6 480 万元；销售该企业 2015 年 12 月自建仓库一座，取得销售价款和价外费用共计 6 300 万元，销售 2008 年 12 月购进精密设备一台，收取价款 10.3 万元。该公司销售旧房选择适用简易计税办法，计算应交增值税额。

销售旧营业用房应交增值税 =（9 000 - 6 480）÷ (1 + 5%) × 5% = 120（万元）

销售新建仓库应交增值税 = 6 300 ÷ (1 + 5%) × 5% = 300（万元）

销售旧设备应交增值税 = 103 000 ÷ (1 + 3%) × 2% = 2 000（元）

三、进口货物应纳税额的计算

进口货物增值税适用税率和国内增值税税率相同。小规模纳税人从国外进口货物，在报关进口时也是按适用税率计算应缴纳增值税而不能按征收率计算。进口货物计税一律使用组成计税价格计算应纳增值税，组成计税价格公式中包含关税完税价格、关税税额、消费税税额。进口货物应纳税额的计算公式：

进口货物应纳增值税 = 组成计税价格 × 适用税率

组成计税价格 = 关税完税价格 + 关税 + 消费税（属于应征消费税的货物）

关税完税价格（到岸价格） = 货物的买价 + 起卸前的包装费、保险费、运费和其他劳务费

【例2-5】 某公司从澳大利亚进口一批红酒，海关核定澳大利亚进口葡萄酒的关税完税价格为 100 万元人民币，已知从澳大利亚进口红酒关税为 14%，计算应交增值税。

组成计税价格 = 100 × (1 + 14%) ÷ (1 - 14%) = 132.5581(万元)

应交增值税额 = 132.5581 × 16% = 21.21(万元)

四、简易计税方法应纳税额的计算

增值税小规模纳税人（以下称小规模纳税人）销售应税行为，选择简易计税方法的一般纳税人销售应税行为，按照销售额和适用的征收率计算应纳税额。应纳增值税额的计算公式：

应纳税额 = 销售额 × 征收率

式中，销售额为不含税的销售额。采用价税合一的纳税人，还应将含税销售额还原为不含税销售额。还原计算公式为：

$$不含税销售额 = \frac{含税销售额}{1 + 征收率（3\%或5\%）}$$

销售货物、劳务、服务适用的征收率为 3%，销售不动产适用的征收率为 5%。

【例2-6】 某企业为小规模纳税人，2018 年 5 月销售产品一批，含税销售价为 51 500 元，款项存入银行。

小规模纳税人销售产品时将含税收入还原为不含税收入，再计算应缴纳的增值税额。

应纳税额 = 50 000 ÷ (1 + 3%) × 3% = 1 500(元)

【例2-7】 X 市公交公司 2018 年 8 月实现销售收入 4 120 万元，该公司选择适用简易计税方法，计算其应缴增值税。

财税〔2016〕36 号文件规定，公共交通运输服务的一般纳税人发生应税行为，可以选择适用简易计税方法计税。计税时应将销售额还原为不含税销售额。

应纳税额 = 4 120 ÷ (1 + 3%) × 3% = 120(万元)

第五节　增值税会计处理

一、收入实现与纳税业务、扣缴义务发生时间

纳税义务发生时间，是纳税人销售货物、提供应税劳务和发生应税行为应当承担纳税

义务的起始时间。增值税暂行条例和试点实施办法规定，纳税义务发生时间为收讫销售款项或者取得索取销售款项凭据的当天；先开具发票的，为开具发票的当天。收讫销售款项或者取得索取销售款项凭据的当天按销售对象的不同，具体分为：

1. 销售货物或者劳务、服务的纳税义务发生时间

（1）采取直接收款方式销售货物，不论货物是否发出，均为收到销售款或者取得索取销售款凭据的当天。

纳税人生产经营活动中采取直接收款方式销售货物，已将货物移送对方并暂估销售收入入账，但既未取得销售款或取得索取销售款凭据也未开具销售发票的，其增值税纳税义务发生时间为取得销售款或取得索取销售款凭据的当天；先开具发票的，为开具发票的当天。

（2）采取托收承付和委托银行收款方式销售货物，为发出货物并办妥托收手续的当天。

（3）采取赊销和分期收款方式销售货物，为书面合同约定的收款日期的当天，无书面合同的或者书面合同没有约定收款日期的，为货物发出的当天。

（4）采取预收货款方式销售货物，为货物发出的当天，但生产销售生产工期超过12个月的大型机械设备、船舶、飞机等货物，为收到预收款或者书面合同约定的收款日期的当天。

（5）委托其他纳税人代销货物，为收到代销单位代销清单或者全部或者部分货款的当天；未收到代销清单及货款的，为发出代销货物满180天的当天。

纳税人提供建筑服务、租赁服务采取预收款方式的，其纳税义务发生时间为收到预收款的当天。

（6）销售劳务，为提供劳务同时收讫销售款或取得索取销售款的凭据的当天。

（7）纳税人发生除将货物交付其他单位或者个人代销和销售代销货物以外的视同销售货物行为，为货物移送的当天。纳税人销售视同销售货物行为第（3）～第（8）项的，为货物移送的当天。

（8）纳税人进口货物，其纳税义务发生时间为报关进口的当天。

2. 发生应税行为的纳税义务发生时间

纳税人发生应税行为并收讫销售款项是指纳税人销售服务、无形资产、不动产过程中或者完成后收到款项。纳税人发生应税行为取得索取销售款项凭据的当天，是指书面合同确定的付款日期；未签订书面合同或者书面合同未确定付款日期的，为服务、无形资产转让完成的当天或者不动产权属变更的当天。销售款项凭据的当天为纳税义务发生时间；先开具发票的，为开具发票的当天。

除了上述一般规定外，以下行业的纳税义务发生时间为：

（1）纳税人提供租赁服务采取预收款方式的，其纳税义务发生时间为收到预收款的当天。

【例2-8】 某纳税人出租一座仓库，一次性预收了对方一年（12个月）的租金共计120 000元，则该纳税人应在收到120 000元租金的当天确认纳税义务发生，并按120 000元确认收入，而不能将120 000元租金采取按月分摊确认收入的方法，也不能在该业务完成后再确认收入。

（2）纳税人提供建筑服务取得预收款，应在收到预收款时，以取得的预收款扣除支付的分包款后的余额，适用一般计税方法计税的项目预征率为2%，适用简易计税方法计税的项目预征率为3%。

（3）纳税人从事金融商品转让的，为金融商品所有权转移的当天。

（4）纳税人发生视同销售服务、无形资产或者不动产情形的，其纳税义务发生时间为服务、无形资产转让完成的当天或者不动产权属变更的当天。

3. 增值税扣缴义务发生时间

增值税扣缴义务发生时间为纳税人增值税纳税义务发生的当天。

二、会计科目设置

为了核算一般纳税人应交增值税发生、抵扣与待抵扣、进项税额转出、计提、缴纳、退还等情况，一般纳税人应当在"应交税费"科目下设置"应交增值税""未交增值税""预交增值税""待抵扣进项税额""待认证进项税额""待转销项税额""增值税留抵税额""简易计税""转让金融商品应交增值税""代扣代交增值税"等明细科目。

1. "应交税费——应交增值税"明细科目

本科目借方登记企业购进货物、接受应税劳务和应税服务所支付或承担的进项税额，实际已缴纳的增税额以及月末转入"未交增值税"明细科目贷方的应交未交增值税额；贷方登记企业销售货物、提供劳务和应税服务收取的销项税额，出口货物退税，转出已支付或应分摊的增值税额以及月末转入"未交增值税"明细科目借方的当月多交的增值税额。该明细科目的期末借方余额表示月末尚未抵扣留待下一会计期间继续抵扣的进项税额。

一般纳税人应在"应交增值税"明细账内设置"进项税额""销项税额抵减""已交税金""转出未交增值税""减免税款""出口抵减内销产品应纳税额""销项税额""出口退税""进项税额转出""转出多交增值税"等专栏。其中：

（1）"进项税额"专栏，记录一般纳税人购进货物、加工修理修配劳务、服务、无形资产或不动产而支付或负担的、准予从当期销项税额中抵扣的增值税额；

（2）"销项税额抵减"专栏，记录一般纳税人按照现行增值税制度规定因扣减销售额而减少的销项税额；

（3）"已交税金"专栏，记录一般纳税人当月已缴纳的应交增值税额；

（4）"转出未交增值税"和"转出多交增值税"专栏，分别记录一般纳税人月度终了转出当月应交未交或多交的增值税额；

（5）"减免税款"专栏，记录一般纳税人按现行增值税制度规定准予减免的增值税额；

（6）"出口抵减内销产品应纳税额"专栏，记录实行"免、抵、退"办法的一般纳税人按规定计算的出口货物的进项税抵减内销产品的应纳税额；

（7）"销项税额"专栏，记录一般纳税人销售货物、加工修理修配劳务、服务、无形资产或不动产应收取的增值税额；

（8）"出口退税"专栏，记录一般纳税人出口货物、加工修理修配劳务、服务、无形资产按规定退回的增值税额；

（9）"进项税额转出"专栏，记录一般纳税人购进货物、加工修理修配劳务、服务、无形资产或不动产等发生非正常损失以及其他原因而不应从销项税额中抵扣、按规定转出的进项税额。

"应交税费——应交增值税"明细账的格式如表 2 – 3 所示。

表 2 – 3　应交税费——应交增值税

（略）	借　方						贷　方					借或贷	余额
	合计	进项税额	已交税金	减免税款	出口抵减内销产品应纳税额	转出未交增值税	合计	销项税额	出口退税	进项税额转出	转出多交增值税		

2. "未交增值税"明细科目

核算一般纳税人月度终了从"应交增值税"或"预交增值税"明细科目转入当月应交未交、多交或预交的增值税额，以及当月缴纳以前期间未交的增值税额。

3. "预交增值税"明细科目

核算一般纳税人转让不动产、提供不动产经营租赁服务、提供建筑服务、采用预收款方式销售自行开发的房地产项目等，以及其他按现行增值税制度规定应预缴的增值税额。

4. "待抵扣进项税额"明细科目

核算一般纳税人已取得增值税扣税凭证并经税务机关认证，按照现行增值税制度规定准予以后期间从销项税额中抵扣的进项税额。包括：一般纳税人自2016年5月1日后取得并按固定资产核算的不动产或者2016年5月1日后取得的不动产在建工程，按现行增值税制度规定准予以后期间从销项税额中抵扣的进项税额；实行纳税辅导期管理的一般纳税人取得的尚未交叉稽核比对的增值税扣税凭证上注明或计算的进项税额。

5. "待认证进项税额"明细科目

核算一般纳税人由于未经税务机关认证而不得从当期销项税额中抵扣的进项税额。包括：一般纳税人已取得增值税扣税凭证、按照现行增值税制度规定准予从销项税额中抵扣，但尚未经税务机关认证的进项税额；一般纳税人已申请稽核但尚未取得稽核相符结果的海关缴款书进项税额。

6. "待转销项税额"明细科目

核算一般纳税人销售货物、加工修理修配劳务、服务、无形资产或不动产，已确认相关收入（或利得）但尚未发生增值税纳税义务而需于以后期间确认为销项税额的增值税额。

7. "增值税留抵税额"明细科目

核算兼有销售服务、无形资产或者不动产的原增值税一般纳税人，截止到纳入"营改增"试点之日前的增值税期末留抵税额按照现行增值税制度规定不得从销售服务、无形资产或不动产的销项税额中抵扣的增值税留抵税额。

8. "简易计税"明细科目

核算一般纳税人采用简易计税方法发生的增值税计提、扣减、预缴、缴纳等业务。

9. "转让金融商品应交增值税"明细科目

核算增值税纳税人转让金融商品发生的增值税额。

10. "代扣代交增值税"明细科目

核算纳税人购进在境内未设经营机构的境外单位或个人在境内的应税行为代扣代缴的增值税。

小规模纳税人只需在"应交税费"科目下设置"应交增值税"明细科目，不需要设置上述专栏及除"转让金融商品应交增值税""代扣代交增值税"外的明细科目。

增值税会计科目设置如图2-2所示。

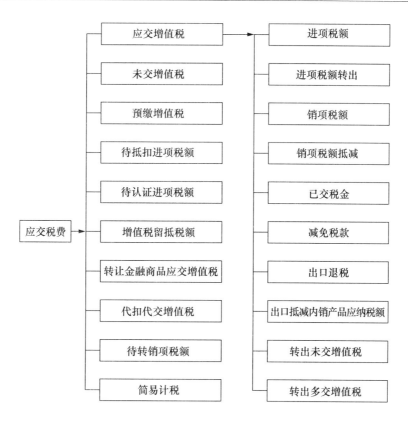

图 2 - 2 增值税会计科目

三、进项税额的账务处理

（一）购进货物、劳务、服务、无形资产和不动产进项税额的账务处理

1. 采购等业务进项税额允许抵扣的账务处理

一般纳税人购进货物、加工修理修配劳务、服务、无形资产或不动产，按应计入相关成本费用或资产的金额，借记"在途物资"或"原材料"，以及"库存商品""生产成本""无形资产""固定资产""管理费用"等科目，按当月已认证的可抵扣增值税额，借记"应交税费——应交增值税（进项税额）"科目，按当月未认证的可抵扣增值税额，借记"应交税费——待认证进项税额"科目，按应付或实际支付的金额，贷记"应付账款""应付票据""银行存款"等科目。

购入货物发生退货的，如原增值税专用发票未做认证，应将发票退回并做相反的会计分录。如原增值税专用发票已做认证，待取得销售方开具的红字专用发票后，与《开具红字增值税专用发票信息表》一并作为记账凭证，做相反的会计分录。

【例 2 - 9】 ABC 公司为一般纳税人，存货采用实际成本核算。2018 年 6 月购入 A

原材料一批，专用发票载明原材料价款为 500 万元，增值税额为 80 万元，运输业专用发票载明运费 13 万元，增值税 1.3 万元，公司开出面值 500 万元、期限 3 个月、票面利率 6% 的商业汇票，经银行承兑后抵付货款，开具面值 94.3 万元转账支票一张支付运费及增值税，A 原材料验收入库；购进客运汽车一辆，专用发票载明价款 30 万元，增值税额 4.8 万元，款项尚未支付，汽车交付使用，上述专用发票已认证通过准予抵扣；从境外购进原材料一批，海关进口增值税专用缴款书载明进口关税完税价 200 万元，关税率为 10%，不交消费税，价款及关税、增值税用银行存款支付，原材料验收入库，海关进口增值税专用缴款书稽核比对尚未通过。上述业务会计处理如下：

进口原材料成本 = 200 × (1 + 10%) = 220(万元)

进口原材料应交增值税 = 220 × 16% = 35.2(万元)

借：原材料	7 330 000
固定资产	300 000
应交税费——应交增值税(进项税额)	861 000
——待认证进项税额	352 000
贷：银行存款	3 495 000
应付票据	5 000 000
应付账款	348 000

次月，上述进口增值税专用缴款书认证通过准予抵扣，做如下会计分录：

借：应交税费——应交增值税(进项税额)	352 000
贷：应交税费——待认证进项税额	352 000

【例 2 - 10】 2018 年 4 月 5 日，ABC 公司收到银行转来自来水公司委托收款结算凭证及专用发票，载明 3 月份水费 5 万元，其中生产车间一般耗用 4.9 万元，管理部门耗用 0.1 万元，增值税额 0.3 万元；电力公司委托收款结算凭证及专用发票，电费 10 万元，其中生产车间生产产品耗用电费 9 万元，一般耗用电费 0.6 万元，管理部门耗用电费 0.4 万元，增值税 1.6 万元。专用发票经认证通过可抵扣销项税额。

根据有关结算凭证和专用发票编制费用分配表，做如下会计分录：

借：生产成本	90 000
制造费用	55 000
管理费用	5 000
应交税费——应交增值税(进项税额)	19 000
贷：银行存款	169 000

【例 2 - 11】 ABC 公司购进甲材料 10 吨，支付货款 10 万元、增值税款 1.6 万元，款项已经支付，发票已认证抵扣。验收入库时发现材料规格、质量与合同规定不符，经与销售方沟通货物退回，货款及增值税收回存入银行。

根据销售方开具的红字增值税专用发票和银行收款凭证，做如下会计分录：

借：材料采购 16 000

应交税费——应交增值税(进项税额)	100 000
贷:银行存款	116 000

【例2-12】 A企业为增值税一般纳税人，2018年6月从D公司购得商品500件，每件800元，合计货款400 000元，税金64 000元，当月认证抵扣，货款已经支付，验收时发现货物与合同规定严重不符，经协商D公司同意退回。

A企业购入商品时，会计账务处理如下：

借:库存商品　　　　　　　　　　　　　　　　　　400 000

　　应交税费——应交增值税(进项税额)　　　　　　64 000

　　　贷:银行存款　　　　　　　　　　　　　　　　464 000

A企业退回商品收到返款时，会计账务处理如下：

借:银行存款　　　　　　　　　　　　　　　　　　464 000

　　贷:库存商品　　　　　　　　　　　　　　　　　400 000

　　　应交税费——应交增值税(进项税额转出)　　　64 000

2. 货物等已验收入库，但尚未取得增值税扣税凭证的账务处理

纳税人购进货物等已到达并验收入库，但尚未收到增值税扣税凭证并未付款的，应在月末按货物清单或相关合同协议上的价格暂估入账，不需要将增值税的进项税额暂估入账；下月初，用红字冲销原暂估入账金额。待取得相关增值税扣税凭证并经认证后，按应计入相关成本费用或资产的金额，借记"原材料""库存商品""固定资产""无形资产"等科目，按可抵扣的增值税额，借记"应交税费——应交增值税(进项税额)"科目，按应付或实际支付的金额，贷记"应付账款""银行存款"等科目。

【例2-13】 B公司购进商品一批验收入库，月末尚未收到银行转来销货单位发票账单及扣税凭证等单证，暂按合同价50万元估价入账。

估价入账时，做如下会计分录：

借:库存商品　　　　　　　　　　　　　　　　　　500 000

　　贷:应付账款　　　　　　　　　　　　　　　　　500 000

下月初红字冲回估价入账，做如下会计分录：

借:原材料　　　　　　　　　　　　　　　　　　　500 000

　　贷:应付账款　　　　　　　　　　　　　　　　　500 000

次月，收到银行转来销售方专用发票载明货款50万元，增值税款8万元，运输业专用发票载明运费3万元，增值税款0.3万元，发票经税务机关认证通过准予抵扣增值税。做如下会计分录：

借:原材料　　　　　　　　　　　　　　　　　　　530 000

　　应交税费——应交增值税(进项税额)　　　　　　83 000

　　　贷:应付账款　　　　　　　　　　　　　　　　613 000

3. 采购等业务进项税额不得抵扣的账务处理

一般纳税人购进货物、劳务、服务、无形资产或不动产，确定用于简易计税项目、免征增值税项目、集体福利或个人消费等，取得货物专用发票时，其进项税额不得从销项税额中抵扣的，应将增值税额计入相关资产或成本、费用，借记"材料采购""库存商品""固定资产""应付职工薪酬"等科目，贷记"应付账款""银行存款"等科目。

适用一般计税方法的纳税人购进简易计税项目、免征增值税税项目而无法划分不得抵扣时，按下式计算不得抵扣的进项税额：

$$\text{不得抵扣的进项税额} = \text{当期无法划分的全部进项税额} \times \frac{\text{当期简易计税方法计税项目销售额} + \text{免征增值税项目销售额}}{\text{当期全部销售额}}$$

【例 2 – 14】　凯迪公司为一般纳税人，提供运输、装卸服务，按规定运输业务适用一般计税方法，装卸业务适用简易计税。该公司 2018 年 6 月份缴纳增值税取得专用发票载明电费 40 万元，增值税额 6.4 万元于当月认证抵扣，当月取得运输收入 80 万元，装卸收入 20 万元。

简易计税应转出进项税额 = 6.4 × 20 ÷ (80 + 20) = 1.28 (万元)

借：生产成本　　　　　　　　　　　　　　　　　　　　　　　　　12 800

　　贷：应交税费——应交增值税（进项税额转出）　　　　　　　　　　12 800

（二）购进免税农副产品进项税额的账务处理

1. 凭票扣除的账务处理

一般纳税人购进免税农副产品，根据税务机关认可的农副产品专用收购凭证、销售方开具的农副产品销售普通发票载明的金额和规定的扣除率、运输业专用发票上载明的增值税额，计算允许扣除的进项税额，借记"应交税费——应交增值税额（进项税额）"科目，根据收购价扣除增值税后的余额作为成本，借记"原材料""库存商品"等科目，按实际支付或应付的金额，贷记"银行存款""应付账款"等科目。

【例 2 – 15】　某木器厂为增值税一般纳税人，本月向某林场收购原木材取得普通发票上注明价款为 500 万元，取得运输业专用发票上载明运输费用 5 万元，增值税 0.5 万元，以上款项全部用银行存款支付，收购凭证、运输专用发票通过认证准予抵扣，该企业实行凭票扣税。

企业收购农产品进项税额 = 500 × 10% + 0.5 = 50.5 (万元)

购入农产品实际成本 = 500 × (1 - 10%) + 5 = 455 (万元)

根据计算结果，做如下会计分录：

借：原材料　　　　　　　　　　　　　　　　　　　　　　　　　4 550 000

　　应交税费——应交增值税（进项税额）　　　　　　　　　　　　505 000

　　　贷：银行存款　　　　　　　　　　　　　　　　　　　　　　5 055 000

2. 核定扣除的账务处理

试点纳税人购进农产品取得的农产品资源分配和海关开具的增值税缴款书，按照注明的金额和增值税额一并计入成本科目；自行开具农产品收购发票和取得农产品销售发票按照注明的买价直接计入成本科目，即按发票上注明价税合计计入原材料成本，借记"原材料"科目，贷记"银行存款""应付账款"科目。应该注意的是，该价格不包括农产品入库前发生的费用。

试点纳税人根据税收规定确定进项税额扣除标准，按投入产出法或成本法计算出当期应抵扣的进项税额，借记"应交税费——应交增值税额（进项税额）"科目，贷记"主营业务成本"科目。

试点纳税人购进农产品直接销售的，农产品进项税额按以下方法核定扣除：

当期允许抵扣农产品增值税进项税额 = 当期农产品耗用数量×农产品平均购买单价×10%/（1 + 10%）

农产品耗用率 = 上年投入生产的农产品外购金额/上年生产成本

根据计算结果，借记"应交税费——应交增值税额（进项税额）"科目，贷记"销售费用""管理费用"等科目。

【例 2 - 16】 某食品公司以猪肉为原料生产酱卤猪肉，单耗系数为 1.8882。2018 年 10 月，对外销售酱卤猪肉 10 000 千克，每千克含税售价 232 元，月末猪肉平均购进价单价为 50 元/千克。

销售酱卤猪肉时，做如下会计分录：

借：银行存款	2 320 000
贷：主营业务收入	2 000 000
应交税费——应交增值税额（销项税额）	320 000

猪肉扣税成本 = 10 000×1.8882×50 = 94.41（万元）

猪肉核定扣除进项税额 = 94.41×16%÷（1 + 16%）= 13.0221（万元）

假定每 10 000 千克酱卤猪肉生产成本为 163.7 万元：

借：主营业务成本	1 500 000
应交税费——应交增值税（进项税额）	163 700
贷：库存商品	1 637 000

（三）国外进口货物进项税额的账务处理

纳税人取得海关缴款书后，借记"应交税费——待认证进项税额"科目，贷记相关科目；稽核比对相符允许抵扣时，借记"应交税费——应交增值税（进项税额）"科目，贷记"应交税费——待认证进项税额"科目。对未认证抵扣的进项税额，借记相关资产费用科目，贷记"应交税费——待认证进项税额"科目。

【例 2 - 17】 2018 年 7 月，某企业由国外进口 A 商品一批，完税价格 2 400 000 元，关税税率为 20%，增值税税率为 16%；支付国内运杂费 2 400 元（不含税）。该企业开出人民币转账支票 2 400 000 元从银行购入 400 000 美元，转入美元存款户。当日外汇牌价 USD 1 = ￥6.00，A 商品不交消费税。

应纳关税 = 2 400 000 × 20% = 480 000（元）

组成计税价格 = 2 400 000 + 480 000 = 2 880 000（元）

进项税额 = 2 880 000 × 16% = 460 800（元）

借：材料采购 2 880 000

  应交税费——待认证进项税额 460 800

  贷：银行存款 3 340 800

比对相符，允许抵扣时，做如下会计分录：

借：应交税费——应交增值税（进项税额） 460 800

  贷：应交税费——待认证进项税额 460 800

支付国外价款、国内运费、结转采购成本会计分录，略。

（四）接受非货币性资产投资、捐赠货物进项税额的账务处理

纳税人接受投资转入的货物，按认证通过准予抵扣的增值税额，借记"应交税费——应交增值税（进项税额）"科目，按投资货物合同约定价值或公允价值，借记"原材料"等科目，按增值税额与货物价值的合计数，贷记"实收资本""股本""资本公积"等科目。

企业接受捐赠转入的货物价值，按捐赠发票载明货物价值或公允价值与支付相关税费之和，借记"原材料"等科目，按认证通过准予抵扣增值税额，借记"应交税费——应交增值税（进项税额）"科目，贷记"营业外收入——捐赠利得"科目，按实际支付的款项，贷记"银行存款"科目。

接受投资或捐赠货物未能取得专用发票或海关完税凭证并通过认证，不得扣除进项税额。

【例 2-18】 2018 年 7 月，ABC 公司接受投资人投入甲商品一批，专用发票载明该商品投资作价为 500 万元，增值税额为 80 万元。接受捐赠汽车一辆，市场公允价为 20 万元，未取得专用发票。

根据材料验收入库单、投资协议和经认证准予抵扣的专用发票等，做如下会计分录：

借：库存商品 5 000 000

  固定资产 200 000

  应交税费——应交增值税（进项税额） 800 000

  贷：实收资本 5 800 000

   营业外收入——捐赠利得 200 000

（五）委托加工物资、接受应税服务进项税额的账务处理

纳税人委托其他单位加工物资、接受应税服务，按专用发票记载的劳务、服务费用，借记"委托加工物资""制造费用""管理费用"等科目，按专用发票载明并认证通过准予抵扣增值税额，借记"应交税费——应交增值税（进项税额）"科目，按应付或实际支付的金

额，贷记"应付账款""银行存款"等科目。

【例 2 – 19】　ABC 公司发出木材一批，委托 MN 木器加工厂加工包装木箱一批，专用发票载明加工费 10 000 元，增值税 1 600 元；当月接受税务咨询、财务报表审计等服务，专用发票载明咨询费用 30 000 元，增值税额 1 800 元。支付税费的专用发票通过认证准予抵扣。做如下会计分录：

借：委托加工物资　　　　　　　　　　　　　　　　　　　10 000
　　管理费用　　　　　　　　　　　　　　　　　　　　　30 000
　　应交税费——应交增值税(进项税额)　　　　　　　　　 3 400
　　贷：银行存款　　　　　　　　　　　　　　　　　　　　　　43 400

(六)购进固定资产进项税额的账务处理

1. 购进机器设备等固定资产、工程物资进项税额的账务处理

一般纳税人购买机器设备、运输工具等固定资产，按应计入成本费用或资产成本的金额，借记"固定资产""工程物资"等科目；按通过比对或认证的可抵扣凭证上载明增值税额，借记"应交税费——应交增值税(进项税额)科目"，按未通过比对或认证可抵扣凭证上载明增值税额，借记"应交税费——待认证进项税额"科目，按应付或实际支付金额，贷记"应付账款""银行存款"等科目。

企业进行设备安装等在建工程支出耗用外购劳务，按照外购劳务的实际成本，借记"在建工程"科目，按通过比对或认证专用发票上注明的增值税额，借记"应交税费——应交增值税(进项税额)科目"，按前两项之和，贷记"银行存款""应付账款"等科目。

2. 购进不动产或不动产在建工程进项税额的账务处理

一般纳税人 2016 年 5 月 1 日后取得并按固定资产核算的不动产以及不动产在建工程(纳税人新建、改建、扩建、修缮、装饰不动产)，其进项税额按现行增值税制度规定自取得之日起分 2 年从销项税额中抵扣的，60% 于取得扣税凭证的当期从销项税额中抵扣，其余 40% 于取得扣税凭证当月起第 13 个月从销项税额中抵扣。房地产开发企业自行开发的房地产项目，融资租入的不动产，以及在施工现场修建的临时建筑物、构筑物，其进项税额不适用上述分 2 年抵扣的规定。

纳税人 2016 年 5 月 1 日后购进货物和设计服务、建筑服务，用于新建、改建、扩建、修缮、装饰不动产并增加不动产原值超过 50% 的，其进项税额依照上述规定分 2 年从销项税额中抵扣。

不动产原值是指取得不动产时的购置原价或作价。分 2 年从销项税额中抵扣的购进货物，是指构成不动产实体的材料和设备，包括建筑装饰材料和给排水、采暖、卫生、通风、照明、通信、煤气、消防、中央空调、电梯、电气、智能化楼宇设备及配套设施。纳税人按照上述规定从销项税额中抵扣进项税额，应取得 2016 年 5 月 1 日后开具的合法有效的增值税扣税凭证。

取得不动产或不动产在建工程成本，借记"固定资产""在建工程"等科目，按当期可抵扣的增值税额，借记"应交税费——应交增值税（进项税额）"科目，按以后期间可抵扣的增值税额，借记"应交税费——待抵扣进项税额"科目，按应付或实际支付的金额，贷记"应付账款""应付票据""银行存款""实收资本"等科目。尚未抵扣的进项税额待以后期间允许抵扣时，借记"应交税费——应交增值税（进项税额）"科目，贷记"应交税费——待抵扣进项税额"科目。

纳税人应建立在建工程台账，分别记录并归集动产和不动产在建工程成本、费用、扣税凭证及进项税额抵扣情况，简易计税项目、免税项目、集体福利和个人消费的动产在建工程，也应建立台账备查。

【例2－20】 2018年7月，A公司购入大型生产设备，专用发票载明价款1 000万元，增值税额160万元；运输业专用发票载明运输费用20万元，增值税2万元，企业开出面值1 000万元、期限6个月的无息商业汇票，承兑后交付销售方。运输费、增值税用银行存款支付，专用发票通过认证准予抵扣，设备交付使用。

购入设备交付安装单位安装，做如下会计分录：

借：固定资产   10 200 000
   应交税费——应交增值税（进项税额）   1 620 000
  贷：应付票据   10 000 000
    银行存款   1 820 000

【例2－21】 A公司2018年3月自建一幢楼房，取得设计专用发票载明设计费200万元，增值税额12万元；购进工程物资专用发票载明物资价款3 500万元，增值税额560万元，物资交付工程使用；支付建筑工程费用取得专用发票载明工程价款6 000万元，增值税额600万元，款项用银行存款支付，专用发票通过认证准予抵扣。

准予抵扣的增值税额＝（12＋560＋600）×60%＝703.2（万元）

待抵扣进项税额＝（12＋560＋600）×40%＝468.8（万元）

发生工程支出，取得专用发票通过认证时，做如下会计分录：

借：在建工程   97 000 000
   应交税费——应交增值税（进项税额）   7 032 000
     ——待抵扣进项税额   4 688 000
  贷：银行存款   108 720 000

2019年3月，尚未抵扣的40%进项税额允许抵扣时，做如下会计分录：

借：应交税费——应交增值税（进项税额）   4 688 000
  贷：应交税费——待抵扣进项税额   4 688 000

（七）增值税税控系统专用设备和技术维护费用抵减增值税额的账务处理

一般纳税人初次购买增值税税控系统专用设备和通用设备支付的费用以及缴纳的技术维护费，允许在增值税应纳税额中全额抵减的，应在"应交税费——应交增值税"科目下增设"减免税款"专栏，用于记录该企业按规定抵减的增值税应纳税额。

一般纳税人初次购入增值税税控系统设备，按应付或实际支付的金额，借记"固定资产"科目，贷记"应付账款""银行存款"等科目。按规定抵减的增值税应纳税额，借记"应交税费——应交增值税(减免税款)"科目，贷记"递延收益"科目。按期计提折旧，借记"管理费用"等科目，贷记"累计折旧"科目，同时借记"递延收益"科目，贷记"管理费用"等科目。

　　企业发生技术维护费，按实际支付或应付的金额，借记"管理费用"等科目，贷记"银行存款"等科目。按规定抵减的增值税应纳税额，借记"应交税费——应交增值税(减免税款)"科目，贷记"管理费用"等科目。

　　小规模纳税人初次购买增值税税控系统专用设备支付的费用以及缴纳的技术维护费允许在增值税应纳税额中全额抵减的，按规定抵减的增值税应纳税额账务处理与一般纳税人相同，但不需要设置三级科目。

　　【例2-22】　R公司为一般纳税人，2018年3月份首次购买增值税税控系统专用设备、通用设备支付的价税合计34 800元，款项用银行存款支付。缴纳的技术维护费10 000元。会计处理如下：

　　购入增值税税控系统设备时，根据购置发票、交付使用移交清册等单证，做如下会计分录：

　　　　借：固定资产　　　　　　　　　　　　　　　　　　　　　　　34 800
　　　　　　贷：银行存款　　　　　　　　　　　　　　　　　　　　　　　34 800

　　按规定抵减的增值税应纳税额：

　　　　借：应交税费——应交增值税(减免税款)　　　　　　　　　　　34 800
　　　　　　贷：递延收益　　　　　　　　　　　　　　　　　　　　　　　34 800

　　企业按规定分三年计提折旧，每年计提折旧费11 600(34 800÷3)元，做如下会计分录：

　　　　借：管理费用　　　　　　　　　　　　　　　　　　　　　　　11 600
　　　　　　贷：累计折旧　　　　　　　　　　　　　　　　　　　　　　　11 600

　　同时结转递延收益，做如下会计分录：

　　　　借：递延收益　　　　　　　　　　　　　　　　　　　　　　　11 600
　　　　　　贷：管理费用　　　　　　　　　　　　　　　　　　　　　　　11 600

　　【例2-23】　承【例2-22】，假设R公司为小规模纳税人，购买税控设备时，做如下会计分录：

　　　　借：管理费用　　　　　　　　　　　　　　　　　　　　　　　34 800
　　　　　　贷：银行存款　　　　　　　　　　　　　　　　　　　　　　　34 800

　　全额抵减应纳增值税额时，做如下会计分录：

　　　　借：应交税费——应交增值税(减免税款)　　　　　　　　　　　34 800
　　　　　　贷：管理费用　　　　　　　　　　　　　　　　　　　　　　　34 800

　　发生技术维护费时，按实际支付或应付的金额，做如下会计分录：

　　　　借：管理费用　　　　　　　　　　　　　　　　　　　　　　　10 000

贷：银行存款　　　　　　　　　　　　　　　　　　　　10 000

技术维护费按规定抵减增值税应纳税额时，做如下会计分录：

　　借：应交税费——应交增值税（减免税款）　　　　　　　10 000

　　　　贷：管理费用　　　　　　　　　　　　　　　　　　10 000

（八）进项税额转出、转入的账务处理

1. 非常损失形成损失进项税额转出的账务处理

　　一般纳税人购进货物（不含固定资产）、生产过程的在产品、完工验收入库的产成品等，因管理不善造成的被盗、丢失、霉烂变质，或因违反法律法规造成被依法没收、销毁等情形，其耗用的购进货物（不包括固定资产），以及相关的加工修理修配劳务和交通运输服务所抵扣的进项税额应进行转出。无法确定该进项税额的，按照当期实际成本计算应转出的进项税额。借记"待处理财产损溢——待处理流动资产损失"科目，按损失货物实际成本，贷记"原材料""库存商品"等科目，按应转出或不得抵扣、待认证的进项税额，贷记"应交税费——应交增值税（进项税额转出）""应交税费——待抵扣进项税额"或"应交税费——待认证进项税额"科目。经批准后，将待处理财产损溢计入当期损益。

　　【例 2 - 24】　A 公司为一般纳税人，提供设计服务，适用一般计税方法。2018 年 5 月购进复纸张，取得专用发票列明的货物金额 10 万元，运费 1 万元，增值税 1.7 万元于当月认证抵扣。2018 年 6 月，由于管理不善，上述复印纸张全部丢失。会计处理如下：

　　应转出的进项税额 = 100 000 × 16% + 10 000 × 10% = 17 000（元）

　　借：待处理财产损溢——待处理流动资产损溢　　　　　　127 000

　　　　贷：库存商品　　　　　　　　　　　　　　　　　　110 000

　　　　　　应交税费——应交增值税（进项税额转出）　　　 17 000

　　【例 2 - 25】　G 公司为一般纳税人，生产包装食品，适用一般计税方法。2018 年 7 月某批次商品因天气湿热发生霉变损失，该批次在产品所耗用的购进货物成本为 10 万元，发生运费 1 万元，已于购进当月认证抵扣，该企业材料费用占成本 60%。会计处理如下：

　　应转出的进项税额 =（100 000 × 16% + 10 000 × 10%）× 60% = 10 200（元）

　　借：待处理财产损溢——待处理流动资产损溢　　　　　　110 200

　　　　贷：库存商品　　　　　　　　　　　　　　　　　　100 000

　　　　　　应交税金——应交增值税（进项税额转出）　　　 10 200

2. 改变用途进项税额转出的账务处理

　　纳税人已抵扣进项税额的购进货物（不含固定资产）、劳务、服务事后改变用途，用于不得抵扣进项税额的非应税项目、免税项目、集体福利或者个人消费，应当将已经抵扣的进项税额从当期进项税额中转出，随着货物成本计入有关科目；无法确定该进项税额的，按照当期实际成本计算应转出的进项税额。

　　【例 2 - 26】　R 公司为一般纳税人，适用一般计税方法。2018 年 6 月 1 日购进洗涤剂准备用于销售，取得增值税专用发票列明价款 1 万元，增值税额 1.6 万元，当月认证抵扣。2018 年 8 月，该纳税人将所购进的该批次洗涤剂全部用于职工食堂。会计处理如下：

应转出已认证抵扣进项税额 = 10 000 × 16% = 1 600（元）

根据计算结果，做如下会计分录：

借：应付职工薪酬——应付职工福利费（职工食堂）　　　　　11 600

　　贷：库存商品　　　　　　　　　　　　　　　　　　　　10 000

　　　　应交税费——应交增值税（进项税额转出）　　　　　1 600

【例 2 - 27】　某自行车厂既生产电动自行车，又生产供残疾人专用的轮椅。2018 年 6 月为生产残疾人专用轮椅领用生产用原材料 50 000 元，原材料适用增值税率为 16%，其会计处理如下：

借：生产成本——轮椅　　　　　　　　　　　　　　　　　　58 000

　　贷：原材料　　　　　　　　　　　　　　　　　　　　　50 000

　　　　应交税费——应交增值税（进项税额转出）　　　　　8 000

3. 简易计税项目、免税项目无法划分不得抵扣进项税额的账务处理

适用一般计税方法的纳税人，兼营简易计税项目、免税项目而无法划分不得抵扣的进项税额，按简易计税项目、免征增值税项目销售额占全部销售额的比例计算并计不得抵扣的进项税额。

【例 2 - 28】　某企业为一般纳税人，提供货物运输服务和装卸搬运服务，其中货物运输服务适用一般计税方法，装卸搬运服务选择适用简易计税方法。该纳税人 2018 年 7 月取得电力公司专用发票上载明电费 50 000 元，增值税 8 000 万元，并于当月认证抵扣，且该进项税额无法在货物运输服务和装卸搬运服务间划分。该纳税人当月取得货物运输服务收入 60 万元，装卸搬运服务收入 20 万元。

应转出进项税额 = 8 000 ÷ (200 000 + 600 000) × 200 000 = 2 000(元)

根据计算结果，做如下会计分录：

借：生产成本　　　　　　　　　　　　　　　　　　　　　　2 000

　　贷：应交税费——应交增值税（进项税额转出）　　　　　2 000

4. 改变用途固定资产、无形资产进项税额转出的账务处理

已抵扣进项税额的固定资产、无形资产，因改变用途等用于不允许抵扣进项税额的应税项目，按照下列公式计算不得抵扣的进项税额：

不得抵扣的进项税额 = 固定资产、无形资产或者不动产净值 × 适用税率

式中，固定资产、无形资产或者不动产净值，是指纳税人根据财务会计制度计提折旧或摊销后的余额。

将原已抵扣和待抵扣的进项税额转出计入固定资产等科目，借记"固定资产"等科目，贷记"应交税费——应交增值税（进项税额转出）""应交税费——待抵扣进项税额"科目。

将原不得抵扣和待抵扣固定资产的进项税额转入可抵扣固定资产，借记"应交税费——应交增值税（进项税额转出）""应交税费——待抵扣进项税额"科目，贷记"固定资产"等科目。

【例2-29】 W公司为一般纳税人，适用一般计税方法，提供职业和婚姻介绍服务。其中婚姻中介服务享受免征增值税优惠政策，2017年12月购进多功能复印机一台，取得专用发票载明价款4.8万元，增值税0.768万元，会计上作为固定资产管理核算，折旧年限为3年，兼用于上述两项服务，增值税于当月认证抵扣。2018年6月公司明文规定，该复印机移交婚介部专用，专用于免征增值税项目。

纳税人购进的固定资产专用于免税项目，应于发生的次月按下列公式计算不得抵扣的进项税额：

固定资产净值 = 4.8 - （4.8÷3÷12×6）= 4（万元）

应该转出免税固定资产进项税额 = 4×16% = 0.64（万元）

借：固定资产 6 400

    贷：应交税费——应交增值税（进项税额转出） 6 400

【例2-30】 安庆公司是增值税一般纳税人，2016年5月份购买一栋房屋作为员工食堂，发票载明价款6 600万元，折旧年限20年，净残值为0。2018年11月因公司经营需要将该房屋改为生产车间。

（1）购置房屋时：

借：固定资产——职工食堂 66 000 000

    贷：银行存款 66 000 000

（2）转变用途时，计算结转可抵扣增值税额：

不动产净值 = 6 600 - 6 600÷（12×20）×18 = 6 105（万元）

不动产净值率 = 6 105÷6 600×100% = 92.5%

可抵扣进项税额 = 6 600÷（1+10%）×10%×92.5% = 555（万元）

当年11月可抵扣进项税额 = 555×60% = 333（万元）

下年11月可抵扣进项税额 = 555×40% = 222（万元）

根据计算结果做如下会计分录：

借：应交税费——应交增值税（进项税额转出） 3 330 000

          ——待抵扣增值税 2 220 000

    贷：固定资产 5 550 000

5. 销售折让、中止或退回转出进项税额的账务处理

纳税人适用一般计税方法计税的，因销售折让、中止或者退回而退还给购买方的增值税额，购买方应暂依《开具红字增值税专用发票信息表》所列增值税税额从当期进项税额中转出，待取得销售方开具的红字专用发票后，与《开具红字增值税专用发票信息表》一并作为记账凭证。

【例2-31】 某企业为一般纳税人，2018年5月租赁办公用楼房一幢，当月预付一

年租金126万元，已取得增值税专用发票并于当月认证抵扣。2018年11月因房屋质量问题停止租赁，收到退回的剩余部分租金63万元。

应转出的进项税额 = 630 000 ÷ (1 + 5%) × 5% = 30 000(元)

根据计算结果，做如下会计分录：

借：银行存款　　　　　　　　　　　　　　　　　　　　　　630 000

　　贷：长期待摊费用　　　　　　　　　　　　　　　　　　600 000

　　　　应交税费——应交增值税（进项税额转出）　　　　　30 000

6. 已全额抵扣进项税额的货物转用于不动产在建工程进项税额转出的账务处理

购进时已全额抵扣进项税额的货物转用于不动产在建工程的，应将其已抵扣进项税额的40%部分，于转换用途当期从进项税额中扣减，计入待抵扣进项税额，并于转换用途月份起第13个月从销项税额中抵扣。

【例2-32】 某水泥制品厂为一般纳税人，2018年5月购进了一批水泥用于产品生产，购进时取得增值税专用发票上注明价款100万元，增值税额16万元，企业已于当期认证抵扣；2018年7月，该企业将上述水泥用于正在修建的办公楼，该批水泥已抵扣进项税额16万元的40%即6.4万元，应在所属期7月转出至"待抵扣进项税额"明细科目，然后在所属期2019年7月从待抵扣进项税额中转出至当期进项税额并当期抵扣。会计处理如下：

2018年7月，将6.8万元转入待抵扣进项税额时，做如下会计分录：

借：应交税费——待抵扣进项税额　　　　　　　　　　　　64 000

　　贷：应交税费——应交增值税（进项税额转出）　　　　　64 000

2019年7月，待抵扣税额准予抵扣时，做如下会计分录：

借：应交税费——应交增值税（进项税额）　　　　　　　　64 000

　　贷：应交税费——待抵扣进项税额　　　　　　　　　　　64 000

7. 不动产在建工程发生非正常损失的进项税额的扣除

不动产在建工程发生非正常损失的，其所耗用的购进货物、设计服务和建筑服务，已抵扣的60%进项税额应于当期全部转出；其余40%待抵扣进项税额不得抵扣。前述不动产在建工程发生非正常损失，是指不动产在建工程被依法没收、销毁、拆除的情形。

【例2-33】 A公司为一般增值税纳税人，2018年5月开始新建办公楼，购进水泥专用发票载明价款1 000万元，增值税160万元用于建设，由某建筑设计公司提供办公楼设计服务，设计费100万元，增值税额6万元。该项目交由某建筑公司进行建设，建筑劳务费2 000万元，增值税200万元，上述项目均取得了增值税专用发票，A企业已于当期认证并抵扣进项税额219.6[（160+6+200）×60%]万元，剩余146.4万元按要求转入待抵扣进项税额。2018年8月，该工程因泥石流滑坡被摧毁。企业应当在所属期12月将上述已抵扣的339.6万元进项税额全额转出，已转入待抵扣的226.4万元不得再抵扣。会计处理如下：

2018 年 5 月，抵扣进项税额和转入待抵扣的会计处理：

借：在建工程   31 000 000

  应交税费——应交增值税（进项税额）   2 196 000

      ——待抵扣进项税额   1 464 000

  贷：银行存款   34 660 000

2018 年 12 月，进项税额转出和待抵扣进项税额不得抵扣的会计处理：

借：营业外支出   3 660 000

  贷：应交税费——应交增值税（进项税额转出）   2 196 000

    应交税费——待抵扣进项税额   1 464 000

8. 已抵扣进项税额的不动产转为不得抵扣项目进项税额转出的账务处理

已抵扣进项税额的不动产发生非正常损失或改变用途，用于简易计税项目、免征增值税项目、集体福利或者个人消费的，按照下列公式计算不得抵扣的进项税额：

不得抵扣的进项税额 =（已抵扣进项税额 + 待抵扣进项税额）×不动产净值率

不动产净值率 =（不动产净值÷不动产原值）×100%

不动产发生非正常损失，进项税额转出时应按以下步骤操作处理：

第一，计算不得抵扣的进项税额。

第二，比较不得抵扣的进项税额与已抵扣进项税额：

不得抵扣的进项税额≤已抵扣进项税额的，应在该不动产改变用途的当期，对不得抵扣的进项税额从进项税额扣减。

不得抵扣的进项税额 > 已抵扣进项税额的，应于该不动产改变用途的当期，对不得抵扣的进项税额做进项税额转出，同时，计算该不动产待抵扣进项税额中扣减不得抵扣进项税额与已抵扣进项税额的差额。

【例 2 - 34】 D 公司为一般纳税人，2018 年 1 月斥资 2 220 万元购进一座厂房用于生产经营，购进时取得增值税专用发票，并于当期抵扣进项税额 132 万元，转入待抵扣进项税额 88 万元。2018 年 7 月，企业决定将该厂房转作职工食堂，可以选择采用简易计税办法计税，假设企业计算折旧使用平均年限法，预计使用寿命 20 年，净残值率 5%，此时应当：

（1）计算不得抵扣的进项税额。

不动产净值 = 2 000 -（2 000 - 2 000 × 5%）÷ 20 ÷ 12 × 6 ≈ 1 952（万元）

不得抵扣的进项税额 =（132 + 88）×（1 952 ÷ 2 000）≈ 214（万元）

（2）比较不得抵扣的进项税额与已抵扣进项税额。

由于 214 万元 > 132 万元，则应首先将 132 万元做进项税额转出，然后将 82 万元"差额"从 88 万元的待抵扣进项税额中扣除。会计处理如下：

2018 年 1 月购进厂房时的会计处理：

借：固定资产   20 000 000

  应交税费——应交增值税（进项税额）   1 320 000

	——待抵扣进项税额	880 000
	贷：银行存款	22 200 000

2018年7月将该厂房转作职工食堂的会计处理：

借：固定资产 2 140 000

贷：应交税费——应交增值税（进项税额转出） 1 320 000

    ——待抵扣进项税额 820 000

2019年1月继续抵扣待抵扣进项税额中的剩余部分：

借：应交税费——应交增值税（进项税额转出） 60 000

贷：应交税费——待抵扣进项税额 60 000

【例2－35】 承【例2－34】，如果企业2019年4月决定将该厂房用于仓储服务，假设该厂房当时的净值因故减为1 100万元，则计算方法如下：

（1）计算不得抵扣的进项税额。

不得抵扣的进项税额＝（132＋88）×（1 100÷2 000）＝121（万元）

（2）比较不得抵扣的进项税额与已抵扣进项税额。

由于60.5万元＜66万元，则应直接将60.5万元做进项税额转出。会计处理如下：

2019年4月将该厂房用于仓储服务的会计处理：

借：固定资产 6 050 000

贷：应交税费——应交增值税（进项税额转出） 6 050 000

9. 不得抵扣的不动产改变用途进项税额转出的账务处理

按照规定不得抵扣的不动产改变用途，用于允许抵扣进项税额项目的，按照下列公式在改变用途的次月计算可抵扣进项税额：

可抵扣进项税额＝增值税扣税凭证注明或计算的进项税额×不动产净值率

依照上式计算的可抵扣进项税额，应取得合法有效的增值税扣税凭证，于改变用途的次月从销项税额中抵扣，40%的部分为待抵扣进项税额，于改变用途的按允许抵扣的进项税额，借记"应交税费——应交增值税（进项税额）""应交税费——待抵扣进项税额"科目，贷记"固定资产""无形资产"等科目。固定资产、无形资产等经上述调整后，应按调整后的账面价值在剩余尚可使用寿命内计提折旧或摊销。

【例2－36】 天科公司（一般纳税人）于2016年8月份购进一幢房产作为职工文体活动室。取得专用发票并已认证，价税合计金额1 221万元。2018年8月份，公司因业务扩展，将该活动室改作办公用房。

不动产净值率＝［1 221－1 221÷（10×12）×24］÷1 221×100％＝80％

可抵扣进项税额＝1 221÷（10＋11）×11％×80％＝96.8（万元）

可抵扣进项税中的60％即58.08（96.8×60％）万元于改变用途当月抵扣，其余40％即38.72万元在次年相同月份抵扣。

改变用途当月，做如下会计分录：

借：应交税费——应交增值税（进项税额） 580 800

——待抵扣进项税额		387 200
贷：固定资产		968 000

次年 8 月将其余 40% 待抵扣税额转入抵扣时：

借：应交税费——应交增值税（进项税额）　　　　　　387 200

　　贷：应交税费——待抵扣进项税额　　　　　　　　　　387 200

（九）平销返利应税货物的进项税额转出账务处理

商业企业向供货方收取的与商品销售量、销售额挂钩（如以一定比例、金额、数量计算）的各种返还收入，均应按照平销返利行为的有关规定冲减当期增值税进项税金，应冲减进项税金的计算公式调整为：

当期应冲减进项税金 = 当期取得的返还资金 ÷（1 + 所购货物适用增值税税率）× 所购货物适用增值税税率

其他增值税一般纳税人向供货方收取的各种收入的纳税处理，比照国税函〔2006〕1279 号的规定执行。

【例 2 - 37】　A 企业为增值税一般纳税人，2018 年 10 月从另一纳税人处购得甲商品 10 000 件，每件 10 元，合计货款 100 000 元，税费 16 000 元。供货方按 10% 进行返利，并用现金形式支付。

A 企业购入商品时，会计账务处理为：

借：库存商品　　　　　　　　　　　　　　　　　　　100 000

　　应交税费——应交增值税（进项税额）　　　　　　　17 000

　　贷：银行存款　　　　　　　　　　　　　　　　　　117 000

A 企业在收到返利时，会计账务处理为：

借：银行存款　　　　　　　　　　　　　　　　　　　 11 700

　　贷：库存商品　　　　　　　　　　　　　　　　　　 10 000

　　　　应交税费——应交增值税（进项税额转出）　　　　1 700

若结算后收到返利则应计入"主营业务成本"科目。

（十）购买方作为扣缴义务人的账务处理

一般纳税人购进在境内未设有经营机构的境外单位或个人销售货物、服务、无形资产或不动产，按应计入相关成本费用或资产的金额，借记"原材料""生产成本""无形资产""固定资产""管理费用"等科目，按可抵扣的增值税额，借记"应交税费——进项税额"科目（小规模纳税人应借记相关成本费用或资产科目），按应付或实际支付不含税的金额，贷记"应付账款""银行存款"等科目，按应代扣代缴的增值税额，贷记"应交税费——代扣代交增值税"科目。实际缴纳代扣增值税时，借记"应交税费——代扣代交增值税"科目，贷记"银行存款"科目。

【例 2 - 38】　甲公司为一家生产型企业，为增值税一般纳税人。2018 年 4 月委托境外某机构提供厂房设计服务，应付设计费 212 万元，款项尚未支付。

应代扣代缴增值税 = 212 ÷ (1 + 6%) × 6% = 12(万元)

委托设计时, 做如下会计分录:

借: 在建工程 2 000 000

　　应交税费——应交增值税 (待认证进项税额) 120 000

　　贷: 应付账款 2 000 000

　　　　应交税费——代扣代交增值税 120 000

缴纳代扣代缴税款时, 做如下会计分录:

借: 应交税费——代扣代交增值税 120 000

　　贷: 银行存款 120 000

可抵扣进项税额确认, 做如下会计分录:

借: 应交税费——应交增值税 (进项税额) 120 000

　　贷: 应交税费——应交增值税 (待认证进项税额) 120 000

四、销项税额的账务处理

(一) 一般销售方式销项税额的账务处理

1. 销售时收到款项或取得索取收款权利凭证的账务处理

纳税人采用现销方式销售货物、劳务、服务、无形资产或不动产, 不论是否符合收入确认条件, 均应以收到货款或取得索取销售款凭据确认为纳税义务发生时点, 按应收或已收的金额, 借记 "应收账款" "应收票据" "银行存款" 等科目, 按取得的收入金额, 贷记 "主营业务收入" "其他业务收入" "固定资产清理" "工程结算" 等科目, 按现行增值税制度规定计算的销项税额 (或采用简易计税方法计算的应纳增值税额), 贷记 "应交税费——应交增值税 (销项税额)" 或 "应交税费——简易计税" 科目 (小规模纳税人应贷记 "应交税费——应交增值税" 科目)。

【例 2 - 39】 ABC 公司为一般纳税人, 2018 年 6 月向某公司销售甲商品一批, 开具的专用发票载明价款 300 万元, 增值税额 48 万元, 款项尚未收到; 销售乙产品含税销售额为 150.8 万元 (符合收入确认条件), 商品已经发出, 以银行存款代垫运输费 5.104 万元, 乙产品适用的增值税率为 16%。收到运输机构开具运输业专用发票并连同发票账单通过银行办妥托收手续, 款项尚未收到。

(1) 销项税额 = 48 + 150.8 ÷ (1 + 16%) × 16% = 68.8(万元)。

借: 应收账款 5 039 040

　　贷: 主营业务收入 4 300 000

　　　　应交税费——应交增值税 (销项税额) 688 000

　　　　银行存款 51 040

(2) 假如上述商品 ABC 公司送货上门, 收取送货费 5.104 万元, 此销售为混合销售，则：

销项税额 = 48 + (150.8 + 5.104) ÷ (1 + 16%) × 16% = 69.504(万元)

借：应收账款 5 039 040

 贷：主营业务收入 4 344 000

  应交税费——应交增值税（销项税额） 695 040

（3）假如上述商品由 ABC 公司独立核算的车队送货，收取送货费 5.104 万元，此销售为兼营销售，则：

销项税额 = 48 + 150.8 ÷ (1 + 16%) × 16% + 5.104 ÷ (1 + 10%) × 10%

   = 69.264 （万元）

借：应收账款 5 039 040

 贷：主营业务收入 4 300 000

  其他业务收入 46 400

  应交税费——应交增值税（销项税额） 692 640

【例 2 - 40】 M 木器加工厂受 ABC 公司委托加工包装木箱，合同规定加工费 5 000 元，增值税 800 元。加工完成，M 木器加工厂收到 ABC 公司支付加工费、增值税时，做如下会计分录：

借：银行存款 5 800

 贷：主营业务收入 5 000

  应交税费——应交增值税（销项税额） 800

【例 2 - 41】 ABC 公司为非房地产开发企业，2018 年 11 月销售 2016 年 6 月自建的办公楼一幢，取得价款收入 9 768 万元，价款已存入银行。计算出售办公楼应缴增值税。该公司会计处理如下：

销项税额 = 9 768 ÷ (1 + 10%) × 10% = 888(万元)

收到出售固定资产价款存入银行，做如下会计分录：

借：银行存款 97 680 000

 贷：固定资产清理 88 800 000

  应交税费——应交增值税（销项税额） 8 880 000

2. 会计确认收入或利得时点早于纳税义务发生时点销项税额的账务处理

按照国家统一的会计制度确认收入或利得时点早于按照增值税制度确认增值税纳税义务发生时点的，应将相关销项税额计入"应交税费——待转销项税额"科目，待实际发生纳税义务时再转入"应交税费——应交增值税（销项税额）"或"应交税费——简易计税"科目。

【例 2 - 42】 某公司承建天洋湾填海项目，2017 年 3 月开工，采用一般计税方法计税。当年 12 月 30 日工程项目完工后与业主一次性办理工程价款结算，税前工程价款为 1 000 万元，增值税 110 万元。业主同时支付了 90% 的工程价款，其余部分作为质保金于 2018 年 12 月 30 日支付。按照增值税政策规定，该笔质保金应该于收到时产生纳税义务。

上述业务做如下账务处理：

（1）办理工程价款结算，收到部分工程款时，做如下会计分录：

借：银行存款　　　　　　　　　　　　　　　　　　　9 990 000
　　应收账款　　　　　　　　　　　　　　　　　　　1 110 000
　　　贷：工程结算　　　　　　　　　　　　　　　　　　　10 000 000
　　　　　应交税费——应交增值税（销项税额）　　　　　　990 000
　　　　　应交税费——待转销项税额　　　　　　　　　　　110 000

（2）2018年12月收到质保金时，结转待转销项税额，做如下会计分录：

借：银行存款　　　　　　　　　　　　　　　　　　　1 110 000
　　　贷：应收账款　　　　　　　　　　　　　　　　　　　1 110 000
借：应交税费——待转销项税额　　　　　　　　　　　110 000
　　　贷：应交税费——应交增值税（销项税额）　　　　　　110 000

【例2-43】　某公司第一项目部承建御园小区景观项目，2017年2月开工，按照简易计税方法计税。当年12月30日工程项目完工后与业主一次性办理工程价款结算，税前工程价款为1000万元，增值税30万元。业主同时支付了90%的工程价款，其余部分作为质保金于2018年11月30日支付。按照增值税政策规定，该笔质保金应该于收到时产生纳税义务。账务处理如下：

（1）办理工程价款结算，收到部分工程款时，做如下会计分录：

借：银行存款　　　　　　　　　　　　　　　　　　　9 270 000
　　应收账款　　　　　　　　　　　　　　　　　　　1 030 000
　　　贷：工程结算　　　　　　　　　　　　　　　　　　　10 000 000
　　　　　应交税费——简易计税　　　　　　　　　　　　　270 000
　　　　　应交税费——待转销项税额　　　　　　　　　　　30 000

（2）第二年收到质保金时，结转待转销项税额，做如下会计分录：

借：银行存款　　　　　　　　　　　　　　　　　　　1 030 000
　　　贷：应收账款　　　　　　　　　　　　　　　　　　　1 030 000
借：应交税费——待转销项税额　　　　　　　　　　　30 000
　　　贷：应交税费——简易计税　　　　　　　　　　　　　30 000

3. 纳税义务发生时点早于会计确认收入或利得时点销项税额的账务处理

增值税制度确认纳税义务发生时点早于国家统一的会计制度确认收入或利得时点的，应将应纳增值税额，借记"应收账款"科目，贷记"应交税费——应交增值税（销项税额）"或"应交税费——简易计税"科目。按照国家统一的会计制度确认收入或利得时，应按扣除增值税销项税额后的金额确认收入。借记"应收账款"科目，贷记"主营业务收入"科目。

【例2-44】　ABC公司为一般纳税人，2018年2月向N公司销售产甲商品一批，专用发票载明销售额为800万元，增值税136万元，商品已经发出并办妥托手续，因N公司财务遇到暂时困难，货款短期难以收回，该商品成本为650万元。

办妥托收手续时，根据托收凭证手续回单联，做如下会计分录：

借：应收账款   1 360 000

  贷：应交税费——应交增值税（销项税额）   1 360 000

同时：

借：发出商品   6 500 000

  贷：库存商品   6 500 000

N公司财务状况好转，预计能够收回货款符合收入确认条件，做如下会计分录：

借：应收账款   8 000 000

  贷：主营业务收入   8 000 000

【例2-45】 丙公司将一幢2016年6月取得房产对外进行经营出租，选择简易征收方式。于2017年12月25日收到2018年上半年房租132 000元，款存银行。

2017年12月预收款时，做会计分录：

借：银行存款   132 000

  贷：预收账款——××承租人   132 000

收款当月计提租金时，做如下会计分录：

借：应交税费——待转销项税额   12 000

  贷：应交税费——应交增值税（销项税额）   12 000

2018年1~6月每月底确认租赁收入，做如下会计分录：

借：预收账款——××承租人   22 000

  贷：主营业务收入   20 000

    应交税费——待转销项税额   2 000

（二）视同销售行为销项税额的账务处理

企业发生税法上视同销售的行为，应当按照企业会计准则（制度）相关规定进行相应的会计处理，并按照现行增值税制度规定计算销项税额（或采用简易计税方法计算应纳增值税额）。

视同销售行为如果存在着货物所有权的实际转移和资产项目的实质性增加或负债减少，如将自产、委托加工或外购的货物，用于换取生产资料、消费资料、投资入股、无偿赠送他人、抵偿债务、非货币性资产交换、职工奖励、集体福利、个人消费，或者作为股利或利润分配给股东或投资者，按应计入资产成本、福利费、抵偿债务或者应付利润的金额，借记"材料采购""应付职工薪酬""应付账款""利润分配"等科目，应当按增值税法规定计算的销项税额（或采用简易计税方法计算的应纳增值税额）贷记"应交税费——应交增值税（销项税额）"或"应交税费——简易计税"科目，按照企业会计准则规定确认收入，贷记"主营业务收入"科目。如果不存在货物物权的转移和资产项目的实质性增加，如以自产或委托加工的货物用于在建工程、非应税项目、无偿赠送他人等，不确认收入，按货物成本进行结转，按增值税法规定计算销项税额（或应纳增值税额）。

1. 货物在两个机构之间转移

相关机构设在同一县（市）的不确认收入。设有两个以上机构并实行统一核算的纳税人，将货物从一个机构移送至其他机构用于销售且两个机构不在同一个县（市）的，调出方按照调拨价和计算的增值税额之和，借记"应收账款""银行存款"等科目，按现行增值税制度规定计算的销项税额（或采用简易计税方法计算的应纳增值税额），贷记"应交税费——应交增值税（销项税额）"或"应交税费——简易计税"科目，按调拨价，贷记"主营业务收入"科目。调入方按调入价，借记"库存商品"等科目，按计算的增值税额，借记"应交税费——应交增值税（进项税额）"科目，按应付或实际支付调出方专用发票上注明的价款和增值税额之和，贷记"应付账款""银行存款"科目。

2. 用自产、委托加工或购买的货物对外投资销项税额的账务处理

用自产、委托加工或购买的货物对外投资的，应按投出货物售价和应缴纳的增值税额作为投资成本，借记"长期股权投资"科目，按投出货物计算的增值税额，贷记"应交税费——应交增值税（销项税额）"科目，按投资货物的公允价值，贷记"主营业务收入"科目，同时结转相关的成本。

【例2-46】 2018年8月，ABC公司用自产货物对华联公司投资，该货物市场售价为100万元，成本为80万元，适用的增值税率为16%。根据上述经济业务，ABC公司应做如下账务处理：

对外投资商品增值税销项税额＝100×16%＝16（万元）

根据计算结果，做如下会计分录：

借：长期股权投资　　　　　　　　　　　　　　　　　1 160 000
　　贷：主营业务收入　　　　　　　　　　　　　　　　　1 000 000
　　　　应交税费——应交增值税（销项税额）　　　　　　　160 000

同时结转销售成本。为节省篇幅，结转销售成本的会计分录，略。

3. 自产、委托加工或购买货物无偿赠送他人销项税额的会计处理

纳税人将自产、委托加工或购买的货物无偿赠送他人，应按同类货物的售价及增值税销项税额，借记"营业外支出"科目，按同类货物计税价格和适用税率计算的增值税额，贷记"应交税费——应交增值税（销项税额）"科目或"应交税费——简易计税"科目，按赠送货物成本，贷记"库存商品"等科目。

【例2-47】 2018年9月，IBM计算机公司将自产计算机5台通过希望工程赠送给某贫困县农村小学，该计算机成本为10 000元，市场售价为12 000元，增值税率为16%。会计处理如下：

捐赠计算机销项税额＝12 000×5×16%＝9 600（元）

根据计算结果，做如下会计分录：

借：营业外支出——捐赠支出 59 600

　　贷：库存商品 50 000

　　　　应交税费——应交增值税（销项税额） 9 600

4. 免费提供服务销项税额的会计处理

纳税人发生向其他单位和个人免费提供应税服务，按计税价格计算出应缴纳的增值税额，借记"营业外支出""应付利润"等科目，贷记"应交税费——应交增值税（销项税额）"科目。

【例2－48】 2018年3月10日，诚德信税务师事务所安排3名注册税务师参加市国税局"2017年企业所得税算清缴"宣传活动，在市中心广场为市民进行免费咨询服务3小时。3月15日，该事务所安排两名注册税务师参加某公司组织的所得税算清缴培训，免费提供培训服务4小时（该事务所注册税务师咨询服务价格为800元/小时·人）。

在市中心广场为市民进行免费咨询服务属于以社会公众为对象的服务活动，不交增值税。免费提供业务培训视同提供现代服务的咨询服务，按最近时期销售同类应税服务的平均价格计算销项税额：

销项税额 = $(800 \times 4 \times 2) \div (1 + 6\%) \times 6\% = 362.26$（元）

根据计算结果，做如下会计分录：

借：营业外支出 362.26

　　贷：应交税费——应交增值税（销项税额） 362.26

5. 将自产、委托加工或购买的货物分配给投资者或个人销项税额的会计处理

纳税人将自产、委托加工或购买的货物分配给股东或投资者，按货物不含税售价及计算的增值税额，借记"应付股利"科目，按应缴纳的增值税额，贷记"应交税费——应交增值税（销项税额）"或"应交税费——简易计税"科目，按货物不含税售价，贷记"主营业务收入"科目。

【例2－49】 2018年4月，ABC公司以自产产品作为股利分配给股东，该产品的成本为80万元，市场不含税售价为100万元，该产品增值税率为16%。会计处理如下：

分配利润产品增值税销项税额 = $100 \times 16\% = 16$（万元）

根据计算结果，做如下会计分录：

借：应付股利 1 160 000

　　贷：主营业务收入 1 000 000

　　　　应交税费——应交增值税（销项税额） 160 000

6. 将自产、委托加工的货物用于非应税项目、集体福利销项税额的会计处理

纳税人将自产、委托加工货物用于非应税项目，按现行增值税法规定计算的销项税额与成本之和，借记"在建工程"等科目，按计算的增值税额，贷记"应交税费——应交

增值税（销项税额）"科目，按货物成本，贷记"库存商品"等科目。

企业将外购货物用于集体福利或个人消费，按货物购进价与增值税额之和，借记"应付职工薪酬"等科目，按该货物的销项税额，贷记"应交税费——应交增值税（进项税额转出）"科目，按货物购进价，贷记"主营业务收入"科目。

【例2-50】 2018年7月，某钢铁厂改造职工浴池领用本企业自产钢材100吨，单位成本为3 900元，市场售价为每吨4 000元，增值税率均为16%。会计处理如下：

领用钢材增值税销项税额 = 4 000 × 100 × 16% = 64 000（元）

根据计算结果做如下会计分录：

借：在建工程	454 000	
贷：库存商品		390 000
应交税费——应交增值税（销项税额）		64 000

【例2-51】 2018年5月，X空调公司决定向每名职工发放一台自产空调作为职工福利。该公司共有职工2 000人。该型号空调每台不含税售价2 000元，单位成本1 500元，增值税率16%。

发放空调售价总额 = 2 000 × 2 000 = 4 000 000（元）

发放空调增值税销项税额 = 4 000 000 × 16% = 640 000（元）

根据计算结果，做如下会计分录：

借：应付职工薪酬——非货币性福利	4 640 000	
贷：主营业务收入		4 000 000
应交税费——应交增值税（进项税额转出）		640 000

7. 委托代销货物

（1）视同买断方式代销货物。视同买断方式代销是委托方和受托方签订代销商品协议，委托方按协议价收取所代销货款，实际售价由受托方自定，实际售价和协议价之间的差额归受托方所有的销售方式。委托方发出商品时不确认收入，受托方不作为商品购进处理。受托方将商品售出后向委托方开具代销清单，委托方收到代销清单时按协议价确认收入，同时向受托方开具专用发票。

【例2-52】 2018年2月，ABC公司与M公司签订代销合同，委托M公司销售甲产品500件。合同规定每件商品不含税协议价1 000元，售价由M公司自定，该商品每件成本为600元。2018年7月31日，ABC公司收到M公司开来代销清单，向M公司开具的专用发票上注明售价500 000元，增值税80 000元。M公司销售时开具的增值税专用发票上注明售价600 000元，增值税为96 000元。8月5日，ABC公司收到M公司按协议价支付的款项。

（1）ABC公司（委托人）会计处理如下：

2月，将商品交付M公司代销时，做如下会计分录：

借：委托代销商品	300 000	
贷：库存商品		300 000

7月31日收到 M 公司代销清单时，做如下会计分录：

借：应收账款——M 公司   580 000

    贷：主营业务收入   500 000

        应交税费——应交增值税（销项税额）   80 000

结转销售成本、收受托方汇来的货款会计分录，略。

（2）M 公司（受托人）核算方法如下：

2 月，收到 ABC 公司委托代销商品时，做如下会计分录：

借：受托代销商品   500 000

    贷：受托代销商品款   500 000

实际销售商品时，做如下会计分录：

借：银行存款/应收账款   696 000

    贷：主营业务收入   600 000

        应交税费——应交增值税（销项税额）   96 000

同时，结转销售成本和代销商品款，做如下会计分录：

借：主营业务成本   500 000

    贷：受托代销商品   500 000

借：受托代销商品款   500 000

    贷：应付账款——ABC 公司   500 000

8 月 5 日，收到委托单位专用发票后，做如下会计分录：

借：应交税费——应交增值税（进项税额）   80 000

    贷：应付账款——ABC 公司   80 000

按协议价将货款划付 ABC 公司的会计分录略。

（2）支付/收取手续费方式代销货物。支付/收取手续费方式是委托方和受托方签订代销商品协议，受托方按照据委托方规定的价格销售货物，并按代销货物售价和规定手续费率计算向委托方收取手续费的销售方式。这种代销方式与视同买断的主要区别是受托方按照委托方规定的价格销售，不得自行改变售价；委托方支付的手续费作为销售费用处理，受托方则按应收取的手续费确认营业收入。

【例 2－53】 沿用【例 2－52】的资料，假定前述代销协议规定，M 公司按每件 1 000 元的不含税价格对外销售商品，并按不含税售价的 10% 收取手续费。7 月 31 日，M 公司全部售出该商品并向 ABC 公司提供了代销清单，ABC 公司向 M 公司开具的增值税专用发票上注明甲商品售价 500 000 元，增值税额 80 000 元。8 月 5 日，ABC 公司收到 M 公司支付的商品代销款（已扣除代销手续费）。

（1）ABC 公司（委托方）将商品交付 M 公司、收到 M 公司代销清单时开具专用发票确认收入、结转销售成本的会计分录与视同买断完全相同，略。

确认应支付的手续费时，做如下会计分录：

借：销售费用——代销手续费   50 000

    贷：应收账款——M 公司   50 000

收到 M 公司汇来的货款会计分录，略。

（2）M 公司（受托方）收到 ABC 公司委托代销商品时，会计分录同上例。

实际销售商品时，做如下会计分录：

借：银行存款	580 000
贷：应付账款——ABC 公司	500 000
应交税费——应交增值税（销项税额）	80 000

同时结转代销商品款：

借：受托代销商品款	500 000
贷：受托代销商品	500 000

8 月 5 日，收到委托方开具的专用发票、按协议价扣除手续费后将货款划给 ABC 公司时，做如下会计分录：

借：应交税费——应交增值税（进项税额）	80 000
贷：应付账款——ABC 公司	80 000

确认手续费收入时，做如下会计分录：

借：应付账款——ABC 公司	50 000
贷：应交税费——应缴增值税（销项税额）	2 830.19
其他业务收入	47 169.81

支付价款会计分录，略。

（三）特殊销售业务销项税额的会计处理

1. 以旧换新销售销项税额的会计处理

纳税人用以旧换新的方式销售商品，按照应收或实际收到款项，借记"应收账款""银行存款"等科目，按收回旧货的价格，借记"材料采购"等科目；按计算的增值税额，贷记"应交税费——应交增值税（销项税额）"科目，按商品不含税售价，贷记"主营业务收入"科目。

【例 2-54】 天洋洗衣机厂 2018 年 3 月用以旧换新方式销售洗衣机 100 台，每台含税售价 2 320 元，增值税率为 16%，每台旧洗衣机回收作价为 200 元。

实际收取价款 =（2 320 - 200）× 100 = 212 000（元）

销项税额 = 2 320 × 100 ÷（1 + 12%）× 12% = 32 000（元）

根据计算结果，做如下会计分录：

借：银行存款	212 000
材料采购	20 000
贷：主营业务收入	200 000
应交税费——应交增值税（销项税额）	32 000

2. 采用预收款销售

采用预收款方式销售货物，销售方收到购货方预付的货款应作为一项负债，借记

"银行存款"科目，贷记"预收账款"科目。货物交付后确认销售收入，按价税合计的金额，借记"预收账款"科目，按不含税收入，贷记"主营业务收入"科目，按计算的增值税额，贷记"应交税费——应交增值税（销项税额）"科目。

【例2-55】 2018年3月1日，ABC公司与H公司签订协议，采用预收款方式销售一批商品。该商品不含税售价为100万元，增值税率为16%。协议规定，H公司于协议签订之日按不含税售价预付70%货款，剩余部分于ABC公司将商品交付后付清。假设：

（1）3月15日ABC公司收到H公司预付的款项。

（2）10月20日ABC公司将该批商品交给H，收到H公司支付的剩余货款及增值税额。

3月15日，收到H公司预付款时，做如下会计分录：

借：银行存款   700 000

  贷：预收账款   700 000

10月20日，将商品交付H公司，收到剩余货款及增值税额时，做如下会计分录：

借：银行存款   460 000

  预收账款   700 000

  贷：主营业务收入   1 000 000

    应交税费——应交增值税（销项税额） 160 000

3. 售后回购销售销项税额的会计处理

采用回购方式销售商品，销售方发出商品不确认销售实现，收到的款项应确认为负债。纳税人实际收到价款时，借记"银行存款"科目，按计算的增值税额，贷记"应交税费——应交增值税（销项税额）"科目，按实收款项与销项税额之间的差额，贷记"其他应付款"科目。同时，按发出商品实际成本，借记"发出商品"科目，贷记"库存商品"科目。

回购商品价格大于原售价的差额，在销售与回收期间分期摊销作为利息费用，计入当期损益。

企业日后购回该项商品时，按专用发票上注明的商品价款，借记"其他应付款"科目，按专用发票上注明的增值税额，借记"应交税费——应交增值税（进项税额）"科目，按实际支付或应付的金额，贷记"银行存款""其他应付款"等科目；同时转回该商品成本。

【例2-56】 2018年2月，ABC公司与C公司签订销售合同，向C公司销售一批商品，增值税专用发票上注明不含税售价为1 000万元，增值税额为160万元。合同约定：ABC公司于12月31日以1 100万元的不含增值税价格将该商品购回。假设该商品已经发出，货款已经收到并存入银行，该商品实际成本为800万元。

发出商品并收到款项时不确认为销售收入而确认为一项负债，计算销项税额同时结转发出货物成本；回购时作为购进货物确认进项税额。

（1）2月10日，发出商品、收到款项时，做如下会计分录：

借：银行存款　　　　　　　　　　　　　　　　　　　　　　　11 600 000

　　贷：应交税费——应交增值税（销项税额）　　　　　　　　　1 600 000

　　　　其他应付款　　　　　　　　　　　　　　　　　　　　10 000 000

借：发出商品　　　　　　　　　　　　　　　　　　　　　　　 8 000 000

　　贷：库存商品　　　　　　　　　　　　　　　　　　　　　 8 000 000

（2）回购商品价格大于原售价的差额，在回收期间分期摊销计入当期利息费用。本例回购期为 10 个月，假设采用直线法按月计提利息费用，每月计提利息 10（100÷10）万元。

借：财务费用　　　　　　　　　　　　　　　　　　　　　　　　 100 000

　　贷：其他应付款　　　　　　　　　　　　　　　　　　　　　 100 000

（3）12 月 ABC 公司购回 2 月出售商品，专用发票上注明价格为 1 100 万元，增值税额为 176 万元。

借：其他应付款　　　　　　　　　　　　　　　　　　　　　　11 000 000

　　应交税费——应交增值税（进项税额）　　　　　　　　　　 1 760 000

　　贷：银行存款（或应付账款）　　　　　　　　　　　　　　12 760 000

同时将"发出商品"科目余额转回"库存商品"科目。

（四）销售退回、服务中止与销售折让销项税额的会计处理

1. 销售退回、服务中止销项税额的会计处理

纳税人销售货物并已开具发票但尚未进行会计处理，应收到购货方退回原发票时，可对原发票按作废处理（加盖"作废"戳记但保留原票），收入、成本一般不做会计处理。产品退回时发生的包装运杂费等做销售费用处理，借记"销售费用"科目，贷记"银行存款"科目。

已确认收入后发生退货，应根据购货方退回的专用发票或"开具红字增值税专用发票信息表"开具红字专用发票，冲减退回当月的销售收入和销项税额或应纳税额，按应冲减的销售收入，借记"主营业务收入"科目，按允许扣减的销项税额，借记"应交税费——应交增值税（销项税额）""应交税费——简易计税"科目，按已收或应收的金额，贷记"银行存款""应收账款"等科目；同时冲减退回当月的销售成本。

纳税人发生服务中止，应根据服务接收方退回的专用发票或"开具红字增值税专用发票信息表"开具的红字增值税专用发票，做相反的会计分录。

【例 2－57】　ABC 公司 2018 年 5 月末销售乙商品 10 件，不含税单价 1 000 元，单位成本 700 元，增值税率为 16%，价款已收存入账并进行会计处理。6 月初因该商品质量与合同不符被退回，同时收到购货方退回的原专用发票，同时签发金额为 11 600 元的转账支票一张退还货款。

销售退回时，根据购货方退回的原专用发票和支票存根，做如下会计分录：

借：主营业务收入　　　　　　　　　　　　　　　　　　　　　　　 10 000

应交税费——应交增值税（销项税额） 1 600

贷：银行存款 11 600

同时，将已结转的销售成本从"主营业务成本"科目转回"库存商品"科目。

【例2-58】 A物流公司为一般纳税人，2018年4月2日与H企业签订合同，于4月中旬为其提供货物运输服务，H企业签订协议时全额支付现金6.6万元，并取得A物流公司开具的专用发票。4月19日，因春汛路桥被洪水冲毁短期内无法通车，经协商双方同意中止履行合同。H企业将尚未认证专用发票于4月24日退还给A物流公司，A公司返还全部费用。

A公司收到款项、开具发票并计算销项税额；发生服务中止或销售退回扣减销售收入和销项税额。

（1）4月2日开具专用发票、收到运费款时确认收入实现，做如下会计分录：

借：银行存款 66 000

贷：主营业务收入——运输收入 60 000

应交税费——应交增值税（销项税额） 6 000

（2）4月19日服务中止，收到H企业退还的专用发票、退还款项时，做如下会计分录：

借：主营业务收入——运输收入 60 000

应交税费——应交增值税（销项税额） 6 000

贷：银行存款 66 000

2. 销售折让销项税额的会计处理

发生销售折让，购销双方均未进行会计处理，购货方也未付款，销售方应在收到购货方退回原开具的专用发票发票联、扣税联和记账联加盖"作废"戳记，不需冲销当期销售收入和销项税额，只需根据双方协商折扣后的价款和增值税额重新开具专用发票并进行会计处理。

如果购货方已进行会计处理但尚未付款，销售方应根据开具红字增值税专用发票信息表按折让金额开具红字专用发票，按折让金额冲减当期销售收入，借记"主营业务收入"科目，按扣减的销项税额，借记"应交税费——应交增值税（销项税额）"科目，贷记"应收账款"科目。由于销售折让不涉及已售商品成本的变动，所以不需要调整"主营业务成本"科目；也可用红字原方向原科目按折让金额开专用发票。

【例2-59】 ABC公司销售一批商品，专用发票上注明销售价格为50 000元，增值税额为8 000元，商品已经发出，款项尚未收到。

确认收入实现时，做如下会计分录：

借：应收账款 58 000

贷：主营业务收入 50 000

应交税费——应交增值税（销项税额） 8 000

购货方收货后发现商品质量、规格与合同不符，要求减让10%，ABC公司同意并根据购货方主管税务机关开具红字增值税专用发票信息表，开具红字专用发票，做如下会计分录：

借：主营业务收入　　　　　　　　　　　　　　　　　　　　　　　　5 000
　　应交税费——应交增值税（销项税额）　　　　　　　　　　　　　800
　　　贷：应收账款　　　　　　　　　　　　　　　　　　　　　　　　　　5 800

收到购货方汇来货款 52 200 元时，做如下会计分录：

借：银行存款　　　　　　　　　　　　　　　　　　　　　　　　　　52 200
　　　贷：应收账款　　　　　　　　　　　　　　　　　　　　　　　　　　52 200

（五）包装物销售、租金与没收逾期包装物押金销项税额的会计处理

其一，随同产品出售并单独计价的包装物出售时，应将出售收入还原成不含税的销售额，确认为其他业务收入并按规定计算缴纳增值税；确认销售收入时，按应收或实收金额，借记"应收账款""银行存款"等科目，按计算的销项税额，贷记"应交税费——应交增值税（销项税额）"科目，按不含税销售额或租金收入额，贷记"其他业务收入"科目。

随同产品出售不单独计价的包装物，其收入随同所销售的产品一起计入主营业务收入，并按规定计算缴纳增值税。

其二，出租包装物收取的租金属于纳税人向购买方收取的价外费用，要将租金换算成不含税收入并入销售额计算缴纳增值税。确认包装物租金收入时，按应收或实收金额，借记"应收账款""银行存款"等科目，按计算的销项税额，贷记"应交税费——应交增值税（销项税额）"科目，按不含税租金收入额，贷记"其他业务收入"科目。

其三，纳税人没收逾期未退的包装物押金，先将押金换算为不含税押金收入，再计算应缴纳的增值税额。按没收的包装物押金，借记"其他应付款"科目，按计算的销项税额，贷记"应交税费——应交增值税（销项税额）"科目，按不含税租金收入额，贷记"其他业务收入""营业外收入"等科目。

【例 2－60】　2018 年 8 月，ABC 公司销售乙产品 600 件，含税销售额 116 000 元，随同商品出售单独计价包装物，售价为 1 160 元，另外收取包装物押金 4 000 元单独入账，价款存入银行，没收逾期未退包装物押金 5 800 元。

货物含税价、出售包装物价款、没收逾期未退的包装物押金要还原为不含税销售额，计算销项税额，单独入账的包装物押金不计算销项税额。

商品不含税销售额 = 116 000 ÷ （1 + 16%） = 100 000 （元）

单独计价包装物不含税销售额 = 1 160 ÷ （1 + 16%） = 1 000 （元）

没收逾期未退包装物不含税收入 = 5 800 ÷ （1 + 16%） = 5 000 （元）

应税收入 = 100 000 + 1 000 + 5 000 = 106 000 （元）

增值税销项税额 = 106 000 × 16% = 16 960 （元）

根据计算结果，做如下会计分录：

借：银行存款　　　　　　　　　　　　　　　　　　　　　　　　　121 160

其他应付款	5 800
贷：应交税费——应交增值税（销项税额）	16 960
主营业务收入	100 000
其他业务收入	6 000
其他应付款——包装物押金	4 000

（六）差额征税的会计处理

1. 提供劳务派遣服务增值税的会计处理

一般纳税人适用一般计税的，以取得的全部价款和价外费用为销售额，税率6%，可以抵扣进项。适用"差额扣除＋简易计税"以取得的全部价款和价外费用，扣除代用工单位支付给劳务派遣员工的工资、福利和为其办理社会保险及住房公积金后的余额为销售额，征收率5%，不能抵扣进项。

小规模纳税人适用简易计税，以取得的全部价款和价外费用为销售额，征收率3%。适用"差额扣除＋简易计税"以取得的全部价款和价外费用，扣除代用工单位支付给劳务派遣员工的工资、福利和为其办理社会保险及住房公积金后的余额为销售额，征收率5%。

按现行增值税制度规定，企业发生相关成本费用允许扣减销售额的，发生成本费用时，按应付或实际支付的金额，借记"主营业务成本""存货""工程施工"等科目，贷记"应付账款""应付票据""银行存款"等科目。待取得合规增值税扣税凭证且纳税义务发生时，按照允许抵扣的税额，借记"应交税费——应交增值税（销项税额抵减）"或"应交税费——简易计税"科目（小规模纳税人应借记"应交税费——应交增值税"科目），贷记"主营业务成本""存货""工程施工"等科目。

【例2-61】 某劳务派遣公司2018年3月取得劳务派遣收入53.55万元，按规定开具了增值税专用发票，其中代支付劳务派遣员工工资23.1万元，办理社保18.9万元，住房公积金10.5万元。

（1）取得收款并开票。

借：银行存款	535 500
贷：主营业务收入	510 000
应交税费——简易计税（计提）	25 500

（2）按现行增值税制度规定，企业发生相关成本费用允许扣减销售额的时，做如下会计分录：

借：主营业务成本——工资	500 000
应交税费——简易计税（销项税额抵减）	25 000
贷：应付职工薪酬——工资	525 000

缴纳增值税会计分录，略。

2. 金融商品转让增值税的会计处理

金融商品转让月末产生转让收益，按应纳税额借记"投资收益"等科目，贷记"应交税费——转让金融商品应交增值税"科目；月末如产生转让损失，按可结转下月抵扣税额，借记"应交税费——转让金融商品应交增值税"科目，贷记"投资收益"等科目。缴纳增值税时，应借记"应交税费——转让金融商品应交增值税"科目，贷记"银行存款"科目。年末，本科目如有借方余额，则借记"投资收益"等科目，贷记"应交税费——转让金融商品应交增值税"科目。

【例 2-62】 便民财务公司 2018 年 10 月买卖金融商品，取得买卖差价 318 万元（正差），11 月买卖金融商品实现价差 212 万元（负差），12 月该公司无金融产品转让损益。会计处理如下：

（1）10 月金融商品买卖价差应交增值税 = 318 ÷（1 + 6%）× 6% = 18（万元）。

根据计算结果，做如下会计分录：

借：投资收益　　　　　　　　　　　　　　　　　　　　　　　180 000

　　贷：应交税费——转让金融商品应交增值税　　　　　　　　　　180 000

缴纳 10 月转让金融商品应交增值税，做如下会计分录：

借：应交税费——转让金融商品应交增值税　　　　　　　　　　180 000

　　贷：银行存款　　　　　　　　　　　　　　　　　　　　　　180 000

（2）11 月金融商品买卖损失，应结转 12 月抵扣的增值税 = 212 ÷（1 + 6%）× 6% = 12（万元）。

根据计算结果，做如下会计分录：

借：应交税费——转让金融商品应交增值税　　　　　　　　　　120 000

　　贷：投资收益　　　　　　　　　　　　　　　　　　　　　　120 000

（3）年末将"转让金融商品应交增值税"科目借方余额，结转"投资收益"科目，做如下会计分录：

借：投资收益　　　　　　　　　　　　　　　　　　　　　　　120 000

　　贷：应交税费——转让金融商品应交增值税　　　　　　　　　　120 000

（七）库存商品采用售价金额核算销项税额的会计处理

库存商品采用售价金额核算的商品流通企业，实行增值税后，库存商品的售价（含税价）与进价之间的差额，作为"商品进销差价"处理。这里的进销差价包括两个差额：一是进价与不含税售价之间的差额；二是向消费者收取的增值税。企业在计算商品销售收入时，应按扣除增值税后的净收入确认。

【例 2-63】 某商品流通企业为一般纳税人，采用售价金额核算，2018 年 1 月份购进商品增值税专用发票上注明价款为 650 万元，增值税额为 104 万元，商品已验收入库，货款及增值税款用银行存款支付，该商品零售价为 1 000 万元。本月实现商品销售收入为 812 万元，增值税率为 16%，假设该企业月初库存商品无余额。会计处理如下：

（1）支付价款商品验收入库时，做如下会计分录：

借：库存商品   10 000 000

    应交税费——应交增值税（进项税额）   1 040 000

      贷：银行存款   7 540 000

        商品进销差价   3 500 000

（2）商品销售后，根据销货报表、银行送款单回单等凭证，做如下会计分录：

借：银行存款   8 120 000

      贷：主营业务收入   8 120 000

（3）同时结转销售成本，做如下会计分录：

借：主营业务成本   8 120 000

      贷：库存商品   8 120 000

（4）计算本月销项税额：

不含税销售额 = 8 120 000 ÷ （1 + 16%） = 7 000 000（元）

增值税销项税额 = 7 000 000 × 16% = 1 120 000（元）

根据计算结果，做如下会计分录：

借：主营业务收入   1 120 000

      贷：应交税费——应交增值税（销项税额）   1 120 000

（5）计算已售产品应分摊的进销差价，并用于结转：

本期销售商品应分摊进销差价 = 3 500 000 ÷ （7 000 000 + 3 000 000）× 7 000 000

                    = 2 450 000（元）

根据计算结果，做如下会计分录：

借：商品进销差价   2 450 000

      贷：商品销售成本   2 450 000

（八）固定资产转让、租赁的会计处理

1. 转让固定资产（有形动产）增值税的会计处理

纳税人处置试点后取得或自制固定资产，按一般计税方法和适应税率计算缴纳增值税，借记"固定资产清理"科目，贷记"应交税费——应交增值税（销项税额）"科目。

纳税人转让试点之前购进或者自制固定资产，按照简易办法3%的征收率减按2%计算缴纳增值税，借记"固定资产清理"科目，贷记"应交税费——简易计税"科目。

【例2-64】 A公司为未纳入扩大增值税抵扣范围试点的一般纳税人。2018年5月转让2008年8月购入的一台生产设备，取得转让收入92 700元；转让2010年自制生产设备，取得转让收入139 200元，转让价款存入银行。

转让试点前购入固定资产应缴增值税 = 92 700 ÷ （1 + 3%）× 2% = 1 800（元）

销项税额 = 139 200 ÷ （1 + 16%）× 16% = 19 200（元）

根据计算结果，做如下会计分录：

借：固定资产清理　　　　　　　　　　　　　　　　　　　　　21 000

　　贷：应交税费——应交增值税（销项税额）　　　　　　　　　19 200

　　　　　　　——简易计税　　　　　　　　　　　　　　　　　1 800

固定资产转入清理、支付固定资产清理费、取得变价收入、结转固定资产清理净损益的会计处理与举例，《中级财务会计》一书已经讲授，此处略。

2. 固定资产租赁

【例 2 – 65】　2018 年 7 月，X 设备租赁公司出租给 L 公司两台数控机床，收取半年租金 20.88 万元并开具专用发票，L 公司使用两个月后发现其中一台机床存在故障无法运转，要求 X 公司派人进行维修并退还 L 公司维修期间租金 2.32 万元，X 公司收到 L 公司到主管税务机关开具红字增值税专用发票信息表后开具红字专用发票，退还已收租金 2.32 万元。

出租机床销项税额 = 20.88 ÷ （1 + 16%） × 16% = 2.88（万元）

（1）X 租赁企业 3 月份取得租金收入时，做如下会计分录：

借：银行存款　　　　　　　　　　　　　　　　　　　　　　　208 800

　　贷：主营业务收入——设备出租　　　　　　　　　　　　　180 000

　　　　应交税费——应交增值税（销项税额）　　　　　　　　　28 800

（2）X 租赁公司开具红字专用发票、退还租金时，做如下会计分录：

借：银行存款　　　　　　　　　　　　　　　　　　　　　　　23 200

　　贷：主营业务收入——运输　　　　　　　　　　　　　　　　20 000

　　　　应交税费——应交增值税（销项税额）　　　　　　　　　3 200

（九）销售不动产、租赁与无形资产转让的会计处理

1. 销售不动产增值税的会计处理

纳税人销售其不动产，采用一般计税方法计税的，按计算的增值税额，借记"固定资产清理"等科目，贷记"应交税费——应交增值税（销项税额）"科目；采用简易计税方法计税的，按应交增值税额，贷记"应交税费——简易计税"科目；小规模纳税人贷记"应交税费——应交增值税"科目。

【例 2 – 66】　C 公司 2018 年 6 月销售该公司 2015 年自建的仓库一座，取得收入 5 250 万元存入银行；销售 2015 年 3 月购入的厂房一幢，取得收入 5 000 万元，款存银行，该厂房购置原价为 3 950 万元，不动产所在地与其机构所在地在同一县。该公司选择简易计税计算应缴纳的增值税。

销售自建仓库应缴纳增值税 = 5 250 ÷ （1 + 5%） × 5% = 250（万元）

销售取得厂房应缴纳增值税 = （5 000 – 3 950） ÷ （1 + 5%） × 5% = 50（万元）

借：固定资产清理	3 000 000
贷：应交税费——简易计税	3 000 000

2. 不动产租赁的会计处理

纳税人出租不动产，按应收或实际收到的价款，借记"应收账款""银行存款"等科目，按计算的增值税销项税额，贷记"应交税费——应交增值税（销项税额）""应交税费——简易计税"科目。

【例2-67】　乙公司为一般纳税人，2018年7月1日出租异地2015年12月购入办公楼。收取全年租金189万元，同日向承租人开具金额180万元、税额9万元专用发票，公司采用简易计税方法计税核算。

收取租金凭入账单证等原始凭证，做如下会计分录：

借：银行存款	1 890 000
贷：预收账款	1 890 000

应预缴增值税 = 1 890 000 ÷（1 + 5%）×5% = 9（万元）

在不动产所在地预缴税款并取得完税凭证时，做如下会计分录：

借：应交税费——预交增值税	90 000
贷：银行存款	90 000

确认纳税义务，做如下会计分录：

借：应交税费——待转增值税	90 000
贷：应交税费——简易计税	90 000

本年内各月确认收入计算应缴增值税额时，做如下会计分录：

借：预收账款	157 500
贷：其他业务收入	150 000
应交税费——待转增值税	7 500

月末结转应缴增值税，做如下会计分录：

借：应交税费——简易计税	7 500
贷：应交税费——未交增值税	7 500

预交增值税抵减应纳税额，做如下会计分录：

借：应交税费——未交增值税	7 500
贷：应交税费——预交增值税	7 500

3. 转让无形资产的会计处理

纳税人转让无形资产所有权，按转让价款，借记"银行存款"科目，按已提减值准备，借记"无形资产减值准备"科目，按计算应缴的增值税额，贷记"应交税费——应交增值税（销项税额）"或"应交税费——简易计税"科目，按转让无形资产的账面原价，贷记"无形资产"科目。

（十）房地产开发企业销售开发产品的会计处理

房地产企业支付土地价款、契税、设计费、购买建筑材料、支付工程价款时，按应计入开发产品成本的金额，借记"开发成本"科目，按可抵扣的增值税额，借记"应交税费——应交增值税（进项税额）"科目，贷记"银行存款"等科目。

企业采用预收款方式销售自行开发的房地产时，应于收到预收款时按征收率向不动产所在地预缴增值税，预交增值税时，借记"应交税费——预交增值税"科目，贷记"银行存款"科目。月末，企业应将"预交增值税"明细科目余额转入"未交增值税"明细科目，借记"应交税费——未交增值税"科目，贷记"应交税费——预交增值税"科目。房地产开发企业等在预缴增值税后，应直至纳税义务发生时方可从"应交税费——预交增值税"科目结转至"应交税费——未交增值税"科目。

【例 2 - 68】　某房地产开发公司为增值税一般纳税人，采用一般计税方法计税，2018 年发生如下业务：

（1）1 月份通过出让方式从政府部门取得土地使用权，全部用于开发商品房，支付土地价款 1 100 万元，取得财政票据，缴纳契税 33 万元；支付设计费 106 万元，取得专用发票，注明金额 100 万元、税额 6 万元。

（2）2 月份预付建筑费 309 万元，取得专用发票注明工程价款 300 万元，税额 9 万元；购买建筑材料 2 320 万元，取得专用发票载明金额 2 000 万元、增值税额 320 万元，款项通过银行支付，发票通过认证抵扣。

（3）3 月份预售建筑面积 3 000 平方米商品房，6 600 元/平方米（含税），开具增值税普通发票。纳税期内申报纳税期预缴增值税。

（4）11 月份工程竣工，可供销售建筑面积合计 10 000 平方米。结算建筑费 1 030 万元，支付剩余建筑费 721 万元，取得专用发票，注明工程价款 700 万元、税额 21 万元。

（5）11 月份将 3 月预售建筑面积 3 000 平方米商品房交付购房者。

（6）11 月份销售剩余建筑面积 7 000 平方米商品房并交付购房者，6 600 元/平方米（含税），开具增值税普通发票。

（7）12 月份申报纳税期汇算缴清增值税。

计算该房地产公司 2017 年应缴纳的增值税，并进行会计处理。

（1）支付土地价款、契税，支付设计费，做如下会计分录：

借：开发成本	12 330 000
应交税费——应交增值税（进项税额）	60 000
贷：银行存款	12 390 000

（2）预付建筑费，购买建筑材料，取得专用发票，做如下会计分录：

借：预付账款	3 000 000
开发成本	20 000 000
应交税费——应交增值税（进项税额）	3 290 000
贷：银行存款	26 290 000

2 月末进行增值税处理。当月销项税额为 0，进项税额 335 (6 + 9 + 320) 万元不足抵扣，可以转结下期继续抵扣。

(3) 收到预售商品房款存入银行，开具普通发票，纳税义务未发生，不计算销项税额；月末预缴增值税，做如下会计分录：

借：银行存款   19 800 000

    贷：预收账款——预收购房款   18 000 000

        应交税费——待转销项税额   1 800 000

应预缴增值税额 = 1 980 ÷ (1 + 10%) × 3% = 54 (万元)

借：应交税费——预交增值税   540 000

    贷：银行存款   540 000

4~9 月税务、会计处理与 2 月相同，略。

(4) 11 月，工程竣工，结算并支付剩余工程款，结转工程成本，做如下会计分录：

借：开发成本   10 000 000

    应交税费——应交增值税 (进项税额)   210 000

    贷：预付账款   3 000 000

        银行存款   7 210 000

开发产品成本 = 1 100 + 33 + 100 + 2 000 + 300 + 700 = 4 233 (万元)

借：开发产品   42 330 000

    贷：开发成本   42 330 000

$(5\frac{1}{4})$ 将所售商品房交付购房者时纳税义务发生，确认收入实现并计算销项税额，做如下会计分录：

借：预收账款   19 800 000

    贷：主营业务收入   18 000 000

        应交税费——应交增值税 (销项税额)   1 800 000

$(5\frac{2}{4})$ 计算当期销售房地产项目对应的土地价款可抵减销项税额，并做如下会计分录：

借：应交税费——应交增值税 (销项税额抵减)   330 000

    贷：主营业务成本   330 000

$(5\frac{3}{4})$ 结转预交增值税和销售成本，应计算销售税额，并做如下会计分录：

借：应交税费——未交增值税   540 000

    贷：应交税费——预交增值税   540 000

已售房地产成本 = 4 233 × 3/10 = 1 269.9 (万元)

借：主营业务成本   12 699 000

    贷：开发产品   12 699 000

（5 $\frac{4}{4}$）10月销项税额180万元，可抵扣税额54（33＋21）万元，以前期间留抵税额355万元。进项税额229［180－（54＋355）］万元不足抵扣，可以结转下期继续抵扣。未抵减完的预缴税款54万元，可以结转下期继续抵减。登记应交税费——应交增值税明细账，无须单独会计处理。

（6 $\frac{1}{4}$）11月销售并交付剩余7 000平方米商品房，确认销售收入，计算销项税额。

销项税额＝6 600×7 000÷（1＋10%）×10%÷10 000＝420（万元）

借：银行存款	46 200 000
贷：主营业务收入	42 000 000
应交税费——应交增值税（销项税额）	4 200 000

（6 $\frac{2}{4}$）计算当期销售房地产项目对应的土地价款可抵减销项税额。

可抵减销项税额＝1 100÷（1＋10%）×10%×0.7＝770（万元）

借：应交税费——应交增值税（销项税额抵减）	7 700 000
贷：主营业务成本	7 700 000

（6 $\frac{3}{4}$）应结转销售成本＝4243.3×0.7＝2 963.1（万元）。

借：主营业务成本	29 631 000
贷：开发产品	29 631 000

（6 $\frac{4}{4}$）11月销项税额420万元，可抵扣税额抵减77万元，上期留抵税额229万元，上期未抵减完的预缴税款54万元。

应缴纳增值税＝420－77－229－54＝60（万元）

借：应交税费——应交增值税（转出未交增值税）	600 000
贷：应交税费——未交增值税	600 000

"应交税费——未交增值税"科目11月末贷方余额60万元。

（7）12月份申报纳税期缴清增值税。

借：应交税费——未交增值税	600 000
贷：银行存款	600 000

缴清增值税后，"应交税费——未交增值税"科目结平。

（十一）纳税人提供建筑服务增值税的会计处理

一般纳税人跨县（市、区）提供建筑服务取得预收款的，应在收到预收款时，以取得的全部价款和价外费用扣除支付的分包款后的余额，适用一般计税方法计税的项目预征率为2%，适用简易计税方法计税的项目预征率为3%，在建筑服务发生地预缴税款；小规模纳税人跨县（市）提供建筑服务，应以取得的全部价款和价外费用扣除支付的分包款后的余额为销售额，按照3%的征收率计算应纳税额。

纳税人应按照上述计税方法在建筑服务发生地预缴税款后，向机构所在地主管税务机关进行纳税申报。

纳税人提供建筑服务，按照预收款额扣除分包款后的金额，借记"银行存款"等科目，按确认的收入，贷记"主营业务收入""其他业务收入"科目，按照计算的增值税额，贷记"应交税费——应交增值税（销项税额）""应交税费——简易计税"科目。

纳税人将分包款支付给分包人时，借记"应付账款"科目，按代扣代缴的增值税，贷记"应交税费——代扣代缴增值税"科目，按实际支付的金额，贷记"银行存款"科目。

【例2-69】 A建安工程公司为一般纳税人，适用一般计税方法，2018年5月在S省提供建筑劳务取得预收款832.5万元，其中应支付给某工程队分包工程款172.5万元，取得建筑设施租赁费收入110万元。

（1）收到工程款时，计算应交增值税。

建筑服务应预缴增值税 $= (832.5 - 172.5 + 110) \div (1 + 10\%) \times 2\% = 14$（万元）

建筑服务应交增值税 $= (832.5 - 172.5 + 110) \div (1 + 10\%) \times 10\% - 14 = 56$（万元）

根据计算结果，做如下会计分录：

借：银行存款   9 425 000
  贷：主营业务收入   7 000 000
    应交税费——应交增值税（销项税额）   700 000
    应付账款   1 725 000

（2）计算分包工程款应代扣代缴增值税。

代扣代缴增值税 $= 172.5 \div (1 + 10\%) \times 10\% = 15.6818$（万元）

结转代扣增值税并将分包工程款划转分包工程队时，做如下会计分录：

借：应付账款   1 725 000
  贷：银行存款   1 568 182
    应交税费——代扣代交增值税   156 818

五、出口退税与向境外单位提供适用零税率应税服务的会计处理

（一）出口退税的会计处理

为核算纳税人出口货物应收取的出口退税款，设置"应收出口退税款"科目，该科目借方反映销售出口货物按规定向税务机关申报应退回的增值税、消费税等，贷方反映实际收到的出口货物应退回的增值税、消费税等。期末借方余额，反映尚未收到的应退税额。

未实行"免、抵、退"办法的一般纳税人出口货物按规定退税的，按规定计算的应收出口退税额，借记"应收出口退税款"科目，贷记"应交税费——应交增值税（出口退税）"科目，收到出口退税时，借记"银行存款"科目，贷记"应收出口退税款"科

目；退税额低于购进时取得的增值税专用发票上的增值税额的差额，借记"主营业务成本"科目，贷记"应交税费——应交增值税（进项税额转出）"科目。

实行"免、抵、退"办法的一般纳税人出口货物，在货物出口销售后结转产品销售成本时，按规定计算的退税额低于购进时取得增值税专用发票上的增值税额差额，借记"主营业务成本"科目，贷记"应交税费——应交增值税（进项税额转出）"科目；按规定计算的当期出口货物进项税抵减内销产品的应纳税额，借记"应交税费——应交增值税（出口抵减内销产品应纳税额）"科目，贷记"应交税费——应交增值税（出口退税）"科目。在规定期限内，内销产品的应纳税额不足以抵减出口货物的进项税额，不足部分按有关税法规定给予退税的，应在实际收到退税款时，借记"银行存款"科目，贷记"应交税费——应交增值税（出口退税）"科目。

（二）向境外单位提供适用零税率应税服务的会计处理

一般纳税人向境外单位提供适用零税率的应税服务，不计算应税服务销售额应缴纳的增值税。凭有关单证向税务机关申报办理该项出口服务的免抵退税。

按税务机关批准的免抵税额，借记"应交税费——应交增值税（出口抵减内销应纳税额）"科目，按应退税额，借记"其他应收款——应收退税款（增值税出口退税）"科目，按免抵退税额贷记"应交税费——应交增值税（出口退税）"科目。

收到退回的税款时，借记"银行存款"科目，贷记"其他应收款——应收退税款（增值税出口退税）"科目。

办理退税后发生服务中止补交已退回税款的，用红字或负数登记。

六、增值税预缴、缴纳与结转的会计处理

1. 按核定日期交纳增值税

企业平时按核定纳税期限缴纳当月应交的增值税时，借记"应交税费——应交增值税（已交税金）"科目（小规模纳税人应借记"应交税费——应交增值税"科目），贷记"银行存款"科目。

2. 月终，计算结转少交、多交增值税

每月末，企业应根据"应交税费——应交增值税"明细账记录计算当月未交（多交）的增值税，计算公式：

未交（多交）增值税额＝当月销项税额－（当月进项税额－进项税额转出）－尚未抵扣完的税额－已纳税额

计算结果如为正数，表示未交增值税；如为负数，表示多交增值税。对于当月应交未交的增值税，借记"应交税费——应交增值税（转出未交增值税）"科目，贷记"应交税费——未交增值税"科目；对于当月多交的增值税，借记"应交税费——未交增值税"

科目，贷记"应交税费——应交增值税（转出多交增值税）"科目。

3. 次月初缴纳上月未交的增值税

企业次月初缴纳以前期间未交增值税，借记"应交税费——未交增值税"科目，贷记"银行存款"科目。

【例2－70】 P公司2018年7月10日、20日、30日分别缴纳增值税30万元，"应交税费——应交增值税"明细科目"销项税额"专栏发生额为400万元，"进项税额"专栏发生额为220万元，"进项税额转出"专栏发生额为20万元，上月留抵增值税60万元，其他栏目无发生额。

7月10日、20日、30日缴纳当月增值税时，做如下会计分录：

借：应交税费——应交增值税（已交税金）　　　　　　　　　　　　　300 000
　　贷：银行存款　　　　　　　　　　　　　　　　　　　　　　　　　　300 000

31日，计算本月未交（多交）增值税额。

本月未交（多交）增值税额＝400－（220－20）－60－90＝50（万元）。前式计算出50万元为应交未交增值税。期末结转未交增值税时，做如下会计分录：

借：应交税费——应交增值税（转出未交增值税）　　　　　　　　　　500 000
　　贷：应交税费——未交增值税　　　　　　　　　　　　　　　　　　　500 000

4月上旬实际缴纳3月份未交增值税时，应做如下会计分录：

借：应交税费——未交增值税　　　　　　　　　　　　　　　　　　　500 000
　　贷：银行存款　　　　　　　　　　　　　　　　　　　　　　　　　500 000

考考你

如果上式计算结果为－50万元，应该做怎样的会计分录？

七、纳税辅导期一般纳税人应纳增值税

纳税人取得增值税一般纳税人资格后，发生偷税、骗取出口退税和虚开增值税扣税凭证等行为的，主管税务机关可以对其实行不少于6个月的纳税辅导期管理。

辅导期一般纳税人采购货物或接受应税劳务和应税服务，已经取得增值税扣税凭证，按税法规定暂不予在本期申报抵扣的进项税额，借记"应交税费——待抵扣进项税额"科目，按应计入采购成本的金额，借记"原材料""制造费用""管理费用""销售费用""固定资产""主营业务成本""其他业务成本"等科目，按照应付或实际支付的金额，贷记"应付账款""应付票据""银行存款"等科目。

收到税务机关告知稽核比对结果通知书及其明细清单后，按稽核比对结果通知书及其明细清单注明的稽核相符、允许隔月抵扣的进项税额，借记"应交税费——应交增值税（进项税额）"科目，贷记"应交税费——待抵扣进项税额"科目。

【例2-71】 某运输公司2018年2月因虚开增值税专用发票被税务机关稽查部门查处，当月收到主管税务机关的《税务事项通知书》，告知从3月1日起对其实行纳税六个月的辅导期管理。3月3日，该货运公司当月第一次领购专用发票25份，17日已全部开具，取得销售收入18.7万元（含税）；18日该公司再次到主管税务机关申领发票，按规定对上一次已领购并开具的专用发票销售额预缴3%的增值税。3月份公司运输车辆加油取得增值税专用发票5.8万元（含税）；车辆修理费取得增值税专用发票3.48万元（含税）。会计处理如下：

（1）取得运输服务销售款时，做如下会计分录：

借：银行存款 187 000
　　贷：主营业务收入——运输服务收入 170 000
　　　　应交税费——应交增值税（销项税额） 17 000

（2）增量购买专用发票预缴增值税税款5 100[187 000÷（1+10%）×3%]元，做如下会计分录：

借：应交税费——应交增值税（已交税金） 5 100
　　贷：银行存款 5 100

（3）取得加油费和维修费进项税额，做如下会计分录：

借：主营业务成本——加油费 50 000
　　　　　　　　　——维修费 30 000
　　应交税费——待抵扣进项税额 13 600
　　贷：银行存款 93 600

八、增值税优惠的会计处理

增值税的优惠政策包括直接减免、即征即退、先征后退以及先征后返还。优惠形式不同，会计处理也随之而异，但企业对减免的增值税都应通过"营业外收入"科目进行处理。

　　1. 直接减免增值税、销售免税项目的会计处理

纳税人销售直接免征增值税货物，以售价全部作为主营业务收入。借记"应收账款""银行存款"科目，贷记"主营业务收入"科目。

纳税人销售免税项目时，按应收或实际收到的款项，借记"银行存款""应收账款"等科目，按不含税收入，贷记"主营业务收入"科目，按计算的增值税销项税额，贷记"应交税费——应交增值税（销项税额）"科目。当期直接减免的增值税，借记"应交税费——应交增值税（减免税款）"科目，贷记"营业外收入"科目。

【例2-72】 某供热企业为一般纳税人，主要从事居民供热业务，同时从事部分企业和商户的非居民供热。2018年12月购进天然气价款2 000万元，增值税进项税额200万元（无法区分是居民供热还是非居民供热），当月收取居民供热费1 100万元，非居

供热费 660 万元。

收取供热费时，做如下会计分录：

借：银行存款   17 760 000

    贷：主营业务收入   16 000 000

        应交税费——应交增值税（销项税额）   1 760 000

结转居民供热不能抵扣的进项税额 125 ［200×（1 000÷1 600）］万元时，做如下会计分录：

借：主营业务成本   1 250 000

    贷：应交税费——应交增值税（进项税额转出）   1 250 000

结转居民供热减免税时，做如下会计分录：

借：应交税费——应交增值税（减免税款）   1 250 000

    贷：营业外收入——减免税款   1 250 000

【例 2 - 73】 A 公司为经营专供残疾人用品的企业，本月销售残疾人用品取得价款 8 万元，款项存入银行。做如下会计分录：

借：银行存款   80 000

    贷：主营业务收入   80 000

2. 即征即退、先征后退（返）增值税的会计处理

增值税即征即退、先征后退（返）是指按税法规定缴纳的税款，由税务机关在征税时或者征税后部分或全部退还纳税人的一种税收优惠。对符合即征即退、先征后退政策规定的纳税人，应准确核算即征即退货物、劳务和应税服务的销售额、应纳税额、应退税额，正常进行纳税申报，再向主管税务机关提交资料申请办理退税。

纳税人确认销售收入时，借记"银行存款""应收账款"等科目，贷记"主营业务收入"科目，按计算的增值税销项税额，贷记"应交税费——应交增值税（销项税额）"科目。缴纳增值税时，借记"应交税费——应交增值税（已交税金）""应交税费——未交增值税"科目，贷记"银行存款"科目。

企业实际收到即征即退、先征后退（返）的增值税，借记"银行存款"科目，贷记"营业外收入"科目。

【例 2 - 74】 G 公司 2018 年 4 月销售财务软件实现收入 500 万元，销项税额 85 万元，款存银行；本月增值税进项税额为 20 万元，按税法相关规定，该公司享受即征即退政策。会计处理如下：

销售实现时，做如下会计分录：

借：银行存款   5 850 000

    贷：应交税费——应交增值税（销项税额）   850 000

        主营业务收入   5 000 000

当月缴纳增值税时，做如下会计分录：

借：应交税费——应交增值税（已交税金）   650 000

贷：银行存款　　　　　　　　　　　　　　　　　　　　650 000

　　应退增值税 = 65 - 500 × 3% = 50（万元）

　　收到退还的增值税款时，做如下会计分录：

　　借：银行存款　　　　　　　　　　　　　　　　　　　　　170 000

　　　　贷：营业外收入　　　　　　　　　　　　　　　　　　　170 000

九、简易计税方法增值税的会计处理

（一）小规模纳税人增值税的会计处理

1. 小规模纳税人会计处理的特点

（1）小规模纳税人购买物资、应税劳务、服务、无形资产或不动产，取得专用发票上注明的增值税额应计入相关资产成本或费用，不得抵扣，也不通过"应交税费——应交增值税"科目核算。

（2）小规模纳税人销售收入不包括其应纳税额。采用销售额和应纳税额合并定价方法的，按公式"销售额 = 含税销售额 ÷（1 + 征收率）"计算销售额。

（3）小规模纳税人销售货物、应税劳务、服务、销售无形资产，实行简易办法按照3%征收率计算缴纳增值税；小规模纳税人销售、出租不动产，按照5%征收率计算缴纳增值税，计算公式为：

　　应纳税额 = 销售额 × 征收率

2. 小规模纳税人增值税会计处理

（1）会计科目设置。小规模纳税人只需在"应交税费"科目下设置"应交增值税"明细科目，使用三栏式明细账，不需要设置除"转让金融商品应交增值税""代扣代交增值税"外的明细科目。

"应交增值税"明细科目借方登记本月实际缴纳的增值税额，贷方登记本月应交的增值税额，期末贷方余额反映应交未交的增值税额。本明细科目贷方余额反映欠交的增值税额。

（2）购销货物，销售劳务、服务、无形资产或不动产账务处理。

1）小规模纳税人购买物资、服务、无形资产或不动产，按实际支付或应支付的价税合计数，借记"材料采购""原材料""库存商品""其他业务成本""制造费用""无形资产""固定资产"等科目，贷记"银行存款""应付账款"等科目。

小规模纳税人首次购买增值税税控系统专用设备支付的费用以及缴纳的技术维护费，借记"管理费用"科目，贷记"银行存款"科目。按规定抵减应纳增值税时，借记"应交税费——应交增值税"科目，贷记"管理费用"等科目。

2）小规模纳税人销售应税行为，按应收或已收的金额，借记"应收账款""银行存款"等科目；按不含税的销售额，贷记"主营业务收入""其他业务收入"等科目，按收取的增值税额，贷记"应交税费——应交增值税"科目。发生销售退回的，应根据按规定开具的红字增值税专用发票做相反的会计分录。

3）发生税法上视同销售的行为。小规模纳税人发生税法上视同销售的行为，应当按照企业会计准则制度相关规定进行相应的会计处理，并按简易计税方法计算应纳增值税额，借记"应付职工薪酬""利润分配"等科目，贷记"应交税费——应交增值税"科目。

4）小规模纳税人缴纳当月应交的增值税，借记"应交税费——应交增值税"科目，贷记"银行存款"科目。

【例2-75】 某企业核定为小规模纳税人企业，2018年8月份购入原材料一批，专用发票注明价款30 000元，增值税额为4 800元，企业开出面值34 800元转账支票一张支付货款，材料验收入库。该企业本月销售产品，含税价格为51 500元，货款尚未收到。

企业购进材料，开出支票支付货款时，做如下会计分录：

借：原材料   34 800
  贷：银行存款   34 800

销售产品时，做如下会计分录：

借：应收账款   51 500
  贷：主营业务收入   50 000
    应交税费——应交增值税 1 500

缴纳增值税时，做如下会计分录：

借：应交税费——应交增值税   1 500
  贷：银行存款   1 500

（3）免征增值税的会计处理。小规模纳税人取得销售收入时，应当按照税法的规定计算应交增值税，并确认为应交税费，在达到增值税制度规定的免征增值税条件时，将有关应交增值税转入当期损益。

【例2-76】 某个体工商户月销售额为30 900元，每月应进行如下会计处理：

应交增值税＝30 900÷（1＋3%）×3%＝900（元）

借：银行存款   30 900
  贷：主营业务收入   30 000
    应交税费——应交增值税   900

月末，在达到增值税制度规定的免征增值税条件时，将应交增值税转入"营业外收入"科目，做如下会计分录：

借：应交税费——应交增值税   900
  贷：营业外收入   900

【例2-77】 某公司为小规模纳税人，2018年5月销售一台不需用设备，取得价款82 400元，款存银行；出售购买的商业用房取得收入350万元，该房购买价为300万元；销售自建小办公楼一幢，取得收入525万元，计算应交增值税额。

应纳税额 = 82 400 ÷ （1 + 3%） × 2% + （350 - 300） ÷ （1 + 5%） × 5% + 525 ÷ （1 + 5%） × 5% = 27.54（元）

根据计算结果，做如下会计分录：

借：银行存款 8 832 400

　　贷：固定资产清理 8 557 000

　　　　应交税费——应交增值税 275 400

（4）代扣代交增值税的会计处理。小规模纳税人购进在境内未设有经营机构的境外单位或个人销售服务、无形资产或不动产，应根据专用发票上注明的价款和增值税，借记相关资产或成本、费用科目，按应付或实际支付的金额，贷记"应付账款""银行存款"等科目，按应代扣代缴的增值税额，贷记"应交税费——代扣代交增值税"科目。实际缴纳代扣代缴增值税时，借记"应交税费——代扣代交增值税"科目，贷记"银行存款"科目。

（二）一般纳税人简易计税方法的会计处理

纳税人按照应收或实际收到的金额，借记"应收账款""银行存款"等科目，按应确认的收入，贷记"主营业务收入""其他业务收入"等科目，按应缴纳的增值税额，贷记"应交税费——应交增值税""应交税费——简易计税"科目。

企业发生相关成本费用允许扣减销售额的，应当按减少的销项税额，借记"应交税费——应交增值税（销项税额抵减）"科目（小规模纳税人应借记"应交税费——应交增值税"科目），按应付或实际支付的金额与上述增值税额的差额，借记"主营业务成本"等科目，按应付或实际支付的金额，贷记"应付账款""应付票据""银行存款"等科目。

1. 销售公共交通运输服务

【例2-78】 临海市公交公司3月取得公交票务费2 472 000元，按简易办法计算增值税应纳税款。

应纳税款 = 2 472000 ÷ （1 + 3%） × 3% = 72 000（元）

根据计算结果，做如下会计分录：

借：银行存款 2 472 000

　　贷：主营业务收入 2 400 000

　　　　应交税费——应交增值税 72 000

2. 建筑工程老项目

【例2-79】 丙公司为一般纳税人，选择简易计税2018年6月为一建筑工程老项目提供清包服务，取得含税工程款51.5万元，支付分包工程款10.3万元。

当月开具增值税发票确认收入时，做如下会计分录：

借：银行存款等 515 000

  贷：工程结算   500 000

    应交税费——简易计税   15 000

在服务发生地应预缴税款＝（51.5－10.3）÷（1＋3%）×3%＝12 000（元）

当月向服务发生地主管税务机关预缴税款并取得完税凭证时，做如下会计分录：

  借：应交税费——预交增值税   12 000

    贷：银行存款   12 000

支付分包工程款10.3万元时，做如下会计分录：

  借：工程施工   100 000

    应交税费——应交增值税（销项税额抵减）   3 000

    贷：银行存款   103 000

当月末计算应交增值税时，向机构所在地申报缴纳税款为0。

  借：应交税费——简易计税   15 000

    贷：应交税费——预交增值税   12 000

       ——应交增值税（转出多交增值税）   3 000

3. 房地产销售

【例2-80】 居有屋公司是一家主营房地产开发企业，在机构所在地开发房地产项目销售房地产老项目，选择简易计税。2018年3月该项目尚未完工，预售收入10 500万元。

收到预售房款时，做如下会计分录：

  借：银行存款   105 000 000

    贷：预收账款   105 000 000

当月向机构所在地主管税务机关预缴税款300[10 500÷（1＋5%）×3%]万元。

  借：应交税费——预交增值税   3 000 000

    贷：银行存款   3 000 000

当月开具发票或者确认增值税收入时，计算应纳税额＝10 500÷（1＋5%）×5%＝500（万元）。

  借：预收账款   105 000 000

    贷：应交税费——简易计税   5 000 000

      主营业务收入   100 000 000

当月末计算应交增值税时：

  借：应交税费——简易计税   5 000 000

    贷：应交税费——预交增值税   3 000 000

       ——未交增值税   2 000 000

  一般纳税人采用一般计税时预缴增值税后，应直至纳税义务发生时方可从"应交税费——预交增值税"科目结转至"应交税费——未交增值税"科目。在简易计税的情况下，"应交税费——简易计税"核算一般纳税人采用简易计税方法发生的增值税计提、扣减、预缴、缴纳等业务，所以不必结转至"应交税费——未交增值税"科目。

第六节　增值税的征管与纳税申报

一、增值税征收机关、纳税期限和纳税地点

（一）征收机关

增值税由国家税务总局系统所属征收管理机关征收，进口货物的增值税由海关征收。

（二）纳税期限

增值税的纳税期限分别为 1 日、3 日、5 日、10 日、15 日、1 个月或者 1 个季度。纳税人的具体纳税期限，由主管税务机关根据纳税人应纳税额的大小分别核定。

以 1 个季度为纳税期限的规定仅适用于小规模纳税人。银行、财务公司、信托投资公司、信用社，以及财政部和国家税务总局规定的其他纳税人，不能按照固定期限纳税的，可以按次纳税。

纳税人以 1 个月或者 1 个季度为 1 个纳税期的，自期满之日起 15 日内申报纳税；以 1 日、3 日、5 日、10 日或者 15 日为 1 个纳税期的，自期满之日起 5 日内预缴税款，于次月 1 日起 15 日内申报纳税并结清上月应纳税款。

扣缴义务人解缴税款的期限，依照上述两款规定执行。

纳税人进口货物，应当自海关填发进口增值税专用缴款书之日起 15 日内缴纳税款。

纳税人出口货物适用退（免）税规定的，应当向海关办理出口手续，凭出口报关单等有关凭证，在规定的出口退（免）税申报期内按月向主管税务机关申报办理该项出口货物的退（免）税。

（三）纳税地点

固定业户应当向其机构所在地或居住地主管税务机关申报纳税。固定业户总机构和分支机构不在同一县（市）的，应当分别向各自所在地主管税务机关申报纳税；经财政部和国家税务总局或者其授权的财政和税务机关批准，可以由总机构汇总向总机构所在地的主管税务机关申报纳税。

固定业户到外县（市）销售货物或者提供应税劳务，应当向其机构所在地主管税务机关申请开具《外出经营活动税收管理证明》，并向其机构所在地主管税务机关申报

纳税。未开具证明到外县（市）销售货物或者提供应税劳务的，应当向销售地或者劳务发生地的主管税务机关申报纳税；未申报纳税的，由其机构所在地的主管税务机关补征税款。固定业户临时到外省、市销售货物，需要向购货方开具专用发票的，亦回原地补开。

非固定业户应当向应税行为发生地主管税务机关申报纳税；未申报纳税的，由其机构所在地或者居住地的主管税务机关补征税款。

纳税人提供建筑服务、销售或者租赁不动产、转让自然资源使用权，应向建筑服务发生地、不动产所在地、自然资源所在地主管税务机关申报纳税。

扣缴义务人应当向其机构所在地或者居住地主管税务机关申报缴纳扣缴的税款。

进口货物，应当由进口人或其代理人向报关地海关申报纳税。

二、增值税纳税申报

纳税申报资料包括纳税申报表及其附列资料和纳税申报其他资料两类。

1. 纳税申报表及其附列资料

（1）增值税一般纳税人（以下简称一般纳税人）纳税申报表及其附列资料包括：

《增值税纳税申报表（适用于增值税一般纳税人）》，格式如表2-4所示。

《增值税纳税申报表附列资料（一）》（本期销售情况明细），格式如表2-5所示。

《增值税纳税申报表附列资料（二）》（本期进项税额明细），格式如表2-6所示。

《增值税纳税申报表附列资料（三）》（服务、不动产和无形资产扣除项目明细）。

《增值税纳税申报表附列资料（四）》（税额抵减情况表）。

《增值税纳税申报表附列资料（五）》（不动产分期抵扣计算表）。

为节省篇幅，《增值税纳税申报表附列资料（三）》至《增值税纳税申报表附列资料（五）》各附列资料格式，略。

（2）增值税小规模纳税人（以下简称小规模纳税人）纳税申报表及其附列资料包括：

《增值税纳税申报表（适用于增值税小规模纳税人）》。

《增值税纳税申报表（适用于增值税小规模纳税人）附列资料》。

小规模纳税人提供营业税改征增值税的应税服务，按照国家有关营业税政策规定差额征收营业税的，需填报《增值税纳税申报表（适用于增值税小规模纳税人）附列资料》。

其他小规模纳税人不填写该附列资料。

（3）上述纳税申报表及其附列资料表样和《填表说明》详见国家税务总局公告。

表2-4 增值税纳税申报表（适用于增值税一般纳税人）

增值税纳税申报表

（一般纳税人适用）

根据《中华人民共和国增值税暂行条例》第二十二条和第二十三条的规定制定本表，纳税人不论有无销售额，均应按主管税务机关锁定的纳税期限填写本表，并于次月1日至15日内向当地税务机关申报。

税款所属时间： 年 月 日至 年 月 日 填表日期： 年 月 日 金额单位：元至角分

纳税人识别号								所属行业		
纳税人名称			（公章）法定代表人姓名			注册地址			生产经营地址	
开户银行 及账号			登记注册类型						电话 号码	

	项目	栏次	一般项目		即征即退项目	
			本月数	本年累计	本月数	本年累计
销售额	（一）按适用税率计税销售额	1				
	其中：应税货物销售额	2				
	应税劳务销售额	3				
	纳税检查调整的销售额	4				
	（二）按简易办法计税销售额	5				
	其中：纳税检查调整的销售额	6				
	（三）免、抵、退办法出口销售额	7			—	—
	（四）免税销售额	8				
	其中：免税货物销售额	9				
	免税劳务销售额	10				
税款计算	销项税额	11				
	进项税额	12				
	上期留抵税额	13				
	进项税额转出	14				
	免、抵、退应退税额	15			—	—
	按适用税率计算的纳税检查应补缴税额	16				
	应抵扣税额合计	17＝12＋13－14－15＋16		—		—
	实际抵扣税额	18（如17＜11，则 为17，否则为11）				
	应纳税额	19＝11－18				
	期末留抵税额	20＝17－18		—		—
	简易计税办法计算的应纳税额	21				
	按简易计税办法计算的纳税检查应补缴税额	22				
	应纳税额减征额	23				
	应纳税额合计	24＝19＋21－23				
税款计算	期初未缴税额（多缴为负数）	25				
	实收出口开具专用缴款书退税额	26			—	—
	本期已缴税额	27＝28＋29＋30＋31				
	①分次预缴税额	28		—		—
	②出口开具专用缴款书预缴税额	29				
	③本期缴纳上期应纳税额	30				
	④本期缴纳欠交税额	31				
	期末未缴税额（多缴为负数）	32＝24＋25＋26－27				
	其中：欠交税额（≥）0	33＝25＋26－27		—		—
	本期应补（退）税额	34＝24－28－29				
	即征即退实际退税额	35	—	—		
	期初未缴查补税额	36				
	本期入库查补税额	37				
	期末未缴查补税额	38＝16＋22＋36－37				

授权声明	如果你已委托代理人申报，请填写下列资料： 　　为代理一切税务事宜，现授权＿＿＿＿＿（地址）　为本纳税人的代理申报人，任何与本申报表有关的往来文件，都可寄予此人。 　　　　　　　　　　　　授权人签字：	申报人声明	本纳税申报表是根据国家税收法律法规及相关规定填报的，我确定它是真实的、可靠的、完整的。 　　　　　　　　　　　声明人签字：

主管税务机关： 接收人： 接收日期：

增值税纳税申报表（适用于增值税一般纳税人）二维码

表2-5 增值税纳税申报表附列资料（一）

（本期销售情况明细）

纳税人名称：（公章）　　　　　税款所属时间：　年　月　日至　年　月　日

金额单位：元至角分

项目及栏次			开具增值税专用发票		开具其他发票		未开具发票		纳税检查调整		合计		价税合计	服务、不动产和无形资产扣除项目本期实际扣除金额	扣除后	
			销售额	销项（应纳）税额	销售额	销项（应纳）税额	销售额	销项（应纳）税额	销售额	销项（应纳）税额	销售额	销项（应纳）税额			含税（免税）销售额	销项（应纳）税额
			1	2	3	4	5	6	7	8	$9=1+3+5+7$	$10=2+4+6+8$	$11=9+10$	12	$13=11-12$	$14=13÷(100\%+$税率或征收率$)×$税率或征收率
一、一般计税方法计税	全部征税项目	16%税率的货物及加工修理修配劳务	1											—		—
		16%税率的服务、不动产和无形资产	2													
		13%税率	3											—		—
		10%税率的货物及加工修理修配劳务	4a											—		—
		10%税率的服务、不动产和无形资产	4b													
		6%税率	5													
	其中：即征即退项目	即征即退货物及加工修理修配劳务	6		—	—	—	—	—		—		—	—	—	—
		即征即退服务、不动产和无形资产	7		—	—	—	—	—		—		—	—	—	—
二、简易计税方法计税	全部征税项目	6%征收率	8											—		—
		5%征收率的货物及加工修理修配劳务	9a											—		—
		5%征收率的服务、不动产和无形资产	9b													
		4%征收率	10											—		—
		3%征收率的货物及加工修理修配劳务	11											—		—

续表

项目及栏次			栏次	开具增值税专用发票		开具其他发票		未开具发票		纳税检查调整		合计		价税合计	服务、不动产和无形资产扣除项目本期实际扣除金额	扣除后	
				销售额	销项（应纳）税额	销售额	销项（应纳）税额	销售额	销项（应纳）税额	销售额	销项（应纳）税额	销售额	销项（应纳）税额			含税（免税）销售额	销项（应纳）税额
				1	2	3	4	5	6	7	8	9=1+3+5+7	10=2+4+6+8	11=9+10	12	13=11−12	14=13÷（100%+税率或征收率）×税率或征收率
二、简易计税方法计税	全部征税项目	3%征收率的服务、不动产和无形资产	12														
		预征率　%	13a					—	—	—	—						
		预征率　%	13b					—	—	—	—						
		预征率　%	13c					—	—	—	—						
	其中：即征即退项目	即征即退货物及加工修理修配劳务	14					—	—	—	—						—
		即征即退服务、不动产和无形资产	15					—	—	—	—		—	—	—	—	—
三、免抵退税		货物及加工修理修配劳务	16		—	—	—	—	—	—	—		—	—	—	—	—
		服务、不动产和无形资产	17		—	—	—	—	—	—	—		—	—	—	—	—
四、免税		货物及加工修理修配劳务	18		—	—	—	—	—	—	—		—	—	—	—	—
		服务、不动产和无形资产	19		—	—	—	—	—	—	—		—	—	—	—	—

增值税纳税申报表附列资料（一）（本期销售情况明细）填写说明二维码

表 2-6 增值税纳税申报表附列资料（二）
（本期进项税额明细）

税款所属期间：　　　年　月　日至　　年　月　日

纳税人名称：（公章）　　　　　　　　　　　　　　　　　　　金额单位：元至角分

一、申报抵扣的进项税额				
项目	栏次	份数	金额	税额
（一）认证相符的增值税专用发票	1 = 2 + 3			
其中：本期认证相符且本期申报抵扣	2			
前期认证相符且本期申报抵扣	3			
（二）其他扣税凭证	4 = 5 + 6 + 7 + 8a + 8b			
其中：海关进口增值税专用缴款书	5			
农产品收购发票或者销售发票	6			
代扣代缴税收缴款凭证	7			—
加计扣除农产品进项税额	8a	—	—	
其他	8b			
（三）本期用于购建不动产的扣税凭证	9			
（四）本期不动产允许抵扣进项税额	10	—	—	
（五）外贸企业进项税额抵扣证明	11	—	—	
当期申报抵扣进项税额合计	12 = 1 + 4 − 9 + 10 + 11			
二、进项税额转出额				
项目	栏次	税额		
本期进项税额转出额	13 = 14 至 23 之和			
其中：免税项目用	14			
集体福利、个人消费	15			
非正常损失	16			
简易计税方法征税项目用	17			
免抵退税办法不得抵扣的进项税额	18			
纳税检查调减进项税额	19			
红字专用发票信息表注明的进项税额	20			
上期留抵税额抵减欠税	21			
上期留抵税额退税	22			
其他应作进项税额转出的情形	23			
三、待抵扣进项税额				
项目	栏次	份数	金额	税额
（一）认证相符的增值税专用发票	24	—		—
期初已认证相符但未申报抵扣	25			
本期认证相符且本期未申报抵扣	26			
期末已认证相符但未申报抵扣	27			
其中：按照税法规定不允许抵扣	28			
（二）其他扣税凭证	29 = 30 至 33 之和			
其中：海关进口增值税专用缴款书	30			
农产品收购发票或者销售发票	31			
代扣代缴税收缴款凭证	32			—
其他	33			
	34			
项目	栏次	份数	金额	
本期认证相符的增值税专用发票	35			
代扣代缴税额	36	—	—	

增值税纳税申报
表 附 列 资 料
（二）本期进项
税额明细二维码

2. 纳税申报其他资料

已开具的税控《机动车销售统一发票》和普通发票的存根联。

符合抵扣条件且在本期申报抵扣的防伪税控《增值税专用发票》《货物运输业增值税专用发票》《机动车销售统一发票》《公路、内河货物运输业统一发票》的抵扣联。

符合抵扣条件且在本期申报抵扣的海关进口增值税专用缴款书、购进农产品取得的普通发票、运输费用结算单据的复印件。

符合抵扣条件且在本期申报抵扣的代扣代缴增值税的税收通用缴款书及其清单，书面合同、付款证明和境外单位的对账单或者发票。

已开具的农产品收购凭证的存根联或报查联。部分行业试行农产品增值税进项税额核定扣除办法的一般纳税人，还应报送：《农产品核定扣除增值税进项税额计算表（汇总表)》《投入产出法核定农产品增值税进项税额计算表》《成本法核定农产品增值税进项税额计算表》《购进农产品直接销售核定农产品增值税进项税额计算表》《购进农产品用于生产经营且不构成货物实体核定农产品增值税进项税额计算表》。

应税服务扣除项目的合法凭证及其清单。

辅导期一般纳税人还应报送《稽核结果比对通知书》。

主管税务机关规定的其他资料。

纳税申报表及其附列资料为必报资料，其纸质资料的报送份数、期限由市（地）税务机关确定；纳税申报备查资料是否需要在当期报送、如何报送由主管税务机关确定。

国家税务总局规定特定纳税人（如成品油零售企业，机动车生产、经销企业，农产品增值税进项税额抵扣试点企业，废旧物资经营企业，电力企业等）填报的特定申报资料，仍按现行要求填报。

新的《增值税纳税申报表》（一般纳税人用）浅绿色适用于增值税 A 类企业，米黄色适用于增值税 B 类企业，三个附表则统一为白色。在没有认定增值税 A 类企业之前，所有增值税一般纳税人均使用米黄色申报表。

自试点之日税款所属期起，所有增值税纳税人均应按照本公告的规定进行增值税纳税申报，并实行电子信息采集。

三、小规模纳税人纳税申报

《增值税纳税申报表（小规模纳税人适用)》格式如表 2-7 所示。

表2-7 增值税纳税申报表
（小规模纳税人适用）

纳税人识别号：□□□□□□□□□□□□□□□□□□□□

纳税人名称（公章）：　　　　　　　　　　　　　　　　金额单位：元至角分

税款所属期：　年　月　日至　年　月　日　　　　　　填表日期：　年　月　日

	项目	栏次	本期数		本年累计	
			货物及劳务	服务、不动产和无形资产	货物及劳务	服务、不动产和无形资产
一、计税依据	（一）应征增值税不含税销售额（3%征收率）	1				
	税务机关代开的增值税专用发票不含税销售额	2				
	税控器具开具的普通发票不含税销售额	3				
	（二）应征增值税不含税销售额（5%征收率）	4	—		—	
	税务机关代开的增值税专用发票不含税销售额	5	—		—	
	税控器具开具的普通发票不含税销售额	6	—		—	
	（三）销售使用过的固定资产不含税销售额	7（7≥8）		—		—
	其中：税控器具开具的普通发票	8		—		—
	（四）免税销售额	9＝10＋11＋12				
	其中：小微企业免税销售额	10				
	未达起征点销售额	11				
	其他免税销售额	12				
	（五）出口免税销售额	13（13≥14）				
	其中：税控器具开具的普通发票	14				
二、税款计算	本期应纳税额	15				
	本期应纳税额减征额	16				
	本期免税额	17				
	其中：小微企业免税额	18				
	未达起征点免税额	19				
	应纳税额合计	20＝15－16				
	本期预缴税额	21			—	—
	本期应补（退）税额	22＝20－21			—	—

纳税人或代理人声明：	如纳税人填报，由纳税人填写以下各栏：	
本纳税申报表是根据国家税收法律法规及相关规定填报的，我确定它是真实的、可靠的、完整的。	办税人员：　　　　　　财务负责人： 法定代表人：　　　　　联系电话： 如委托代理人填报，由代理人填写以下各栏：	
	代理人名称（公章）：　　　　　经办人： 　　　　　　　　　　　　　　　联系电话：	

主管税务机关：　　　　　　接收人：　　　　　　　　接收日期：

 **本章小结**

本章主要讲述增值税的征税范围、纳税人的分类与税率及适用范围税收优惠等基本理论与基本知识，重点讲授一般计税方法增值税销项税额、进项税额扣除与应纳税额的计算，简易计税方法应纳税额计算，增值税专用发票使用规定，增值税征管与纳税申报、一般计税方法与简易计税方法增值税会计处理基本知识与基本技能。增值税征税范围、纳税人的分类、税率与征收率的运用、税收优惠、应纳税额计算、增值税征管与纳税申报、会计处理是本章的重点，应纳税额计算、纳税申报与会计处理既是本章的重点又是难点。

 本章重要名词概念

增值税　货物　提供应税劳务　销售服务　视同销售　混合销售　兼营　小规模纳税人　一般纳税人　基本税率　低税率　零税率　税收优惠　一般计税方法　简易计税方法　销项税额　进项税额　折扣销售　还本销售　以旧换新销售　折扣销售　销售不动产　组成计税价　以物易物销售

（请扫描右侧二维码进行即测即评）

即测即评
二维码

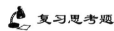 **复习思考题**

1. 增值税一般纳税人与小规模纳税人是如何划分的？

2. 简述增值税的征税范围，增值税税率和低税率及其适用范围。

3. 增值税哪些有税收优惠？

4. 一般纳税人计税销售额如何确定？销项税额怎样计算？

5. 进项税额的扣除凭证、扣除时间是如何规定的？不得抵扣的增值税进项税额有哪些？

6. 如何进行特殊经营行为、进口货物、应交增值税的计算与核算？

7. 增值税的征管规定有哪些？增值税纳税义务发生时间是如何确定的？

8. 怎样进行增值税的纳税申报？

9. 如何进行一般计税方法增值税的会计核算？

10. 如何进行简易计税方法增值税的会计核算？

综合实训题

习题一

一、目的：练习增值税的计算与核算。

二、资料：宏达公司为商业企业一般纳税人，2018 年 7 月份发生如下业务：

1. 代销服装一批，从零售总额中按 10% 提取的代销手续费为 3.596 万元。

2. 购入副食品一批，货款已付，但尚未验收入库，取得的专用发票上注明价款、税款分别为 64 万元、10.24 万元。

3. 购入百货类商品一批，货款已付，取得专用发票注明税款 3.2 万元。

4. 购入高档化妆品一批，取得的专用发票上注明价款、税款分别是 60 万元、9.6 万元，已支付货款 50%，后由于未能与厂家就最终付款方式达成一致，在当地主管税务机关已承诺开具进货退出证明单的情况下，遂将进货的一半退回厂家，并已取得厂家开具的红字专用发票。

5. 采取分期付款方式购入钢琴两台，已取得专用发票，注明价款、税款分别为 60 万元、9.6 万元，当月已付款 40%，余额再分 6 个月付清。

6. 采取以旧换新方式销售电冰箱 150 台，每台冰箱零售价 3 000 元，每台收取价款 2 700 元。

7. 采取分期收款方式销售本月购进的钢琴两台，每台零售价 4.64 万元，合同规定当月收款 50%，余款再分 3 个月收回。

8. 除以上各项业务外，该百货商场本月其他商品零售总额为 162.4 万元。申报期内该百货商场计算并申报的本月应纳增值税情况如下：

销项税额 $= 3.596 \times 16\% + 0.27 \times 150 \times 16\% + 4.64/2 \times 2 \times 16\% + 162.4 \times 16\%$

$= 0.61 + 6.24 + 0.8 + 28.56 = 33.78176$（万元）

进项税额 $= 3.2 + 9.6 + 9.6 = 22.4$（万元）

应纳税额 $= 33.78176 - 22.4 = 11.38176$（万元）

经主管税务机关审核，该百货商场被认为进行了虚假申报，税务机关据此作出了相应的补税等税务处理决定。

三、要求：

1. 具体分析该百货商场计算的当月应纳增值税税款是否正确。如有错误，请指出错在何处，并正确计算当月应纳增值税税款。

2. 构成偷税罪的具体标准是多少？该百货商场是否构成偷税罪？

习题二

一、目的：练习增值税的计算与核算。

二、资料：某市大型商贸公司为增值税一般纳税人，兼营商品加工、批发、零售和进出口业务，2018 年 9 月相关经营业务如下：

1. 进口高档化妆品一批，支付国外的买价 220 万元、国外的采购代理人佣金 6 万元、国外的经纪费 4 万元；支付运抵我国海关地前的运输费用 20 万元、装卸费用和保险费用 11 万元；支付海关地再运往商贸公司的运输费用 8 万元、装卸费用和保险费用 3 万元。

2. 受托加工高档化妆品一批，委托方提供的原材料不含税金额 86 万元，加工结束向委托方开具普通发票收取加工费和添加辅助材料的含税金额共计 46.4 万元，该化妆品商贸公司当地无同类产品市场价格。

3. 收购免税农产品一批，收购专用凭证载明支付收购价款 70 万元，运输业专用发票载明运输费用 10 万元，增值税 1 万元，当月将购回免税农产品的 30% 用于公司饮食部。

4. 购进其他商品，取得增值税专用发票，支付价款 200 万元、增值税 32 万元，支付运输单位运输费用 20 万元，增值税 2 万元。待货物验收入库时发现短缺商品金额 10 万元（占支付金额的 5%），经查实应由运输单位赔偿。

5. 将进口化妆品的 80% 重新加工制作成套装化妆品，当月销售给其他商场并开具增值税专用发票，取得不含税销售额 650 万元；直接销售给消费者个人，开具普通发票，取得含税销售额 69.6 万元。

6. 销售除化妆品以外的其他商品，开具增值税专用发票，应收不含税销售额 300 万元，由于月末前可将全部货款收回，给购货方的销售折扣比例为 5%，实际收到金额 285 万元。

7. 取得化妆品的逾期包装押金收入 13.92 万元。

注：关税税率 20%，化妆品消费税税率 15%；当月购销各环节所涉及的票据符合税法规定，并经过税务机关认证。

三、要求：按下列顺序回答问题并做会计分录。

1. 计算该公司进口环节应缴纳的关税、消费税、增值税。

2. 计算该公司加工环节应代扣代缴的消费税、城市维护建设税和教育费附加总和。

3. 计算该公司国内销售环节应缴纳的消费税总和。

4. 计算该公司国内销售环节实现的销项税额总和。

5. 计算该公司国内销售环节准予抵扣的进项税额总和。

第三章
消费税法与消费税会计

 学习目标

通过本章学习，您应该了解：消费税的特点、纳税人。理解并熟悉：消费税的征税范围与征税环节；消费税的税目与税率；消费税征管基本规定与纳税申报方法。掌握：消费税税目种类；消费税的计税依据；不同税目应纳消费税额的计算；消费税的账务处理。

本章知识结构图

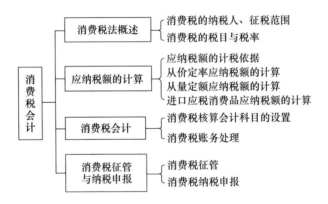

案例导入

黄靖大学毕业后应聘到一家酒厂担任会计工作。该酒厂主要生产粮食白酒，兼营受托加工白酒。2018年4月，该厂销售粮食白酒200吨，取得不含税收入3 200万元，黄靖根据当月销售额和20%比例税率计算当月应交消费税640万元。财务部长钱鸿海告诉黄靖，该项税款计算有误，黄靖百思不得其解。钱部长告诉黄靖，要正确计算应交消费税，首先必须熟悉：

- 消费税的征税范围、税目税率的具体规定、不同应税消费品应纳税额的计算方法。
- 正确分析企业发生的交易和事项，确定应纳消费税的计税依据。
- 月终应根据不同的应税品种编制纳税申报表，进行纳税申报并缴纳税款。

消费税是对在我国境内生产、委托加工、零售和进口应税消费品的单位和个人就其销售额或销售数量征收的一种税，是在对货物普遍征收增值税的基础上对特殊消费品和消费行为在特定环节征收的一种流转税。现行的消费税的基本规范是 2008 年 11 月 5 日国务院第三十四次常务会议修订通过并颁布，自 2009 年 1 月 1 日起施行的《中华人民共和国消费税暂行条例》，以及 2008 年 12 月 15 日财政部、国家税务总局第 51 号令颁布的《中华人民共和国消费税暂行条例实施细则》（以下简称"消费税暂行条例及实施细则"）。

第一节　消费税法概述

一、消费税的纳税人、征税范围与征税环节

（一）消费税纳税义务人

消费税的纳税人为在我国境内生产、委托加工、零售和进口应税消费品的单位和个人。自 2016 年 4 月 8 日起，海淘实行新税制，跨境电商零售（B2C）进口商品不再按物品征收行邮税，而是改按货物征收"关税 + 进口环节增值税、消费税"的综合课税。2 000 元以内进口跨境电商零售商品关税税率暂设为 0，进口环节增值税、消费税取消免征税额，暂按法定应纳税 70% 征收。

在中国境内是指生产、委托加工和进口属于应当征收消费税的消费品的起运地或所在地在中国境内。

单位是指在中国境内生产、委托加工、零售和进口应税消费品的国有企业、集体企业、私有企业、股份制企业、其他企业、行政单位、事业单位、军事单位、社会团体和其他单位、外商投资企业和外国企业。个人是指个体经营者及其他个人。

（二）消费税征税范围

- 过度消费会对人类健康、社会秩序、生态环境等方面造成危害的特殊消费品，如烟、酒、鞭炮、焰火等。
- 奢侈品、非生活必需品，如高档化妆品、贵重首饰及珠宝玉石等。
- 高能耗及高档消费品，如小轿车、摩托车等。
- 不可再生和替代的石油类消费品，如成品油等。
- 具有一定财政意义的产品。

（三）征税环节

- 生产环节。在生产销售环节征税以后，应税消费品在流通环节无论再转销多少次，

都不用再缴纳消费税。

- 委托加工环节。委托加工的应税消费品由受托方在向委托方交货时代收代缴消费税。
- 进口环节。单位和个人进口货物属于消费税征税范围的，在进口环节由海关代征消费税。
- 卷烟在批发环节征税。
- 零售环节。在零售环节征收消费税仅限于金、银和金基、银基合金首饰以及金、银和金基、银基合金的镶嵌首饰，进口环节暂不征收。
- 移送使用环节。应税消费品在移送使用环节征税。

二、消费税税目、税率

按照消费税暂行条例及实施细则和相关法规规定，目前征收消费税的只有烟、酒、高档化妆品等 15 个税目，有的税目还进一步划分若干子目。现行消费税税率采用定额税率、差别比例税率两种征税形式。黄酒、啤酒、成品油采用定额税率，其他税目采用比例税率。消费税税目、税率如表3-1所示。

表 3-1 消费税税目、税率表

税目	税率（税额）
一、烟	
1. 卷烟***	
（1）甲类卷烟 调拨价高于 70 元（不含增值税）/条（含 70 元）	56% 加 0.003 元/支（生产环节）
（2）乙类卷烟 调拨价低于 70 元（不含增值税）/条	36% 加 0.003 元/支（生产环节）
（3）商业批发	11% 加 0.005 元/支（批发环节）
2. 雪茄烟	36%（生产环节）
3. 烟丝	30%（生产环节）
二、酒	
1. 白酒	20% 加 0.5 元/500 克（或 500 毫升）
2. 黄酒	240 元/吨
3. 啤酒*	
（1）甲类啤酒	250 元/吨
（2）乙类啤酒	220 元/吨
4. 其他酒***	10%
5. 酒精	5%
三、成品油	
1. 汽油	1.52 元/升
2. 柴油	1.20 元/升
3. 航空煤油	1.20 元/升（暂缓征收）
4. 石脑油	1.52 元/升
5. 溶剂油	1.52 元/升
6. 润滑油	1.52 元/升
7. 燃料油	1.20 元/升

续表

税目	税率（税额）
四、小汽车	
1. 乘用车	
（1）气缸容量（排气量，下同）在 1.0 升（含 1.0 升）以下的	1%
（2）气缸容量在 1 升以上至 1.5 升（含 1.5 升）的	3%
（3）气缸容量在 1.5 升以上至 2.0 升（含 2.0 升）的	5%
（4）气缸容量在 2.0 升以上至 2.5 升（含 2.5 升）的	9%
（5）气缸容量在 2.5 升以上至 3.0 升（含 3.0 升）的	12%
（6）气缸容量在 3.0 升以上至 4.0 升（含 4.0 升）的	25%
（7）气缸容量在的 4.0 升以上的	40%
2. 中轻型商用客车	5%
五、摩托车	10%
六、高档化妆品	15%
七、鞭炮、焰火	15%
八、贵重首饰及珠宝玉石	
1. 金、银、铂金首饰和钻石及钻石饰品	5%
2. 其他贵重首饰和珠宝玉石	10%
九、高尔夫球及球具	10%
十、高档手表	20%
十一、游艇	10%
十二、铅蓄电池	4%
无汞原电池、金属氢化物镍蓄电池、锂原电池、锂离子蓄电池、太阳能电池、燃料电池和全钒液流电池	免征
十三、涂料	4%
施工状态下挥发性有机物（Volatile Organic Compounds，VOC）含量低于 420 克/升（含）的涂料	免征
十四、木制一次性筷子	5%
十五、实木地板	5%

第二节 应纳税额的计算

一、计税依据的确定

（一）从价定率计税依据的确定

从价定率计征消费税的计税依据是应税消费品销售额。销售额是指纳税人销售应税消费品向购买方收取的全部价款和价外费用，财政部和国家税务总局另有规定的除外。

价外费用是指价外收取的各种性质的费用，包括向购买方收取的手续费、补贴、基金、集资费、返还利润、奖励费、违约金、滞纳金、延期付款利息、赔偿金、包装费、包装物租金、储备费、优质费、运输装卸费、代收款项、代垫款项、向购买方收取的消费税额及其他各种性质的价外收费。

价外费用不包括下列项目：

其一，向购买方收取的销项税额。

其二，同时符合以下条件的代垫运输费用：①承运部门的运输费用发票开具给购货方的；②纳税人将该项发票转交给购货方的。

凡随同发生应税行为收取的价外费用，无论其会计制度如何核算，均应并入销售额计算应纳税额。

一般计税方法的销售额不包括销项税额，纳税人采用销售额和销项税额合并定价办法的，应将含税销售额还原为不含税销售额。还原公式如下：

$$不含税销售额 = \frac{含增值税的销售额}{1 + 增值税税率或征收税率}$$

（二）从量定额计税依据的确定

1. 计税数量的确定

从量定额计税方式消费税的计税依据是应税消费品重量、容积或数量。计税数量按如下方式确定：

- 销售应税消费品的，为应税消费品的销售数量。
- 自产自用应税消费品的，为应税消费品的移送使用数量。
- 委托加工应税消费品的，为纳税人收回的应税消费品数量。
- 进口应税消费品的，为海关核定的应税消费品的进口数量。

2. 计量单位的换算标准

在应税消费品中，黄酒、啤酒以吨为税额单位，汽油、柴油以升为税额单位。在实际销售过程中，纳税人往往两种计量单位混用。为规范不同产品的计量单位，准确计算应纳税额，消费税暂行条例及实施细则规定了吨与升两个计量单位的换算标准：

啤酒 1 吨 = 988 升   黄酒 1 吨 = 962 升

石脑油 1 吨 = 1 385 升   溶剂油 1 吨 = 1 282 升

润滑油 1 吨 = 1 126 升   燃料油 1 吨 = 1 015 升

航空煤油 1 吨 = 1 246 升   汽油 1 吨 = 1 388 升

柴油 1 吨 = 1 176 升

（三）从价从量复合计征

在现行消费税的征税范围中，只有卷烟、白酒采用复合计征方法。应纳税额等于应税销售数量乘以定额税率再加上应税销售额乘以比例税率。

生产销售卷烟、白酒从量定额计税依据为实际销售数量。进口、委托加工、自产自用卷烟、白酒从量定额计税依据分别为海关核定的进口征税数量、委托方收回数量、移送使用数量。

二、应纳消费税额的计算

（一）生产环节应纳消费税的计算

1. 从价定率应纳税额的计算

在从价定率计算方法下，应纳消费税额等于销售额乘以适用税率。计算公式为：

应纳税额＝应税消费品的销售额×比例税率

式中，生产销售环节销售自产应税消费品计税价格为市场销售价格，亦是增值税的计税依据。

【例3－1】 某木地板厂生产实木地板和一次性筷子，2018年3月份销售木地板的专用发票注明价款500 000元，增值税额80 000元，另收取包装费1 624元；销售一次性筷子开具普通发票载明售价46 400元；代垫运杂费500元，取得外部承运单位开具给购货方的普通运费发票，以上票据均向银行办妥托收手续。本月没收逾期未退包装押金5 800元。计算当月应交消费税额。

销售实木地板应交消费税＝［500 000＋1 624÷（1＋16%）］×5%＝25 070（元）

销售一次性筷子应交消费税＝［46 400÷（1＋16%）］×5%＝2 000（元）

没收押金应交消费税＝［5 800÷（1＋16%）］×5%＝250（元）

3月份应纳消费税＝25 070＋2 000＋250＝23 720（元）

2. 从量定额应纳税额的计算

在从量定额计算方法下，应纳税额等于应税消费品的销售数量乘以单位税额。基本计算公式为：

应纳税额＝应税消费品的销售数量×定额税率

【例3－2】 中石化某炼油厂2018年7月份销售柴油5 000吨，销售汽油40 000吨。计算7月份应交消费税。

柴油应交消费税＝1.2×1 176×5 000＝7 056 000（元）

汽油应交消费税＝1.52×1 388×40 000＝84 390 400（元）

3. 从价定率和从量定额复合计算

既从量定额又从价定率复合计税方法的计算公式为：

应纳税额＝应税消费品销售数量×定额税率＋应税销售额×比例税率

采用复合方法计税时，白酒以"斤"（500 克或 500 毫升）确定销售数量，卷烟以标准箱（折合 250 标准条，50 000 支）作为计税依据；其他应税消费品都是以销售额作为计税依据。

【例 3 - 3】 某酒厂 2018 年 9 月份销售自产 500 毫升瓶装白酒 100 吨，取得含税销售额 4 640 万元，计算该厂 9 月份应交消费税额。

不含增值税销售额 = 4 640 ÷（1 + 17%）= 4 000（万元）

应交消费税额 =（0.5 × 100 × 2 000 ÷ 10 000 + 4 000 × 20%）= 810（万元）

4. 自产自用应税消费品应纳税额的计算

自产自用应税消费品指纳税人生产应税消费品后，不是直接用于对外销售，而是用于连续生产应税消费品或用于其他方面。

（1）纳税人将自产的应税消费品用于连续生产应税消费品的，不纳税。

上述所称用于连续生产应税消费品，是指纳税人将自产的应税消费品作为生产最终应税消费品的直接材料，并构成最终产品实体的应税消费品。如卷烟厂将生产的烟丝用于本企业连续生产卷烟，即属用于连续生产应税消费品。

（2）纳税人将自产应税消费品用于其他方面的，于移送使用时计算纳税。

相关知识

用于其他方面的，是指纳税人将自产的应税消费品用于生产非应税消费品、在建工程、管理部门、非生产机构、提供劳务以及用于馈赠、赞助、集资、广告、样品、职工福利费和奖励等方面。其中，将自产的应税消费品用于生产非应税消费品，是指纳税人把自产的应税消费品用于生产消费税税目、税率表所列 15 类产品以外的产品。

纳税人自产自用应税消费品用于其他方面应当纳税的，按照纳税人生产的同类消费品销售价格计算纳税。同类消费品销售价格是指纳税人当月销售的同类消费品的销售价格，如果当月同类消费品的各期销售价格高低不同，应按销售数量加权平均计算。但是销售的应税消费品有下列情况之一的，不得列入加权平均计算：①销售价格明显偏低又无正当理由的。②无销售价格的。

如果当月无销售额或当月未完结，应当按照同类消费品上月或最近月份的销售价格计算纳税。应纳税额计算公式为：

应纳税额 = 同类消费品销售价格 × 自产自用数量 × 比例税率

没有同类消费品销售价格的，应按组成计税价格纳税。实行从价定率办法的组成计税价格计算公式：

$$组成计税价格 = \frac{成本 + 利润}{1 - 消费税税率} = \frac{成本 × （1 + 成本利润率）}{1 - 消费税税率}$$

应纳税额 = 组成计税价格 × 比例税率

实行复合计税办法计算纳税的，组成计税价格计算公式：

$$组成计税价格 = \frac{成本 + 利润 + 自产自用数量 \times 定额税率}{1 - 比例税率}$$

应纳税额 = 组成计税价格 × 比例税率 + 自产自用数量 × 定额税率

式中，成本是指应税消费品的生产成本；利润是根据应税消费品的全国平均成本利润率计算的。应税消费品的全国平均成本利润率由国家税务总局确定，成本利润率如表3－2所示。

表3－2 成本利润率表

货物名称	利润率（%）	货物名称	利润率（%）
甲类卷烟	10	贵重首饰及珠宝玉石	6
乙类卷烟	5	摩托车	6
雪茄烟	5	高尔夫球及球具	10
烟丝	5	高档手表	20
粮食白酒	10	游艇	10
薯类白酒	5	木制一次性筷子	5
其他酒	5	实木地板	5
化妆品	5	乘用车	8
鞭炮、焰火	5	中轻型商用客车	5

想一想

应税消费品的组成计税价格与增值税组成计税价格是否相同？

【例3－4】 某炼油厂将本厂生产的成品柴油200吨用于在建工程，计算其应纳消费税额。

应纳消费税额 = 1.2 × 1 176 × 200 = 282 240（元）

【例3－5】 某化妆品厂将新研制的一种高档化妆品作为职工福利发放给本厂职工，该化妆品没有市场销售价格，其生产成本为80 952元，已知高档化妆品成本利润率为5%，比例消费税税率为15%。计算该高档化妆品应纳消费税额。

组成计税价格 = 80 952 × (1 + 5%) ÷ (1 - 15%) = 100 000（元）

应纳消费税额 = 100 000 × 15% = 15 000（元）

（二）委托加工应税消费品应纳税额的计算

1. 委托加工应税消费品的确定

委托加工的应税消费品是指委托方提供原料和主要材料，受托方只收取加工费和代垫部分辅助材料加工的应税消费品。委托加工应税消费品由受托方在向委托方交货时代收代缴消费税。

受托方在交货时已代收代缴消费税的委托加工应税消费品，委托方收回后以不高于受托方的计税价格出售的，不再缴纳消费税；委托方以高于受托方的计税价格出售的，须按规定申报缴纳消费税，在申报时准予扣除受托方已代收代缴的消费税。委托加工的应税消费品收回后，再继续用于生产应税消费品销售的，其委托加工环节缴纳的消费税款可以扣除。

2. 委托加工应税消费品应纳税额的计算

（1）委托加工的应税消费品，按照受托方的同类消费品的销售价格计算纳税。同类消费品的销售价格是指受托方（即代收代缴义务人）当月销售的同类消费品的销售价格。如果当月同类消费品各期销售价格高低不同，应按销售数量加权平均计算。对销售价格明显偏低又无正当理由或无销售价格的，不能列入加权平均价格。

如果当月无销售或当月未完结，应依照同类消费品上月或最近月份的销售价格计算纳税。其应纳税额的计算公式：

应纳税额 = 同类消费品销售单价 × 委托加工数量 × 比例税率

（2）纳税人委托加工的应税消费品，受托方没有同类消费品销售价格的，按组成计税价格计算纳税。

实行从价定率办法计算纳税的，组成计税价格的计算公式：

$$组成计税价格 = \frac{材料成本 + 加工费}{1 - 消费税税率}$$

实行复合计税办法计算纳税的，组成计税价格的计算公式：

组成计税价格 = （材料成本 + 加工费 + 委托加工数量 × 定额税率）/（1 - 比例税率）

应纳税额 = 组成计税价格 × 比例税率 + 委托加工数量 × 定额税率

【例3-6】 华商酒业公司2017年10月收购粮食1 300吨，扣除进项税额后的成本为280万元。华商酒业公司将该批粮食委托辉酒厂加工成白酒200吨。华商酒业公司收回白酒并支付辉酒厂加工费200万元（含辅料）。5月初华商酒业公司直接将委托加工收回的200吨白酒以每吨4.2万元的价格（不含增值税）出售，取得货款840万元。辉酒厂加工的白酒没有同类产品市场价格。

受托方没有同类加工产品的销售价格，应按其组成计税价格计算代收代缴的消费税额。

组成计税价格 = （280 + 200 + 0.5 × 2 000 × 200 ÷ 10 000）÷（1 - 20%）= 625（万元）

代收代缴消费税额 = 625 × 20% + 0.5 × 2 000 × 200 ÷ 10 000 = 145（万元）

（三）以应税消费品换取生产资料、消费资料、投资入股、抵偿债务应纳税额的计算

纳税人将自产的应税消费品用于换取生产资料和消费资料、投资入股、抵偿债务等方面的，应当以纳税人同类应税消费品的最高售价作为计税依据，计算应纳消费税。

【例3-7】 某汽车制造厂为增值税一般纳税人，2018年4月份将自产气缸1.8升的小汽车16辆，换取某钢厂生产的钢材500吨。钢材每吨不含税售价为4 500元，该厂同

一型号小汽车不含税售价分别为 15 万元/辆、14.6 万元/辆、14.2 万元/辆，小汽车消费税率为 5%。计算该汽车厂 4 月份用于换取钢材的小汽车应该缴纳的消费税额。

该批换取钢材的消费税计税依据为同类小汽车最高销售价格，即每辆 15 万元。

应纳消费税 $= 15 \times 16 \times 5\% = 12$（万元）

（四）通过自设非独立核算门市部销售自产应税消费品应纳税额的计算

纳税人通过自设非独立核算门市部销售的自产应税消费品，应当按照门市部对外销售额或销售数量计算征收消费税。

【例 3 - 8】 幸福摩托车厂为增值税一般纳税人，2018 年 3 月份将自产 250 毫升以上摩托车 100 辆，以每辆 15 000 元（不含税）的价格出售给自设的非独立核算门市部，门市部又以 18 560 元（含税）的价格出售给消费者，摩托车的消费税率为 10%，计算应纳消费税。

应纳消费税 $= 18\ 560 \div (1 + 16\%) \times 100 \times 10\% = 160\ 000$（元）

（五）进口应税消费品应纳税额的计算

进口应税消费品缴纳的消费税，由海关代征。进口应税消费品税目、税率按消费税暂行条例所附《消费税税目税率（额）表》执行。

1. 从价定率计征应纳税额的计算

纳税人进口的应税消费品实行从价定率办法计征消费税的，按照组成计税价格计算纳税。计算公式为：

$$组成计税价格 = \frac{关税完税价格 + 关税}{1 - 消费税比例税率}$$

应纳税额 = 组成计税价格 × 消费税比例税率

式中，关税完税价格是指海关核定的关税计税价格。

【例 3 - 9】 华盛商贸公司 2018 年 3 月从国外进口一批应税消费品，已知该批应税消费品的关税完税价格为 180 万元，按规定应缴纳关税 36 万元，假定进口的应税消费品的消费税税率为 10%。计算该批消费品进口环节应缴纳的消费税税额。

组成计税价格 $=（180 + 36）\div（1 - 10\%）= 240$（万元）

应缴纳消费税税额 $= 240 \times 10\% = 24$（万元）

2. 从量定额计征应纳税额的计算

纳税人进口啤酒、黄酒、成品油等应税消费品实行从量定额办法计算应纳税额的，按照进口应税消费品的数量计算纳税，计算公式：

应纳税额 = 应税消费品数量 × 消费税定额税率

式中，应税消费品数量是指海关核定的应税消费品进口征税的数量。

3. 实行从价定率和从量定额复合计税应纳消费税的计算

进口既从价定率又从量定额复合计征应税消费品组成计税价格的计算公式：

$$组成计税价格 = \frac{关税完税价格 + 关税 + 单位定额税率 \times 进口数量}{1 - 消费税比例税率}$$

应纳消费税税额 = 组成计税价格 × 消费税比例 + 应税消费品进口数量 × 单位定额税率

【例 3 - 10】 华悦酒业公司 2018 年 1 月进口某外国品牌白酒 10 吨，每吨关税完税价格为 15 000 元，白酒的关税税率为 20%。

组成计税价格 = (15 000 + 15 000 × 20% + 0.5 × 2 000) × 10 ÷ (1 - 20%)

       = 237 500 （元）

应纳消费税 = 237 500 × 20% + 0.5 × 2 000 × 10 = 57 500 （元）

进口环节消费税除国务院另有规定外，一律不得给予减税、免税。

（六）包装物消费税的计算

应税消费品连同包装物销售的，无论包装物是否单独计价，也不论其会计上如何核算，均应并入销售额征收消费税。

对于包装物不作价随同产品销售，而是以收取押金的方式出租或出借，且押金单独核算又未逾期的，押金不并入应税消费品的销售额中征税。但对逾期未收回包装物不再退还和已收取 12 个月以上的押金，应并入应税消费品的销售额，按照应税消费品的比例税率征收消费税。

对既作价随同应税产品销售又另外收取的包装物押金，凡纳税人在规定期限内不予退还的，均应并入应税消费品的销售额，按应税消费品的使用税率征收消费税。

对酒类产品生产企业销售除黄酒、啤酒以外的其他酒类产品而收取的包装物押金，无论押金是否返还与会计上如何核算，均需并入酒类产品销售额中，依酒类产品的比例税率征收消费税。其他押金产品处理规定与增值税相同。

将包装物押金并入销售额征税时，应将押金换算为不含税收入。

【例 3 - 11】 甲公司是一家粮食白酒、啤酒生产销售企业，在销售啤酒和白酒的同时收取包装物押金，2017 年 9 月销售情况如下：销售白酒 40 万斤，不含税销售收入 100 万元，另外收取包装物押金 11 700 元，约定 4 个月返还包装物，若 2018 年 1 月逾期未能返还包装物，则没收包装物押金。销售啤酒 100 吨，每吨不含税售价 2 600 元，随同产品出售但单独计价的包装物计税价值 10 万元，另外还有一部分约定 4 个月后返还的包装物 1 万元，收取包装物押金 11 700 元。2018 年 2 月乙公司未能返还包装物，则甲公司没收包装物押金 11 700 元。计算甲公司在销售啤酒和白酒的同时收取的包装物押金应交增值税和消费税额。

收取押金时，计算白酒包装物押金应交增值税和消费税额。

包装物押金应纳增值税税额 = 11 700/1.17 × 17% = 1 700 （元）

包装物押金应纳消费税税额 = 11 700/1.17 × 20% = 2 000 （元）

啤酒实行从量定额征税，收取的押金不计算增值税和消费税。

（七）兼营不同税率应税消费品消费税的计算

纳税人兼营不同税率的应税消费品，应当分别核算不同税率应税消费品的销售额、销售数量，未分别核算销售额、销售数量的，从高适用税率。上述兼营不同税率应税消费品，是指纳税人生产销售两种不同税率的应税消费品。从高适用税率是指兼营两种不同税率的应税消费品不能分别核算销售额、销售数量的，应以应税消费品中最高税率与销售额、销售数量计算应纳消费税额。

纳税人将不同税率应税消费品组成成套消费品销售，或将自产应税消费品与外购或自产非应税消费品组成套装销售的，以套装产品销售额（不含增值税）为计税依据计征消费税。

白酒生产企业向商业销售单位收取的"品牌使用费"属于应税白酒销售价款的组成部分，不论企业采取何种方式或以何种名义收取价款，均应并入白酒的销售额中缴纳消费税。

【例3－12】　华强酒厂既生产白酒又生产药酒。为了促销，2018年国庆节前将自产的白酒与药酒各10吨组成20 000套礼品套装出售给某商场，每套白酒、药酒各1瓶（500毫升/瓶），每套280元（不含增值税价），总价款560万元，同时向商场收取品牌使用费58 000元。同时收取押金46.4万元。

收取的押金应计入成套白酒的销售额中计征增值税和消费税，品牌使用费、包装物押金要还原成不含税价计算消费税。

$$应纳消费税 = (560 + 5.80 \div 1.16 + 46.4 \div 1.16) \times 20\% + 0.5 \times 2\ 000 \times 20 \div 10\ 000$$
$$= 123（万元）$$

（八）已纳税款的扣除

为避免重复征税，对纳税人以外购应税消费品和委托加工收回的应税消费品为原料连续生产应税消费品销售的，可以将外购应税消费品和委托加工收回应税消费品已缴纳税款给予扣除。

1. 扣除范围

（1）以外购或委托加工收回的已税烟丝生产的卷烟。
（2）以外购或委托加工收回的已税高档化妆品生产的高档化妆品。
（3）以外购或委托加工收回的已税珠宝玉石生产的贵重首饰及珠宝玉石。
（4）以外购或委托加工收回的已税鞭炮焰火生产的鞭炮焰火。
（5）以外购或委托加工收回的已税杆头、杆身和握把为原料生产的高尔夫球杆。
（6）以外购或委托加工收回的已税木制一次性筷子为原料生产的木制一次性筷子。
（7）以外购或委托加工收回的已税实木地板为原料生产的实木地板。
（8）以外购或委托加工收回的已税汽油、柴油、石脑油、燃料油、润滑油用于连续生产应税成品油。

（9）以委托加工收回的已税摩托车连续生产应税摩托车（如用外购两轮摩托车改装三轮摩托车）。

2. 扣除方法

（1）当期准予抵扣外购应税消费品已纳消费税税款的计算公式：

$$\begin{array}{l}\text{当期准予扣除的外购} \\ \text{应税消费品已纳税款}\end{array} = \begin{array}{l}\text{当期准予扣除的外购应} \\ \text{税消费品的买价或数量}\end{array} \times \begin{array}{l}\text{外购应税消费品的} \\ \text{比例税率（定额税率）}\end{array}$$

$$\begin{array}{l}\text{当期准予扣除的外购应} \\ \text{税消费品的买价或数量}\end{array} = \begin{array}{l}\text{期初库存外购应税} \\ \text{消费品的买价或数量}\end{array} + \begin{array}{l}\text{当期购进应税消} \\ \text{费品的买价或数量}\end{array} - \begin{array}{l}\text{期末库存的外购应税} \\ \text{消费品的买价或数量}\end{array}$$

外购已税消费品的买价是指购货发票上注明的销售额（不包括增值税税款）。

葡萄酒生产企业外购、进口葡萄酒连续生产应税葡萄酒的，准予从葡萄酒消费税应纳税额中扣除所耗用应税葡萄酒已纳消费税税款。

将外购酒精用于酒生产的，外购酒精已支付的消费税不准扣除。用外购已税珠宝玉石生产的应在零售环节征收消费税的金银首饰（镶嵌首饰），在计税时不得扣除外购珠宝玉石的已纳税款。

纳税人当期投入生产的原材料可抵扣的已纳消费税大于当期应纳消费税不足抵扣部分的，以结转下一纳税期申报抵扣的方式处理。

【例 3－13】 某化妆品厂期初尚有库存的外购高档香水精 64 万元，4 月外购高档香水精取得增值税专用发票上注明增值税税款为 80 万元，本月生产高档化妆品领用高档香水精 70%，期末库存高档香水精 105 万元，计算化妆品厂当月准许扣除外购高档香水精已缴纳的消费税税额。适用税率 15%。

本月外购高档香水精的买价 = 80÷16% = 500（万元）

生产领用部分买价 = 64 + 500 − 184 = 380（万元）

准予扣除的消费税 = 380×15% = 57（万元）

对自己不生产应税消费品，而只是购进后再销售应税消费品的工业企业，其销售的化妆品、护肤护发品、鞭炮焰火和珠宝玉石，凡不能构成最终消费品直接进入消费品市场，而需进一步生产加工、包装、贴标的，或者组合的珠宝玉石、化妆品、酒、鞭炮焰火等，应当征收消费税，同时允许扣除上述外购应税消费品的已纳税款。

（2）当期准予扣除委托加工收回的应税消费品已纳消费税税款的计算

$$\begin{array}{l}\text{当期准予扣除的委托加} \\ \text{工应税消费品已纳税款}\end{array} = \begin{array}{l}\text{期初库存的委托加工} \\ \text{应税消费品已纳税款}\end{array} + \begin{array}{l}\text{当期收回的委托加工} \\ \text{应税消费品已纳税款}\end{array} - \begin{array}{l}\text{期末库存的委托加工} \\ \text{应税消费品已纳税款}\end{array}$$

【例 3－14】 梦雅娜化妆品公司长期委托梦幻日用化工厂加工某种化妆品，收回后作为原料继续生产化妆品。一年来受托方一直按同类化妆品 600 元/千克的销售价格代收代缴消费税。月底结算时，月初库存委托加工收回的化妆品 2 000 千克，价款 120 万元；本月梦雅娜化妆品公司收回委托加工化妆品 3 000 千克，价款 180 万元；月末库存委托加工化妆品 1 000 千克，价款 60 万元。计算当月该公司允许扣除的委托加工化妆品消费税额。高档化妆品消费税率为 15%。

当月准予抵扣的委托
加工化妆品已纳税款
$$= 2\,000 \times 600 \times 15\% + 3\,000 \times 600 \times 15\% - 1\,000 \times 600 \times 15\% =$$
360 000（元）

纳税人以外购、进口、委托加工收回的应税消费品（以下简称外购应税消费品）为原料连续生产应税消费品，准予按现行政策规定抵扣外购应税消费品已纳消费税税款。经主管税务机关核实上述外购应税消费品未缴纳消费税的，纳税人应将已抵扣的消费税税款，从核实当月允许抵扣的消费税中冲减。

纳税人用委托加工收回的已税珠宝玉石生产的改在零售环节征收消费税的金银首饰，在计税时一律不得扣除委托加工收回的珠宝玉石的已纳消费税税款。

第三节　消费税会计处理

一、会计科目的设置

（一）"应交税费——应交消费税"

本明细科目核算纳税人应交、已交、欠交（或多交）消费税情况。本明细科目贷方登记企业按规定应缴纳的消费税，借方登记实际缴纳的消费税或待抵扣的消费税；期末贷方余额反映企业应交未交的消费税，期末借方余额反映企业多交或待扣的消费税。

（二）"税金及附加"

本科目核算纳税人应缴纳的消费税、资源税、土地增值税以及城市维护建设税、教育费附加等。本科目借方登记应缴纳的消费税金、资源税、土地增值税、城建税和教育费附加，贷方登记期末转入"本年利润"科目的消费税金、资源税、土地增值税、城建税和教育费附加，结转后本科目无余额。

二、消费税的账务处理

（一）销售应税消费品账务处理

生产企业对外销售自产应税消费品，在确认销售收入时按照应缴纳的消费税额，借记"税金及附加"科目，贷记"应交税费——应交消费税"科目。实际缴纳消费税时，借记"应交税费——应交消费税"科目，贷记"银行存款"科目。发生销货退回及退税时做相反的会计分录。

企业出口应税消费品如按规定不予免税或退税的，应视同国内销售，按上述规定进行会计处理。

【例3-15】　某汽车厂4月10日向某4S店销售气缸容量为2.5升奥迪A6的乘用车100辆，每辆不含税出厂价18万元，价外收取费用1.16万元，款项尚未收到，消费税率为9%。4月25日，向某4S店退回汽车2辆，经税务机关批准，退回已缴纳的消费税税款3.42万元。

增值税销项税额 = [18 + 1.16 ÷ (1 + 16%)] × 17% × 100 = 304（万元）

应交消费税 = [18 + 1.16 ÷ (1 + 16%)] × 9% × 100 = 171（万元）

确认销售时，做如下会计分录：

借：应收账款		22 040 000
贷：主营业务收入		19 000 000
应交税费——应交增值税（销项税额）		3 040 000

计算出应缴纳的消费税时，做如下的会计分录：

借：税金及附加		1 710 000
贷：应交税费——应交消费税		1 710 000

缴纳消费税会计分录，略。

收到退回消费税时，做如下会计分录：

借：银行存款		34 200
贷：应交税费——应交消费税		34 200

（二）自产自用应税消费品账务处理

1. 自产自用应税消费品

纳税人将自产应税消费品用于生产非应税消费品、在建工程、转为固定资产、非生产机构，因未发生所有权的转移、不符合收入确认的条件，会计上不确认收入，直接按成本转账。应税消费品移送时，按其成本、增值税额、消费税额之和，借记"在建工程""固定资产""营业外支出""销售费用"等科目，按应税消费品成本，贷记"库存商品"科目，按销售价格或组成计税价格计算的增值税额，贷记"应交税费——应交增值税（销项税额）"科目，按规定应缴纳消费税额，贷记"应交税费——应交消费税"科目。

纳税人将自产应税消费品用于职工集体福利、产品推广等，因发生所有权的转移，符合收入确认的条件，会计上确认为收入。应税消费品移送时，按售价、增值税额、消费税额之和，借记"应付职工福利""销售费用"等科目，按不含税售价，贷记"主营业务收入"科目，按计算的增值税额、消费税额，贷记"应交税费——应交增值税（销项税额）""应交税费——应交消费税"科目，同时还应结转成本。

【例3-16】　某炼油厂将自产柴油100吨用于本企业在建工程。柴油成本为6 800元/吨，市场售价为7 520元/吨，消费税率为12%。

应交增值税 = 7 520 × 100 × 17% = 127 840（元）

应交消费税 = 1.2 × 100 × 1 176 = 141 120（元）

借：在建工程　　　　　　　　　　　　　　　　　　　　　948 960

　　贷：库存商品　　　　　　　　　　　　　　　　　　　680 000

　　　　应交税费——应交增值税（销项税额）　　　　　　127 840

　　　　　　　　——应交消费税　　　　　　　　　　　　141 120

【例 3 - 17】　某啤酒厂 2018 年 6 月将自产的某品牌啤酒 30 吨作为福利发放给职工，10 吨用于广告宣传让客户免费品尝。该啤酒每吨成本为 2000 元，出厂价为每吨 2 600 元。有关会计处理如下：

（1）发放给职工的啤酒。

应确认收入 = 2 600 × 30 = 78 000（元）

应交消费税 = 220 × 30 = 6 600（元）

应交增值税 = 2 600 × 30 × 16% = 12 480（元）

根据计算结果，做如下会计分录：

借：应付职工薪酬——职工福利　　　　　　　　　　　　　97 080

　　贷：主营业务收入　　　　　　　　　　　　　　　　　78 000

　　　　应交税费——应交增值税（销项税额）　　　　　　　12 480

　　　　　　　　——应交消费税　　　　　　　　　　　　 6 600

（2）用于广告宣传的啤酒。

应交消费税 = 220 × 10 = 2 200（元）

应交增值税 = 2 600 × 10 × 16% = 4 160（元）

根据计算结果，做如下会计分录：

借：销售费用　　　　　　　　　　　　　　　　　　　　　32 360

　　贷：主营业务收入　　　　　　　　　　　　　　　　　26 000

　　　　应交税费——应交增值税（销项税额）　　　　　　　 4 160

　　　　　　　　——应交消费税　　　　　　　　　　　　 2 200

结转应税消费品成本的会计分录，略。

2. 将自产应税消费品用于对外投资

纳税人以生产的应税消费品对外投资，应税消费品所有权属已发生改变，应按规定视同销售确定收入。

应税消费品移送时，按照应税消费品售价与应缴纳的增值税额、消费税额之和，借记"长期股权投资"科目，按应税消费品售价，贷记"主营业务收入"科目，按增值税销项税额，贷记"应交税费——应交增值税（销项税额）"科目，按规定应缴纳的消费税额，贷记"应交税费——应交消费税"科目。同时还应结转销售成本。

【例 3 - 18】　某汽车厂用 100 辆气缸容积为 1.8 升的小汽车对 B 市好运来出租公司做长期股权投资，该小汽车市面售价分别为每辆 10 万元、12 万元、13.4 万元，每辆成本为 10 万元，消费税率为 5%。

应交消费税 = 13.4 × 5% × 100 = 67（万元）

应交增值税 = (10 + 12 + 13.4) ÷ 3 × 100 × 16% = 188.8（万元）

确认收入时，做如下会计分录：

借：长期股权投资　　　　　　　　　　　　　　　　　14 358 000

　　贷：主营业务收入　　　　　　　　　　　　　　　　　　11 800 000

　　　　应交税费——应交增值税（销项税额）　　　　　　　 1 888 000

　　　　　　　　　——应交消费税　　　　　　　　　　　　　 670 000

以下结转销售成本会计分录，略。

（三）以应税消费品换取生产资料、消费资料、抵付债务、支付代购手续费

纳税人以应税消费品换取生产资料、消费资料等，按应税消费品平均售价，借记"材料采购"等科目，按计税价格计算的增值税，贷记"应交税费——应交增值税（销项税额）"科目，按应税消费品售价，贷记"主营业务收入"科目；以同类应税消费品最高售价计算消费税，借记"税金及附加"科目，贷记"应交税费——应交消费税"科目。

企业以应税消费品抵偿债务、支付代购手续费等，按应税消费品平均售价与计税价格计算的增值税额，借记"应付账款"等科目，按应税消费品平均价，贷记"主营业务收入"科目，按计税价格计算的增值税，贷记"应交税费——应交增值税额（销项税额）"科目，以同类应税消费品最高售价计算消费税，借记"税金及附加"科目，贷记"应交税费——应交消费税"科目。

【例3-19】　某化妆品公司决定以账面价值为4万元的高档化妆品（同类化妆品平均售价4.6万元，最高售价5万元），换入B公司账面价值为3.8万元，公允价值为5万元的A材料（非应税消费品），两公司均未对存货计提跌价准备，增值税率均为16%，高档化妆品消费税税率为15%。双方交易具有商业实质，两公司产品的公允价值可靠。化妆品公司会计处理为：

应交增值税 = 50 000 × 16% = 8 000（元）

应交消费税 = 50 000 × 15% = 4 500（元）

换取的A材料验收入库时，做如下会计分录：

借：原材料——A材料　　　　　　　　　　　　　　　　50 000

　　应交税费——应交增值税（进项税额）　　　　　　　 8 000

　　贷：主营业务收入　　　　　　　　　　　　　　　　　　50 000

　　　　应交税费——应交增值税（销项税额）　　　　　　　 8 000

计算应交消费税时，做如下会计分录：

借：税金及附加　　　　　　　　　　　　　　　　　　 4 500

　　贷：应交税费——应交消费税　　　　　　　　　　　　　 4 500

同时还应结转应税消费品成本。

（四）委托加工应税消费品

1. 委托方的处理

委托加工的应税消费品收回后，直接用于销售的，委托方应将代收代缴的消费税，随同支付的加工费一起计入委托加工的应税消费品成本，借记"委托加工物资""生产成本""自制半成品"等科目，贷记"应付账款""银行存款"等科目。收回的应税消费品以不高于受托方的计税价格出售，不再缴纳消费税；委托方以高于受托方的计税价格出售，按规定申报缴纳消费税，在计税时准予扣除受托方代收代缴的消费税。

委托加工的应税消费品收回后用于连续生产应税消费品，按规定准予抵扣消费税额的，委托方应按代扣代缴的消费税款，借记"应交税费——应交消费税"科目，贷记"应付账款""银行存款"等科目。

【例 3－20】　花溪卷烟厂为一般纳税人企业，2018 年 6 月委托大华卷烟厂加工一批特制烟丝，委托加工合同中注明成本金额为 38 000 元，加工费 4 000 元（不含增值税），烟丝消费税税率为 30%，双方适用的增值税税率均为 16%。烟丝加工完成，花溪卷烟厂提回烟丝验收入库，用银行存款支付加工费、增值税和代扣代缴的消费税。

（1）花溪卷烟厂有关会计处理如下：

发出烟叶委托外单位加工时，做如下会计分录：

借：委托加工物资　　　　　　　　　　　　　　　　　　　　38 000
　　贷：原材料　　　　　　　　　　　　　　　　　　　　　　　　38 000

（2）支付加工费用、增值税、受托方代收消费税

消费税组成计税价格 ＝（38 000 ＋ 4 000）÷（1 － 30%）＝ 60 000（元）

代收代缴消费税 ＝ 60 000 × 30% ＝ 18 000（元）

应交增值税 ＝ 4 000 × 16% ＝ 640（元）

若花溪卷烟厂收回加工烟丝后的材料直接用于销售，支付税费时，做如下会计分录：

借：委托加工物资　　　　　　　　　　　　　　　　　　　　22 000
　　应交税费——应交增值税（进项税额）　　　　　　　　　　　640
　　贷：银行存款　　　　　　　　　　　　　　　　　　　　　　22 640

收回委托加工烟丝后验收入库时，做如下会计分录：

借：库存商品　　　　　　　　　　　　　　　　　　　　　　60 000
　　贷：委托加工物资　　　　　　　　　　　　　　　　　　　　60 000

花溪卷烟厂按入库价对外销售烟丝，不再计算缴纳消费税；如果加价出售，会计分录同（3）中。

（3）收回加工后的材料用于继续生产应税消费品，做如下会计分录：

1）借：委托加工物资　　　　　　　　　　　　　　　　　　　4 000
　　　应交税费——应交增值税（进项税额）　　　　　　　　　　640
　　　　　　　——应交消费税　　　　　　　　　　　　　　　18 000

   贷：银行存款   22 640

  2）加工完成，花溪卷烟厂将收回委托加工烟丝加工成 10 个标准箱，当月销售 8 个标准箱，专用发票载明价款 16 万元，增值税 2.56 万元，款存银行。

  取得收入时，做如下会计分录：

  借：银行存款   185 600

    贷：主营业务收入   160 000

      应交税费——应交增值税（销项税额）   25 600

  计算应交消费税，根据计算结果做如下会计分录：

  应交消费税 = 160 000 × 56% + 150 × 8 = 90 800（元）

  借：税金及附加   90 800

    贷：应交税费——应交消费税   90 800

  3）缴纳消费税时，做如下会计分录：

  实际应交消费税 = 90 800 - 18 000 = 72 800（元）

  借：应交税费——应交消费税   72 800

    贷：银行存款   72 800

  2. 受托方

  受托方在向委托方交货时，按应代扣税款金额，借记"银行存款""应收账款"等科目，贷记"应交税费——应交消费税"科目。

  【例 3 - 21】 沿用【例 3 - 20】资料，大华烟厂会计处理如下：

  收到加工用材料时，在备查簿上登记委托加工物资增加。

  向委托方交货，收到增值税、加工费、代收委托加工烟丝应交消费税款时，做如下会计分录：

  借：银行存款   22 640

    贷：主营业务收入   4 000

      应交税费——应交增值税（销项税额）   640

        ——应交消费税   18 000

  同时，在备查簿上登记委托加工物资减少。

  （五）包装物押金

  （1）应税消费品连同包装物销售的，无论包装物是否单独计价，其应缴纳的消费税，均计入"税金及附加"科目。其中，随同产品销售不单独计价的包装物，按规定应缴纳的消费税，借记"税金及附加"科目，贷记"应交税费——应交消费税"科目；随同产品销售但单独计价的包装物，按规定应缴纳的消费税，借记"其他业务成本"科目，贷记"应交税费——应交消费税"科目。

  （2）企业没收逾期未退包装物押金，借记"其他应付款"科目，按计算的增值税额，贷记"应交税费——应交增值税（销项税额）"科目，按扣除增值税后的余额，贷记"其他业务收入"科目；按规定应缴纳的消费税，借记"税金及附加""其他应付款"等科目，贷记"应交税费——应交消费税"科目。

（3）没收已作价随同产品出售未退回包装物加收的押金，借记"其他应付款"科目，按计算的增值税额，贷记"应交税费——应交增值税（销项税额）"科目，按计算的消费税额，贷记"应交税费——应交消费税"科目，按扣除增值税、消费税后金额，贷记"营业外收入"科目。

（4）对酒类产品生产企业销售酒类产品（黄酒、啤酒除外）收取的包装物押金，无论押金是否返还、会计上如何核算，均应并入酒类产品销售额中依照酒类产品征收消费税。押金计算出应交增值税、消费税时，借记"其他应付款"科目，贷记"应交税费——应交增值税（销项税额）""应交税费——应交消费税"科目。包装物逾期未退还，没收押金时，按扣除税费后的余额，借记"其他应付款"科目，贷记"其他业务收入"等科目。

【例3－22】　甲公司是一家生产销售白酒、啤酒的企业，2018年6月销售白酒4万斤，不含税销售收入100万元，收取包装物押金23 200元；销售啤酒100吨，每吨不含税售价2 600元，随同产品出售单独计价的包装物计税价值10万元，收取包装物押金11 600元。合同规定，白酒包装物应于2019年6月退回。会计处理如下：

（1）2018年6月销售产品时，做如下会计分录：

借：银行存款　　　　　　　　　　　　　　　　　　　　　　　　1 612 400
　　贷：主营业务收入　　　　　　　　　　　　　　　　　　　　　1 260 000
　　　　其他业务收入　　　　　　　　　　　　　　　　　　　　　　100 000
　　　　其他应付款　　　　　　　　　　　　　　　　　　　　　　　 34 800
　　　　应交税费——应交增值税（销项税额）　　　　　　　　　　　217 600

（2）销售产品应纳消费税税额＝100×20%＋0.5×4＋220×100÷10 000＝24.2（万元）。

借：税金及附加　　　　　　　　　　　　　　　　　　　　　　　　 242 000
　　贷：应交税费——应交消费税　　　　　　　　　　　　　　　　　242 000

（3）收取白酒包装物押金应纳增值税税额＝23 200÷（1＋16%）×16%＝3 200（元）
收取白酒包装物押金应纳消费税税额＝23 200÷（1＋16%）×20%＝4 000（元）

借：其他应付款　　　　　　　　　　　　　　　　　　　　　　　　　 7 200
　　贷：应交税费——应交增值税（销项税额）　　　　　　　　　　　　3 200
　　　　应交税费——应交消费税　　　　　　　　　　　　　　　　　　4 000

（4）2019年6月包装物到期全部收回，退还押金时，做如下会计分录：

借：其他应付款　　　　　　　　　　　　　　　　　　　　　　　　　16 000
　　销售费用　　　　　　　　　　　　　　　　　　　　　　　　　　 7 200
　　贷：银行存款　　　　　　　　　　　　　　　　　　　　　　　　23 200

白酒包装物未收回，没收包装物押金时：

借：其他应付款　　　　　　　　　　　　　　　　　　　　　　　　　16 000

贷：其他业务收入　　　　　　　　　　　　　　　　　16 000

啤酒包装物未收回，没收包装物押金时：

借：其他应付款　　　　　　　　　　　　　　　　　11 600

　　贷：其他业务收入　　　　　　　　　　　　　　　10 000

　　　　应交税费——应交增值税（销项税额）　　　　 1 600

（六）进口应税消费品

需要缴纳消费税的进口应税消费品，其缴纳的消费税应计入该项消费品的成本，即按进口成本连同缴纳的关税、消费税等，借记"固定资产""材料采购"等科目，按支付进口环节的增值税款，借记"应交税费——应交增值税（进项税额）"科目，按缴纳的关税、增值税、消费税合计数，贷记"银行存款"等科目。

【例3-23】　某企业进口一批应税消费品，以银行存款支付进口关税、消费税250 000元，增值税100 000元。做如下会计分录：

借：材料采购　　　　　　　　　　　　　　　　　250 000

　　应交税费——应交增值税（进项税额）　　　　　100 000

　　贷：银行存款　　　　　　　　　　　　　　　　350 000

（七）出口应税消费品账务处理

1. 出口应税消费品按规定直接予以免税

生产企业直接出口应税消费品或者委托外贸企业代理出口应税消费品，按规定直接予以免税的，不计算应交消费税，不做账务处理。出口应税消费品按规定不予免税或退税的，应视同国内销售，按国内销售规定进行账务处理。

外贸企业出口的应税消费品已在生产环节免税，不适用出口退税，外贸企业也不做账务处理。

2. 通过外贸企业出口应税消费品，如按规定实行先征后退方法的，应分别视不同情况进行账务处理

（1）生产企业委托外贸企业代理出口应税消费品，在计算消费税时，按应交消费税额，借记"应收账款"科目，贷记"应交税费——应交消费税"科目。实际缴纳消费税时，借记"应交税费——应交消费税"科目，贷记"银行存款"科目。应税消费品出口收到外贸企业退回的税费，应借记"银行存款"科目，贷记"应收账款"科目。发生退关、退货而补缴已退的消费税，则做相反的会计分录。

代理出口应税消费品的外贸企业将应税消费品出口后，在收到税务部门退回生产企业缴纳的消费税时，借记"银行存款"科目，贷记"应付账款"科目。将此项税费退还生产企业时，借记"应付账款"科目，贷记"银行存款"科目。发生退关、退货而补交已退的消费税，借记"应收账款——应收生产企业消费税"科目，贷记"银行存款"科目；

收到生产企业退还的税款，做相反的会计分录。

（2）生产企业将应税消费品销售给外贸企业，外贸企业自营出口的，生产企业缴纳的消费税按国内销售应税消费品的规定进行账务处理。

自营出口应税消费品的外贸企业，则应在应税消费品报关出口后申请出口退税时，借记"应收出口退税"科目，贷记"主营业务成本"科目。实际收到出口应税消费品退回的税款时，借记"银行存款"科目，贷记"应收出口退税"科目。发生退关、退货而补缴已退的消费税款时，做相反的会计分录。

【例3－24】　5月3日，某公司向某国直接出口汽车200辆，收取价款折合人民币3 400万元。按规定该出口直接免征消费税。做如下会计分录：

借：应收账款　　　　　　　　　　　　　　　　　　　　　　34 000 000

　　贷：产品销售收入　　　　　　　　　　　　　　　　　　　　　34 000 000

【例3－25】　某卷烟生产厂委托外贸企业出口卷烟，销售收入为500 000元，适用消费税率56%，应缴纳消费税280 000元。

（1）生产企业委托代理出口。

生产企业委托外贸企业出口、确认收入实现时，做如下会计分录：

借：应收账款　　　　　　　　　　　　　　　　　　　　　　　500 000

　　贷：主营业务收入　　　　　　　　　　　　　　　　　　　　　500 000

计算消费税时，做如下会计分录：

借：应收账款　　　　　　　　　　　　　　　　　　　　　　　280 000

　　贷：应交税费——应交消费税　　　　　　　　　　　　　　　　280 000

实际交纳消费税时，做如下会计分录：

借：应交税费——应交消费税　　　　　　　　　　　　　　　　280 000

　　贷：银行存款　　　　　　　　　　　　　　　　　　　　　　　280 000

收到外贸企业退回出口应税消费品的税费时，做如下会计分录：

借：银行存款　　　　　　　　　　　　　　　　　　　　　　　280 000

　　贷：应收账款　　　　　　　　　　　　　　　　　　　　　　　280 000

（2）外贸企业将应税消费品出口后，在收到税务部门退回生产企业缴纳的消费税时，做如下会计分录：

借：银行存款　　　　　　　　　　　　　　　　　　　　　　　280 000

　　贷：应付账款　　　　　　　　　　　　　　　　　　　　　　　280 000

将此项税费退还生产企业时，做如下会计分录：

借：应付账款　　　　　　　　　　　　　　　　　　　　　　　280 000

　　贷：银行存款　　　　　　　　　　　　　　　　　　　　　　　280 000

生产企业收到退款时，做如下会计分录：

借：银行存款　　　　　　　　　　　　　　　　　　　　　　　280 000

　　贷：应收账款　　　　　　　　　　　　　　　　　　　　　　　280 000

发生出口销售退货，受托外贸企业补缴已退货的消费税额时，做如下会计分录：

借：应收账款——应收生产企业消费税   280 000

　　贷：银行存款   280 000

受托外贸企业收到生产企业退还的税款，做如下会计分录：

借：银行存款   280 000

　　贷：应收账款——应收生产企业消费税   280 000

【例 3 - 26】 腾飞进出口公司 2018 年 2 月报关出口啤酒 500 吨，每吨出口价折合人民币 1 500 元，已收到外方付款并申请出口退税。3 月份，公司收到税务机关退还的消费税。4 月份，有 10 吨啤酒因质量问题发生退货。账务处理如下：

2 月份申请出口退税时：

借：应收出口退税   110 000

　　贷：主营业务成本   110 000

2 月份收到出口退税款时：

借：银行存款   110 000

　　贷：应收出口退税   110 000

4 月份 10 吨产品发生退关时，应补缴税款 2 200 元，则账务处理如下：

借：应收出口退税   2 200

　　贷：银行存款   2 200

借：商品销售成本   2 200

　　贷：应收出口退税   2 200

（八）减税或返还消费税的账务处理

企业实际取得即征即退、先征后退、先征后返还的消费税，借记"银行存款"科目，贷记"税金及附加"等科目，对直接减免的消费税，不做账务处理。

第四节　消费税征管与纳税申报

一、消费税征管

（一）纳税义务发生时间

纳税义务发生时间，以货款结算方式或行为发生时间分别确定。纳税人销售自产的应税消费品，其纳税义务发生的时间：

（1）纳税人采取赊销和分期收款结算方式的，为销售合同约定收款日期的当天，书面合同没有约定收款日期或者无书面合同的，为发出应税消费品的当天。

（2）纳税人采取预收货款结算方式的，为发出应税消费品的当天。

（3）纳税人采取托收承付和委托收款结算方式销售应税消费品的，为发出应税消费品并办妥托收手续的当天。

（4）纳税人采取其他结算方式的，为收讫销售款或取得索取销售款凭据的当天。

- 纳税人自产自用的应税消费品，为移送使用的当天。
- 纳税人委托加工的应税消费品，为纳税人提货的当天。
- 纳税人进口的应税消费品，为报关进口的当天。

（5）纳税人销售金银首饰的，为收讫销售款或取得索取销售款凭据的当天；金银首饰用于馈赠、赞助、集资、广告、样品、职工福利、奖励等方面的，为移送的当天；带料加工、翻新改制金银首饰的，为向受托方交货的当天。

（6）从事卷烟批发环节的，为纳税人收讫销售款或取得索取销售款凭据的当天。

（二）纳税期限

消费税的纳税期限分别为1日、3日、5日、10日、15日、1个月或1个季度。纳税人的具体纳税期限，由主管税务机关根据纳税人应纳税额的大小分别核定。不能按照固定期限纳税的，可以按次纳税。

纳税人以1个月或1个季度为一期纳税的，自期满之日起15日内申报纳税；以1日、3日、5日、10日或者15日为一期纳税的，自期满之日起5日内预缴税款，于次月1日起至15日内申报纳税并结清上月税款。

纳税人进口应税消费品，应自海关填发海关进口消费税专用税款缴款书之日起15日内缴纳税款。

（三）纳税地点

纳税人销售应税消费品以及自产自用的应税消费品，除国务院财政、税务主管部门另有规定外，应当向纳税人机构所在地或者居住地的主管税务机关申报纳税。

委托加工的应税消费品，由受托方向机构所在地或者居住地的主管税务机关解缴消费税税款。

委托个人加工的应税消费品，由委托方向其机构所在地主管税务机关缴纳。

进口的应税消费品，由进口人或者其代理人向报关地海关申报纳税。

纳税人到外县（市）销售或委托外县（市）代销自产应税消费品的，于应税消费品销售后，回纳税人核算地或销售所在地缴纳税款。

纳税人销售的应税消费品因质量等原因退货的，应将开具的红字增值税发票、退税证明等资料报主管税务机关备案。主管税务机关核对无误后办理退税。

纳税人直接出口的应税消费品办理免税后，发生退关或者国外退货，复进口时已予以免税的，可暂不办理补税，待其转为国内销售的当月申报缴纳消费税。

二、消费税纳税申报

纳税人无论当期有无销售或是否盈利，均应按有关规定及时向主管税务机关办理纳税申报，并如实填写《消费税纳税申报表》，向主管税务机关进行纳税申报。

（一）烟类消费税纳税申报

《烟类应税消费品消费税纳税申报表》的格式如表3-3所示。

表3-3 烟类应税消费品消费税纳税申报表

税款所属期： 年 月 日至 年 月 日

纳税人名称（公章）： 填表日期： 年 月 日

纳税人识别号：□□□□□□□□□□□□□□□□□□ 单位：卷烟万支、雪茄烟支、烟丝千克

金额单位：元（列至角分）

应税消费品名称 \ 项目	比例税率		销售数量	销售额	应纳税额
	定额税率	比例税率（%）			
卷烟	30元/万支	56			
卷烟	30元/万支	36			
雪茄烟	—	36			
烟丝	—	30			
合计	—	—	—	—	

本期准予扣除税额：	声明
本期减（免）税额：	此纳税申报表是根据国家税收法律的规定填报的，我确定它是真实的、可靠的、完整的。
期初未缴税额：	经办人（签章）： 财务负责人（签章）： 联系电话：
本期缴纳前期应纳税额：	（如果你已委托代理人申报，请填写）
本期预缴税额：	授权声明
本期应补（退）税额：	为代理一切税务事宜，现授权_____（地址）_____为本纳税人的代理申报人，任何与本申报表有关的往来文件，都可寄予此人。
期末未缴税额：	授权人签章：
以下由税务机关填写	
受理人（签章）：	受理日期： 年 月 日 ｜ 受理税务机关（章）：

烟类应税消费品消费税纳税申报表填报说明二维码

（二）酒及酒精消费税纳税申报

《酒及酒精消费税纳税申报表》的格式如表3-4所示。

表3-4　酒类消费税纳税申报表

税款所属期：　　　　年　月　日至　　　　年　月　日

纳税人名称（公章）：　　　　　　　　　　　　　　　　　　　　填表日期：　　　年　月　日

纳税人识别号：□□□□□□□□□□□□□□□□□□□　　　　金额单位：元（列至角分）

项目 应税消费品名称	比例税率		销售数量	销售额	应纳税额
	定额税率	比例税率（%）			
白酒	0.5元/斤	20			
啤酒	250元/吨	—			
啤酒	220元/吨	—			
黄酒	240元/吨	—			
其他酒	—	10			
酒精	—	—			
合计	—	—	—	—	

本期准予抵减税额： 本期减（免）税额： 期初未缴税额：	声明 　　此纳税申报表是根据国家税收法律的规定填报的，我确定它是真实的、可靠的、完整的。 　　经办人（签章）： 　　财务负责人（签章）： 　　联系电话：
本期缴纳前期应纳税额： 本期预缴税额： 本期应补（退）税额： 期末未缴税额：	（如果你已委托代理人申报，请填写） 授权声明 　　为代理一切税务事宜，现授权＿＿＿＿＿＿＿（地址）＿＿＿＿＿＿＿为本纳税人的代理申报人，任何与本申报表有关的往来文件，都可寄予此人。 　　授权人签章：
以下由税务机关填写	
受理人（签章）：	受理日期：　　　年　月　日　　受理税务机关（章）：

酒类应税消费品消费税纳税申报表填报说明二维码

（三）成品油消费税纳税申报

《成品油消费税纳税申报表》的格式如表3-5所示。

表3-5 成品油消费税纳税申报表

税款所属期： 年 月 日至 年 月 日

纳税人名称（公章）： 填表日期： 年 月 日

纳税人识别号：□□□□□□□□□□□□□□□□□ 单位：升

金额单位：元（列至角分）

项目 应税消费品名称	适用税率（元/升）	本期销售数量	本期应纳税额
汽油			
柴油			
石脑油			
溶剂油			
润滑油			
燃料油			
航空煤油			—
合计	—		

本期减（免）税额：	声明
期初留抵税额：	此纳税申报表是根据国家税收法律的规定填报的，我确定它是真实的、可靠的、完整的。
本期准予扣除税额：	
本期应抵扣税额：	声明人签字：
期初未缴税额：	
本期实际抵扣税额：	（如果你已委托代理人申报，请填写） 授权声明
期末留抵税额：	为代理一切税务事宜，现授权_____（地址）
本期缴纳前期应纳税额：	_____为本纳税人的代理申报人，任何与本申报表有关的往来文件，都可寄予此人。
本期预缴税额：	
本期应补（退）税额：	授权人签字：
期末未缴税额：	
以下由税务机关填写	
受理人（签章）：	受理日期： 年 月 日 　受理税务机关（章）：

成品油消费税纳税申报表填制说明二维码

（四）小汽车消费税纳税申报

《小汽车消费税纳税申报表》格式如表3－6所示。

表3－6 小汽车消费税纳税申报表

税款所属期： 年 月 日至 年 月 日

纳税人名称（公章）： 填表日期： 年 月 日

纳税人识别号：□□□□□□□□□□□□□□□□□□□□

单位：辆

金额单位：元（列至角分）

项目 应税消费品名称		比例税率 （％）	销售数量	销售额	应纳税额
乘用车	气缸容量≤1升	1			
	1升＜气缸容量≤1.50升	3			
	1.5升＜气缸容量≤2.0升	5			
	2.0升＜气缸容量≤2.5升	9			
	2.5升＜气缸容量≤3.0升	12			
	3.0升＜气缸容量≤4.0升	25			
	气缸容量＞4.0升	40			
中轻型商用客车		5%			
合 计		—	—	—	

本期准予扣除税额：	声明
	此纳税申报表是根据国家税收法律的规定填报的，我确定它是真实的、可靠的、完整的。
本期减（免）税额：	经办人（签章）：
	财务负责人（签章）：
期初未缴税额：	联系电话：
本期缴纳前期应纳税额：	（如果你已委托代理人申报，请填写）
本期预缴税额：	授权声明
本期应补（退）税额：	为代理一切税务事宜，现授权_____（地址）_____为本纳税人的代理申报人，任何与本申报表有关的往来文件，都可寄予此人。
期末未缴税额：	授权人签章：
以下由税务机关填写	
受理人（签章）：	受理日期： 年 月 日　　受理税务机关（章）：

小汽车消费税纳税申报表填报说明二维码

（五）其他应税消费品消费税纳税申报

《其他应税消费品消费税纳税申报表》的格式如表3-7所示。

表3-7　其他应税消费品消费税纳税申报表

税款所属期：　　　　年　月　日至　　　　年　月　日

纳税人名称（公章）：　　　　　　　　　　　　　　　　　　　填表日期：　　　年　月　日

纳税人识别号：□□□□□□□□□□□□□□□□□□　　金额单位：元（列至角分）

应税消费品名称　　　项目	比例税率	销售数量	销售额	应纳税额
合计	—	—	—	

本期准予抵减税额：	声明
本期减（免）税额：	此纳税申报表是根据国家税收法律的规定填报的，我确定它是真实的、可靠的、完整的。
期初未缴税额：	经办人（签章）： 财务负责人（签章）： 联系电话：
本期缴纳前期应纳税额：	（如果你已委托代理人申报，请填写）
本期预缴税额：	授权声明
本期应补（退）税额：	为代理一切税务事宜，现授权＿＿＿＿＿（地址）
期末未缴税额：	＿＿＿＿＿为本纳税人的代理申报人，任何与本申报表有关的往来文件，都可寄予此人。 授权人签章：
以下由税务机关填写	
受理人（签章）：	受理日期：　　年　月　日　受理税务机关（章）：

其他应税消费品消费税纳税申报表填报说明二维码

 **本章小结**

　　本章介绍我国现行消费税的纳税人、征税范围、税目税率、计税依据、纳税申报等基本理论与基本知识，应纳税额的计算及其账务处理等基本技能。消费税税率有比例税率、定额税率两种方式；消费税的计税方法有从价定率、从量定额、既从价定率又从量定额三种方法。应税消费品对外销售、自产自用、委外加工、非独立核算门市部销售、进出口以

及对外投资或换取生产（消费资料）、抵偿债务等方式不同，应缴纳消费税计算方式也不同。消费税的会计处理是通过设置"应交税费——应交消费税"明细科目和"税金及附加"科目进行的，账务处理随不同销售或移送方式而异。尽管消费税在纳税人、征税范围、税目税率、计税依据、会计处理方法诸方面与增值税不同，初学者容易混淆。但消费税作为价内税与增值税作为价外税是优势互补的，并未改变"两税"流转税的性质。消费税的计算、缴纳、会计处理往往与增值税是同步进行的，因此要能综合运用。

本章重要名词概念

消费税　从价定率　从量定额　复合征税　组成计税价格
（请扫描右侧二维码进行即测即评）

复习思考题

即测即评
二维码

1. 消费税纳税人、纳税环节是如何规定的？
2. 生产销售、委托加工、非独立核算门市部销售应税消费品，如何计算应纳税额？
3. 应税消费品换取生产资料、消费资料、投资入股、低偿债务如何计算应纳税额？
4. 怎样进行消费税的会计处理？
5. 怎样进行消费税的纳税申报？

综合实训题

习题一

一、目的：练习小汽车消费税的计算、会计处理与纳税申报。
二、资料：
（一）企业概况：
企业名称：星光汽车制造厂
法定代表人：郝亮亮
企业性质：有限责任公司
企业地址：东川市星光大道 20 号
所属行业：制造业

纳税人识别号：290502002212345

主管国税机关：东川市国家税务局

开户银行及账号：中国工商银行东川市向阳路支行　9561023476819876032

（二）2018 年 3 月该企业发生如下经济业务：

1. 企业向外销售小轿车 40 辆，气缸容量为 2 200 毫升，出厂不含税售价每辆 160 000 元，增值税税额为每辆 27 200 元，款项已收存入银行。

2. 某单位退回上月购买的汽车 4 辆，价款为 640 000 元，已缴纳消费税税额为 57 600 元。经税务机关批准，退回已缴纳的消费税税款 57 600 元。

3. 企业以气缸容量为 2 200 毫升的小汽车 20 辆向某出租汽车公司进行投资。按双方协议，每辆汽车计税价格为 160 000 元，应缴纳消费税为 12 800 元，应缴纳增值税为 27 200 元。每辆车生产成本为 80 000 元。

4. 企业用自产气缸容量为 2 200 毫升小汽车 5 辆换取价款原材料一批，购销均未开具增值税专用发票。

5. 企业将自产小汽车 2 辆，转作企业自用固定资产。企业向外销售该类汽车的价格为 160 000 元，生产成本为 80 000 元。

6. 企业向某国直接出口气缸容量为 4 000 毫升汽车 20 辆，收取价款折合人民币 4 400 000 元。按规定，该出口直接免征消费税。

三、要求：

1. 根据以上经济业务，计算各项业务应缴纳的消费税和增值税，编制会计分录。

2. 根据以上业务编制当月小汽车消费税纳税申报表。

习题二

一、目的：练习卷烟消费税的计算、会计处理与纳税申报。

二、资料：

（一）企业概况：

企业名称：红星卷烟厂

法定代表人：王东方

企业性质：有限责任公司

经营地址：临海市红星街 20 号

所属行业：加工业

纳税人识别号：345678901234789

（二）有关明细账户余额如下：

外购烟丝　　　　　（借方）300 000 元　　　委托加工烟丝　　　　（借方）100 000 元

应交消费税——外购（借方）　　　　　　　　　　　　　　　　　　　　　　90 000 元

应交消费税——委托加工（借方）　　　　　　　　　　　　　　　　　　　　30 000 元

（三）2018 年 5 月该企业发生如下经济业务：

1. 从农民手中购入烟叶一批，价款为 600 000 元，用银行存款支付。

2. 企业购入烟丝一批，价款为 100 000 元，增值税专用发票注明增值税税额为 17 000 元，款项未付。

3. 仓库发出烟叶一批，成本 400 000 元，委托大理卷烟厂加工成烟丝。

4. 生产车间领用外购烟丝一批，成本 200 000 元。

5. 销售用委托加工烟叶生产的乙类卷烟 20 个标准箱，价款为 100 000 元，增值税款 17 000 元，已办妥托收手续，款项未收到。

6. 对外销售用外购烟丝生产的甲类卷烟 10 个标准箱，价款为 200 000 元，增值税税额为 34 000 元，货款已收。

7. 企业收回委托某单位加工的特制烟丝一批，支付加工费 70 000 元，受托方代收代交消费税 90 000 元，加工费和消费税用转账支票。

8. 当月发给本厂职工甲级卷烟 1 000 条，每条不含税售价 100 元，成本价 40 元。

9. 上月预收某烟酒批发公司货款 400 000 元，本月发给该公司烟草的专用发票载明：甲级卷烟 25 个标准箱，价款 500 000 元，增值税款 85 000 元；乙级卷烟 40 个标准箱，价款 200 000 元，增值税款 34 000 元。收到烟酒公司开出承兑期限 3 个月无息商业汇票一张，金额 519 000 元。

10. 将每箱不含税售价 1 000 元的乙级卷烟 50 箱，以每箱不含税售价 300 元的优惠价格销售给某关联企业。

11. 销售乙级不合格卷烟一批，取得含税收入 29 250 元，计入营业外收入。

12. 用甲级卷烟 8 个标准箱抵付前欠某单位账款。

13. 用乙级卷烟 50 个标准箱对外投资，作价 700 00 万元。

三、要求：

1. 根据上述经济业务，计算该烟厂当月应缴纳的消费税和增值税，编制会计分录。

2. 根据上述资料编制当月卷烟消费税纳税申报表。

第四章
关税法与关税会计

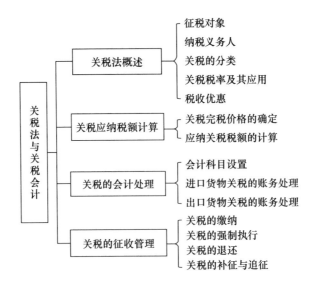

学习目标

通过本章学习，您应该了解：关税的纳税义务人、征税对象、关税率及其分类。熟悉并理解：关税率适用的具体规定，关税征管、补征的规定。掌握：进出口货物完税价格的确定方法；进出口货物完税价格中运输及相关费用、保险费的计算；进出口货物关税的计算方法；关税的核算方法。

本章知识结构图

```
                                          ┌── 征税对象
                                          ├── 纳税义务人
                          ┌── 关税法概述 ──┼── 关税的分类
                          │               ├── 关税税率及其应用
                          │               └── 税收优惠
                          │
关  关                     ├── 关税应纳税额计算 ──┬── 关税完税价格的确定
税  税                     │                      └── 应纳关税税额的计算
法  会  ───────────────────┤
与  计                     │                      ┌── 会计科目设置
                          ├── 关税的会计处理 ──────┼── 进口货物关税的账务处理
                          │                      └── 出口货物关税的账务处理
                          │
                          │                   ┌── 关税的缴纳
                          └── 关税的征收管理 ──┼── 关税的强制执行
                                             ├── 关税的退还
                                             └── 关税的补征与追征
```

案例导入

某钢铁公司需要从国外进口 10 000 万吨铁矿石，可选择的供货渠道有两家：一家是 A 国某矿山，另一家是 B 国某矿山。A 国铁矿石价格为 40 美元/吨，国外运保费共计

2 000 万美元，进口普通关税税率为 17%；B 国铁矿石品价格为 45 美元/吨，国外运保费高达 5 000 万美元，关税税率为优惠税率 2%。不考虑其他条件，该钢铁公司应该选择进口哪一个国家铁矿石？

关税（Customs Dutiestariff）是国家授权海关依法对进出其国境或关境货物和物品为征税对象而征收的一种流转税。现行关税法由海关法、关税条例、进出口税则等法律、行政法规构成。

所谓"境"是指关境，又称"海关境域"或"关税领域"，包括国家全部领土、领海和领空。通常情况下，一国关境与国境是一致的，国境就是关境。但当一个国家在境内设立自由贸易港、自由贸易区、保税区、保税仓库时，进出这些区域的货物属于进出关境，海关依法征收关税，这时该国的关境小于国境。当几个国家结成关税同盟，组成一个共同的关境，实施统一的关税法令和统一的对外关税税则，成员国彼此之间货物进出国境不征关税，只对来自或运往其他国家的货物进出共同关境时征收关税，就其成员国而言，关境大于国境。

第一节　关税法概述

一、征税对象

关税的征税对象是国家准许进出关境的货物和物品。货物是指贸易性商品；物品是指入境旅客随身携带的行李物品、个人邮递物品、各种运输工具上的工作人员携带进口的自用物品、馈赠物品以及以其他方式进入关境的个人物品。

二、纳税义务人

进口货物的收货人、出口货物的发货人、进出境物品的所有人为关税的纳税义务人。

进出口货物的收货人、发货人是依法取得对外贸易经营权，并进口或者出口货物的法人或者其他社会团体，包括该物品的所有人和推定为所有人的人。进境物品的所有人包括该物品的所有人和推定为所有人的人。在一般情况下，对于携带进境的物品，推定其携带人为所有人；对以邮寄方式进境的物品，推定其收件人为所有人；以邮递或其他运输方式出境的物品，推定其寄件人或托运人为所有人；对分离运输的行李，推定相应的进出境旅客为所有人。

三、关税的分类

（一）按征税对象流向分类

1. 进口税

进口税是进口国家的海关对外国货物进入关境、国境时，或者外国货物从保税仓库提出运往国内市场时，对本国进口商所征收的正常关税。

2. 出口税

出口税是海关对本国出口货物和物品在运出国境时征收的关税。

3. 过境税

过境税是一国海关对通过其关境货物征收的关税。过境货物是指由境外启运，通过境内继续运往境外的货物。

（二）按征税方法分类

1. 从价税

从价税是以进出口货物或物品的价格或者价值为征税标准，以应征税额占货物价格或者价值的百分比为税率计征的关税。货物进口时，以此税率和海关审定的实际进口货物完税价格相乘计算应征税额。目前，我国海关计征关税标准主要是从价税。

2. 从量税

从量税是以进出口货物和物品的数量、重量、长度、体积、面积等计量单位作为征税标准，以每一计量单位应纳的定额关税作为税率，计算征收的关税。我国目前对原油、啤酒和胶卷等进口商品征收从量税。

3. 复合税

复合税亦称混合税，是对同一进出口货物或物品既征从量关税又征从价关税的一种办法。我国目前仅对录像机、放像机、摄像机、数字照相机和摄录一体机等进口商品征收复合税。

4. 滑准税

滑准税是根据货物的不同价格适用不同税率的一类特殊的从价关税。它是关税税率随进口货物价格由高至低而由低至高设置计征关税的方法，即进口货物的价格越高，其税率越低或不征税，进口货物的价格越低，其税率越高。

5. 选择税

选择税是对同一种商品同时规定从价税和从量税两种关税税率，征税时由海关选择征税额较多的（也可选择税额较少的）为计税标准计征的关税。

（三）按关税差别待遇和特定情况分类

1. 普通关税

普通关税又称一般关税，是对与本国没有签署贸易或经济互惠等友好协定的国家或地区原产的货物征收的非互惠性关税。

2. 优惠关税

优惠关税又称互惠关税，是优惠协定的双方相互给对方比其他国家或地区优惠税率的一种协定关税。优惠关税一般有特定优惠关税、普通优惠关税、最惠国待遇三种。

（1）特定优惠关税又称特惠制，是指某一国家对另一国家或某些国家对另外一些国家在某些方面予以特定关税优惠，其他国家不得享受的一种关税制度。

（2）普通优惠关税又称普惠制或普税制，是经济发达国家对发展中国家或地区输入的货物普遍给予优惠关税的一种制度。

（3）最惠国待遇是指缔约国一方现在和将来所给予任何第三国的优惠待遇，同样适用于对方的一种优惠待遇。

3. 特别关税

特别关税包括报复性关税、反倾销税与反补贴税、保障性关税。征收特别关税的货物、适用国别、税率、期限和征收办法，由国务院关税税则委员会决定，海关总署负责实施。

倾销是一国产品向另一国出口时，该产品出口价格低于正常贸易中用于国内消费的类似产品正常可比价格。正常可比价格是指出口国国内市场批发价格。补贴是指政府或任何公共机构对企业提供的财政资助以及政府对出口产品提供的任何形式的收入或价格支持。

四、关税税率及其应用

（一）进口关税税率

在我国加入 WTO 之前，我国进口税则设有普通税率和优惠税率两栏税率。自我国加入 WTO 之后，我国进口税则设有最惠国税率、协定税率、特惠税率、普通税率。除此之外，国家还根据经济发展需要使用暂定税率和关税配额税率。

最惠国税率适用原产于与我国共同适用最惠国待遇条款的 WTO 成员方或地区的进口货物，或原产于与我国签订有相互给予最惠国待遇条款的双边贸易协定的国家或地区进口的货物，以及原产于我国境内的进口货物。

协定税率适用于原产于我国参加的含有关税优惠条款的区域性贸易协定有关缔约方的进口货物。

特惠税率适用原产于与我国签订有特殊优惠关税协定的国家或地区的进口货物。

普通税率适用于原产于上述国家或地区以外的其他国家或地区的进口货物，以及原产地不明的进口货物。

关税暂定税率是在海关进出口税则规定的进口优惠税率和出口税率的基础上，对进口的某些重要的工农业生产原材料和机电产品关键部件（但只限于从与中国订有关税互惠协议的国家和地区进口的货物）以及出口的部分资源性产品实施的更优惠的关税税率。

关税配额税率是指对实行关税配额管理的进口货物，关税配额内的，按低于配额外税率的关税配额税率征收关税。关税配额外的，按适用关税额税率征收关税。

进口附加税，又称为特别关税，是进口国家在对进口商品征收正常进口税后，还会出于某种目的再加征部分进口税，包括反倾销税、反补贴税、紧急关税、惩罚关税和报复性关税五种。

进口附加税适用于违反与我国签订或者共同参加的贸易协定及相关协定，对我国在贸易方面采取禁止、限制、加征关税或者其他影响正常贸易措施的，对原产于该国家或地区的进口货物可以征收报复性关税，适用报复性关税税率。征收报复性关税税率的货物、适用国别、税率、期限和征收办法，由国务院税则委员会决定并公布。

（二）出口关税税率

出口关税设置出口税率。对出口货物在一定时期内可以实行暂定税率。国家仅对少数资源性产品及易于竞相杀价、盲目进口，需要规范出口秩序的半制成品征收出口关税。我国现行税则对 100 余种商品计征出口税，主要包括鳗鱼苗、部分有色金素矿砂及其精矿、生锑、磷、氟钽酸钾、苯、山羊板皮、部分铁合金、钢铁废碎料、铜和铝原料及其制品、镍锭、锌锭、锑锭。但对上述范围内的部分商品实行 0 ~ 25% 的暂定税率，此外，根据需要对其他 200 多种商品实行暂定税率。与进口暂定税率一样，出口暂定税率优先适用于出口税则中规定的出口税率。

（三）税率的应用

（1）进出口货物，应当适用海关接受该货物申报进口或出口之日实施的税率。

（2）进口货物到达前，经海关核准先行申报的，应当适用装载该货物的运输工具申报进境之日实施的税率。

（3）进口转关运输货物，应当适用指运地海关接受该货物申报进口之日实施的税率；货物运抵指运地前，经海关核准先行申报的，应当适用装载该货物的运输工具抵达指运地之日实施的税率。

（4）出口转关运输货物，应当适用启运地海关接受该货物申报出口之日实施的税率。

（5）经海关批准，实行集中申报的进出口货物，应当适用每次货物进出口时海关接受该货物申报之日实施的税率。

（6）因超过规定期限未申报而由海关依法变卖的进口货物，其税款计征应当适用装载该货物的运输工具申报进境之日实施的税率。

（7）因纳税义务人违反规定需要追征税款的进出口货物，应当适用违反规定的行为发生之日实施的税率；行为发生之日不能确定的，适用海关发现该行为之日实施的税率。

（8）已申报进境并放行的保税货物、减免税货物、租赁货物或者已申报进出境并放行的暂时进出境货物，有下列情形之一需缴纳税款的，应当适用海关接受纳税义务人再次填写报关单申报办理纳税及有关手续之日实施的税率：

1）保税货物经批准不复运出境的。

2）保税仓储货物转入国内市场销售的。

3）减免税货物经批准转让或者移作他用的。

4）可暂不缴纳税款的暂时进出境货物，经批准不复运出境或者进境的。

5）租赁进口货物，分期缴纳税款的。

（9）补征和退还进出口货物关税，应当按照前述规定确定适用的税率。

五、税收优惠

（一）法定减免税

法定减免税是税法中明确列出的减税和免税。符合税法规定可予减免税的进出口货物进出口时，纳税人无须提出申请，海关可按规定直接予以减免税。《中华人民共和国海关法》和《中华人民共和国进出口关税条例》规定，下列货物、物品予以减免关税：

- 关税税额在人民币 50 元以下的一票货物。
- 无商业价值的广告品和货样。
- 外国政府、国际组织无偿赠送的物资。
- 进出境运输工具装载的途中必需的燃料、物料和饮食用品。
- 在海关放行前损失的货物。
- 在海关放行前遭受损坏的货物，可以根据海关认定的受损程度减征关税。
- 我国缔结或者参加的国际条约规定减征、免征关税的货物、物品。
- 法律规定减征、免征关税的其他货物、物品。

（二）暂时免税

- 在展览会、交易会、会议及类似活动中展示或者使用的货物。此项货物在规定的期限内未复运出境的，或者暂准出境货物在规定的期限内未复运进境的，海关应当依法征收关税。

- 文化、体育交流活动中使用的表演、比赛用品。
- 进行新闻报道或者摄制电影、电视节目使用的仪器、设备及用品。
- 开展科研、教学、医疗活动使用的仪器、设备及用品。
- 前述所列活动中使用的交通工具及特种车辆。
- 货样。
- 供安装、调试、检测设备时使用的仪器、工具。
- 盛装货物的容器。
- 其他用于非商业目的的货物。

（三）酌情减免

进口货物如有以下情形，经海关查明属实，可酌情减免进口关税：在境外运输途中或者在起卸时，遭受损坏或者损失的；起卸后海关放行前，因不可抗力遭受损坏或者损失的；海关查验时已经破漏、损坏或者腐烂，经证明不是保管不慎造成的。

（四）特定减免税

特定减免税又称政策性减免税，是指在法定减免税之外，国家按照国际通行规则和我国实际情况，制定发布的有关进出口货物减免关税的政策。特别减免税的主要范围包括科教用品、残疾人用品、边境贸易进口物资、保税区进出口货物、出口加工已进口货物、进口设备、慈善性捐赠物资、外国驻华使领馆和有关国家机构及其人员所需物品等。

（五）临时减免税

临时减免税是指以上法定和特定减免税以外的其他减免税，即由国务院根据《海关法》对某个单位、某类商品、某个项目或某批进出口货物的特殊情况，给予特别照顾，一案一批，专文下达的减免税。一般有单位、品种、期限、金额或数量等限制，不能比照执行。

第二节　应纳税额的计算

一、关税完税价格的确定

完税价格是海关计征关税时采用的价格，是海关根据有关规定对进出口货物审查确定或估价后确定的应税价格，是海关征收关税的依据。《海关法》规定，完税价格分为进口货物完税价格和出口货物完税价格。进出口货物的完税价格，由海关以该货物的成交价格为基础审查确定。成交价格不能确定时，完税价格由海关依法估定。

（一）一般进口货物完税成交价格的确定

进口货物完税价格是以海关审定的进口货物实际成交价为基础审定的到岸价（CIF价）。到岸价包括货价加上货物运抵我国境内输入地点起卸前的运输及其相关费用、保险费和其他劳务费用。

进口货物完税价格的确定方法可分为两类：一类是以进口货物的成交价格为基础进行调整；另一类是在进口货物的成交价格不符合规定条件或者成交价格不能确定的情况下，海关用以审查确定进口货物完税价格的估价方法。

1. 成交价格估价法

进口货物的成交价格是指买方为购买该货物并按规定调整后向卖方实付、应付的价格，即买方为购买该进口货物直接支付的价款和间接支付的价款。

下列费用或者价值如未包括在进口货物的实付或者应付价格中，应当计入完税价格：佣金和经纪费；原材料等费用；特许权使用费；由买方负担的与该货物视为一体的容器费用；由买方负担的包装材料和包装劳务费用；卖方直接或间接从买方对该货物进口后转售、处置或使用所得中获得的收益。

下列费用，如能与该货物实付或者应付价格区分，不得计入完税价格：厂房、机械、设备等货物进口后的基建、安装、装配、维修和技术服务的费用；货物运抵境内输入地点之后的运输费用、保险费和其他相关费用；进口关税及其他国内税收；为在境内复制进口货物而支付的费用；境内外技术培训及境外考察费用。

2. 进口货物海关估价方法

进口货物的成交价格不符合规定条件或者成交价格不能确定的，海关可依次以下列方法确定的价格为基础，估定完税价格：

（1）相同货物成交价格估价方法。是指海关以与进口货物同时或者大约同时进口相同的货物成交价格为基础，审查确定完税价格的估价方法。

（2）类似货物成交价格估价方法。是指海关以与进口货物同时或者大约同时进口相同或类似货物成交价格为基础，审查确定进口货物完税价格的估价方法。

（3）倒扣价格估价方法。是指海关以进口货物、相同或者类似进口货物在境内的销售价格为基础，扣除境内发生的有关费用后，审查确定进口货物完税价格的估价方法。

（4）计算价格估价方法。是指海关以下列各项的总和为基础，审查确定进口货物完税价格的估价方法：生产该货物所使用的料件成本和加工费用；向境内销售同等级或者同种类货物通常的利润和一般费用（包括直接费用和间接费用）；该货物运抵境内输入地点起卸前的运输及相关费用、保险费。

(5) 合理方法。是指不能根据上述估价方法确定完税价格时，以客观量化的数据资料为基础审查确定进口货物完税价格的估价方法。海关在采用合理方法确定进口货物的完税价格时，不得使用以下价格：

- 境内生产的货物在境内的销售价格。
- 可供选择的价格中较高的价格。
- 货物在出口地市场的销售价格。
- 以计算价格估价方法规定之外的价值或者费用计算的相同或者类似货物的价格。
- 出口到第三国或者地区的货物的销售价格。
- 最低限价或者武断、虚构的价格。

(二) 进口货物完税价格中的运输及相关费用、保险费的计算

进口货物的运输及其相关费用，应当按照由买方实际支付或者应当支付的费用计算。进口货物的运输及其相关费用无法确定的，海关应当按照该货物进口同期的正常运输费用审查确定。

运输工具作为进口货物，利用自身动力进境的，海关在审查确定完税价格时，不再另行计入运输及其相关费用。

进口货物的保险费，应当按照实际支付的费用计算。如果进口货物保险费无法确定或者未实际发生，海关应当按照"货价加运费"两者总额的3‰计算保险费，其计算公式：

保险费 = (货价 + 运费) × 3‰

邮运进口的货物，应当以邮费作为运输及其相关费用、保险费。

(三) 出口货物完税价格的确定

1. 以成交价格为基础的完税价格

出口货物的完税价格，由海关以该货物向境外销售的成交价格为基础审查确定，并应包括货物运至我国境内输出地点装载前的运输及其相关费用、保险费。出口货物的成交价格是指该货物出口销售时，卖方为出口该货物应当向买方直接收取和间接收取的价款总额。下列税收、费用不计入出口货物的完税价格：①出口关税；②货物价款中单独列明的货物运至中国境内输出地点装载后的运输及其相关费用、保险费。

2. 海关估价方法

出口货物的成交价格不能确定时，完税价格由海关依次以下列价格审查确定该货物的完税价格：①同时或者大约同时向同一国家或者地区出口的相同货物的成交价格；②同时或者大约同时向同一国家或者地区出口的类似货物的成交价格；③根据境内生产相同或者类似货物的成本、利润和一般费用（包括直接费用和间接费用）、境内发生的运输及其相关费用、保险费计算所得的价格；④按照合理方法估定的价格。

二、应纳关税税额的计算

（一）从价税进口货物应纳税额的计算

从价税是以进出口货物的完税价格为标准计征关税。计算公式为：

关税税额＝应税进口货物数量×单位完税价格×适用税率

1. CIF 价（成本＋运费＋保险费价，又称目的港价或到岸价格）

CIF 价指合同规定卖方负责将货物装上买方指定运往目的港的船上，办理保险手续，并负责支付运费和保险费。我国规定进口货物关税完税价为 CIF 价；企业若以 FOB 或 C&F 价格成交的，应将成本价调整到以 CIF 价格为准。计算公式为：

关税完税价格＝CIF

进口关税税额＝完税价×适用税率

【例4－1】 ABC 公司从日本进口甲商品，进口申请报价为 CIF 天津，折合人民币 4 000万元，经海关审定，其成交价正常，甲商品关税税率为15%，计算该公司应纳进口关税税额。

关税完税价格＝CIF＝4 000（万元）

应纳关税税额＝4 000×15%＝600（万元）

2. FOB 价（指定港装运船上交货价；离岸价）

FOB 价是指卖方将货物运至目的港，并负责货物装上船为止的一切费用和风险；货物装运上船后至购买国口岸后的费用（包括运输费、包装费等、保险费）由购买方负责。其完税价格的计算公式：

关税完税价格＝购货价(FOB)＋国外运杂费＋保险费

$\qquad$ ＝(FOB＋国外运输费)÷(1－保险费率)

式中，保险费率按离岸价格加国外运输费之和的3‰确定。

【例4－2】 某公司从美国进口某商品，成交价格为 FOB 纽约 USD 25 500 000。已知国外运输费、保险费共计 USD 500 000 万美元，进口关税税率为15%。已知海关填发税款缴款书之日的外汇中间牌价 USD 1＝￥6.38。

关税完税价格＝(2 550＋50)×6.38＝16 588（万元）

应纳关税税额＝16 588×15%＝2 488.2（万元）

3. C&F 价（成本＋运费价）

C&F 价是指卖方负责将合同规定的货物装上买方指定运往目的港的船上，负责货物装船前的一切费用与风险，并支付运费。其关税完税价格以所购货物 C&R 价加上国外保险费确定。在保险费不能确定的情况下，以 C&F 价除以保险费率计算确定。计算公式为：

关税完税价格＝C&F÷（1－保险费率）

【例4－3】 ABC公司从德国购进一台大型精密设备，进口申请报价为C&F上海USD 2 910 000，保险费率为C&R价的3‰，已知海关填发税款缴款书之日外汇中间牌价USD 1＝¥6.30。

该设备的关税税率为10%。计算该企业应纳进口关税税额。

关税完税价格＝2 910 000÷（1－3‰）×6.30＝18 900 000（元）

应纳关税税额＝18 900 000×10%＝1 890 000（元）

（二）出口货物关税的计算

1. FOB价

出口货物以我国口岸FOB价格成交的，应以该价格扣除出口关税后作为完税价格。如果出口货物成交价格中含有支付给国外的佣金、垫付物资等，如与货物的离岸价格分列，应予扣除；未单独列明的，则不予扣除。出口货物在离岸价格以外，买方另行支付货物包装费的，应将其计入完税价格。出口货物应纳出口关税的计算公式：

关税税额＝应税进（出）口货物数量×单位完税价格×适用税率

出口货物关税完税价格＝离岸价格（FOB）÷（1＋出口关税税率）

【例4－4】 某外贸进出口公司出口商品一批，合同规定该商品价格为FOB厦门805 000元，出口关税税率为15%。计算该公司应纳出口关税税额。

关税完税价格＝805 000÷（1＋15%）＝700 000（元）

应纳关税税额＝700 000×15%＝105 000（元）

2. CIF价

出口货物以国外CIF价格成交的，应先扣除离开我国口岸的运费和保险费后，再按上述公式价格计入完税价格和应缴纳的出口关税。完税价格的计算公式：

出口货物的完税价格＝（CIF－国外运费－保险费）÷（1＋出口关税税率）

3. C&F价

当成交价为C&F价时，其出口货物完税价计算公式：

出口货物的完税价格＝（C&F－国外运费）÷（1＋出口关税税率）

4. CIFC价（CIF＋佣金）

（1）佣金C为给定额时，出口货物的完税价格：

出口货物的完税价格＝CIFC（1－C）－国外运费－保险费－佣金÷（1＋出口关税税率）

（2）佣金C为百分比时，出口货物的完税价格：

出口货物的完税价格＝CIFC（1－C）－国外运费－保险费÷（1＋出口关税税率）

CIF、C&F、CIFC 价格内所含的运费、保险费，原则上应按实际支付数扣除。如果无实际支付数，海关可以根据定期规定的运费率和保险费率计算，纳税后一般不作调整。由陆路运往国外的货物，应以该货物离境的 FOB 价减去出口关税作为完税价格。FOB 价不能确定时，由海关估定。

（三）从量税应纳关税税额的计算

关税税额 = 应税进（出）口货物数量×单位货物税额

【例 4 - 5】 某公司进口美国产蓝带啤酒 600 箱，每箱 24 瓶，容积为 500 毫升/瓶，价格为 CIF 3 000 美元。计算应纳关税（适用优惠税率为 3 元/升）。

应纳关税税额 = 24×600×500/1 000×3 = 21 600（元）

（四）复合税进口货物应纳税额的计算

我国目前实行的复合税都是先计征从量税，再计征从价税。即：

关税税额 = 单位货物税额×应税进（出）口货物数量
$\qquad$ + 单位完税价格×应税进（出）口货物数量×税率

【例 4 - 6】 某电视台从国外进口 10 台电视摄像机，价格为 CIF 65 000 美元。已知海关填发税款缴款书之日的外汇中间牌价 USD 1 = ￥6.30；适用优惠税率为每台完税价高于 5 000 美元的，从量税为每台 13 280 元，从价税率为 3%，计算应纳关税。

应纳关税税额 = 13 280×10 + 65 000×6.30×3% = 145 085（元）

（五）其他应纳税额

1. 滑准税应纳税额的计算

滑准税是指关税的税率随着进口商品价格的变动而反方向变动的一种税率形式，即价格越高，税率越低，税率为比例税率。实行滑准税率进口商品应纳关税税额的计算方法，与从价税的计算方法相同。滑准税的计算公式：

关税税额 = 单位完税价格×应税进（出）口货物数量×滑准税税率

2. 报复性关税计算公式

报复性关税是指为报复他国对本国出口货物的关税歧视，而对相关国家的进口货物征收的一种进口附加税。任何国家或者地区对其进口的原产于我国的货物征收歧视性关税或者给予其他歧视性待遇的，我国对原产于该国家或者地区的进口货物征收报复性关税。报复性关税的计算公式为：

报复性关税额 = 关税完税价格×报复性关税税率

进口环节消费税额 = 进口环节消费税完税价格×进口环节消费税率

$$进口环节消费税完税价格 = \frac{关税完税价 + 关税 + 报复性关税}{1 - 进口环节消费税率}$$

进口环节增值税税额 = 进口环节增值税完税价格 × 进口环节增值税率

进口环节增值税完税价格 = 关税完税价格 + 关税 + 报复性关税 + 进口环节消费税额

3. 反倾销关税计税价格

反倾销关税（Anti - dumping Duty）是对外国倾销商品在征收正常进口关税的同时，附加征收的进口附加税。当进口国因外国倾销某种产品使国内产业受到损害时，征收相当于出口国国内市场价格与倾销价格之间差额的进口税。反倾销关税的计算公式：

反倾销税额 = 关税完税价格 × 反倾销税税率

进口环节增值税 = （关税完税价格 + 关税 + 反倾销税额）× 进口环节增值税率

第三节 关税会计处理

一、会计科目的设置

为了全面反映企业关税的缴纳、结余情况及进出口关税的计算，应在"应交税费"科目下分别设置"应交关税"明细科目。该明细科目属负债类科目，贷方反映应缴纳的关税，借方反映实际缴纳的关税，贷方余额表示欠交的进口关税。

二、进口货物关税的账务处理

（一）生产企业自营进口业务关税的账务处理

企业计算出进口关税应计入相关成本、费用时，将其与进口货物的价款、国内外运保费一并计入进口货物采购过程，借记"材料采购""原材料"等科目，按当月未认证的可抵扣增值税额，借记"应交税费——待认证进项税额"科目，按应付或实际支付的金额，贷记"应付账款""银行存款"等科目。

生产企业根据与外商签订的"三来一补"合同而引进的国外设备，应支付的进口关税计入"在建工程——引进设备工程"等科目，贷记"应交税费——应交进口关税"科目。

【例4-7】 某生产企业本月进口 A 材料一批，CIF 价 USD 1 000 000，关税税率为10%，海关填发当日的外汇牌价为 USD 1 = ￥6.25。增值税率17%，不交消费税。会计处理如下：

应纳关税额 = 1 000 000 × 10% × 6.25 = 625 000 （元）

应交增值税 = （1 000 000 × 6.25 + 625 000）× 16% = 1 100 000 （元）

借：材料采购——A 材料　　　　　　　　　　　　　　　　　6 875 000

　　应交税费——应交增值税（待认证进项税额）　　　　　1 100 000

　　贷：银行存款——美元户　　　　　　　　　　　　　　　　　6 250 000

　　　　　　——人民币户　　　　　　　　　　　　　　　　　1 725 000

材料验收入库会计分录，略。

（二）代理进口业务关税的账务处理

外贸企业受托代理进口业务，大多以收取手续费方式为委托方提供代理服务，进出口货物缴纳的关税由代理方垫付，最终向委托单位收回。委托方负担的关税计入采购货物的成本。

【例4－8】　某进出口公司受 M 公司委托进口商品一批，进口商品款 500 万元已汇入进出口公司存款户。该进口商品我国口岸 FOB 价格 USD 480 000，支付国外运输保险 USD 20 000，进口关税税率为 20%，不交消费税。当日的外汇牌价为 USD 1 = ￥6.80，代理手续费按进口货物完税价的 5% 收取，现该批商品已运达，向委托单位办理结算。

关税完税价格 =（48 + 2）× 6.80 = 340（万元）

应交关税 = 340 × 20% = 68（万元）

代缴增值税 =（340 + 68）× 16% = 65.28（万元）

代理手续费 = 340 × 5% = 17（万元）

（1）进出口公司收到委托单位支付款项时，做如下会计处理：

收到委托单位划来进口货款时，做如下会计分录：

借：银行存款　　　　　　　　　　　　　　　　　　　　　5 000 000

　　贷：应付账款——M 公司　　　　　　　　　　　　　　　　5 000 000

支付购进口商品价款时，做如下会计分录：

借：应付账款——×× 外商　　　　　　　　　　　　　　　3 400 000

　　贷：银行存款　　　　　　　　　　　　　　　　　　　　　3 400 000

支付进口关税、缴纳进口环节增值税时，做如下会计分录：

借：应付账款——M 公司　　　　　　　　　　　　　　　　1 332 800

　　贷：银行存款　　　　　　　　　　　　　　　　　　　　　1 332 800

将进口商品及有关单证交付委托单位并收取手续费时，做如下会计分录：

借：应付账款——M 公司　　　　　　　　　　　　　　　　　170 000

　　贷：其他业务收入——手续费收入　　　　　　　　　　　　160 377.36

　　　　应交税费——应交增值税（销项税额）　　　　　　　　　9 622.64

将委托单位剩余的 9.72（500 - 340 - 68 - 65.28 - 17）万元进口货款退还委托方时，做如下会计分录：

借：应付账款——M 公司　　　　　　　　　　　　　　　　　　97 200

　　贷：银行存款　　　　　　　　　　　　　　　　　　　　　　97 200

（2）委托方向受托方预付款项时，做如下会计分录：

借：预付账款   5 000 000

 贷：银行存款   5 000 000

收到受托单位交来国外购货发票、国外运保费单证、关税缴款书、海关进口增值税专用缴款书等单证，做如下会计分录：

借：材料采购   4 250 000

 应交税费——应交增值税（进项税额）   652 800

 贷：预付账款   4 902 800

收到受托方将剩余款项转入本企业账户时，做如下会计分录：

借：银行存款   97 200

 贷：预付账款   97 200

三、出口货物关税的账务处理

（一）直接出口货物关税的会计处理

除国家限制出口的商品外，企业出口货物一律免征出口关税，出口货物不涉及关税的账务处理。企业出口产品如果需要缴纳关税，关税可直接计入当期损益。企业出口货物应按 FOB 价计算应缴纳的关税，借记"税金及附加"科目，贷记"应交税费——应交关税""应付账款"等科目。实际缴纳关税时，借记"应交税费——应交关税"科目，贷记"银行存款"科目。如果收入是按 CIF 价或 CFR 价确认，还应将 CIF 价或 CFR 价确认的收入调整为 FOB 价收入，再计算出口关税。

年终将出口关税转入本年利润时，借记"本年利润"科目，贷记"税金及附加"科目。

【例 4 - 9】 某水产公司出口鳗鱼苗一批，合同规定商品 FOB 价 660 万元，出口关税税率为 10%。计算该公司应纳税税额并编制会计分录。

应纳出口关税额 = 660 ÷ (1 + 10%) × 10% = 60（万元）

产品出口确认收入时，做如下会计分录：

借：应收账款——××外商   6 000 000

 贷：主营业务收入   6 000 000

计算出口货物应交关税时，做如下会计分录：

借：税金及附加   600 000

 贷：应交税费——应交关税（出口关税）   600 000

缴纳关税的会计分录，略。

（二）代理出口货物关税的账务处理

外贸企业受托代理出口业务计缴的关税仍由委托方负担。受托方及时向海关缴纳的关税要从委托方收回。

外贸企业代理出口计缴关税时，按规定计算出代交的关税时，借记"应付账款""应收账款"等科目，贷记"应交税费——应交出口关税"科目。实际缴纳时，借记"应交税费——应交出口关税"科目，贷记"银行存款"科目。收到委托方划转关税时，借记"银行存款"科目，贷记"应付账款""应收账款"等科目。

【例4-10】 A外贸公司为一般纳税人，2018年3月受托代理乙企业出口B商品一批，出口价为FOB 220万元，出口关税税率为10%，代理手续费为106 000元。

应纳出口关税 = 2 200 000 ÷ (1 + 10%) × 10% = 200 000(元)

代理手续费不含税收入 = 106 000 ÷ (1 + 6%) = 100 000(元)

产品出口，根据计算的应交出口关税，A外贸公司做如下会计分录：

借：应收账款——乙企业　　　　　　　　　　　　　　　　200 000

　　贷：应交税费——应交关税（出口关税）　　　　　　　　　　200 000

A外贸公司代付出口关税时，做如下会计分录：

借：应交税费——应交关税（出口关税）　　　　　　　　　200 000

　　贷：银行存款　　　　　　　　　　　　　　　　　　　　　200 000

A外贸公司结算应收代理手续费时，做如下会计分录：

借：应收账款——乙企业　　　　　　　　　　　　　　　　106 000

　　贷：其他业务收入　　　　　　　　　　　　　　　　　　　100 000

　　　　应交税费——应交增值税（销项税额）　　　　　　　　　6 000

A外贸公司收到乙企业支付代缴的税款及手续费时，做如下会计分录：

借：银行存款　　　　　　　　　　　　　　　　　　　　　306 000

　　贷：应收账款　　　　　　　　　　　　　　　　　　　　　306 000

第四节　关税的征收管理

一、关税的缴纳

进口货物的纳税人应当自运输工具申报进境之日起14日内，出口货物除海关特准的外，应当在货物运抵海关监管区后装货的24小时以前，向货物进（出）境地海关申报，海关根据税则归类和完税价格计算应缴纳的关税和进口环节代征税，并填发税款缴款书。

纳税人应当自海关填发税款缴款书之日起15日内，向指定银行缴纳税款。经申请且海关同意，进（出）口货物的纳税义务人可以在设有海关的指运地（启运地）办理海关申报、纳税手续。

纳税人因不可抗力或者在国家税收政策调整的情况下，不能按期缴纳税款的，经依法提供税款担保后，可以延期缴纳税款，但是最长不得超过6个月。

海关在征收关税时，根据纳税人的申请及进出口商品的情况，可以在关境地征收，也可以在主管地征收。纳税人在缴纳关税时，需要填写《海关进口关税专用缴款书》（格式见表4-1），并携带有关单证。

表4-1 海关进口关税专用缴款书（收据联）

收入系统：　　　　　　　填发日期：　　年　月　日　　　　　　　No.

收款单位	收入机关			缴款单位（人）	名称		第一联（收据）：国库收款签章后交缴款单位或缴款人
	科目	预算级次			科目		
	收缴国库				开户银行		
税号	货物名称	数量	单位	完税价格（¥）	税率（%）	税款金额（¥）	
金额人民币（大写）						合计（¥）	
申请单位编号			报关单编号		填制单位		
合同（批文）号			运输工具号		填制单位：制单人＿＿＿复核人＿＿＿单位专用章	收缴国库（银行）业务公章	
缴款日期	年 月 日		提/装货单号				
备注	一般征税：国际代码：						

注：从签发缴款书之日起15日内缴纳（期末遇法定日顺延），逾期按日征收税款总额万分之五滞纳金。

二、关税的强制执行

纳税人未在关税缴纳期限内缴纳税款即构成关税滞纳。海关对滞纳关税的纳税人有强制执行的权力。强制执行的措施主要有两类：

第一，征收滞纳金。滞纳金自关税缴纳期限届满之日起至纳税人缴纳关税之日止，按滞纳税款0.5‰比例按日征收，周末或法定节假日不予扣除。具体计算公式为：

关税滞纳金金额＝滞纳关税税额×滞纳金征收比例（0.5‰）×滞纳天数

滞纳金单独计算，起征点为人民币50元，不足人民币50元的免予征收。

第二，强制征收。纳税义务人自海关填发缴款书之日起3个月内仍未缴纳税款，经直属海关关长或者其授权的隶属海关关长批准，海关可以采取强制措施：一是书面通知纳税人开户银行或者其他金融机构从其存款中扣缴税款；二是将纳税人的应税货物依法变卖，或者扣留并依法变卖其价值相当于应纳税款的货物或者其他财产，以变卖所得抵缴税款等。

三、关税退还

关税退还是关税纳税人按海关核定的税额缴纳关税后，因某种原因，海关将实际征收多于应当征收的税额（称为溢征关税）退还给原纳税义务人的一种行政行为。

海关多征的税款，海关发现后应当立即退还；纳税义务人发现多缴税款的，自缴纳税款之日起 1 年内，可以以书面形式要求海关退还多缴的税款并加算银行同期活期存款利息；海关应当自受理退税申请之日起 30 日内查实并通知纳税义务人办理退还手续。

有下列情况之一的，纳税人自缴纳税款之日起 1 年内，可以申请退还关税，并应当以书面形式向海关说明理由，提供原缴款凭证及相关资料：

其一，已征进口关税的货物，因品质或者规格原因，原状退货复运出境的。

其二，已征出口关税的货物，因品质或者规格原因，原状退货复运进境，并已重新缴纳因出口而退还的国内环节有关税收的。

其三，已征出口关税的货物，因故未装运出口申报退关的，经海关查验属实的。

上述退税事项，海关应当自受理退税申请之日起 30 日内查实并通知纳税义务人办理退还手续；纳税人应当自收到通知之日起 3 个月内办理有关退税手续。前述第一项和第二项规定强调的是，"因货物品质或者规格原因，原状复运出境或者进境的"。如果属于其他原因且不能以原状复运进境或者出境，不能退税。

四、关税的补征与追征

补征和追征是海关在关税纳税人按海关核定的税额缴纳关税后，发现实际征收税额少于应当征收的税额（称为短征关税）时，责令纳税义务人补缴所差税款的一种行政行为。由于纳税人违反海关规定造成短征关税的，称为追征；非因纳税人违反海关规定造成短征关税的，称为补征。

根据《海关法》和《进出口关税条例》的规定，进出境货物和物品放行后，海关发现少征或者漏征税款，应当自缴纳税款或者货物、物品放行之日起 1 年内，向纳税义务人补征税款；因纳税义务人违反规定而造成的少征或者漏征的税款，应当自纳税义务人缴纳税款或者货物、物品放行之日起 3 年以内追征，并从缴纳税款或者货物、物品放行之日起 3 年内，按日加收少征或者漏征税款 0.5‰的滞纳金。

📑 本章小结

本章概括介绍了我国关税的纳税人、税目的分类、税收优惠等基本知识，关税完税价格的确认方法、应纳税额的计算方法及相应的账务处理方法。关税的计价依据为完税价格，进口货物以海关审定成交价为基础的到岸价为完税价格，出口货物完税价格以该货物的成交价格以及该货物运至我国境内输出地装载前的运输及其他费用、保险费为基础审查确定。进口货物缴纳的关税应当计入进口货物的成本。

即测即评
二维码

本章重要名词概念

关税　离岸价（FOB）　到岸价（CIF）　成本加运费价（CFR）　复合关税　滑准关税　报复性关税　反倾销与反补贴税　最惠国税率　协定税率　特惠税率　普通税率　关税完税价格

（请扫描右侧二维码进行即测即评）

复习思考题

1. 我国现行关税有哪几种计征方法？

2. 如何确定关税完税价格？

3. 怎样计算进出口货物应纳关税额？如何进行关税的会计处理？

综合实训题

一、目的：练习进出口关税的核算。

二、资料：JR 外贸公司 2018 年 5 月发生以下经济业务。

1. 进口一批法国红酒，FOB 价为 400 万元人民币，货物运费费率为 2%，关税税率为 14%，请计算该贸易公司应缴纳的关税。

2. 从国外自营进口排气量 2.2 升的小轿车一批，CIF 价格折合人民币为 200 万元，进口关税税率为 25%，消费税税率 9%、增值税税率 16%。根据海关开出的税款缴纳凭证，以银行转账支票付讫税款。

3. 自营出口商品一批，我国口岸 FOB 价折合人民币为 1 440 000 元，设出口关税税率为 20%，根据海关开出的税款缴纳凭证，以银行转账支票付讫税款。

4. 受 A 公司委托代理进口商品一批，进口货款 356 万元已汇入进出口公司的开户银行。该进口商品我国口岸 CIF 价折合人民币 288 万元，进口关税税率为 20%，代理劳务费按货价 2% 收取。该批商品已运达指定口岸，公司代交进口关税、增值税，并由 A 公司与委托单位办理有关结算。

三、要求：根据以上资料，编制会计分录。

第五章
行为目的税法与行为目的税会计

 学习目标

通过本章学习，您应该了解：流转税附加、印花税、城镇土地使用税、资源税、土地增值税的纳税人。熟悉：流转税附加、印花税、城镇土地使用税、资源税、土地增值税的计税依据、税率，流转税附加、印花税、城镇土地使用税、资源税、土地增值税税收优惠的规定。掌握：流转税附加、印花税、城镇土地使用税、印花税、资源税、土地增值税等税种应纳税额的计算、账务处理、税收征管规定与纳税申报方法。

本章知识结构图

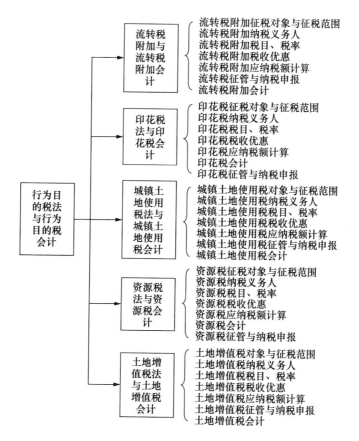

案例导入

章华是 ABC 公司财务部新报到的一名大学生，财务部经理安排她办理公司纳税会计事项。在师傅的指导下，章华翻阅了以前年度纳税资料，基本熟悉了公司主要经济业务交易和事项。同时，章华发现公司除了缴纳增值税等流转税之外，还缴纳城建税与教育费附加等流转税附加、印花税、资源税、城镇土地使用税、土地增值税等诸多税种。这些税具有征税范围广、对象繁多，计税依据、税率、税收优惠、征管范围与方法各异，章华一头雾水但仍未看出个究竟，便向师傅请教。师傅说这些税是国家出于特定目的对企业特定行为和占有资源征收的一种税，可归类合称为行为目的与资源税。行为目的税一般按月计算缴纳；资源税按年计算，分月、季预缴，年末汇算清缴，由税务局负责征收。别看这些税种税额不大、计算简单，但稍有疏忽可能给企业带来很大的经济损失，绝不可等闲视之。要防止可能给企业带来的损失，必须掌握以下基本知识和技能：

- 熟悉各税种的纳税义务人、征税范围、征税对象、税目和税率等基本知识。
- 掌握各税种的计税依据、税收优惠的有关规定、应纳税额的计算方法。
- 掌握各税种会计处理的基本技能。
- 掌握各税种征管的有关规定、纳税申报表的编制方法，按期申报并缴纳税款。

第一节　流转税附加与流转税附加会计

流转税附加是以纳税人实际缴纳的增值税、消费税（以下简称为"两税"）为计税依据，附加征收的城市维护建设税（以下简称"城建税"）、教育费附加、地方教育费附加。

一、流转税附加概述

（一）流转税附加的纳税义务人、征收率和征收依据

1. 流转税附加的纳税义务人、扣缴义务人

流转税附加的纳税义务人（以下简称"纳税人"）是指负有缴纳"两税"义务的单位和个人。单位包括国有企业、集体企业、私营企业、股份制企业、其他企业和行政单位、事业单位、军事单位、社会单位、其他单位。个人包括个体工商户及其他个人。

流转税附加的代扣代交、代收代交一律比照增值税、消费税的有关规定办理。增值税、消费税的代扣代交、代收代交义务人同时也是流转税附加的代扣代交、代收代交

义务人。

2. 流转税附加的征收率

（1）城建税的税率。城建税的税率按照纳税人所在地的不同，设置了三档地区差别税率：①纳税人所在地为市区的，税率为7%；②纳税人所在地为县城、镇的，税率为5%；③纳税人所在地不在市区、县城或者镇的，税率为1%。

由受托方代扣代缴、代收代缴"两税"的单位和个人，其代扣代缴、代收代缴的城建税按受托方所在地适用税率执行。

流动经营等无固定纳税地点的单位和个人，在经营地缴纳"两税"的，其城建税的缴纳按经营地适用税率执行。

（2）教育费附加征收率。现行教育费附加征收比率为3%，地方教育费附加征收率统一为2%。

3. 流转税附加征收依据的有关规定

（1）城建税、教育费附加和地方教育费附加的计税依据是纳税人实际缴纳的"两税"税额。纳税人因违反"两税"等有关税法规定而被加收了滞纳金和罚款的，该滞纳金和罚款不作为城建税的计税依据。

（2）纳税人在被查补"两税"和被处以罚款时，应同时对其偷漏的城建税进行补税、征收滞纳金和罚款。纳税人享受免征或减征"两税"的，同时免征或减征城建税。对出口货物退还增值税、消费税时，不退还已缴纳的城建税。

（3）中外合作油（气）田开采的原油、天然气，在按5%税率缴纳实物增值税后，以合作油（气）田实际缴纳的增值税税额为计税依据，缴纳城市维护建设税和教育费附加。

考考你

税法对城建税和教育费附加的计税依据是如何规定的？

（二）流转税附加优惠

1. 城建税的税收优惠

（1）城建税按减免后实际缴纳的"两税"税额计征，即随"两税"的减免而减免。

（2）对于因减免税而需进行"两税"退库的，城建税也可同时退库。

（3）对"两税"实行先征后返、先征后退、即征即退办法的，除另有规定外，对随"两税"附征的城市维护建设税和教育费附加，一律不予退（返）还。

（4）对海关进口产品代征的增值税、消费税，不征收城建税。

（5）对国家重大水利工程建设基金免征教育费附加。

2. 教育费附加的优惠

（1）对由于减免"两税"而发生退税的，可同时退还已征收的教育费附加；但对于出口产品退还增值税、消费税的，不退还已征收的教育费附加。

（2）对海关进口产品征收的增值税、消费税不征收教育费附加。

（3）对国家重大水利工程建设基金免征教育费附加。

（4）凡缴纳消费税、增值税的单位和个人，除缴纳农村教育事业费附加的单位外，都应当依照本规定缴纳教育费附加。

3. 教育费附加的免征

（1）月销售或营业额不超过 10 万元，季销售额或营业额不超过 30 万元的缴纳义务人，享受免征教育费附加、地方教育费附加的优惠政策。

（2）对新办的商贸企业（从事批发、批零兼营以及其他非零售业务的商贸企业除外），当年新招用下岗失业人员达到职工总数 30% 以上（含 30%），并与其签订 1 年以上期限劳动合同的，经劳动保障部门认定，税务机关审核，3 年内免征教育费附加。

（3）对下岗失业人员从事个体经营（建筑业、娱乐业以及广告业、桑拿、按摩、网吧、氧气吧除外）的，自领取税务登记证之日起，3 年内免征教育费附加。

二、流转税附加计算与会计处理

（一）流转税附加的计算

1. 应纳城建税税额的计算

纳税人应纳的城建税额大小是由纳税人实际缴纳的"两税"税额决定的，其计算公式为：

应纳税额 = 实际缴纳的（增值税 + 消费税）税额 × 适用税率

2. 应纳教育费附加的计算

教育费附加根据纳税人实际缴纳的"两税"税额为计征依据，按 3% 的征收率，分别与增值税、消费税同时缴纳。但对从事生产卷烟和经营烟叶的单位，减半征收教育费附加；对农村、乡镇企业由乡人民政府征收教育事业费附加的，不另征收教育费附加。教育费附加的计算公式为：

应纳教育费附加（地方教育费附加）= 实际缴纳的（增值税 + 消费税）税额 × 征收比率（3% 或 2%）

（二）流转税附加会计处理

企业应缴纳的城建税和教育费附加，通过"税金及附加""其他业务成本""固定资产清理"等科目核算。

期末，企业计算出应缴纳的城建税和教育费附加时，借记"税金及附加""其他业务成本""固定资产清理"等科目，贷记"应交税费——应交城建税（教育费附加）"科目。实际缴纳城市维护建设税和教育费附加时，借记"应交税费——应交城建税（教育费附加）"科目，贷记"银行存款"等科目。

【例5-1】 ABC公司2018年5月份实际缴纳增值税100万元，实际缴纳消费税80万元，销售不动产实际缴纳增值税10万元，转让专利使用权实际缴纳增值税5万元。企业所在地城建税税率为7%，教育费附加征收率为3%。公司当月应缴城建税与教育费附加及账务处理如下：

纳税人缴纳"两税"的依据不同，已分别计算并计入相应会计科目。本例中：

主营业务应缴纳城建税 = (100+80)×7% = 12.6（万元）

主营业务应缴纳教育费附加 = (100+80)×3% = 5.4（万元）

销售不动产应缴纳城建税 = 10×7% = 0.7（万元）

销售不动产应缴纳教育费附加 = 10×3% = 0.3（万元）

转让专利权应缴纳城建税 = 5×7% = 0.35（万元）

转让专利权应缴纳教育费附加 = 5×3% = 0.15（万元）

应交城建税合计 = 12.6+0.7+0.35 = 13.65（万元）

应交教育费附加合计 = 5.4+0.3+0.15 = 5.85（万元）

根据计算结果做如下会计分录：

借：税金及附加　　　　　　　　　　　　　　　　　　180 000

　　固定资产清理　　　　　　　　　　　　　　　　　 10 000

　　其他业务成本　　　　　　　　　　　　　　　　　　5 000

　　贷：应交税费——城市维护建设税　　　　　　　　136 500

　　　　　　　　——教育费附加　　　　　　　　　　 58 500

三、流转税附加征管与纳税申报

（一）征收管理

1. 纳税环节与征收部门

纳税人缴纳"两税"的环节就是城建税和教育费附加的纳税环节。纳税人只要发生"两税"的纳税义务，就要在同样的环节，分别计算缴纳城建税和教育费附加。

教育费附加由主管税务局负责征收。

纳税人不按规定期限缴纳教育费附加，需处以滞纳金和罚款的，由县、市人民政府规定。

对国营和集体批发企业和其他企业，在批发环节代扣代缴零售环节或临时经营增值税时，不扣缴教育费附加，而由纳税单位或个人回到其所在地申报缴纳。

2. 纳税地点

纳税人缴纳"两税"的地点，就是该纳税人缴纳城建税和教育费附加的地点。

预缴增值税的纳税人在其机构所在地申报缴纳增值税时，以其实际缴纳的增值税税额为计税依据，并按机构所在地的城市维护建设税适用税率和教育费附加征收率就地计算缴纳城市维护建设税和教育费附加。

3. 纳税期限

纳税人在申报缴纳"两税"的同时申报缴纳城建税和教育费附加。具体纳税期限由主管税务机关根据纳税人应纳税额的大小分别核定。不能按照固定期限纳税的，可以按次纳税。

（二）纳税申报

城建税、教育费附加、地方教育附加税（费）申报表如表 5-1 所示。

第二节　印花税法与印花税会计

印花税是以经济活动和经济交往中，书立、领受、使用应税凭证为征税对象征收，具有行为税性质的凭证税，印花税因其采用在应税凭证上粘贴印花税票的方法缴纳税款而得名。印花税具有兼有凭证税和行为税性质、征税范围广泛、税率低、轻税重罚、由纳税人自行贴花纳税的特点。

一、印花税法概述

（一）征税范围

印花税的征税范围包括五大类：

1. 经济合同

经济合同包括购销合同、加工承揽合同、建筑工程勘察设计合同、建筑安装工程承包合同、财产租赁合同、货物运输合同、仓储保管合同、借款合同、财产保险合同和技术合同等十大类。

表 5 - 1　城建税、教育费附加、地方教育附加税（费）申报表

税款所属期限：自　年　月　日至　年　月　日　　　填表日期：　年　月　日　　　　　　　　　金额单位：元至角分

纳税人识别号：□□□□□□□□□□□□□□□□

纳税人信息	名称					所属行业			□单位　□个人			
	登记注册类型					联系方式						
	身份证件号码											

税（费）种	计税（费）依据				税率（征收率）	本期应纳税（费）额	本期减免税（费）额		本期已缴税（费）额	本期应补（退）税（费）额
	增值税	消费税	营业税	合计			减免性质代码	减免额		
	一般增值税									
	免抵税额									
	1	2	3	4	5 = 1 + 2 + 3 + 4	6	7 = 5 × 6	8	9	10	11 = 7 - 9 - 10
城建税										
教育费附加										
地方教育附加										
合计				—	—					

以下由纳税人填写：

纳税人声明	此纳税申报表是根据《中华人民共和国城市维护建设税暂行条例》《国务院征收教育费附加的暂行规定》《财政部关于统一地方教育附加政策有关问题的通知》和国家有关税收收规定填报的，是真实的、可靠的、完整的。	
	代理人签章	代理人身份证号
纳税人签章	受理日期　　年　月　日	受理税务机关签章

以下由税务机关填写：

受理人		

本表一式两份，一份纳税人留存，一份税务机关留存。

减免性质代码：减免性质代码按照国家税务总局制定下发的最新《减免性质及分类表》中的最细项减免性质代码填。

2. 产权转移书据

产权转移书据包括财产所有权、版权、商标专用权、专利权、专有技术使用权等五项产权的转移书据和土地使用权出让合同、土地使用权转让合同、商品房销售合同等权利转移合同。

3. 营业账簿

营业账簿按其反映内容的不同分为记载资金账簿和其他账簿。记载资金账簿是指反映生产经营单位资本金（包括"实收资本"和"资本公积"）数额增减变化的账簿。其他账簿是指除记载资金账簿以外有关其他生产经营活动内容的账册。

银行根据业务管理需要设置的各种登记簿，如空白重要凭证登记簿、有价单证登记簿、现金收付登记簿等，其记载的内容与资金活动无关，仅用于内部备查，属于非营业账簿，均不征收印花税。

4. 权利许可证照

权利许可证照包括政府发给的房屋产权证、工商营业执照、商标注册证、专利证、土地使用证等。

5. 其他

经财政部确定征税的其他凭证。

（二）纳税人

印花税的纳税义务人，是在中国境内书立、使用、领受印花税法所列举的凭证，并依法履行纳税义务的单位和个人。按照书立、使用、领受应税凭证的不同，纳税人可以分别确定为立合同人、立据人、立账簿人、领受人、使用人和各类电子应税凭证的签订人等。对由两方或两方以上当事人共同书立的应税凭证，其当事人各方都是印花税的纳税人，应各自按所持凭证的计税金额履行纳税义务。

（三）税目、税率

根据应纳税凭证性质的不同，印花税率法将征税对象分为经济合同、产权转移书据、营业账簿、权利许可证照和经财政部确定征税的其他凭证五个类别共有 13 个税目。其中，购销合同、加工承揽合同、建设工程勘察设计合同、建筑安装工程承包合同、财产租赁合同、货物运输合同、仓储保管合同、借款合同、财产保险合同、技术合同、产权转移书据 11 个税目，又有按比例税率计算和核定征收两种方式；权利许可证照按件计征印花税；营业账簿中的记载资金账簿按比例征收印花税，其他账簿按件征收印花税。比例税率、定额税率印花税税目税率表见表 5 - 2，核定征收印花税的凭证、计税依据和核定比例表见表 5 - 3。

表5－2 比例税率、定额税率印花税税目税率表

税 目	适用范围	税 率	纳税人	说 明
购销合同	包括供应、预购、采购、购销结合及协作、调剂、补偿、易货等合同	按购销金额3‰贴花	立合同人	
加工承揽合同	包括加工、定做、修缮、修理、印刷广告、测绘、测试等合同	按加工或承揽收入的5‰贴花	立合同人	
建设工程勘察设计合同	包括勘察、设计合同	按收取费用5‰贴花	立合同人	
建筑安装工程承包合同	包括建筑、安装工程承包合同	按承包金额3‰贴花	立合同人	
财产租赁合同	包括租赁房屋、船舶、飞机、机动车辆、机械、器具、设备等合同	按租赁金额1‰贴花。税额不足1元，按1元贴花	立合同人	
货物运输合同	包括民用航空运输、铁路运输、海上运输、内河运输、公路运输和联运合同	按运输收取费用5‰贴花	立合同人	单据作为合同使用按合同贴花
仓储保管合同	包括仓储、保管合同	按仓储收取的保管费用1‰贴花	立合同人	仓单或栈单作为合同使用的，按合同贴花
借款合同	银行及其他金融组织和借款人（不包括银行同业拆借）所签订的借款合同	按借款金额0.5‰贴花	立合同人	单据作为合同使用的，按合同贴花
财产保险合同	包括财产、责任、保证、信用等保险合同	按收取的保险费1‰贴花	立合同人	单据作为合同使用的，按合同贴花
技术合同	包括技术开发、转让、咨询、服务等合同	按记载金额3‰贴花	立合同人	
产权转移书据	包括财产所有权和版权、商标专用权、专利权、专有技术使用权等转移书据、土地使用权转让合同、商品房销售合同	按所记载金额3‰贴花	立据人	
营业账簿	生产、经营用账册	记载资金的账簿，按实收资本和资本公积的合计金额5‰贴花，其他账簿按件贴花5元*	立账簿人	
权利、许可证照	包括政府部门发给的房屋产权证、工商营业执照、商标注册证、专利证、土地使用证	按件贴花5元	领受人	

注：自2014年6月1日起，在上交易、深交所、全国中小企业股份转让系统买卖、继承、赠与优先股所书立的股权转让书据，均依书立时实际成交金额，由出让方按1‰的税率计算缴纳证券（股票）交易印花税。

* 自2018年5月1日起，对纳税人设立的资金账簿按实收资本和资本公积合计金额征收的印花税减半，对按件征收的其他账簿免征印花税。

表5-3　核定征收印花税的凭证、计税依据和核定比例表

序号	应税凭证类别	计税依据	核定比例（%）	税率（‰）	说明
1	工业企业的购销合同	产品销售收入	70	0.3	
2	商业企业的购销合同	商品销售收入	40	0.3	
3	房地产开发企业的购销合同	房地产销售收入	100	0.5	
4	其他行业的购销合同	销售收入	40	0.3	
5	加工承揽合同	加工或承揽金额	80	0.5	
6	建设工程勘察设计合同	勘察、设计费	100	0.5	
7	建筑安装工程承包合同	承包金额或工程造价	100	0.3	
8	财产租赁合同	租赁金额	100	1	
9	货物运输合同	运输费用	100	0.05	
10	仓储保管合同	仓储保管费用	100	1	
11	财产保险合同	保费金额	100	1	
12	借款合同	借款金额	100	0.05	
13	技术合同	技术开发、转让、咨询、服务费	100	0.3	
14	产权转移书据	转让金额	100	0.5	

此外，根据国务院的专门规定，股份制企业向社会公开发行的股票，因买卖、继承、赠与所书立的股权转让书据，应当按照书据书立的时候证券市场当日实际成交价格计算的金额，由出让方按照1‰的税率缴纳印花税。

（四）税收优惠

1. 免征印花税

下列凭证可以免征印花税：

• 对已缴纳印花税凭证的副本或者抄本免税，但以副本或者抄本视同正本使用者除外。

• 无息、贴息贷款合同。

• 财产所有人将财产赠给政府、抚养孤老伤残人员的社会福利单位、学校所立的书据。

• 国家指定的收购部门与村民委员会、农民个人书立的农副产品收购合同。

• 外国政府、国际金融组织向中国政府、国家金融机构提供优惠贷款所书立的合同。

• 企业因改制而签订的产权转移书据。

• 农民专业合作社与本社成员签订的农业产品和农业生产资料购销合同；农林作物、牧业畜类保险合同，可以免税。

●个人出租、承租住房签订的租赁合同，廉租住房、经济适用住房经营管理单位与廉租住房、经济适用住房有关的凭证，廉租住房承租人、经济适用住房购买人与廉租住房、经济适用住房有关的凭证。

2. 暂免征收印花税

下列项目可以暂免征收印花税：

●农林作物、牧业畜类保险合同。

●书、报、刊发行单位之间，发行单位与订阅单位、个人之间书立的凭证。

●投资者买卖证券投资基金单位。

●经国务院和省级人民政府决定或者批准进行政企脱钩、对企业（集团）进行改组和改变管理体制、变更企业隶属关系、国有企业改制、盘活国有企业资产，发生的国有股权无偿划转行为。

●个人销售、购买住房。

二、印花税应纳税额计算与会计处理

（一）应纳税额计算

印花税以应纳税凭证所记载的金额、费用、收入额或者凭证的件数为计税依据，按照规定的适用税率或者税额标准计算缴纳。按比例缴纳印花税应纳税额计算公式为：

应纳税额＝应税凭证记载的金额（费用或者收入额）×适用税率

按定额税率缴纳印花税应纳税额计算公式：

应纳税额＝适用税额标准×应税凭证的件数

核定征收印花税应纳税额的计算公式：

应纳印花税＝计税依据×核定比例×税率

【例5-2】　ABC公司2018年3月开业，当年发生以下有关业务事项：领受土地使用证、房屋产权证、工商营业执照各1件；与M公司订立转移专用技术使用权书据1份，所载金额为100万元；订立产品购销合同1份，所载金额为200万元；订立借款合同1份，所载金额为400万元；企业记载资金的账簿，"实收资本"为800万元；其他营业账簿10本。

印花税应分别不同税目的计税依据、其适用税率分别计算，不得将不同税目混淆计算。本例中，ABC公司2018年应缴纳的印花税税额计算如下：

企业领受权利许可证照应纳税额＝3×5＝15(元)

企业订立产权转移书据应纳税额＝1 000 000×5‰＝500(元)

企业订立购销合同应纳税额＝2 000 000×3‰＝600(元)

企业订立借款合同应纳税额＝4 000 000×0.5‰＝200(元)

企业记载资金的账簿应纳税额＝8 000 000×5‰＝4 000(元)

企业其他营业账簿应纳税额 $= 10 \times 5 = 50(元)$

2018 年企业应纳印花税税额 $= 15 + 500 + 600 + 200 + 4\ 000 + 50 = 5\ 365(元)$

（二）印花税会计处理

企业印花税是通过"税金及附加"科目核算的。在购买印花税票或者用缴款书汇总缴纳印花税时，借记"税金及附加"科目，贷记"银行存款"或"库存现金"科目。

【例 5 - 3】 承【例 5 - 2】资料，ABC 公司企业核算印花税及缴纳印花税时，做如下会计分录：

借：税金及附加　　　　　　　　　　　　　　　　　　　　　　　5 365
　　贷：银行存款　　　　　　　　　　　　　　　　　　　　　　　5 365

三、印花税征管与纳税申报

（一）印花税征管

1. 印花税纳税时间

印花税纳税义务发生时间为：合同（协议）签订时、账簿启用时、证照领受时、资本注册增加时。在国外签订合同并且不便在国外贴花的，应在将合同带入境时办理贴花纳税手续。

2. 印花税缴纳方法

印花税实行由纳税人根据规定自行计算应纳税额，购买并一次贴足印花税票（以下简称贴花）的缴纳办法。印花税还可以委托代征，税务机关委托经由发放或者办理应税凭证的单位代为征收印花税税款。

3. 纳税地点

印花税一般实行就地纳税。对于全国性商品物资订货会（包括展销会、交易会等）上所签订合同应纳的印花税，由纳税人回其所在地后及时办理贴花完税手续；对地方主办、不涉及省际关系的订货会、展销会上所签订合同的印花税，其纳税地点由各省级人民政府自行确定。

（二）纳税申报

印花税的纳税人应按照条例的有关规定及时办理纳税申报，并如实填写《印花税纳税申报（报名）表》（见表 5 - 4）。

表5－4　印花税纳税申报（报告）表

税款所属期限：自　年　月　日　至　年　月　日

纳税人识别号

填表日期：　年　月　日

金额单位：元至角分

纳税人信息	名称					
	登记注册类型			所属行业号码		□单位　□个人
	身份证件类型			身份证件号码		
	联系方式					

应税凭证	计税金额或件数	核定征收		适用税率	本期应纳税额	本期已缴税额	本期减免税额		本期应补（退）税额
		核定依据	核定比例				减免性质代码	减免税额	
	1	2	3	4	5＝1×4＋2×3×4	6	7	8	9＝5－6－8
购销合同				0.3‰					
加工承揽合同				0.5‰					
建设工程勘察设计合同				0.5‰					
建筑安装工程承包合同				0.3‰					
财产租赁合同				1‰					
货物运输合同				0.5‰					
仓储保管合同				1‰					
借款合同				0.05‰					
财产保险合同				1‰					
技术合同				0.3‰					
产权转移书据				0.5‰					
营业账簿（记载资金账簿）	—			0.5‰					
营业账簿（其他账簿）	—			5					
权利、许可证照	—			5					
合计	—			—					

以下由纳税人填写

纳税人声明：此纳税申报表是根据《中华人民共和国印花税暂行条例》和国家有关税收规定填报的，是真实的、可靠的、完整的。

纳税人签章　　　代理人签章　　　代理人身份证号

以下由税务机关填写

受理人　　受理日期　年　月　日　　受理税务机关签章

本表一式两份，一份纳税人留存，一份税务机关留存。

减免性质代码：减免性质代码按照税务机关最新制发减免税政策代码表中的最细项减免性质代码填报。

印花税纳税
申报表填报
说明二维码

· 191 ·

（三）违章与处罚

在应纳税凭证上未贴或者少贴印花税票或者已粘贴在应税凭证上的印花税票未注销或者未划销的，已贴用的印花税票揭下重用造成未缴或少交印花税的，按期汇总缴纳印花税的纳税人超过税务机关核定的纳税期限未缴或少交印花税款的，由税务机关追缴其不交或者少交的税款、滞纳金，并处不交或者少交的税款 50% 以上 5 倍以下的罚款；构成犯罪的，依法追究刑事责任。

伪造印花税票的，由税务机关责令改正，处以 2 000 元以上 1 万元以下的罚款；情节严重的，处以 1 万元以上 5 万元以下的罚款；构成犯罪的，依法追究刑事责任。

纳税人违反规定的，由税务机关责令限期改正，可处以 2 000 元以下的罚款；情节严重的，处以 2 000 元以上 1 万元以下的罚款。

第三节　城镇土地使用税法与城镇土地使用税会计

城镇土地使用税是以开征范围内的土地为征税对象，以实际占用的土地面积为计税标准，按定额税率对拥有土地使用权的单位和个人征收的一种税。

一、城镇土地使用税法概述

（一）征税范围

城镇土地使用税的征税范围，包括在城市、县城、建制镇和工矿区内的国家所有和集体所有土地。其中，城市是指经国务院批准设立的市，征税范围包括市区和郊区；县城是指县人民政府所在地的城镇；建制镇是指经省级人民政府批准设立的建制镇；工矿区是指工商业比较发达，人口比较集中，符合国务院规定的建制镇标准但尚未设立建制镇的大中型工矿企业所在地，工矿区须经省级人民政府批准。

从 2007 年 7 月 1 日起，外商投资企业外国企业和在华机构用地也应缴纳城镇土地使用税。

坐落在农村地区的房地产不属于城镇土地使用税的征税范围。建立在城市、县城、建制镇和工矿区以外的工矿企业，不需缴纳城镇土地使用税。

（二）纳税人

在城市、县城、建制镇、工矿区范围内使用土地使用权的单位和个人，为城镇土地使用税（以下简称土地使用税）的纳税义务人。单位包括国有企业、集体企业、私营企业、股份制企业、外商投资企业、外国企业以及其他企业和事业单位、社会团体、国家机关、军队以及其他单位。个人包括个体工商户以及其他个人。土地使用税纳税人具体规定如下：

- 拥有土地使用权的单位和个人是纳税人。
- 拥有土地使用权的单位和个人不在土地所在地的，其土地的实际使用人和代管人为纳税人。
- 土地使用权未确定的或权属纠纷未解决的，其实际使用人为纳税人。
- 土地使用权共有的，共有各方都是纳税人，由共有各方分别纳税。

（三）税率

城镇土地使用税实行幅度定额差别税额，大、中、小城市划分标准及城镇土地使用税税率如表5-5所示。

表5-5　城镇划分标准及土地使用税税率表

级　别	税额/元·平方米	登记在册非农业户口人数	备注
大城市	1.5~30	50万以上	市区及郊区
中等城市	1.2~24	20万~50万	
小城市	0.9~18	20万以下	
县城、镇、工矿区	0.6~12		

省级人民政府应当在"城镇土地使用税条例"第四条规定的税额幅度内，根据市政建设状况、经济繁荣程度等条件，确定所辖地区的适用税额幅度。市、县人民政府应当根据实际情况，将本地区土地划分为若干等级，在省级人民政府确定的税额幅度内，制定相应的适用税额标准，报省级人民政府批准执行。

经省级人民政府批准，经济落后地区土地使用税的适用税额标准可适当降低，但降低额不得超过《城镇土地使用税条例》第四条规定最低税额的30%。经济发达地区土地使用税的适用税额标准可以适当提高，但须报财政部批准。

（四）税收优惠

1. 国家预算收支单位的自用地免税

- 国家机关、人民团体、军队自用的土地。但若对外出租、经营用地则还是要缴土地使用税。
- 由国家财政部门拨付事业经费的单位自用的土地。
- 宗教寺庙、公园、名胜古迹自用的土地。前述单位营业用地，应按规定缴纳土地使用税。
- 市政街道、广场、绿化地带等公共用地。
- 直接用于农、林、牧、渔业的生产用地。

● 经批准开山填海整治的土地和改造的废弃土地，从使用的月份起免缴土地使用税 5～10 年。

● 财政部另行规定免税的能源、交通、水利设施用地和其他用地。

2. 减免税政策

下列土地由省、自治区、直辖市地方税务局确定减免土地使用税：

● 个人所有的居住房屋及院落用地。

● 免税单位职工家属的宿舍用地。

● 民政部门举办的安置残疾人占一定比例的福利工厂用地。

● 集体和个人办的各类学校、医院、托儿所、幼儿园用地。

● 房地产开发公司建造商品房的用地，原则上应按规定计征城镇土地使用税。

● 向居民供热并向居民收取采暖费的供热企业暂免征收城镇土地使用税。

二、城镇土地使用税应纳税额计算与会计处理

（一）应纳税额计算

1. 计税依据

城镇土地使用税以纳税人实际占用的土地面积（平方米）为计税依据。纳税人实际占用的土地面积确定方法如下：

（1）凡由省级人民政府确定的单位组织测定土地面积的，以测定的面积为准。

（2）尚未组织测量，但纳税人持有政府部门核发的土地使用证书或土地使用权属资料的，以证书或权属资料确认的面积为准。

（3）尚未核发土地使用证书或土地使用权属资料的，应由土地使用人申报土地面积作为计税依据，待核发土地使用证以后再作调整。

（4）对在城镇土地使用税征税范围内单独建造的地下建筑用地，按规定征收城镇土地使用税。其中，已取得地下土地使用权证的，按土地使用权证确认的土地面积计算应征税款；未取得地下土地使用权证或地下土地使用权证上未标明土地面积的，按地下建筑垂直投影面积计算应征税款。

对上述地下建筑用地暂按应征税款的 50% 征收城镇土地使用税。

值得注意的是，税务机关不能核定纳税人实际使用的土地面积。

2. 应纳税额的计算

城镇土地使用税以纳税人实际使用应税土地面积，按土地所在地段适用的单位税额计算。其公式：

应纳城镇土地使用税额＝实际占用应税土地面积（平方米）×适用单位税额

【例5-4】 京华电子公司实际占用土地43 000平方米，其中企业自己办的托儿所用地1 000平方米，企业自己办的医院占地2 000平方米。该厂位于中等城市，当地人民政府核定该企业的土地使用税单位税额为9元/平方米。计算其全年应纳的土地使用税税额。

企业自办托儿所、幼儿园、学校、医院占用的土地，可以免缴土地使用税，因而该厂年度应纳的土地使用税税额计算为：

应纳税额 =（43 000 - 1 000 - 2 000）×9 = 360 000（元）

【例5-5】 锦绣服装厂和光华宾馆共同使用一块面积为100 000平方米的土地。其中，服装厂使用65 000平方米，光华宾馆用地面积为35 000平方米，服装厂和光华宾馆位于30万人的城市，当地政府核定单位税额为8元/平方米。计算服装厂和光华宾馆各自缴纳的土地使用税额。

土地使用权共有的，应按土地使用权共有各方实际使用的土地面积，分别计算土地使用税。服装厂占用的土地面积是总土地面积的65%（65 000/100 000），光华宾馆占用的土地面积是总面积的35%（35 000/100 000）。服装厂、光华宾馆应分别承担土地使用税的65%和35%。

锦绣服装厂应纳税额 = 100 000 × 8 × 65% = 520 000（元）

光华宾馆应纳税额 = 100 000 × 8 × 35% = 280 000（元）

（二）会计处理

缴纳城镇土地使用税的单位，应按计提的土地增值税额，借记"税金及附加"科目，贷记"应交税费——应交土地使用税"科目。缴纳土地使用税时，借记"应交税费——应交土地使用税"科目，贷记"银行存款"科目。

【例5-6】 沿用【例5-4】资料，京华公司计提土地使用税时，做如下会计分录。

借：税金及附加　　　　　　　　　　　　　　　　　　　　360 000
　　贷：应交税费——应交土地使用税　　　　　　　　　　　　360 000

缴纳土地使用税时，做如下会计分录：

借：应交税费——应交土地使用税　　　　　　　　　　　　360 000
　　贷：银行存款　　　　　　　　　　　　　　　　　　　　360 000

三、城镇土地使用税征管与纳税申报

（一）城镇土地使用税征管

1. 纳税期限

城镇土地使用税采用按年计算、分期缴纳的征收方法，纳税期限由省级人民政府确定。

2. 纳税义务发生时间

（1）购置新建商品房，自房屋交付使用之次月起缴纳城镇土地使用税。

（2）购置存量房，自办理房屋权属转移、变更登记手续，房地产权属登记机关签发房屋权属证书之次月起，缴纳城镇土地使用税。

（3）出租、出借房产，自交付出租、出借房产之次月起缴纳城镇土地使用税。

（4）以出让或转让方式有偿取得土地使用权的，应由受让方从合同约定交付土地时间的次月起缴纳城镇土地使用税；合同未约定交付时间的，由受让方从合同签订的次月起缴纳城镇土地使用税。

（5）纳税人新征用的耕地，自批准征用之日起满 1 年时开始缴纳土地使用税。纳税人新征用的非耕地，自批准征用次月起缴纳土地使用税。

（6）房地产开发企业自用、出租、出借本企业建造的商品房，自房屋使用或交付之次月起，缴纳城镇土地使用税。

3. 纳税地点和征收机构

土地使用税在土地所在地缴纳。

土地使用税由土地所在地的税务机关征收。在税务机关负责征收的同时，还必须注意加强同国土管理、测绘等有关部门的联系，及时取得土地的权属资料，共同协作把征收管理工作做好。

（二）纳税申报

纳税人应按照城镇土地使用税条例规定的期限，如实填写城镇土地使用税纳税申报表。纳税人如有住址变更、土地使用权属转换等情况，按规定期限办理申报变更登记。城镇土地使用税纳税申报表格式如表 5 – 6 所示，城镇土地使用税纳税申报表（汇总版）如表 5 – 7 所示。

第四节　资源税法与资源税会计

一、资源税法

资源税是以各种应税自然资源为课税对象征收的一种流转税。现行资源税是对在我国境内从事应税资源矿产品开采和生产盐的单位和个人，就其销售或自用的资源产品数量征收的一种税。

表 5－6　城镇土地使用税纳税申报表

税款所属期限：自　年　月　日　至　年　月　日　　填表日期：　年　月　日

金额单位：元至角分；面积单位：平方米

纳税人识别号 □□□□□□

纳税人信息	名称				纳税人分类	单位□　个人□
	登记注册类型	*			所属行业	
	身份证件类型	身份证□　护照□　其他□			身份证件号码	*
	联系人				联系方式	

申报纳税信息	土地编号	宗地的地号	土地等级	税额标准	土地总面积	所属期起	所属期止	本期应纳税额	本期减免税额	本期已缴税额	本期应补（退）税额
	*	*									
	*	*									
	*	*									
	*	*									
	合计	*				*	*				

以下由纳税人填写：

纳税人声明	此纳税申报表是根据《中华人民共和国城镇土地使用税暂行条例》和国家有关税收规定填报的，是真实的、可靠的、完整的。
纳税人签章	
受理人	

以下由税务机关填写：

代理人签章		代理人身份证号	
受理日期　　年　月　日		受理税务机关签章	

本表一式两份，一份纳税人留存，一份税务机关留存。

* 表示不填列数字，下同。

城镇土地使用税纳税申报表填报说明二维码

表 5-7 城镇土地使用税纳税申报表（汇总版）

金额单位：元至角分；面积单位：平方米

税款所属期限：自 年 月 日至 年 月 日 填表日期： 年 月 日

纳税人识别号：□□□□□□□□□□□□□□□□□

纳税人信息	名称			纳税人分类		单位□ 个人□
	登记注册类型	*		所属行业		*
	身份证件类型	身份证□ 护照□ 其他□		身份证件号码		
	联系人			联系方式		

申报纳税信息	土地等级	税额标准	土地总面积	所属期起	所属期止	本期应纳税额	本期减免税额	本期应纳税额	本期已缴税额	本期应补（退）税额
	合计									

以下由纳税人填写：

纳税人声明	此纳税申报表是根据《中华人民共和国城镇土地使用税暂行条例》和国家有关税收规定填报的，是真实的、可靠的、完整的。	
纳税人签章		代理人身份证号
		代理人签章

以下由税务机关填写：

受理人		受理日期 年 月 日	受理税务机关签章

城镇土地使用税
纳税申报表（汇
总版）填报说明
二维码

（一）资源税征税范围（对象）

资源税的征税范围是在中华人民共和国领域及管辖海域开采的矿产品或者生产的盐，包括煤、石油、天然气、黑色金属矿原矿、有色金属矿原矿和盐六大类。

（二）纳税人与扣缴义务人

在中国领域和管辖的其他海域开采矿产品或者生产盐的单位和个人，为资源税的纳税人。单位是指企业和行政单位、事业单位、军事单位、社会团体及其他单位，个人是指个体经营者和其他个人。

收购未税矿产品的单位为资源税的扣缴义务人。收购未税矿产品的单位是指独立矿山、联合企业和其他单位。

（三）税目、税率

资源税的税目、税率，依照资源税法所附《资源税税目税率幅度表》执行。资源税税目、税率幅度表如表5-8所示。

表5-8 资源税税目、税率幅度表

序号	税 目		征税对象	税率幅度
1	原油		天然原油	6%~10%
2	天然气		专门开采或与原油同时开采的天然气	6%~10%
3	煤炭		原煤和洗选煤	2%~10%
4	金属矿	稀土矿	精矿	7.5%~27%
5		钨矿	精矿	6.5%
6		钼矿	精矿	11%
7		铁矿	精矿	1%~6%
8		金矿	金锭	1%~4%
9		铜矿	精矿	2%~8%
10		铝土矿	原矿	3%~9%
11		铅锌矿、镍矿、锡矿	精矿	2%~6%
12		未列举名称的其他金属矿产品	原矿或精矿	税率不超过20%
13	非金属矿	石墨	精矿	3%~10%
14		硅藻土、萤石、硫铁矿	精矿	1%~6%
15		高岭土	原矿	1%~6%
16		石灰石	原矿	1%~6%
17		磷矿	原矿	3%~8%
18		氯化钾	精矿	3%~8%

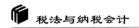

续表

序号	税 目		征税对象	税率幅度
19		硫酸钾	精矿	6%~12%
20		井矿盐、湖盐	氯化钠初级产品	1%~6%
21		提取地下卤水晒制的盐	氯化钠初级产品	3%~15%
22	非金属矿	煤层（成）气	原矿	1%~2%
23		黏土、砂石	原矿	每吨或立方米0.1~5元
24		未列举名称的其他非金属矿产品	原矿或精矿	从量税率每吨或立方米不超过30元；从价税率不超过20%
25		海盐	氯化钠初级产品	1%~5%
26	水资源		地表水	每立方米不低于0.4元
			地下水	每立方米不低于1.5元
			水力发电和火力发电贯流式取水	每千瓦时0.005元

注：氯化钠初级产品是指井矿盐、湖盐原盐、提取地下卤水晒制的盐和海盐原盐，包括固体和液体形态的初级产品。

1. 税目、税率的确定

对《资源税税目税率幅度表》中列举名称的资源品目，由省级人民政府在规定的税率幅度内提出具体适用税率建议，报财政部、国家税务总局确定核准。

对未列举名称的其他金属和非金属矿产品，由省级人民政府根据实际情况确定具体税目和适用税率，报财政部、国家税务总局备案。

各省级人民政府应当按财税〔2016〕53号所附《资源税税目税率幅度表》提出或确定本地区资源税适用税率。测算具体适用税率时，要充分考虑本地区资源禀赋、企业承受能力和清理收费基金等因素，按照改革前后税费平移原则，以近几年企业缴纳资源税、矿产资源补偿费金额（铁矿石开采企业缴纳资源税金额按40%税额标准测算）和矿产品市场价格水平为依据确定。一个矿种原则上设定一档税率，少数资源条件差异较大的矿种可按不同资源条件、不同地区设定两档税率。金属矿、非金属矿、海盐税目税率按相关规定执行。

2. 扣缴义务人适用的税率

（1）独立矿山、联合企业收购未税矿产品的单位，按照本单位应税产品税额、税率标准，依据收购的数量代扣代缴资源税。

（2）其他收购单位收购的未税矿产品，按税务机关核定的应税产品税额、税率标准，依据收购的数量代扣代缴资源税。

（四）税收优惠

（1）对依法在建筑物下、铁路下、水体下（以下简称"三下"）通过充填开采方式采出的矿产资源，资源税减征50%。"三下"的具体范围由省税务机关商同级国土资源主管部门确定。

（2）对实际开采年限在 15 年（含）以上的衰竭期矿山开采的矿产资源，资源税减征 30%。

（3）对开采原油过程中用于加热的原油、天然气，免征资源税。

（4）油田范围内运输稠油过程中用于加热的原油、天然气，免征资源税。

（5）纳税人开采或者生产应税产品过程中，因意外事故或者自然灾害等原因遭受重大损失的，由省级人民政府酌情决定减税或者免税。

（6）尾矿再利用的，不再征收资源税。

（7）对地面抽采煤层气暂不征收资源税。

（8）纳税人在新疆开采的原油、天然气，自用于连续生产原油、天然气的，不缴纳资源税；自用于其他方面的视同销售计算缴纳资源税。

（9）纳税人开采原油、天然气，有下列情况之一的，免征或减征资源税：

1）我国油气田稠油、高凝油和高含硫天然气，资源税减征 40%。

2）对三次采油，资源税减征 30%。

3）从低丰度油气田、低品位矿、尾矿、废石中采选的矿产品，经国土资源等主管部门认定，资源税减征 20%。

4）从深水油气田开采的原油、天然气，减征 30% 资源税。

符合上述减免税规定的原油、天然气划分不清的，一律不予减免资源税；纳税人开采的原油、天然气同时符合上述两项及两项以上减税规定的，只能选择其中一项执行，不能叠加适用。

（10）对开采稠油、高凝油、高含硫天然气、低丰度油气资源及三次采油的陆上油气田企业，根据以前年度符合上述减税规定的原油、天然气销售额占其原油、天然气总销售额的比例，确定资源税综合减征率和实际征收率，计算资源税应纳税额。计算公式为：

综合减征率 $= \sum ($ 减税项目销售额 $\times$ 减征幅度 $\times 6\%) \div$ 总销售额

实际征收率 $= 6\% -$ 综合减征率

应纳税额 $=$ 总销售额 $\times$ 实际征收率

（11）自 2018 年 4 月 1 日至 2021 年 3 月 31 日，对页岩气资源税（按 6% 的规定税率）减征 30%。

纳税人的减税、免税项目，纳税人应当单独核算销售额和销售数量；未单独核算或者不能准确提供销售额和销售数量的，不予减税或者免税。

纳税人开采或者生产不同税目应税产品的，应当分别核算不同税目应税产品的销售额或者销售数量；未分别核算或者不能准确提供不同税目应税产品的销售额或者销售数量的，从高适用税率。

纳税人开采销售的应税矿产资源（同一笔销售业务）同时符合两项（含）以上资源税备案类减免税政策的，纳税人可选择享受其中一项优惠政策，不得叠加适用。

充填开采和衰竭期矿山减征资源税的优惠政策，不适用于原油、天然气、煤炭、稀土、钨、钼，上述资源税税目的有关优惠政策仍按原文件执行。

特别提示

资源税仅对在我国境内开采或生产应税产品的单位和个人征收，进口的矿产品和盐不征收资源税；与此相对应，出口应税产品也不免征或退还已纳资源税。

对鼓励利用的低品位矿、废石、尾矿、废渣、废水、废气等提取的矿产品，由省级人民政府根据实际情况确定是否减税或免税，并制定具体办法。

为促进共伴生矿的综合利用，纳税人开采销售共伴生矿，共伴生矿与主矿产品销售额分开核算的，对共伴生矿暂不计征资源税；没有分开核算的，共伴生矿按主矿产品的税目和适用税率计征资源税。财政部、国家税务总局另有规定的，从其规定。

二、资源税应纳税额计算与会计处理

（一）计税依据的一般规定

从价计征的计税依据为应税产品销售额，从量计征的计税依据为应税产品销售数量。应税产品的销售额和销售数量按照以下方法确定：

（1）纳税人销售原矿的，按照原矿的销售额或者销售数量确定。

（2）纳税人销售选矿产品的，按照选矿产品的销售额或者销售数量确定。

（3）纳税人销售盐的，按照盐的销售额或者销售数量确定。

（4）纳税人以自采原矿直接加工为非应税产品的，视同原矿销售；纳税人以自采原矿洗选（加工）后的精矿连续生产非应税产品的，视同精矿销售；以应税产品投资、分配、抵债、赠与、以物易物等，按照视同销售额或者销售数量确定。

（二）从价定率应纳税额的计算

1. 从价定率征收的范围

纳税人开采或生产原油、天然气、煤炭、金属矿（含未列举名称的其他金属矿）、海盐，实行从价计征资源税。

纳税人将应税产品用于投资、分配、抵债、赠与、以物易物以及连续生产非应税产品等方面的，视同销售，依照资源税法缴纳资源税。

2. 计税依据的确定

（1）一般情况下，从价定率征税的计税依据是应税产品的计税销售额。计税销售额是指纳税人销售应税产品向购买方收取的全部价款和价外费用，不包括增值税销项税额和运杂费。价外费用包括向购买方收取的手续费、补贴、基金、集资费、返还利润、奖励费、违约金、滞纳金、延期付款利息、赔偿金、代收款项、代垫款项、包装费、包装物租金、储备费、优质费、运输装卸费以及其他各种性质的价外收费。但下列项目不包括在内：①同时符合以下条件的代垫运输费用：承运部门的运输费用发票开具给购货方的；纳税人将该项发票转交给购货方的。②同时符合以下条件代为收取的政府性基金或者行政事业性收费：由国务院或者财政部批准设立的政府性基金，由国务院或者省级人民政府及其财政主管部门、价格主管部门批准设立的行政事业性收费；收取时开具省级以上财政部门印刷的财政票据；收款项全额上缴财政。

（2）对同时符合以下条件的运杂费用，纳税人在计算应税产品计税销售额时，可予以扣减：①包含在应税产品销售收入中；②属于纳税人销售应税产品环节发生的运杂费用，具体是指运送应税产品从坑口或者洗选（加工）地到车站、码头或者购买方指定地点的运杂费用，包括运输费用、建设基金以及随运销产生的装卸、仓储、港杂费用；③取得相关运杂费用发票或者其他合法有效凭据；④将运杂费用与计税销售额分别进行核算。凡未取得相应凭据或不能与销售额分别核算的，应当一并计征资源税。

纳税人扣减的运杂费用明显偏高导致应税产品价格偏低且无正当理由的，主管税务机关可以合理调整计税价格。

（3）纳税人开采或者生产不同税目应税产品的，应当分别核算不同税目应税产品的销售额或销售数量；未分别核算或者不能准确提供不同税目应税产品的销售额或者销售数量的，从高适用税率。

（4）纳税人有视同销售应税产品行为而无销售价格的，或者申报的应税产品销售价格明显偏低且无正当理由的，税务机关应按下列顺序确定其应税产品计税价格：

1）按纳税人最近时期同类产品的平均销售价格确定。

2）按其他纳税人最近时期同类产品的平均销售价格确定。

3）按应税产品组成计税价格确定。组成计税价格公式为：

组成计税价格＝成本×（1＋成本利润率）÷（1－资源税税率）

公式中的成本是指应税产品实际生产成本。成本利润率由省级税务机关确定。

4）按后续加工非应税产品销售价格，减去后续加工环节的成本利润后确定。

5）按其他合理方法确定。

（5）纳税人开采应税矿产品由其关联单位对外销售的，按其关联单位的销售额征收资源税。纳税人与其关联企业之间的业务往来，应当按照独立企业之间的业务往来收取或者支付价款、费用。不按照独立企业之间的业务往来收取或者支付价款、费用，而减少其计税销售额的，税务机关可以按照《税收征收管理法》及其实施细则的有关规定进行合理调整。

（6）纳税人既有对外销售应税产品，又有将应税产品用于除连续生产应税产品以外的其他方面的，则自用的应税产品按纳税人对外销售应税产品的平均价格计算销售额征收资源税。

（7）纳税人将其开采的应税产品直接出口的，按其离岸价格（不含增值税）计算销售额征收资源税。纳税人以人民币以外的货币结算销售额的，应当折合成人民币计算。其销售额的人民币折合率可以选择销售额发生当天或者当月1日的人民币汇率中间价。纳税人应在事先确定采用何种折合率计算方法，确定后1年内不得变更。

（8）为公平原矿与精矿之间的税负，对同一种应税产品，征税对象为精矿的，纳税人销售原矿时，应将原矿销售额换算为精矿销售额缴纳资源税；征税对象为原矿的，纳税人销售自采原矿加工的精矿，应将精矿销售额折算为原矿销售额缴纳资源税。换算比或折算率原则上应通过原矿售价、精矿售价和选矿比计算，也可通过原矿销售额、加工环节平均成本和利润计算。

金矿以标准金锭为征税对象，纳税人销售金原矿、金精矿的，应比照上述规定将其销售额换算为金锭销售额缴纳资源税。换算比或折算率由省级财税部门确定，并报财政部、国家税务总局备案。

3. 应纳税额的计算

从价定率应纳税额的，根据应税销售额和规定的适用税率计算应纳税额，计算公式为：

应纳税额＝计税销售额×比例税率

石油天然气产品应纳税额的计算。对开采稠油、高凝油、高含硫天然气和三次采油的陆上油气田企业：根据以前年度符合规定的减税条件的油气产品销售额占其全部油气产品总销售额的比例，确定其资源税综合减征率及实际征收率，计算资源税应纳税额。计算公式为：

综合减征率 $= \sum$（减税项目销售额×减征幅度×6%）÷总销售额

实际征收率＝6%－综合减征率

应纳税额＝总销售额×实际征收率

【例5-7】 某油田2018年3月开采原油80万吨，当月销售原油70万吨，非生产性自用5万吨，另有2万吨用于采油过程中加热、修井，3万吨待售，已知该油田每吨原油不含增值税售价为0.3万元，同时还向购买方收取违约金116万元，优质费58万元；支付从油田到车站运输费用50万元（符合扣除规定）。销售天然气取得不含税收入1 000万元，原油适用的资源税税率均为8%，天然气适用的资源税税率均为5%。

非生产自用原油视同销售应该缴纳资源税，加热、修井用的2万吨原油免征资源税，待售的3万吨原油待对外销售时再计算缴纳资源税；取得的违约金和优质费属于价外费用，价外费用是含税的，要换算成不含税销售额计征资源税；支付符合规定的运费可从售价中扣除。应纳税额计算如下：

$$应纳税额＝[0.3×(700\,000+50\,000)+(116+58)÷(1+16\%)-50]×8\%+1\,000×5\%$$
$$＝18\,058（万元）$$

4. 原煤从价定率应纳税额的计算

从价计征资源税的煤炭包括原煤和以原煤加工的洗选煤。应纳资源税计算公式为：

应纳税额＝应税煤炭销售额×适用税率

上述应税煤炭销售额不包括收取的增值税销项税额以及从洗选煤厂到车站、码头或购买方指定地点的运输费用。

（1）纳税人开采原煤直接对外销售的，以向购买方收取的全部价款和价外费用作为应税煤炭计税销售额，计算缴纳资源税。

（2）纳税人将开采原煤加工为洗选煤销售的，以洗选煤销售额乘以折算率作为应税煤炭销售额，计算缴纳资源税。

洗选煤应纳税额＝应税煤炭销售额×折算率×适用税率

洗选煤销售额是指纳税人销售洗选煤向购买方收取的全部价款和价外费用，包括洗选副产品销售额。

洗选煤折算率由省级财税部门或其授权地市级财税部门，通过洗选煤平均售价扣除洗选环节平均成本、洗选环节平均利润计算，也可通过洗选煤市场价格与其所用同类原煤市场价格的差额及综合回收率计算。洗选煤折算率一经确定，原则上在一个纳税年度内保持相对稳定。洗选煤折算率计算公式如下：

公式1：

$$洗选煤折算率=\frac{洗选煤平均销售额-洗选环节平均成本-洗选环节平均利润}{洗选煤平均销售额}\times100\%$$

洗选煤平均销售额、洗选环节平均成本、洗选环节平均利润可按照上年当地行业平均水平测算确定。

公式2：

洗选煤折算率＝原煤平均销售额÷（洗选煤平均销售额×综合回收）×100%

原煤平均销售额、洗选煤平均销售额可按照上年当地行业平均水平测算确定。

综合回收率＝洗选煤数量÷入洗前原煤数量×100%

【例5-8】　每吨原煤售价400元。洗煤厂消耗了价值50元的水电及人工成本，将原煤进行了洗选（不考虑损耗），按洗煤厂每吨煤炭50元的利润，计算洗选煤折算率。

根据公式1：洗选煤折算率＝（500-50-50）÷500×100%＝80%

根据公式2：洗选煤折算率＝8÷（10×100%）×100%＝80%

（3）纳税人将其开采的原煤自用于连续生产洗选煤的，在原煤移送使用环节不交资源税；自用于其他方面的，将其开采的原煤加工为洗选煤自用的，视同销售原煤、洗选煤，计算缴纳资源税。

（4）纳税人同时销售（包括视同销售）应税原煤和洗选煤的，应当分别核算原煤和洗选煤的销售额；未分别核算或者不能准确提供原煤和洗选煤销售额的，一并视同销售原煤按（1）计算缴纳资源税。

（5）纳税人同时以自采未税原煤和外购已税原煤加工洗选煤，应当分别核算，未分别核算的，按（2）计算缴纳资源税。

【例5-9】　某煤矿2018年4月将自产原煤用于连续生产洗选煤，当月销售洗选煤取得不含税收入50 000万元，适用税率为5%，折算率为80%；该煤矿同期还销售洗选煤副产品150万元。当月自用洗选煤1 000吨，每吨不含税售价为500元。该煤矿当月应纳资源税额计算如下：

应纳税额＝（50 000＋150＋500×1 000÷10 000）×5%×80%＝2 008（万元）

【例5－10】　某煤炭集团下属A、B、C三个矿区，该煤矿2018年2月份A矿区开采原煤100万吨，当月对外销售90万吨；为职工宿舍供暖使用本月开采的原煤2万吨；向洗煤车间移送本月开采的原煤5万吨加工洗煤，尚未对外销售；其余3万吨原煤待售。B矿区属衰竭期矿区，当月对外销售煤炭取得不含税收入800万元。C矿区当月对外销售充填开采置换出来的煤炭收入500万元，另取得从洗煤厂到码头不含增值税运费收入20万元符合规定的相关票据，已知该煤矿每吨原煤不含增值税售价为500元（不含从坑口到车站、码头等的运输费用），适用的资源税税率为5%。该煤炭集团分别核算不同矿区的销售额。

为职工宿舍供暖使用的2万吨原煤，视同销售，应缴纳资源税；移送继续加工洗煤的原煤，在移送环节不缴纳资源税。衰竭期矿区煤炭资源税应减征30%，充填开采置换出来的煤炭资源税应减征50%，取得的从洗煤厂到码头的不含增值税运费收入20万元不缴纳资源税。

$$应纳资源税＝（90＋2）×500×5\%＋800×5\%×（1－30\%）＋500×5\%×（1－50\%）$$
$$＝2 340.5（万元）$$

如果煤炭集团未分别核算不同矿区的煤炭销售额或不能准确核算各矿区煤炭销售额，当月应纳税额：

$$应纳税额＝（90＋2）×500×5\%＋800×5\%＋500×5\%＝2 365（万元）$$

5. 稀土、钨、钼从价计征应纳税额的计算

稀土、钨、钼实行从价定率计征，其应税产品包括原矿和以自采原矿加工的精矿。

（1）应纳税额的计算公式。

应纳税额＝精矿销售额×适用税率

（2）精矿销售额的计算公式。

精矿销售额＝精矿销售数量×单位价格

（3）原矿销售额与精矿销售额的换算。

成本法计算公式：精矿销售额＝原矿销售额＋原矿加工为精矿的成本×（1＋成本利润率）

市场法计算公式：精矿销售额＝原矿销售额×换算比

换算比＝同类精矿单位价格÷（原矿单位价格×选矿比）

选矿比＝加工精矿耗用原矿数量÷精矿数量

（三）从量征收应纳税额的计算

1. 从量征收的适用范围

从量征收资源税适用于经营分散、多为现金交易且难以控管的黏土、砂石等非金属矿原矿。

河北省自 2016 年 7 月 1 日起试点对水资源征收资源税。自 2017 年 12 月 1 日起，京、津、晋、内蒙古、豫、鲁、川、宁、陕等 9 省（区、市）试点对水资源征收资源税。

2. 从量征收资源税的计税依据

从量征收资源税的计税依据是计税销售数量，包括实际销售数量和视同销售的自用数量两部分。

实际销售数量按如下方法确定：①纳税人开采或者生产应税产品销售的，以实际销售数量（而非"生产数量"）为销售数量。②纳税人开采或者生产应税产品自用的，以移送时的自用数量（包括生产自用和非生产自用）为销售数量。③纳税人不能准确提供应税产品销售数量或移送使用数量的，以应税产品的产量或按主管税务机关确定的折算比换算成的数量为计征资源税的销售数量。④纳税人将其开采的矿产品原矿自用于连续生产精矿产品，无法提供移送使用原矿数量的，可将其精矿按选矿比折算成原矿数量，以此作为销售数量。

换算比 = 同类精矿单位价格 ÷（原矿单位价格 × 选矿比）

选矿比 = 加工精矿耗用的原矿数量 ÷ 精矿数量

纳税人不能准确提供应税产品销售数量的，以应税产品的产量为计征资源税的计税依据。

3. 应纳税额的计算

从量征收资源税的，应根据应税产品课税数量和规定的单位税额计算应纳税额。计算公式为：

应纳税额 = 计税销售数量 × 适用的定额税率

【例 5 - 11】　某砂石场 2018 年 3 月销售砂石 30 000 立方米，资源税税率为 3 元/立方米。计算该企业 3 月应纳资源税税额。

外销砂石应纳税额 = 3 × 30 000 = 90 000（元）

（四）海盐应纳税额的计算

纳税人以自产的液体盐加工固体盐销售的，以加工的固体盐数量为课税数量，按固体盐税额征收。纳税人以外购的液体盐加工成固体盐，其加工固体盐所耗用液体盐的已纳税额准予抵扣。应纳税额的计算公式为：

应纳税额 = 海盐销售额 × 适用税率

（五）已税产品与代扣资源税的税务处理

纳税人以自采未税产品和外购已税产品混合销售或者混合加工为应税产品销售的，在计算应税产品计税销售额时，准予扣减已单独核算的已税产品购进金额；未单独核算的，一并计算缴纳资源税。已税产品购进金额当期不足扣减的可结转下期扣减。纳税人用已纳资源税的应税产品进一步加工应税产品销售的，不再缴纳资源税。

外购原矿或者精矿形态的已税产品与本产品征税对象不同的，在计算应税产品计税销售额时，应对混合销售额或者外购已税产品的购进金额进行换算或者折算。

独立矿山、联合企业收购未税矿产品，按照本单位应税产品税额（率）标准，代扣代缴资源税；其他收购单位收购的未税矿产品，按税务机关核定的应税产品税额（率）标准，代扣代缴资源税。

代扣代缴应纳税额 = 收购未税矿产品的数量 × 适用的单位税额

纳税人核算并扣减当期外购已税产品购进金额，应依据外购已税产品的增值税发票、海关进口增值税专用缴款书或者其他合法有效凭据。对资源税法所附《资源税税目税率表》规定实行从价计征的应税产品，应纳税额按照应税产品的销售额乘以具体适用的比例税率计算。

（六）资源税会计处理

1. 会计科目设置

资源税的核算是通过设置"应交税费——应交资源税"二级科目进行的，该二级科目贷方登记应缴纳的资源税金额，借方登记实际缴纳的资源税金额，期末贷方余额反映欠交的资源税，借方余额反映多交的资源税或待抵扣的资源税。

2. 账务处理

（1）销售应税资源产品资源税。纳税人计算出当期销售应税产品应缴纳资源税时，借记"税金及附加"科目，贷记"应交税费——应交资源税"科目；实际缴纳资源税时，借记"应交税费——应交资源税"科目，贷记"银行存款"科目。

【例5-12】 沿用【例5-7】的资料，该油田计算并缴纳应交资源税时，做如下会计分录：

借：税金及附加 180 580 000
  贷：应交税费——应交资源税 180 580 000
借：应交税费——应交资源税 180 580 000
  贷：银行存款 180 580 000

（2）自产自用应税资源产品资源税。纳税人计算出自用应税产品应缴纳的资源税时，借记"生产成本""制造费用"科目，贷记"应交税费——应交资源税"科目；实际缴纳资源税的账务处理与销售应税产品相同。

【例5-13】 沿用【例5-9】的资料，自用应税矿产品应交资源税时，做如下会计分录：

借：生产成本/制造费用 500 000
  贷：应交税费——应交资源税 500 000

（3）收购未税矿产品资源税。扣缴义务人收购未税矿产品，按实际支付的价款和代扣代缴的资源税，借记"材料采购"科目，按实际支付的价款，贷记"银行存款"科目，按代扣代缴的资源税额，贷记"应交税费——应交资源税"科目。实际缴纳资源税的账务处理与销售应税产品相同。

【例5-14】 华兴煤矿收购未税原煤10万吨，支付收购价3 000万元，代扣资源税款15万元。做如下会计分录：

借：材料采购 30 150 000

贷：应交税费——应交资源税 150 000

银行存款 30 000 000

（4）销售盐资源税。①外购液体盐加工固体盐，企业在购入液体盐时，按所允许抵扣的资源税，借记"应交税费——应交资源税"科目，按外购价款扣除允许抵扣资源税后的数额，借记"材料采购"等科目，按应支付的全部价款，贷记"银行存款""应付账款"等科目。②企业加工成固体盐后，在销售时，按计算出的销售固体盐应交的资源税，借记"税金及附加"科目，贷记"应交税费——应交资源税"科目；将销售固体盐应交的资源税扣抵液体盐已交资源税后的差额上交时，借记"应交税费——应交资源税"科目，贷记"银行存款"等科目。

三、资源税征管与纳税申报

（一）纳税义务发生时间

纳税人销售应税产品，纳税义务发生时间为收讫销售款或者取得索取销售款凭据的当日，具体如下：①纳税人销售应税产品采取分期收款结算方式的，为销售合同规定收款日期的当天；②纳税人销售应税产品采取预收货款结算方式的，为发出应税产品的当天；③纳税人销售应税产品采用其他结算方式的，为收讫销售款或者取得索取销售款凭据的当天；④纳税人自产自用的应税产品，纳税义务发生时间为移送使用应税产品的当天。

扣缴义务人代扣代缴税款的纳税义务发生时间，为支付首笔货款或首次开具支付货款凭据的当天。

特别提示

进口、批发、零售等环节不缴纳资源税。

（二）纳税环节

资源税在应税产品的销售或自用环节计算缴纳。纳税人以自采原矿加工精矿产品的，在原矿移送使用时不缴纳资源税，在精矿销售或者自用时缴纳资源税。

纳税人以自采原矿直接加工为非应税产品或者以自采原矿加工的精矿连续生产非应税产品的，在原矿或者精矿移送环节计算缴纳资源税。

纳税人开采或者生产应税产品，自用于连续生产应税产品的，不缴纳资源税；自用于连续生产应税产品以外其他方面的，缴纳资源税。

纳税人以自采原矿加工精矿产品的销售或自用的，缴纳资源税。

纳税人以自采原矿加工金锭的，在金锭销售或自用时缴纳资源税。纳税人销售自采原矿或者自采原矿加工的金精矿、粗金，在原矿或者金精矿、粗金销售时缴纳资源税，在移送使用时不缴纳资源税。

以应税产品投资、分配、抵债、赠与、以物易物等，视同销售，依照有关规定在应税产品所有权转移时计算缴纳资源税。

纳税人将开采的原煤自用于连续生产洗选煤的，在原煤移送使用环节不缴纳资源税；洗选煤在自用、销售时计算缴纳资源税。纳税人以自采原煤直接或者经洗选加工后连续生产焦炭、煤气、煤化工、电力及其他煤炭深加工产品的，视同销售，在原煤或者洗选煤移送环节缴纳资源税。纳税人同时以自采未税原煤和外购已税原煤加工洗选煤的，应当分别核算；未分别核算的，全部视为以自采未税原煤加工的洗选煤征税。

纳税人在资源税纳税申报时，除财政部、国家税务总局另有规定外，应将其应税项目和减免税项目分别计算和报送。

（三）纳税期限

资源税的纳税期限为 1 日、3 日、5 日、10 日、15 日或者 1 个月，由主管税务机关根据实际情况具体核定。不能按固定期限计算纳税的，可以按次计算纳税。

纳税人以 1 个月为一期纳税的，自期满之日起 10 日内申报纳税；以 1 日、3 日、5 日、10 日或者15 日为一期纳税的，自期满之日起 5 日内预缴税款，于次月 1 日起 10 日内申报纳税并结清上月税款。

扣缴义务人的解缴税款期限，比照上述规定执行。

（四）征收机关与纳税地点

资源税由税务机关依照《税收征收管理法》和资源税法的有关规定征收管理。纳税人应当向矿产品开采地或者盐生产地的税务机关申报缴纳资源税。海洋原油、天然气资源税由国家税务总局海洋石油税务管理机构负责征收管理。

纳税人应当向矿产品的开采地或盐的生产地缴纳资源税。纳税人在本省、自治区、直辖市范围内开采或者生产应税产品，其纳税地点需要调整的，由所在地省、自治区、直辖市税务机关决定。纳税人跨省开采资源税应税产品，其下属生产单位与核算单位不在同一省、自治区、直辖市的，其开采或者生产的应税产品，一律在开采地或者生产地纳税。实行从量计征的应税产品，其应纳税款一律由独立核算的单位按照每个开采地或者生产地的销售量及适用税率计算划拨；实行从价计征的应税产品，其应纳税款一律由独立核算的单位按照每个开采地或者生产地的销售量、单位销售价格及适用税率计算划拨。

扣缴义务人代扣代缴的资源税，应当向收购地主管税务机关缴纳。

（五）纳税申报

资源税申报是通过编制资源税纳税申报表进行的，纳税申报表的格式如表 5 - 9 所示。资源税纳税申报表附表（一）（原矿类税目适用）、资源税纳税申报表附表（二）（精矿类税目适用）格式如表 5 - 10 和表 5 - 11 所示。

第五节　土地增值税法与土地增值税会计

一、土地增值税法概述

土地增值税是对有偿转让国有土地使用权及地上建筑物和其他附着物产权（以下简称"转让房地产"），取得增值收入的单位和个人，就其转让房地产所取得的增值额征收的一种税。

（一）纳税义务人

土地增值税的纳税义务人是转让房地产并取得收入的单位和个人。土地增值税暂行条例的纳税人不论单位还是个人，不论经济性质，不论内资与外资企业，不论行业与部门，只要有偿转让房地产，都是土地增值税的纳税人。

（二）征税范围

根据《土地增值税暂行条例》及实施细则的规定，土地增值税是对转让房地产征收。

1. 基本征税范围

转让国有土地使用权。"国有土地"是指按国家法律规定属于国家所有的土地。转让国有土地使用权、地上的建筑物及其附着物并取得收入，是指土地使用者通过出让等形式取得土地使用权后，以出售或者其他方式有偿转让房地产的行为，包括出售、交换和赠与，不包括以继承、赠与方式无偿转让房地产的行为。

2. 地上建筑物及其附着物连同国有土地使用权一并转让

"地上建筑物"是指建于土地上的一切建筑物，包括地上地下的各种附属设施；"附着物"是指附着于土地上的不能移动或一经移动即遭损坏的物品。

在实际工作中，土地增值税的征税范围通过以下几条标准来判定。

（1）土地增值税是对转让国有土地使用权及其地上建筑物和附着物的行为征税。农村集体土地的自行转让是一种违法行为。对于违法将集体土地转让给其他单位和个人的情

表5-9 资源纳税申报表

根据国家税收法律法规及资源税有关规定制定本表。纳税人不论有无销售额，均应按照税务机关核定的纳税期限填写本表，并向当地税务机关申报。

税款所属时间：自 年 月 日至 年 月 日 填表日期： 年 月 日 金额单位：元至角分

纳税人识别号

纳税人名称		（公章）		法定代表人姓名		登记注册类型	注册地址		电话号码	生产经营地址	

开户银行及账号

税目	子目	折算率或换算比	计量单位	计税销售量	计税销售额	适用税率	本期应纳税额	本期减免税额	本期已缴税额	本期应补（退）税额
1	2	3	4	5	6	7	8①=6×7；8②=5×7	9	10	11=8-9-10
合计	—	—	—			—				

申报人声明

本纳税申报表是根据国家税收法律法规及相关规定填写的，我确定它是真实的、可靠的、完整的。

声明人签字：

接收日期： 年 月 日

授权声明

如果你已委托代理人申报，请填写下列资料：

为代理一切税务事宜，现授权_____（地址）_____为本纳税人的代理申报人，任何与本申报表有关的来文件，都可寄与此人。

授权人签字：

主管税务机关： 接收人：

本表一式两份，一份纳税人留存，一份税务机关留存。

资源税纳税申报表填制说明二维码

表 5 - 10　资源税纳税申报表表附表（一）

（原矿类税目适用）

金额单位：元至角分

纳税人识别号：

纳税人名称：　　　　　　　　　　　　　　（公章）

税款所属时间：自　年　月　日至　年　月　日

序号	税目	子目	原矿销售额	精矿销售额	折算率	精矿折算为原矿销售额	允许扣减的运杂费	允许扣减的外购矿购进金额	计税销售额	计量单位	原矿销售量	精矿销售量	平均选矿比	精矿换算为原矿的销售量	计税销售量
	1	2	3	4	5	6 = 4 × 5	7	8	9 = 3 + 6 - 7 - 8	10	11	12	13	14 = 12 × 13	15 = 11 + 14
1															
2															
3															
4															
5															
6															
7															
8															
合计															

资源税纳税申报
表 附表（一）
填报说明二维码

表 5 – 11 资源税纳税申报表附表 (二)

(精矿类税目适用)

纳税人识别号 □□□□□□□□□□□□□□□□□□□□

纳税人名称:

税款所属时间: 自 □□□□ 年 □□ 月 □□ 日 至 □□□□ 年 □□ 月 □□ 日 (公章)

金额单位: 元至角分

序号	税目	子目	原矿销售额	精矿销售额	换算比	原矿换算为精矿的销售额	允许扣减的运杂费	允许扣减的外购矿购进金额	计税销售额	计量单位	原矿销售量	精矿销售量	平均选矿比	原矿换算为精矿的销售量	计税销售量
	1	2	3	4	5	6 = 3 × 5	7	8	9 = 4 + 6 − 7 − 8	10	11	12	13	14 = 11 ÷ 13	15 = 12 + 14
1															
2															
3															
4															
5															
6															
7															
8															
合计															

资源税纳税申报表附表 (二) 填报说明二维码

况，应由有关部门处理，补办土地征用或出让手续变为国家所有之后，再纳入土地增值税的征税范围。

（2）土地增值税是对国有土地使用权及其地上的建筑物和附着物的转让行为征税。这里有两层含义：①土地增值税的征税范围不包括国有土地使用权出让所取得的收入。②土地增值税的征税范围不包括未转让土地使用权、房产产权的行为。

房地产权属（指土地使用权和房产产权）变更或转让的，属于土地增值税的征税范围；土地使用权、房产产权未转让的（如房地产的出租），不征收土地增值税。

3. 土地增值税是对转让房地产并取得收入的行为征税

土地增值税的征税范围不包括房地产的权属转让但未取得收入的行为。例如，房地产的继承是房地产的权属发生了变更，但权属人并没有取得收入，因此不征收土地增值税。

需要强调的是，无论是单独转让国有土地使用权，还是房屋产权与国有土地使用权一并转让的，只要取得收入，均属于土地增值税的征税范围，应对其征收土地增值税。

（三）征税范围若干具体情况的判定

根据以上三条判定标准，就可对以下若干种具体情况是否属于土地增值税的征税范围进行判定。

- 以出售方式转让国有土地使用权，应纳入土地增值税的征税范围。
- 取得国有土地使用权后进行房屋开发建造再出售，应纳入土地增值税的征税范围。
- 存量房地产买卖，应纳入土地增值税的征税范围。原土地使用权属于无偿划拨的，还应到土地管理部门补交土地出让金。
- 房地产的继承与赠与。不属于土地增值税的征税范围。
- 房地产的出租。不属于土地增值税的征收范围。
- 房地产的抵押。房地产在抵押期间不征收土地增值税；待抵押期满后，如果发生房地产权属转让的，应列入土地增值税的征税范围。
- 房地产的交换。属于土地增值税的征税范围。但对个人之间互换自有居住用房地产的，经当地税务机关核实，可以免征土地增值税。
- 以房地产进行投资、联营。投资、联营的一方以土地（房地产）作价入股进行投资或作为联营条件，将房地产转让到所投资、联营的企业中时，暂免征收土地增值税。接受投资、联营企业将上述房地产再转让的，应征收土地增值税。投资、联营的企业属于从事房地产开发的，或者房地产开发企业以其建造的商品房进行投资或联营的，应当征收土地增值税。
- 合作建房。建成后按比例分房自用的，暂免征收土地增值税；建成后转让的，应征收土地增值税。
- 企业兼并转让房地产。在企业兼并中，被兼并企业将房地产转让到兼并企业中的，暂免征收土地增值税。
- 房地产代建。房地产开发公司代客户进行房地产开发，取得的收入属于劳务报酬收入，不属于土地增值税的征收范围。

●房地产的重新评估。国有企业在清产核资时对房地产进行重新评估而使其升值，不属于土地增值税的征收范围。

●企业改制重组有关土地增值税政策。

（1）按照《公司法》规定，非公司制企业整体改建为有限责任公司或者股份有限公司，有限责任公司（股份有限公司）整体改建为股份有限公司（有限责任公司），对改建前的企业将国有土地、房屋权属转移、变更到改建后的企业，暂不征土地增值税。

（2）按照法律规定或者合同约定，两个或两个以上企业合并为一个企业，且原企业投资主体存续的，对原企业将国有土地、房屋权属转移、变更到合并后的企业，暂不征土地增值税。

（3）按照法律规定或者合同约定，企业分设为两个或两个以上与原企业投资主体相同的企业，对原企业将国有土地、房屋权属转移、变更到分立后的企业，暂不征土地增值税。

（4）单位、个人在改制重组时以国有土地、房屋进行投资，对其将国有土地、房屋权属转移、变更到被投资的企业，暂不征土地增值税。

上述改制重组有关土地增值税政策不适用于房地产开发企业。

（四）税率

土地增值税实行四级超率累进税率。土地增值税四级超率累进税率与速算扣除率如表5－12所示。

表5－12　土地增值税四级超率累进税率与速算扣除率

级数	增值额与扣除项目金额的比率	税率（%）	速算扣除率（%）
1	增值额未超过扣除项目金额50%	30	0
2	增值额超过扣除项目金额50%，未超过100%	40	5
3	增值额超过扣除项目金额100%，未超过200%	50	15
4	增值额超过扣除项目金额200%	60	35

上述所列四级超率累进税率，每级"增值额未超过扣除项目金额"的比例，均包括本比例数。

表5－12中的5%、15%、35%分别为二级、三级、四级的速算扣除系数。

（五）税收优惠

●纳税人建造普通标准住宅出售，增值额未超过扣除项目金额20%的，免征土地增值税。

●因国家建设需要依法征用、收回的房地产，免征土地增值税。

●个人居住满5年或5年以上的，免予征收土地增值税；居住满3年未满5年的，减半征收土地增值税。个人之间互换自有居住用房，免征土地增值税。

●企事业单位、社会团体以及其他组织转让旧房作为公租房房源，且增值额未超过扣除项目金额20%的，免征土地增值税。

●事业单位、社会团体以及其他组织转让旧房作为改造安置住房房源且增值额未超过扣除项目金额20%的，免征土地增值税。

二、土地增值税应纳税额计算与会计处理

（一）土地增值税应纳税额计算

收入总额是纳税人转让房地产取得的全部价款及有关的经济收入，包括：

1. 货币收入

是指纳税人转让房地产而取得的现金、银行存款、支票、银行本票、汇票等各种信用票据和国库券、金融债券、企业债券、股票等有价证券。

2. 实物收入

是指纳税人转让房地产而取得的各种实物形态的收入，如钢材、水泥等建材，房屋、土地等不动产等。实物收入一般要进行价值评估。

3. 其他收入

是指纳税人转让房地产而取得的无形资产收入或具有财产价值的权利，如专利权、商标权、著作权、专有技术使用权、土地使用权等。其他收入的价值要进行专门的评估。

特别提示

营改增后，适用增值税一般计税方法的纳税人转让房地产的土地增值税应税收入，不含增值税销项税额。

（二）扣除项目金额的确定

1. 取得的土地使用权所支付的金额

包括纳税人为取得土地使用权支付的金额和纳税人在取得土地使用权时国家统一规定缴纳的有关税费。其中：

支付的地价款是指纳税人为取得土地使用权支付的地价款和按国家统一规定缴纳的有关费用。其中地价款包括：以协议、招标、拍卖等出让方式取得土地使用权的，地价款为支付的土地出让金；以行政划拨方式取得土地使用权的，地价款为转让土地使用权时按照国家有关规定补交的土地出让金；以转让方式取得土地使用权的，地价款为向原土地使用权人实际支付的地价款。

按国家统一规定缴纳的有关费用，是指纳税人在取得土地使用权过程中办理有关手续，按国家统一规定缴纳的有关登记、过户手续费、契税等税费。

相关知识

纳税人在计算销售额时从全部价款和价外费用中扣除土地价款，应当取得省级以上（含省级）财政部门监（印）制的财政票据。按上述规定扣除拆迁补偿费用时，应提供拆迁协议、拆迁双方支付和取得拆迁补偿费用凭证等能够证明拆迁补偿费用真实性的材料。土地闲置费可以作为开发成本在企业所得税前据实扣除，但不能在土地增值税前扣除。

2. 开发土地和新建房屋及配套设施的成本（简称房地产开发成本）

主要包括土地征用及拆迁补偿费、前期工程费、基础设施费、建筑安装工程费、公共配套设施费、开发间接费用等。

（1）土地征用及拆迁补偿费。是指为取得土地使用权（或开发权）发生的各项费用，主要包括土地征用费、耕地占用税、土地使用费、土地闲置费、土地变更用途和超面积补交的地价及相关税费、市政配套费、契税、劳动力安置费，有关地上、地下附着物拆迁补偿的净支出、安置动迁用房支出、农作物补偿费、危房补偿费、填海造地费及其他有关手续费和税费支出等。

（2）前期工程费。指土地、房屋开发前发生的规划、设计、可行性研究以及水文地质勘查、测绘、场地平整等费用。

（3）基础设施费。指土地、房屋开发过程中发生的供水、供电、供气、排污、排洪、通讯、照明、绿化、环卫设施以及道路等基础设施费用。

（4）建筑安装工程费。指土地房屋开发项目在开发过程中按建筑安装工程施工图施工所发生的各项建筑安装工程费和设备费。

（5）公共配套设施费。指在开发小区内发生，可计入土地、房屋开发成本的不能有偿转让的公共配套设施费用，如钢炉房、水塔、居委会、派出所、幼托、消防、自行车棚、公厕等设施支出。

（6）开发间接费用。指直接组织、管理开发项目所发生的费用，包括工资、职工福利费、折旧费、修理费、办公费、水电费、劳动保护费、周转房摊销等。

3. 开发土地和新建房及配套设施的费用（以下简称房地产开发费用）

是指与房地产开发项目有关的销售费用、管理费用、财务费用。

（1）财务费用中的利息支出，凡能够按转让房地产项目计算分摊并提供金融机构证明的，允许据实扣除，但不能超过按商业银行同类同期贷款利率计算的金额。对于利息支出以外的其他房地产开发费用，按取得土地使用权所支付的金额和房地产开发成本计算的金额之和的5%以内计算扣除。计算公式为：

$$允许扣除的房地产开发费用 = 利息 + \left(\begin{array}{c} 取得土地使用权 \\ 所支付的金额 \end{array} + \begin{array}{c} 房地产 \\ 开发成本 \end{array} \right) \times 5\%$$

（2）凡不能按转让房地产项目计算分摊利息支出或不能提供金融机构证明的，房地产开发费用按"取得土地使用权所支付的金额"与"房地产开发成本金额"之和的10%

以内计算扣除。上述规定用公式表示为：

$$允许扣除的房地产开发费用 = \left(取得土地使用权所支付的金额 + 房地产开发成本 \right) \times 10\%$$

4. 旧房及建筑物的评估价格

（1）《财政部、国家税务总局关于土地增值税若干问题的通知》（财税〔2006〕21号）规定，单位或个人转让非住宅类旧房及建筑物，凡能提供原购房发票的，经当地税务机关确认，可按发票所载金额并从购买年度起至转让年度止每年加计5%计算扣除项目的金额。其中加计扣除项目的"每年"，指购房发票所载日期起至售房发票开具之日止，每满12个月计1年；超过1年，未满12个月但超过6个月的，可以视同1年。对于纳税人购房时缴纳的契税，凡能提供契税完税凭证的，准予作为"与房地产有关税金"予以扣除，但不作为加计5%的基数。包括转让房地产的评估价格和转让中支付的相关税金。评估价格在转让已使用房屋及建筑物时，由政府批准设立的房地产评估机构评定重置成本乘以成新率确定。对纳税人购房时缴纳的契税，凡能提供契税完税凭证的，准予作为"与转让房地产有关的税金"予以扣除，但不作为加计5%的基数。

（2）纳税人转让旧房及建筑物，不能提供购房发票或提供扣除项目金额不实，根据《土地增值税暂行条例实施细则》和财税〔1995〕48号等有关政策规定，应按房屋及建筑物的评估价格、取得土地使用权所支付的地价款和按国家统一规定缴纳的有关费用及转让环节缴纳的税金作为扣除项目金额计征土地增值税。对纳税人转让旧房及建筑物时因计算纳税的需要而对房地产进行评估，其支付的评估费用也允许在计算增值额时予以扣除。但对纳税人取得土地使用权时未支付地价款或不能提供已支付的地价款凭据的，不允许扣除取得土地使用权所支付的金额；因纳税人隐瞒、虚报房地产成交价格等情形而按房地产评估价格计算征收土地增值税所发生的评估费用，不允许在计算土地增值税时予以扣除。

旧房及建筑物的评估价格，指在转让已使用的房屋及建筑物时，由政府批准设立的房地产评估机构评定的重置成本价乘以成新度折扣率后的价格。评估价格须经当地税务机关确认。计算公式为：

旧房评估成本价格 = 房地产重置成本价 × 成新度折扣率

（3）根据财税〔2006〕21号文件的规定，对纳税人转让旧房及建筑物，既没有评估价格，又不能提供购房发票的，地方税务机关可以根据《税收征收管理法》第三十五条的规定，实行核定征收。

5. 与转让房地产有关的税金

房地产开发企业实际缴纳的城建税、教育费附加，凡能够按清算项目准确计算的，允许据实扣除土地增值税扣除项目；涉及的增值税进项税额，允许在销项税额中计算抵扣的，不计入扣除项目，不允许在销项税额中计算抵扣的，可以计入扣除项目。

6. 财政部规定的其他扣除项目的金额

对从事房地产开发的纳税人，可按取得土地使用权时所支付的金额和房地产开发成本之和，加计20%扣除。此条优惠其他纳税人不适用。

（三）增值额确定

增值额是纳税人转让房地产所取得的应税收入减除规定的扣除项目金额后的余额。用公式表示为：

增值额 = 应税收入 − 税法允许扣除项目金额

转让房地产的具体形式不同，增值额的计算方法也不同。

1. 转让土地使用权的土地增值税额的计算公式

$$土地增值额 = \frac{转让土地使用}{权所取的收入} − \frac{取得土地使用权}{所支付的金额} − \frac{土地开}{发成本} − \frac{与转让有}{关的税金}$$

$$土地增值额 = \frac{转让房地产}{所取的收入} − \frac{取得土地使用权}{所支付的金额} − \frac{房地产开发}{成本、费用} − \frac{与转让房地产}{有关的税金} − \frac{其他扣除}{项目的金额}$$

2. 出售房地产（房地产开发公司）的土地增值税额的计算公式

房地产开发企业中的一般纳税人销售其开发的房地产项目，以取得的全部价款和价外费用，扣除受让土地时向政府部门支付的土地价款后的余额为销售额。

3. 转让房地产（非房地产开发公司）的土地增值税额的计算公式

$$土地增值额 = \frac{转让房地产}{所取的收入} − \frac{取得土地使用权}{所支付的金额} − \frac{房屋及建筑物}{的评估价格} − \frac{与转让房地产}{有关的税金}$$

纳税人有下列情形之一的，按照房地产评估价格计算征收：隐瞒、虚报房地产成交价格；提供扣除项目金额不实；转让房地产的成交价格低于房地产评估价格，又无正当理由。

（四）应纳税额的计算

1. 应纳土地增值税计算基本公式

土地增值税按照纳税人转让房地产所取得的增值额和规定税率计算征收。计算公式为：

应纳土地增值税税额 $= \sum$（每级距的土地增值额 × 适用税率）

（1）增值额未超过扣除项目金额50%：

土地增值税税额 = 增值额 × 30%

（2）增值额超过扣除项目金额50%，未超过100%：

土地增值税税额 = 增值额 × 40% − 扣除项目金额 × 5%

（3）增值额超过扣除项目金额100%，未超过200%：

土地增值税税额 = 增值额 × 50% − 扣除项目金额 × 15%

（4）增值额超过扣除项目金额200%：

土地增值税税额 = 增值额 × 60% − 扣除项目金额 × 35%

在实际工作中，分步计算比较烦琐，可以采用速算扣除法计算，即土地增值税税额可按增值额乘以适用税率减去扣除项目金额乘以速算扣除系数的简便方法计算，计算公式为：

应纳土地增值税税额 = 增值额 × 适用税率 – 扣除项目金额 × 速算扣除系数

2. 房地产开发企业应纳土地增值税的计算

【例 5 – 15】　华泰房地产开发公司为一般纳税人，2018 年 12 月在公司所在地销售商住房一幢，取得销售收入共计 39 600 万元。增值税率为 10%，城建税率为 7%，教育费附加率为 3%。该写字楼开发成本总共 12 000 万元，准予抵扣的进项税额 1 224 万元，取得土地使用权支付金额 800 万元，支付银行借款利息 1 000 万元。公司能按该写字楼计算分摊银行贷款利息支出并取得金融机构贷款证明，当地政府确定的房地产开发费用扣除比率为 5%。应纳土地增值税的税额计算如下：

第一步，先计算增值额。

转让房地产收入 = 39 600 ÷ (1 + 10%) = 36 000(万元)

准予扣除的项目金额：

取得土地使用权所支付的金额 = 800(万元)

房地产开发成本 = 12 000(万元)

可以扣除的房地产开发费用 = 1 000 + (800 + 12 000) × 5% = 1 640(万元)

可以扣除的税金及附加 = (36 000 × 10% – 1 224) × (7% + 3%) = 237.6(万元)

从事房地产开发的加计扣除费用 = (800 + 12 000) × 20% = 2 560(万元)

准予扣除的项目金额合计 = 800 + 12 000 + 1 640 + 237.6 + 2 560 = 17 237.6(万元)

增值额 = 36 000 – 17 237.6 = 18 762.4(万元)

第二步，计算增值率，确定适用的速算扣除系数。

增值率 = 18 762.4 ÷ 17 237.6 × 100% = 108.85%

增值额超过扣除项目金额 100%，但未超过 200%，适用增值税税率为 50%，速算扣除系数为 15%。

第三步，计算土地增值税税额。

由于增值额超过扣除项目金额 50%，但未超过 100%，其应交土地增值税计算如下：

应交土地增值税税额 = 18 762.4 × 50% – 17 237.6 × 15% = 6 795.56 (万元)

【例 5 – 16】　华龙公司为非房地产开发企业，2018 年 5 月销售 2015 年自建商品房一幢，取得含税收入 15 750 万元。为开发该幢商品楼支付土地使用权的金额为 2 460 万元，房地产开发成本为 7 500 万元，支付贷款利息因同时开发另一幢写字楼无法划分，城建税为 7%，教育费附加为 3%，印花税率为 0.5‰，该公司选择采用简易计税办法计税，计算该公司应缴纳的土地增值税。

第一步，先计算增值额。

转让房地产收入 = 15 750 ÷ (1 + 5%) = 15 000(万元)

准予扣除的项目金额：

取得土地使用权所支付的金额 = 2 460(万元)

房地产开发成本 = 7 500(万元)

可以扣除的房地产开发费用 = (2 460 + 7 500) × 10% = 996(万元)

允许扣除的税费 = 15 000 × 5% × (7% + 3%) + 15 000 × 0.5‰ = 82.5(万元)

准予扣除项目金额合计 = 2 460 + 7 500 + 996 + 82.5 = 11 038.5(万元)

增值额 = 15 000 − 11 038.5 = 3 961.5(万元)

第二步，计算增值率。

增值率 = 3 961.5 ÷ 11 038.5 × 100% = 35.89%

第三步，计算土地增值税税额。

由于增值额未超过扣除项目金额的50%，适用30%税率，其应交土地增值税计算如下：

应交土地增值税税额 = 3 961.5 × 30% = 1 188.45(万元)

3. 销售旧房地产应纳土地增值税的计算

(1) 纳税人能提供原购房发票，应纳土地增值税的计算步骤：

● 计算扣除项目金额：

扣除项目金额 = 原购房发票金额（1 + 5% · N） + 转让环节缴纳的有关税金

式中，N 代表原购房发票所载日期起至售房发票开具之日止的年数。

● 计算土地增值额：

土地增值额 = 旧房及建筑物转让价款 − 扣除项目金额

● 计算土地增值率：

土地增值率 = （土地增值额 ÷ 扣除项目金额） × 100%

● 根据土地增值率找出土地增值税适用税率。

● 计算应纳土地增值税：

应纳土地增值税 = 土地增值额 × 适用税率

【例5 – 17】 2018 年 9 月，甲企业以 31 500 万元出售一幢办公楼，土地性质为商业用地。由于时间较久，取得时由于档案管理混乱，无法提供土地出让金的支付和有关税费等原始凭证资料。甲公司委托资产评估公司评估，评估土地价值为 1 200 万元，按照成本法对于办公楼进行评估，重置成本为 15 000 万元，成新率 60%，甲企业支付评估费 100 万元，该企业选择采用简易计税方法。

应交土地增值税计算过程如下：

甲企业办公楼转让收入 = 31 500 ÷ (1 + 5%) = 30 000(万元)

办公楼评估价格(不含土地部分) = 15 000 × 60% = 9 000(万元)

取得土地使用权所支付的地价款和按国家统一规定缴纳的有关费用 = 0

与转让房地产有关的税金及附加(城建税、教育费附加、印花税)

= 31 500 ÷ (1 + 5%) × 5% × (7% + 3%) + 30 000 × 0.5‰ = 165(万元)

支付评估费用 = 100 万元

扣除项目合计 = 9 000 + 0 + 165 + 100 = 9 265(万元)

增值额 = 30 000 − 9 265 = 20 735(万元)

增值率 = 20 735 ÷ 9 265 × 100% = 223.8%

应纳土地增值税额 = 20 735 × 60% − 9 265 × 35% = 9 198.25（万元）

（2）按照评估价转让房地产应纳土地增值税的计算。按照评估价转让房地产，应纳土地增值税计算步骤如下：

• 计算扣除项目金额：

扣除项目金额 = 重置成本价 × 成新度折扣率 + 取得土地使用权时所支付的地价款和按国家统一规定缴纳的有关费用以及在转让环节缴纳的税金 + 转让旧房及建筑物时因计算纳税的需要而对房地产进行评估支付的评估费用

• 计算土地增值额：

土地增值额 = 旧房及建筑物转让价款或评估价款 − 扣除项目金额

• 计算土地增值率、确定适用税率及计算应纳税款与（1）步骤相同。

【例5－18】 乙房地产企业2018年5月以8 800.万元出售一幢2014年5月购入的厂房，原始购房发票金额为4 000万元，累计折旧400万元，支付房地产转让有关费用100万元，该房产无评估价值。

乙企业厂房转让收入 = 8 800 ÷（1 + 10%）= 8 000（万元）

转让厂房应缴增值税款 = 8 000 × 10% = 800（万元）

转让房地产应缴城建税、教育费附加、印花税 = 800 × 5% ×（1 + 7% + 3%）+ 8 000 × 0.5‰ = 48（万元）

支付房地产转让有关费用 = 100 万元

土地增值税扣除项目 = 4 000 ×（1 + 4 × 5%）+ 48 + 100 = 4 948（万元）

增值额 = 8 000 − 4 948 = 3 052（万元）

增值率 = 3 052 ÷ 4 948 = 61.68%

应纳土地增值税税额 = 3 052 × 40% − 4 948 × 5% = 973.4（万元）

（3）既没有评估价格，又不能提供购房发票的应纳土地增值税税额的计算。对纳税人转让旧房及建筑物，既没有评估价格，又不能提供购房发票的，地方税务机关可以根据《税收征收管理法》第三十五条的规定，实行核定征收。

【例5－19】 丙房地产企业以10 000万元出售3 000平方米商业房，账面原值3 000万元，累计折旧300万元。支付房地产转让有关费用100万元。该商业用房既无法取得评估资料，也不能找到原始购房发票。假设税务机关核定转让价10 000万元公允，征收率为15%。应纳土地增值税计算如下：

应纳土地增值税税额 = 10 000 × 15% = 1 500（万元）

（五）土地增值税会计处理

1. 会计科目的设置

土地增值税是在"应交税费"科目下设"应交土地增值税"明细科目。该科目的贷方登记企业应依法缴纳的土地增值税，借方登记企业已缴纳的土地增值税，期末贷方余额反映企业应缴而未交的土地增值税。

专营房地产业务纳税人,应缴纳的土地增值税通过"税金及附加"会计科目核算;兼营房地产业务的企业,应缴纳的土地增值税通过"其他业务成本"会计科目核算;非房地产企业从事转让国有土地使用权与其地上建筑物及其附着物的,应缴纳的土地增值税通过"固定资产清理"会计科目核算。

2. 土地增值税的账务处理

(1) 专营房地产开发企业土地增值税的账务处理。专营房地产开发的企业,计算因转让房地产应缴纳的土地增值税时,借记"税金及附加"科目,贷记"应交税费——应交土地增值税"科目。实际缴纳土地增值税时,借记"应交税费——应交土地增值税"科目,贷记"银行存款"科目。

【例5-20】 沿用【例5-15】 的资料,根据计算结果,进行如下账务处理。

企业计算应纳土地增值税时,做如下会计分录:

借:税金及附加 67 955 600

    贷:应交税费——应交土地增值税 67 955 600

企业实际缴纳土地增值税会计分录,略。

(2) 兼营房地产业务的企业土地增值税的账务处理。兼营房地产企业因转让房地产取得的收入而应缴纳土地增值税时,按应缴纳的土地增值税,借记"其他业务成本"科目,贷记"应交税费——应交土地增值税"科目。实际缴纳土地增值税时的账务处理与专营房地产开发企业相同。

【例5-21】 沿用【例5-16】 的资料,根据计算结果,进行如下账务处理。

企业计算应纳土地增值税时,做如下会计分录:

借:其他业务成本 11 884 500

    贷:应交税费——应交土地增值税 11 884 500

企业实际缴土地增值税会计分录,略。

(3) 转让旧房地产土地增值税的账务处理。纳税人销售存量房地产,计算应缴纳土地增值税时,借记"固定资产清理"科目,贷记"应交税费——应交土地增值税"科目。实际缴纳土地增值税时的账务处理与专营房地产开发企业相同。

【例5-22】 沿用【例5-17】 的资料,根据计算结果,进行如下账务处理。

计提转让房地产税金及附加时,做如下会计分录:

借:固定资产清理 91 982 500

    贷:应交税费应交土地增值税 91 982 500

实际缴纳土地增值税会计分录,略。

(4) 企业转让国有土地使用权连同地上未竣工的建筑物及附着物应交土地增值税的账务处理。企业转让国有土地使用权连同地上未竣工的建筑物及附着物计算应交土地增值税时,借记"在建工程"等科目,贷记"应交税费——应交土地增值税"科目;企业缴纳税金时,借记"应交税费——应交土地增值税"科目,贷记"银行存款"等科目。

三、土地增值税纳税申报

土地增值税的纳税申报分为从事房地产开发（专营与兼营）的纳税人（即房地产开发公司）和其他纳税人两种类型。两类纳税人申报主体不同，征管申报要求与申报表格式随之而异。为了规范土地增值税的纳税申报，国家税务总局下发了七种《土地增值税纳税申报表》及附表。本章列示从事房地产开发的纳税人预征适用土地增值税纳税申报表（一）、从事房地产开发的纳税人清算适用土地增值税纳税申报表（二）、非从事房地产开发的纳税人适用土地增值税纳税申报表（三）、从事房地产开发的纳税人清算方式为核定征收适用土地增值税纳税申报表（五）、纳税人整体转让在建工程适用土地增值税纳税申报表（六）、非从事房地产开发的纳税人核定征收适用土地增值税纳税申报表（七）共六种，其格式见表5－13至表5－18。纳税人必须按照税法规定向房地产所在地主管税务机关如实申报转让房地产所取得的收入、扣除项目金额以及应纳土地增值税税额，并按其缴纳税款。

表 5－13　土地增值税纳税申报表（一）

（从事房地产开发的纳税人预征适用）

税款所属时间：　年　月　日至　　年　月　日　　　　　　　填表日期：　　年　月　日

项目名称：　　　　　　　　项目编号：　　　　　　金额单位：元至角分；面积单位：平方米

纳税人识别号 ☐☐☐☐☐☐☐☐☐☐☐☐☐☐☐

房产类型	房产类型子目	收入				预征率（％）	应纳税额	税款缴纳	
		应税收入	货币收入	实物收入及其他收入	视同销售收入			本期已缴税额	本期应缴税额
	1	2 = 3 + 4 + 5	3	4	5	6	7 = 2×6	8	9 = 7 - 8
普通住宅									
非普通住宅									
其他类型房产									
合计	—					—			

以下由纳税人填写：	
纳税人声明	此纳税申报表是根据《中华人民共和国土地增值税暂行条例》及其实施细则和国家有关税收规定填报的，是真实的、可靠的、完整的。

纳税人签章		代理人签章		代理人身份证号	

以下由税务机关填写：					
受理人		受理日期	年　月　日	受理税务机关签章	

本表一式两份，一份纳税人留存，一份税务机关留存。

土地增值税纳税
申报表（一）
填报说明二维码

表 5 - 14 土地增值税纳税申报表（二）

（从事房地产开发的纳税人清算适用）

税款所属时间： 年 月 日至 年 月 日　　　　　填表日期： 年 月 日

金额单位：元至角分；面积单位：平方米

纳税人识别号 □□□□□□□□□□□□□□□□□□□

纳税人名称		项目名称		项目编号		项目地址	
业　别		经济性质		纳税人地址		邮政编码	
开户银行		银行账号		主管部门		电话	
清算方式是否为核定征收							

项　目	行次	金　额		
		普通住宅	非普通住宅	其他类型房地产
一、转让房地产收入总额　1 = 2 + 3 + 4	1			
其中 货币收入	2			
实物收入	3			
其他收入	4			
二、扣除项目金额合计　5 = 6 + 7 + 14 + 17 + 21	5			
1. 取得土地使用权所支付的金额	6			
2. 房地产开发成本　7 = 8 + 9 + 10 + 11 + 12 + 13	7			
其中 土地征用及拆迁补偿费	8			
前期工程费	9			
建筑安装工程费	10			
基础设施费	11			
公共配套设施费	12			
开发间接费用	13			
3. 房地产开发费用　14 = 15 + 16	14			
其中 利息支出	15			
其他房地产开发费用	16			
4. 与转让房地产有关的税金等　17 = 18 + 19 + 20	17			
其中 营业税	18			
城市维护建设税	19			
教育费附加	20			
5. 财政部规定的其他扣除项目	21			
三、增值额　22 = 1 - 5	22			
四、增值额与扣除项目金额之比（%）23 = 22 ÷ 5	23			
五、适用税率（核定征收率）（%）	24			
六、速算扣除系数（%）	25			
七、应缴土地增值税税额　26 = 22 × 24 - 5 × 25	26			
八、减免税额（减免性质代码：_____）	27			
九、已缴土地增值税税额	28			
十、应补（退）土地增值税税额　29 = 26 - 27 - 28	29			

授权代理人	（如果你已委托代理申报人，请填写下列资料） 　为代理一切税务事宜，现授权_____（地址）_____为本纳税人的代理申报人，任何与本报表有关的来往文件都可寄与此人。 授权人签字：_____	纳税人声明	此纳税申报表是根据《中华人民共和国土地增值税暂行条例》及其实施细则的规定填报的，是真实的、可靠的、完整的。 声明人签字：_____
纳税人公章	法人代表签章	经办人员（代理申报人）签章	备注
（以下部分由主管税务机关负责填写）			
主管税务机关收到日期	接收人	审核日期	税务审核人员签章
审核记录			主管税务机关盖章

土地增值税纳税
申报表（二）
填报说明二维码

表5－15　土地增值税纳税申报表（三）

（非从事房地产开发的纳税人适用）

税款所属时间：　年　月　日至　年　月　日　　　　　填表日期：　年　月　日

金额单位：元至角分；面积单位：平方米

纳税人识别号 □□□□□□□□□□□□□□

纳税人名称		项目名称			项目地址		
所属行业		登记注册类型		纳税人地址		邮政编码	
开户银行		银行账号		主管部门		电话	

项　　目			行次	金　　额
一、转让房地产收入总额　1＝2＋3＋4			1	
其中	货币收入		2	
	实物收入		3	
	其他收入		4	
二、扣除项目金额合计 （1）5＝6＋7＋10＋15 （2）5＝11＋12＋14＋15			5	
（一）提供评估价格	1. 取得土地使用权所支付的金额		6	
	2. 旧房及建筑物的评估价格　7＝8×9		7	
	其中	旧房及建筑物的重置成本价	8	
		成新度折扣率	9	
	3. 评估费用		10	
（二）提供购房发票	1. 购房发票金额		11	
	2. 发票加计扣除金额　12＝11×5%×13		12	
	其中：房产实际持有年数		13	
	3. 购房契税		14	
	4. 与转让房地产有关的税金等　15＝16＋17＋18＋19		15	
其中	营业税		16	
	城市维护建设税		17	
	印花税		18	
	教育费附加		19	
三、增值额　20＝1－5			20	
四、增值额与扣除项目金额之比（%）　21＝20÷5			21	
五、适用税率（%）			22	
六、速算扣除系数（%）			23	
七、应缴土地增值税税额　24＝20×22－5×23			24	
八、减免税额（减免性质代码：　　　）			25	
九、已缴土地增值税税额			26	
十、应补（退）土地增值税税额　27＝24－25－26			27	
以下由纳税人填写：				
纳税人声明	此纳税申报表是根据《中华人民共和国土地增值税暂行条例》及其实施细则和国家有关税收规定填报的，是真实的、可靠的、完整的。			
纳税人签章		代理人签章		代理人身份证号	
以下由税务机关填写：				
受理人		受理日期　年　月　日		受理税务机关签章	

本表一式两份，一份纳税人留存，一份税务机关留存。

土地增值税纳税
申报表（三）
填报说明二维码

表 5 – 16　土地增值税纳税申报表（五）

（从事房地产开发的纳税人清算方式为核定征收适用）

税款所属时间：　　年　月　日至　　年　月　日　填表日期：　　年　月　日　金额单位：元至角分

面积单位：平方米

纳税人识别号：

纳税人名称		项目名称		项目编号		项目地址	
所属行业		登记注册类型		纳税人地址		邮政编码	
开户银行		银行账号		主管部门		电　话	

项　目		行次	金　额			
			普通住宅	非普通住宅	其他类型房地产	合计
一、转让房地产收入总额		1				
其中	货币收入	2				
	实物收入及其他收入	3				
	视同销售收入	4				
二、扣除项目金额合计		5				
1. 取得土地使用权所支付的金额		6				
2. 房地产开发成本		7				
其中	土地征用及拆迁补偿费	8				
	前期工程费	9				
	建筑安装工程费	10				
	基础设施费	11				
	公共配套设施费	12				
	开发间接费用	13				
3. 房地产开发费用		14				
其中	利息支出	15				
	其他房地产开发费用	16				
4. 与转让房地产有关的税金等		17				
其中	营业税	18				
	城市维护建设税	19				
	教育费附加	20				
5. 财政部规定的其他扣除项目		21				
6. 代收费用		22				
三、增值额		23				
四、增值额与扣除项目金额之比（%）		24				
五、适用税率（核定征收率）（%）		25				
六、速算扣除系数（%）		26				
七、应缴土地增值税税额		27				
八、减免税额　28 = 30 + 32 + 34		28				
其中	减免税（1） 减免性质代码	29				
	减免税额	30				
	减免税（2） 减免性质代码	31				
	减免税额	32				
	减免税（3） 减免性质代码	33				
	减免税额	34				
九、已缴土地增值税税额		35				
十、应补（退）土地增值税税额　36 = 27 – 28 – 35		36				
以下由纳税人填写：						
纳税人声明	纳税申报表是根据《中华人民共和国土地增值税暂行条例》及其实施细则和国家有关税收规定填报的，是真实的、可靠的、完整的。					
纳税人签章		代理人签章		代理人身份证号		
以下由税务机关填写：						
受理人		受理日期	年　月　日	受理税务机关（签章）		

本表一式两份，一份纳税人留存，一份税务机关留存。

土地增值税纳税
申 报 表 （五）
填报说明二维码

表 5 - 17 土地增值税纳税申报表（六）
（纳税人整体转让在建工程适用）

税款所属时间： 年 月 日至 年 月 日 填表日期： 年 月 日 金额单位：元至角分

面积单位：平方米

纳税人识别号：

纳税人名称		项目名称		项目编号		项目地址	
所属行业		登记注册类型		纳税人地址		邮政编码	
开户银行		银行账号		主管部门		电 话	
项 目				行 次		金 额	
一、转让房地产收入总额 1 = 2 + 3 + 4				1			
其中	货币收入			2			
	实物收入及其他收入			3			
	视同销售收入			4			
二、扣除项目金额合计 5 = 6 + 7 + 14 + 17 + 21				5			
1. 取得土地使用权所支付的金额				6			
2. 房地产开发成本 7 = 8 + 9 + 10 + 11 + 12 + 13				7			
其中	土地征用及拆迁补偿费			8			
	前期工程费			9			
	建筑安装工程费			10			
	基础设施费			11			
	公共配套设施费			12			
	开发间接费用			13			
3. 房地产开发费用 14 = 15 + 16				14			
其中	利息支出			15			
	其他房地产开发费用			16			
4. 与转让房地产有关的税金等 17 = 18 + 19 + 20				17			
其中	营业税			18			
	城市维护建设税			19			
	教育费附加			20			
5. 财政部规定的其他扣除项目				21			
三、增值额 22 = 1 - 5				22			
四、增值额与扣除项目金额之比（％） 23 = 22 ÷ 5				23			
五、适用税率（核定征收率）（％）				24			
六、速算扣除系数（％）				25			
七、应缴土地增值税税额 26 = 22 × 24 - 5 × 25				26			
八、减免税额（减免性质代码： ）				27			
九、已缴土地增值税税额				28			
十、应补（退）土地增值税税额 29 = 26 - 27 - 28				29			
以下由纳税人填写：							
纳税人声明	此纳税申报表是根据《中华人民共和国土地增值税暂行条例》及其实施细则和国家有关税收规定填报的，是真实的、可靠的、完整的。						
纳税人签章		代理人签章			代理人身份证号		
以下由税务机关填写：							
受理人		受理日期		年 月 日	受理税务机关签章		

土地增值税纳税
申报表（六）
填报说明二维码

表5-18 土地增值税纳税申报表（七）

（非从事房地产开发的纳税人核定征收适用）

税款所属时间： 年 月 日至 年 月 日 填表日期： 年 月 日 金额单位：元至角分

面积单位：平方米

纳税人识别号： ☐☐☐☐☐☐☐☐☐☐☐☐☐☐☐☐☐☐

纳税人名称		项目名称		项目地址			
所属行业		登记注册类型		纳税人地址		邮政编码	
开户银行		银行账号		主管部门		电 话	
项 目					行 次	金 额	
一、转让房地产收入总额					1		
其中	货币收入				2		
	实物收入				3		
	其他收入				4		
二、扣除项目金额合计					5		
（一）提供评估价格	1. 取得土地使用权所支付的金额				6		
	2. 旧房及建筑物的评估价格				7		
	其中	旧房及建筑物的重置成本价			8		
		成新度折扣率			9		
	3. 评估费用				10		
（二）提供购房发票	1. 购房发票金额				11		
	2. 发票加计扣除金额				12		
	其中：房产实际持有年数				13		
	3. 购房契税				14		
	4. 与转让房地产有关的税金等				15		
其中	营业税				16		
	城市维护建设税				17		
	印花税				18		
	教育费附加				19		
三、增值额					20		
四、增值额与扣除项目金额之比（%）					21		
五、适用税率（核定征收率）（%）					22		
六、速算扣除系数（%）					23		
七、应缴土地增值税额					24		
八、减免税额（减免性质代码： ）					25		
九、已缴土地增值税额					26		
十、应补（退）土地增值税额 27＝24－25－26					27		
以下由纳税人填写：							
纳税人声明	此纳税申报表是根据《中华人民共和国土地增值税暂行条例》及其实施细则和国家有关税收规定填报的，是真实的、可靠的、完整的。						
纳税人签章		代理人签章			代理人身份证号		
以下由税务机关填写：							
受理人		受理日期	年 月 日		受理税务机关签章		

本表一式两份，一份纳税人留存，一份税务机关留存。

土地增值税纳税
申报表（七）
填报说明二维码

 **本章小结**

　　本章主要介绍了城建税和教育费附加、城镇土地使用税、印花税、资源税、土地增值税等行为目的税各税种应纳税额的计算、会计处理和纳税申报等基本知识和基本技能。城建税和教育费附加以纳税人实际缴纳的"两税"为计税依据，采用差别税率征收；城镇土地使用税对征税范围内拥有土地使用权的单位和个人采用定额征收；印花税采用比例方式征收、定额方式征收或核定方式征收，具有征税范围广、低税率、自行贴花、轻税负、重处罚的特点；资源税以应税产品以及盐为征税对象，采用从价比例征收为主、从量定额征收为辅的方法；土地增值税采用超率累进税率方式计征，扣除项目涉及的增值税进项税额允许在销项税额中抵扣，期间费用在计算土地增值额时按规定办法计算扣除。前述各税种计算出应纳税额后，均借记"税金及附加"科目，贷记"应交税费——应交××税"科目。期末，各税种均应填制不同的纳税申报表。

 本章重要名词概念

　　流转税附加　城市维护建设税　教育费附加　城镇土地使用税　印花税　立合同人
立据人　立账簿人　领受人　资源税　土地增值税　转让土地使用权　房地产开发成本　开发费用　超率累进税率
（请扫描右侧二维码进行即测即评）

即测即评
二维码

 **复习思考题**

　　1. 流转税附加、城镇土地使用税、印花税、资源税、土地增值税纳税人、征税范围、计税依据怎样确定？

　　2. 流转税附加、城镇土地使用税、印花税、资源税、土地增值税各有哪些税收优惠？

　　3. 怎样计算流转税附加、城镇土地使用税、印花税、资源税、土地增值税？

　　4. 怎样进行流转税附加、城镇土地使用税、印花税、资源税、土地增值税的会计处理？

　　5. 流转税附加、城镇土地使用税、印花税、资源税、土地增值税征管法律规定有哪些？怎样进行纳税申报？

综合实训题

习题一

一、目的：练习流转税附加、资源税、城镇土地使用税的计算与会计处理。

二、资料：

1. A 公司 2018 年 10 月主营业务向税务机关缴纳增值税 50 万元，消费税 60 万元；向海关缴纳增值税 30 万元，消费税 10 万元；出售固定资产缴纳增值税 2 万元；销售多余材料缴纳增值税 5 万元；因违反税法规定被税务机关处罚收取罚金 10 万元，滞纳金 4 万元。城建税率为 7%、教育费附加征收率为 3%。

2. 某稀土矿开采企业为增值税一般纳税人，2018 年 5 月份发生下列业务：

（1）开采稀土原矿并共生铁矿石，开采总量 1 000 吨，其中稀土原矿 550 吨。本月对外销售稀土原矿 200 吨，每吨不含税价格 0.5 万元。

（2）将开采的部分稀土原矿连续加工为精矿，本月对外销售稀土精矿 100 吨，每吨不含税价格 1.5 万元，向购买方一并收取从矿区到指定运达地点运费 1 万元。

（3）本月将开采的铁矿石全部销售，每吨不含税价格 0.04 万元，由于购货方延期付款，收取延期付款利息 2 万元。

（4）以部分稀土原矿作价 70.20 万元（含税）抵偿所欠供应商货款。

已知：按照市场法计算资源税，稀土矿原矿与精矿换算比为 2。稀土精矿资源税税率为 11.5%，铁矿石资源税税率为 4%。

3. 某煤矿为增值税一般纳税人，主要从事煤炭开采、原煤加工、洗选煤生产业务，在开采煤炭过程中，伴采天然气，2018 年 2 月发生下列业务：

（1）采用分期收款方式销售自行开采的原煤取得不含税销售额 45 万元，合同规定货款分两个月支付，2 月 15 日支付 60%，其余货款于 3 月 15 日前支付。由于购货方资金紧张，2 月 15 日支付货款 20 万元。

（2）采用预收货款方式向甲企业销售原煤取得不含税销售额 60 万元，当月收取不含税销售额 20% 作为定金，该煤矿按照合同规定 3 月 5 日发货，并收回剩余货款。

（3）销售伴采天然气 1 000 立方米，取得不含税销售额 300 万元。

（4）职工取暖、食堂生活用煤 800 吨，每吨煤不含税售价 500 元。

其他相关资料：煤炭资源税税率为 8%，天然气资源税税率为 6%。购进货物取得的增值税专用发票和运费发票符合税法扣除规定，均在当月认证并申报抵扣。

4. 某企业 2018 年初共占用土地 100 000 平方米，其中厂房占地 65 000 平方米，医院占地 8 000 平方米，子弟学校占地 15 000 平方米，生活、办公用地 4 000 平方米，厂区外公共绿地占地 8 000 平方米。已知该企业所在地城镇土地使用税税额为 6 元/平方米，计算该企业 2018 年度应当缴纳的城镇土地使用税。

三、要求：

1. 根据资料 1 计算应缴城建税和教育费附加，并做出会计分录。

2. 根据资料 2 计算应缴资源税，并做出会计分录。

3. 根据资料 3 计算该煤矿就业务（1）、业务（2）、业务（4）应缴纳的资源税，计算业务（3）销售伴采天然气应缴纳的资源税，并做出会计分录。

4. 根据资料 4 计算该企业 2018 年应缴城镇土地使用税，并做出会计分录。

习题二

一、目的：练习印花税的计算与会计处理。

二、资料：J 公司 2019 年 1 月发生以下业务：

1. 与某银行签订融资租赁合同购置新车 15 辆，合同载明租赁期限为 3 年，每年支付租金 100 万元。

2. 与某客户签订货物运输合同，合同载明货物价值 500 万元，运输费用 65 万元（含装卸费 5 万元，货物保险费 10 万元）。

3. 与某运输企业签订租赁合同，合同载明将本企业闲置的总价值 300 万元的 10 辆货车出租，每辆车月租金 4 000 元，租期未定。

4. 与某保险公司签订保险合同，合同载明为本企业的 50 辆车上第三方责任险，每辆车每年支付保险费 4 000 元。

5. 期初营业账簿记载的实收资本和资本公积余额为 500 万元，当年该企业增加实收资本 120 万元，新建其他账簿 12 本，领受专利局发给的专利证 1 件、卫生许可证 1 件。

三、要求：根据以上资料计算该企业当月应缴纳的印花税，并做出会计分录。

习题三

一、目的：练习土地增值税的计算与会计处理。

二、资料：

1. 居有其屋房地产开发公司为一般纳税人，2018 年 9 月在公司所在地销售写字楼一幢，取得销售收入共计 19 900 万元。增值税率为 10%，城建税率为 7%，教育费附加率为 3%。该写字楼开发成本总共 7 000 万元，准予抵扣的进项税额 612 万元，取得土地使用权支付金额 500 万元，支付银行借款利息 800 万元。公司能按该写字楼计算分摊银行贷款利息支出并取得金融机构贷款证明，当地政府确定的房地产开发费用扣除比率为 5%。

2. RJ 公司为非房地产开发企业，2018 年 10 月销售自建商品房一幢，取得含税收入 16 000 万元。为开发该幢商品房支付土地使用权的金额为 1 800 万元，房地产开发成本为 5 500 万元，支付贷款利息因同时开发另一幢写字楼无法划分，城建税率为 7%，教育费附加率为 3%，印花税率为 0.5‰，该公司选择采用简易计税办法计税。

3. 2018 年 9 月，甲企业以 22 000 万元出售一幢写字楼，土地性质为商业用地。由于时间较久，无法提供土地出让金的支付和有关税费等原始凭证资料。甲企业委托资产评估公司进行评估，评估土地价值为 1 200 万元，按照成本法对写字楼进行评估，重置成本为 16 000 万元，成新率 70%，甲企业支付评估费 100 万元，该企业选择采用简易计税方法。

三、要求：根据上述资料，计算各公司应纳土地增值税额，并做出会计分录。

第六章
财产税法与财产税会计

 学习目标

通过本章学习，你应该了解：车船税、车辆购置税、房产税、契税纳税义务人、征税对象与范围。熟悉：车船税、车辆购置税、房产税、契税的计税依据、税率、税收优惠与纳税申报表的填制等基本知识。掌握：车船税、车辆购置税、房产税、契税应纳税额的计算、会计处理与纳税申报的实际操作。

本章知识结构图

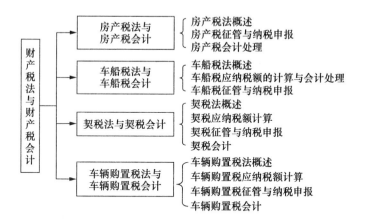

案例导入

2016年我国实现房产税收入2 221亿元，车船税收入870亿元，契税收入4 300亿元，车辆购置税收入2 674亿元。房产税、车船税、契税、车辆购置税占税收总收入比例分别为1.7%、0.67%、3.3%、2.05%。上述税属于什么性质的税？计税依据、征税对象如何确定？税收征管与其他税种有何区别，又有何具体规定？

第一节　房产税法与房产税会计

房产税是以房屋为征税对象，依据房产价值或租金收入计税，向房产所有人或经营人征收的一种财产税。

一、房产税法概述

（一）纳税义务人、征税范围

1. 房产税特点

（1）征收范围限于城镇的经营性房屋；

（2）房产税属于财产税中的个别财产税，其征税对象只是房屋；

（3）根据房屋的经营使用方式规定征税办法，对于自用的按房产计税余值征收，对于出租房屋按租金收入征税。

2. 纳税义务人

房产税以在征税范围内的房屋产权所有人为纳税人。具体纳税人如下：

（1）产权属国家所有的，由经营管理单位纳税；产权属集体和个人所有的，由集体实际使用人和个人纳税。

（2）产权出典的，由承典人纳税。

（3）产权所有人、承典人不在房屋所在地的，或者产权未确定及租典纠纷未解决的，由房产代管人或者使用人纳税。

（4）纳税单位和个人无租使用房产管理部门、免税单位及纳税单位的房产，应由使用人代为缴纳房产税。

（5）对居民住宅区内业主共有的经营性房产，由实际经营的代管人或使用人缴纳房产税。

（二）征税范围

房产税的征税范围为城市、县城、建制镇和工矿区的经营性房产。城市是指国务院批准设立的市，包括市区、郊区和市辖县县城，不包括农村。县城是指未设立建制镇的县人民政府所在地行政区域。建制镇是指经省级人民政府批准设立的建制镇人民政府所在地的镇区范围，不包括所辖的行政村。工矿区是指工商业比较发达，人口比较集中，符合国务院规定的建制镇标准但尚未设立镇建制的大中型工矿企业所在地。

在房产税征收范围内的具备房屋功能的地下建筑，包括地下人防设施等，均应当依照有关规定征收房产税。外商投资企业和外国企业、外籍个人、海外华侨、港澳台同胞所拥有的房产不征收房产税。个人出租房屋，不区分用途，均应征收房产税。

（三）计税依据

房产税的计税依据是房产的计税价值或房产的租金收入。按照房产计税价值征税的，称为从价计征；按照房产租金收入计征的，称为从租计征。

1. 从价计征房产税计税价值的确定

房产计税价值为房产计税余值，即房产原值一次减除10%～30%后的余值。房产原值是指纳税人按照会计账簿"固定资产"科目中记载的房屋原价；未记载房产原值的，依照上述原则，由房产所在地税务机关参考同时期的同类房产核定或重新评估。对按照房产原值计税的房产，房产原值均应包含地价，包括为取得土地使用权支付的价款、开发土地发生的成本费用等。宗地容积率低于0.5的，按房产建筑面积的2倍计算土地面积并据此确定计入房产原值的地价。独立于房屋之外的建筑物如水塔、围墙、道路等不属于房屋，不征收房产税。

凡以房屋为载体，不可随意移动的附属设备和配套设施，如给排水、采暖、消防、中央空调、电气及智能化楼宇设备等，无论在会计核算中是否单独记账与核算，都应计入房产原值，计征房产税。

对居民住宅区内业主共有的经营性房产，自营的依照房产原值减除10%～30%后的余值计征；出租的依照租金收入计征。与地上房屋相连的地下建筑，如房屋的地下室、地下停车场、商场的地下部分等，应将地下部分与地上房屋视为一个整体，按照地上房屋建筑的有关规定计算征收房产税。

房屋原值折算为应税房产原值的具体比例，由各省、自治区、直辖市和计划单列市财政和地方税务部门在上述幅度内自行确定。

2. 从租计征房产税租金收入的确定

房产出租的，以房产租金收入全额为房产税的计税依据征收房产税。租金收入即房屋产权所有人出租房产使用权所得的报酬，包括货币收入和实物收入。房屋出租计征房产税的租金收入不含增值税；免征增值税的，计征房产税的租金收入不扣减增值税。出租的地下建筑，按照出租地上房屋建筑的有关规定计算征收房产税。

个人出租的房产，不分用途，均应征收房产税。

（四）税率

我国现行房产税采用的是比例税率。房产税的税率有两种：一种是按房产原值一次减除10%～30%后的余值计征的，税率为1.2%；另一种是按房产出租的租金收入计征的，税率为12%。对个人出租住房，不区分用途，一律按4%的税率征收房产税，免征城镇土地使用税。

（五）税收优惠

下列房产免征房产税：国家机关、人民团体、军队自用的房产；由国家财政拨付事业经费的单位自用的房产；宗教寺庙、公园名胜古迹自用的房产；个人所有的非营业用居住房产；对行使国家行政职能的中国人民银行总行所属分支机构自用房地产；经财政部批准免税的其他房产。个人出租房屋，应按房屋租金收入征税；社会举办的公共、公益事业单位自用的房产；经有关部门鉴定，对毁损不堪居住的房屋和危险房屋在停止使用后免征房产税；不在开征地区范围之内的工厂、仓库，不应征收房产税。老年服务机构自用房产免税；因房屋大修导致连续停用半年以上，在房屋大修期间免征房产税。

二、房产税应纳税额的计算与会计处理

可以享受房产税
的税收优惠政策
二维码

（一）按计税余值计征房产税应纳税额的计算

按房产计税余值计征房产税，以房产原值减除扣除规定比例后的余值计算。其计算公式为：

年应纳税额 = 应税房产原值 × （1 - 扣除比例）× 1.2%

【例6-1】 2018年1月威达公司固定资产卡片记载的房屋及建筑物资料如下表所示（单位：元）。

名称	原值	累计已提折旧	余值
综合办公楼	60 000 000	15 000 000	45 000 000
生产车间	40 000 000	10 000 000	30 000 000
食堂	2 000 000	500 000	1 500 000
职工学校	4 000 000	1 000 000	3 000 000
水塔	1 600 000	600 000	1 000 000
围墙	900 000	300 000	600 000
锅炉房	1 000 000	400 000	600 000

当地规定允许以减除30%后的余值计税，适用税率为1.2%。计算红星公司2018年应纳房产税。

应纳房产税 = （60 000 000 + 40 000 000 + 2 000 000 + 1 000 000）×（1 - 30%）× 1.2%
= 865 200（元）

（二）按租金收入计征房产税应纳税额的计算

按租金收入计征房产税，应纳税额的计算公式为：

年应纳税额 = 年租金收入 × 12%（或 4%）

【例 6 - 2】 深圳王某有三处房产：一处面积 5 000 平方米、原值 1 000 万元的仓库出租，年租金收入为 165 万元，适用税率为 12%；一处面积 140 平方米、原值 70 万元的房产供自己及家人居住；另一处面积 90 平方米、原值 50 万元的住房出租给他人居住，年收取租金 6.24 万元。计算其应纳房产税税额。

个人住房不用缴纳房产税；出租用于经营的按不含增值税租金 12% 计征房产税；用于个人居住的按 4% 计征房产税。

应纳税额 = 165 ÷ (1 + 10%) × 12% + 6.24 ÷ (1 + 4%) × 4% = 18.24（万元）

（三）房产税会计

1. 会计科目设置

房产税的计提和缴纳通过"应交税费——应交房产税"明细科目进行核算。该科目贷方登记应缴纳的房产税，借方登记实际缴纳的房产税，期末贷方余额反映应缴未缴的房产税。

2. 账务处理

纳税人（企业）自用房产，按规定计提或预提房产税时，借记"税金及附加"等科目，贷记"应交税费——应交房产税"科目。

纳税人出租房产，按月计提或预提房产税时，借记"其他业务成本"科目，贷记"应交税费——应交房产税"科目。

实际缴纳房产税时，借记"应交税费——应交房产税"科目，贷记"银行存款"等科目。

【例 6 - 3】 ABC 公司 2018 年 1 月 1 日固定资产分类账中，房产原值为 5 000 万元，当年 2 月份，公司将 500 万元的房产租给其他单位使用，每年收租金 52.8 万元，3 月份房产无变化。当地政府规定，企业自用房屋，按房产原值一次减除 20% 后，作为房产余值纳税。按年计算，分季缴纳，做如下计算。

按房产余值计算 1 月份应缴纳税额 = 5 000 × (1 - 20%) × 1.2% ÷ 12 = 4（万元）

按房产余值计算 2 月份应缴纳房产税 = (5 000 - 500) × (1 - 20%) × 1.2% ÷ 12

= 3.6（万元）

按租金收入计算 2 月份应缴纳房产税 = 52.8 ÷ (1 + 10%) ÷ 12 × 12% = 0.48（万元）

2 月份共计应纳房产税 = 3.6 + 0.48 = 4.08（万元）

3 月份应交房租的计算与 2 月份相同。

1 月份预提税金时，做如下会计分录：

借：税金及附加　　　　　　　　　　　　　　　　　　40 000

　　贷：应交税费——应交房产税　　　　　　　　　　　　40 000

2 月份、3 月份计提房产税时，做如下会计分录：

借：税金及附加　　　　　　　　　　　　　　　　　　36 000

其他业务成本	4 800
贷：应交税费——应交房产税	40 800

缴纳第一季度房产税，做如下会计分录：

借：应交税费——应交房产税	121 600
贷：银行存款	121 600

三、房产税征管与纳税申报

（一）纳税期限与纳税地点

房产税实行按年计算、分期缴纳的征收方法，具体纳税期限由省级人民政府确定。

房产税由房产所在地的税务机关征收。房产不在一地的纳税人，应按房产的坐落地点，分别向房产所在地的税务机关缴纳房产税。

（二）纳税申报

房产税的纳税人应按照条例规定，及时办理纳税申报，并如实填写《房产税纳税申报表》。房产税纳税申报表格式如表 6 - 1 所示，2018 年房产税纳税申报表（汇总版）格式如表 6 - 2 所示。

第二节　车船税法与车船税会计

一、车船税法概述

车船税是指对在我国境内应依法到公安、交通、农业、渔业、军事等管理部门办理登记的车辆、船舶，按照规定的计税依据和年税额标准计算征收的一种财产税。

（一）纳税义务人和扣缴义务人

1. 纳税义务人

在中国境内属于车船税法所附《车船税税目税额表》规定的车辆、船舶（以下简称车船）的所有人或者管理人，为车船税的纳税人。所有人是指在我国境内拥有车船的单位和个人。其中，单位是指依照中国法律、行政法规规定在中国境内成立的行政机关、企业、事业单位、社会团体以及其他组织；个人是指是指自然人。管理人是指具有管理权或使用权但不具有所有权的单位。车辆所有人或管理人未缴纳车船税的，使用人应当代为缴纳车船税。

表6-1　房产税纳税申报表

税款所属期限：自　年　月　日至　年　月　日　　填表日期：年　月　日　　金额单位：元至角分；面积单位：平方米

纳税人识别号：

纳税人信息	名称				纳税人分类	单位□　个人□ *
	登记注册类型				所属行业	
	身份证件类型	身份证□　护照□　其他□ *			身份证件号码	
	联系人				联系方式	

一、从价计征房产税

房产编号	房产原值	其中：出租房产原值	计税比例	所属期起	所属期止	税率	本期应纳税额	本期减免税额	本期已缴税额	本期应补（退）税额
1	*									
2	*									
3	*									
4	*									
5	*									
6	*									
7	*									
8	*									
9	*									
合计	*	*					*			

二、从租计征房产税

	本期申报租金收入	税率	本期应纳税额	本期减免税额	本期已缴税额	本期应补（退）税额
1						
2						
3						
合计	*		*			*

以下由纳税人填写：

纳税人声明：	此纳税申报表是根据《中华人民共和国房产税暂行条例》和国家有关税收规定填报的，是真实的、可靠的、完整的。
纳税人签章	代理人签章　　　　　代理人身份证号

以下由税务机关填写：

受理人	受理日期　年　月　日	受理税务机关签章

本表一式两份，一份纳税人留存，一份税务机关留存。

* 由系统根据纳税人识别号自动带出，无须纳税人填写。

房产税纳税申报表填表说明二维码

表6-2 2018年房产税纳税申报表（汇总版）

税款所属期限：自 年 月 日至 年 月 日 填表日期： 年 月 日 金额单位：元至角分；面积单位：平方米

纳税人识别号：□□□□□□□□□□□□□□□□

纳税人信息	名称				纳税人分类			单位□ 个人□
	登记注册类型				所属行业			*
	身份证件类型	身份证□ 护照□ 其他□			身份证件号码			
	联系人				联系方式			

一、从价计征房产税

	房产原值	其中：出租房产原值	计税比例	税率	所属期起	所属期止	本期应纳税额	本期减免税额	本期已缴税额	本期应补（退）税额
1										
2										
3										
合计	*	*	*	*	*	*				

二、从租计征房产税

	本期申报租金收入	税率	本期应纳税额	本期减免税额	本期已缴税额	本期应补（退）税额
1						
2						
3						
合计	*	*				

以下由纳税人填写：

纳税人声明	此纳税申报表是根据《中华人民共和国房产税暂行条例》和国家有关税收规定填报的，是真实的、可靠的、完整的。		
纳税人签章		代理人签章	代理人身份证号

以下由税务机关填写：

受理人		受理日期 年 月 日	受理税务机关签章

本表一式三份，一份返还纳税人，一份作为资料归档，一份作为税收会计核算的原始凭证。

2018 房产税纳税申报表（汇总版）填制说明二维码

2. 扣缴义务人

从事机动车第三者责任强制保险业务的保险机构为机动车船税的扣缴义务人，在销售机动车交通事故责任强制保险时代收车船税，并出具代收税款凭证。

(二) 征税范围

车船税的征税范围是指在中国境内属于车船法所附《车船税税目税额表》规定的车辆、船舶。车辆、船舶是指：依法应当在车船管理部门登记的机动车辆和船舶；依法不需要在车船管理部门登记、在单位内部场所行驶或者作业的机动车辆和船舶。前述管理部门是指公安、交通运输、农业、渔业、军队、武装警察等依法具有车船登记管理职能的部门。机动车包括乘用车、商用车客车、商用车货车、专用作业车、轮式专用机械车、摩托车等；机动船包括客轮、货轮、气垫船等；非机动船包括木船、帆船等。

(三) 税目与税率

《车船税法》及其实施条例将车船税目分为乘用车、商用车、摩托车、其他车辆、船舶和游艇六类，每类下再分为若干子目。车船税率采用全国统一实行的定额税率，计量单位有"辆""整备质量""净吨位""艇身长度"等。车船税税目税额表如表6-3和表6-4所示。

表6-3 车辆车船税税目税额表

税 目		计税单位	年基准税额	备 注
乘用车〔按发动机气缸容量（排气量）〕分档	1.0升（含）以下的	每辆	60~360元	核定载客人9人（含）以下
	1.0升以上至1.6升（含）的		300~540元	
	1.6升以上至2.0升（含）的		360~660元	
	2.0升以上至2.5升（含）的		660~1200元	
	2.5升以上至3.0升（含）的		1200~2400元	
	3.0升以上至4.0升（含）的		2400~3600元	
	4.0升以上的		3600~5400元	
商用车	客车	每辆	480~1440元	核定载客人数9人以上，包括电车
	货车	整备质量每吨	16~120元	包括半挂牵引车、三轮汽车和低速载货汽车等。挂车按照货车50%计算
其他车辆	专用作业车	整备质量每吨	16~120元	不包括拖拉机
	轮式专用机械车		16~120元	
摩托车		每辆	36~180元	

表6-4 2018年机动船舶、游艇税目税额表

税　目		计税单位	船舶使用税税额标准（元）
机动船舶	净吨位不超过200吨的	每吨	3
	净吨位超过200吨但不超过2 000吨的		4
	净吨位超过2 000吨但不超过10 000吨的		5
	净吨位超过10 000吨的		6
拖船	按照发动机功率每1千瓦折合净吨位0.67吨计算		
拖船、非机动驳船	分别按照机动船舶税额的50%计算		
游艇	艇身长度≤10米	每米	600
	10米＜艇身长度≤18米的		900
	18米＜艇身长度≤30米的		1 300
	艇身长度＞30米的		2 000
	辅助动力帆艇		600

注：《车船税法》及其实施条例所涉及的排气量、整备质量、核定载客人数、净吨位、千瓦、艇身长度，以车船登记管理部门核发的车船登记证书或者行驶证所载数据为准。

依法不需要办理登记的车船和依法应当登记而未办理登记或者不能提供车船登记证书、行驶证的车船，以车船出厂合格证明或者进口凭证标注的技术参数、数据为准；不能提供车船出厂合格证明或者进口凭证的，由主管税务机关参照国家相关标准核定，没有国家相关标准的参照同类车船核定。

车辆的具体适用税额由省级人民政府依照《车船税法》所附《车船税税目税额表》规定的税额幅度和国务院的规定确定。船舶的具体适用税额由国务院在《车船税法》所附《车船税税目税额表》规定的税额幅度内确定。省级人民政府根据《车船税法》所附《车船税税目税额表》确定车辆具体适用税额时，根据本地区情况变化适时调整。省级人民政府确定的车辆具体适用税额，应当报国务院备案。

（四）税收优惠

● 免收。以下车船免收车船税：捕捞、养殖渔船；军队、武装警察部队专用的车船；警用车船；依照法律规定应当予以免税的外国驻华使领馆、国际组织驻华代表机构及其有关人员的车船。

● 减免。减免车船使用税的车船类型：新能源车船，车船使用税减半；按照规定缴纳船舶吨税的机动船舶，自《车船税法》实施之日起5年内免征车船税；依法不需要在车船登记管理部门登记的机场、港口、铁路站场内部行驶或者作业的车船，自《车船税法》实施之日起5年内免征车船税。

省级人民政府根据当地实际情况，可以对公共交通车船、农村居民拥有并主要在农村地区使用的摩托车、三轮汽车和低速载货汽车定期减征或者免征车船税。

自2018年1月1日至2020年12月31日，对购买的新能源汽车免征车辆购置税。

二、车船税应纳税额计算与会计处理

（一）应纳税额计算

1. 计税依据

（1）乘用车以车辆登记管理部门核发的机动车登记证书或者行驶证所载的汽车发动机气缸容量（排气量）为计税依据；商用客车、摩托车以辆为计税依据；货车以整备质量作为计税依据；挂车、专用作业车以整备质量作为计税依据；船舶以净吨位为计税依据；游艇以艇身长度为计税依据。纳税人缴纳车船税时，应当提供反映排气量、整备质量、核定载客人数、净吨位、千瓦、艇身长度等与纳税信息相关的相应凭证以及税务机关根据实际需要要求提供的其他资料。

《车船税法》及其实施条例所涉及的排气量、整备质量、核定载客人数、净吨位、千瓦、艇身长度，以车船管理部门核发的车船登记证书或者行驶证相应项目所载数据为准。

（2）依法不需要办理登记、依法应当登记而未办理登记或者不能提供车船登记证书、行驶证的，以车船出厂合格证明或者进口凭证相应项目标注的技术参数、所载数据为准；不能提供车船出厂合格证明或者进口凭证的，由主管税务机关参照国家相关标准核定，没有国家相关标准的参照同类车船核定。

《车船税法》及其实施条例涉及的整备质量、净吨位、艇身长度等计税单位，有尾数的一律按照含尾数的计税单位据实计算车船税应纳税额。计算得出的应纳税额小数点后超过两位的可四舍五入，保留两位小数。

（3）车船税的纳税人按照纳税地点所在的省级人民政府确定的具体适用税额缴纳车船税。

2. 应纳税额的计算

（1）乘用车、商用车客车、摩托车应纳车船税额的计算公式为：

应纳税额 = 单位税额 × 应税车辆数

（2）商用车货车、挂车、其他车辆应纳车船税额的计算公式为：

应纳税额 = 单位税额 × 整备质量吨数

（3）船舶、机动船舶应纳车船税额的计算公式为：

应纳税额 = 适用单位税额 × 净吨位数

（4）购置的新车船，购置当年的应纳税额自纳税义务发生的当月起按月计算。应纳税额为年应纳税额除以 12 再乘以应纳税月份数。计算公式为：

应纳税额 = 年应纳税额 ÷ 12 × 应纳税月份数

应纳税月份数 = 12 - 纳税义务发生时间（取月份）+ 1

对整备质量、净吨位、艇身长度等有尾数的计税单位，一律按含尾数的计税单位据实计算车船税应纳额，小数点后超过两位的可四舍五入保留两位小数。乘用车以车船管理部门核发的车船登记证书或者行驶证所载的排气量数据为准。

【例6-4】 A公司有2.0升乘用车10辆，4.0升乘用车2辆，通勤用45座商用客车10辆，装备质量50吨的汽车40辆。公司所在地省政府规定，2.0升乘用车每辆年车船税额为1 000元；4.0升乘用车每辆年车船税额为5 000元；商用客车每辆年纳税额为1 440元；商用载货汽车每吨年纳税额为120元。

应纳税额 = $1\,000 \times 10 + 5\,000 \times 2 + 1\,440 \times 10 + 120 \times 50 \times 40 = 274\,400$（元）

【例6-5】 南湖游船公司有净吨位1 500吨的机动船舶5艘，净吨位2 500吨的2艘，艇身9米长的游艇5艘，15米长的游艇2艘。

应纳税额 = $4 \times 1\,500 \times 5 + 5 \times 2\,500 \times 2 + 600 \times 5 + 900 \times 2 = 59\,800$（元）

3. 车船税的代扣代缴

扣缴义务人在销售机动车交通事故责任强制保险时代收代缴车船税。扣缴义务人代收代缴机动车车船税的，应当在机动车的保险单以及保费发票上注明已收税款的信息，作为代收税款凭证。

已完税或者依法减免税的车辆，纳税人应当向扣缴义务人提供登记地的主管税务机关出具的完税凭证或者减免税证明。

（二）车船税会计处理

1. 会计科目设置

车船税的计提和缴纳通过"应交税费——应交车船税"明细科目进行核算。该科目贷方登记应缴纳的车船税，借方登记实际缴纳的车船税，期末贷方余额反映应缴未缴的车船税。

2. 账务处理

【例6-6】 沿用【例6-4】资料，该公司计提车船使用税时，做如下会计分录：

借：税金及附加 274 400
    贷：应交税费——应交车船税 274 400

三、车船税征管与纳税申报

（一）纳税义务发生时间、纳税地点、纳税期限

车船税由主管税务机关负责征收。车船税的纳税地点为车船的登记地或者车船税扣缴义务人所在地。依法不需要办理登记的车船，车船税的纳税地点为车船的所有人或者管理人所在地。

车船税按年申报，分月计算，一次性缴纳。纳税年度为公历1月1日至12月31日。车船税按年申报缴纳，具体申报纳税期限由省级人民政府依照法律、行政法规的规定确定。

（二）纳税申报

车船税纳税人应按照《车船税法》的有关规定办理纳税申报，并如实填写《车船税纳税申报表》。车船税纳税申报表如表 6–5 所示。

📝 车船税申报基本规范

（1）办税服务厅接收纳税人资料信息或纳税人通过互联网络申报后提交的纸质资料，核对资料信息是否齐全、是否符合法定形式、填写内容是否完整、是否与税收优惠备案审批信息一致，符合的即时办结；不符合的当场一次性告知应补正资料或不予受理原因。

（2）为纳税人提供申报纳税办理指引，辅导纳税人申报纳税，提示纳税人填写税收优惠栏目。

（3）纳税人可通过财税库银电子缴税系统缴纳税款，办税服务厅应按规定开具税收票证。

（4）办税服务厅人员在《车船税纳税申报表》上签名并加盖业务专用章，一份返还纳税人，一份作为资料归档，一份作为税收会计核算的原始凭证。

（5）由保险公司代扣代缴车船税的纳税人，可不办理申报手续，不报送相应申报表。

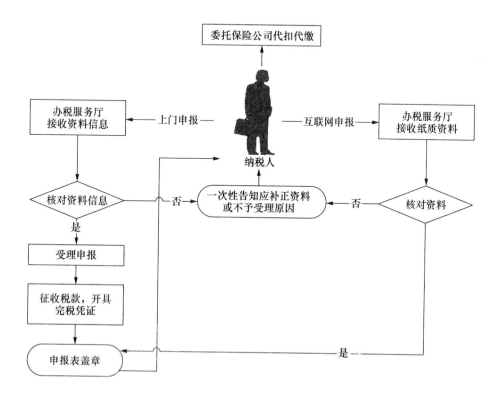

表6-5 车船税纳税申报表

填表日期： 年 月 日

金额单位：元至角分

税款所属期限：自 年 月 日 至 年 月 日

纳税人识别号：☐☐☐☐☐

纳税人名称						纳税人身份证照类型			
纳税人身份证照号码						居住（单位）地址			
联系人						联系方式			

序号	（车辆）号牌号码/（船舶）登记号码	车船识别代码（车架号/船舶识别号）	征收品目	计税单位	计税单位数量	单位税额	年应缴税额 7＝5×6	本年减免税额 8	减免性质代码 9	减免税证明号 10	当年应缴税额 11＝7－8	本年已缴税额 12	本年应补（退）税额 13＝11－12
1	2		3	4	5	6							
合计	—	—	—	—	—	—			—	—			

申报车辆总数（辆）　　　　　　　　　申报船舶总数（艘）

以下由申报人填写：

纳税人声明　　此纳税申报表是根据《中华人民共和国车船税法》和国家有关税收规定填报的，是真实的、可靠的、完整的。

| 纳税人签章 | | 代理人签章 | | 代理人身份证号 | |

以下由税务机关填写：

| 受理人 | | 受理日期 | | 受理税务机关（签章） | |

本表一式两份，一份纳税人留存，一份税务机关留存。

车船税纳税申报表填写说明二维码

第三节　契税法与契税会计

契税是以在中华人民共和国境内转移土地、房屋权属为征税对象，向产权承受人征收的一种财产税。

一、契税法概述

（一）纳税义务人

在中国境内转移土地、房屋权属（包括买卖、典当、赠与、交换房产）的当事人订立契约后，承受的单位和个人为契税的纳税义务人。单位是指企业单位、事业单位、国家机关、军事单位和社会团体以及其他组织。个人是指个体经营者及其他个人，包括中国公民和外籍人员。

（二）征税范围

（1）国有土地使用权出让。是指土地使用者向国家交付土地权出让费用，国家将国有土地使用权在一定年限内让与土地使用者的行为。

（2）土地使用权转让。是指土地使用者以出售、赠与、交换或者其他方式将土地使用权转移给其他单位和个人的行为。土地使用权的转让，不包括农村集体土地承包经营权的转移。

（3）房屋买卖。是以货币为媒介，房屋所有者将其房屋出售，由承受方交付货币、实物、无形资产或者其他经济利益取得房产所有权的交易行为。包括以土地、房屋权属抵偿债务或实物交换房屋；以土地、房屋权属作价投资、入股；买房拆料或翻建新房；以获奖的方式承受土地、房屋权属；以预购方式或者预付集资建房款的方式承受土地、房屋权属。

（4）房屋赠与。是指房屋产权所有人将房屋无偿转让给他人所有的行为。

（5）房屋交换。是指房屋所有者之间相互交换房屋的行为。以下方式转移土地、房屋权属的，视同土地使用权转让、房屋买卖或者房屋赠与缴纳契税：一是以土地、房屋权属作价投资、入股；二是以土地、房屋权属抵债；三是以获奖方式承受土地、房屋权属；四是以预购方式或者预付集资建房款方式承受土地、房屋权属。

（6）承受国有土地使用权支付的出让金。承受国有土地使用权支付的出让金要缴纳契税，不得因减免出让金而减免契税。

（三）税率

契税实行1%～5%的幅度税率，具体税率省级人民政府可以在1%～5%的幅度规定范围内决定。

（四）税收优惠

1. 契税优惠的一般规定

（1）国家机关、事业单位、社会团体、军事单位承受土地、房屋用于办公、教学、医疗、科研和军事设施的，免征契税。

（2）城镇职工按规定第一次购买公有住房的，免征契税。

（3）因不可抗力灭失住房而重新购买住房的，酌情准予减征或者免征。

（4）土地、房屋被县级以上人民政府征用、占用后，重新承受土地、房屋权属的，由省级人民政府确定是否减免。

（5）纳税人承受荒山、荒沟、荒丘、荒滩土地使用权，并用于农、林、牧、渔业生产的，免征契税。

（6）经外交部确认，依照我国有关法律规定以及我国缔结或参加的双边和多边条约或协定，应当予以免税的外国驻华使馆、领事馆、联合国驻华机构及其外交代表、领事官员和其他外交人员承受土地、房屋权属，免征契税。

（7）公租房经营单位购买住房作为公租房的，免征契税。

（8）对于法定继承人继承土地、房屋权属，不征收契税。

（9）在婚姻关系存续期间，房屋、土地权属原归夫妻一方所有（或原归夫妻双方共有），变更为夫妻双方共有（或另一方所有）的，或者房屋、土地权属原归夫妻双方共有，双方约定变更共有份额的，免征契税。

（10）已购公有住房经补偿土地出让金和其他出让费用成为完全产权住房的，免征土地权属转移的契税。

2. 企事业单位改制重组契税优惠的特殊规定

（1）企业按照公司法有关规定整体改制，改制（变更）后公司承继原企业权利、义务的，对改制（变更）后公司承受原企业土地、房屋权属，免征契税。

（2）事业单位按照国家有关规定改制为企业，对改制后企业承受原事业单位土地、房屋权属，免征契税。

（3）两个或两个以上的公司，依照法律规定、合同约定合并为一个公司，合并后公司承受原合并各方土地、房屋权属，免征契税。

（4）公司依照法律规定、合同约定分立为两个或两个以上与原公司投资主体相同的公司，对分立后公司承受原公司土地、房屋权属，免征契税。

（5）企业依照有关法律法规规定实施破产，企业破产过程中债权人及非债权人承受破产企业抵偿债务的土地、房屋权属，免征契税。

（6）对承受县级以上人民政府或国有资产管理部门按规定进行行政性调整、划转国有土地、房屋权属的单位，免征契税。同一投资主体内部所属企业之间土地、房屋权属的划转，免征契税。母公司以土地、房屋权属向其全资子公司增资，免征契税。

（7）经国务院批准实施债权转股权的企业，对债权转股权后新设立的公司承受原企业的土地、房屋权属，免征契税。

（8）在股权（股份）转让中，单位、个人承受公司股权（股份），公司土地、房屋权属不发生转移，不征收契税。

3. 农村集体经济组织土地的优惠

自 2017 年 1 月 1 日起，对进行股份合作制改革后的农村集体经济组织承受原集体经济组织的土地、房屋权属，免征契税。

对农村集体经济组织以及代行集体经济组织职能的村民委员会、村民小组进行清产核资收回集体资产而承受土地、房屋权属，免征契税。

对农村集体土地所有权、宅基地和集体建设用地使用权及地上房屋确权登记，不征收契税。

经批准减征、免征契税的纳税人改变有关土地、房屋的用途，不再属于减征、免征契税范围的，应当补缴已经减征、免征的税款。

相关链接

2018 年，个人购买普通住房，且该住房为家庭唯一住房的，所购普通商品住宅户型面积在 90 平方米（含 90 平方米）以下的，契税按照 1% 执行；户型面积在 90 平方米到 144 平方米（含 144 平方米）的，税率减半征收，即实际税率为 2%；所购住宅户型面积在 144 平方米以上的，契税税率按照 4% 征收；购买非普通住房、二套及以上住房以及商业投资性房产（商铺、办公写字楼、商务公寓等），均按照 4% 的税率征税。

二、契税应纳税额的计算与会计处理

（一）应纳税额的计算

1. 计税依据

（1）国有土地使用权出让、土地使用权出售、房屋买卖，以成交价格为计税依据。

（2）土地使用权赠与、房屋赠与，由征收机关参照土地使用权出售、房屋买卖的市场价格核定。

（3）土地使用权交换、房屋交换价格相等的，免交契税；交换的土地使用权、房屋的价格不相等的，由多交付货币、实物、无形资产或其他经济利益的一方，按差额缴纳。

（4）以划拨方式取得土地使用权，计税依据为补交的土地使用权出让费用或者土地收益。

（5）房屋附属设施不涉及土地使用权和房屋所有权转移变动的，不征收契税；采取分期付款方式购买房屋附属设施、土地使用权、房屋所有权的，应按合同规定的总价款计征契税；承受的房屋附属设施权属如为单独计价的，按照当地确定的适用税率征收契税；如为与房屋统一计价的，适用与房屋相同的契税税率。

上述计征契税的成交价格不含增值税。税务机关核定的计税价格或收入不含增值税。

2. 应纳税额的计算

契税采用比例税率。应纳税额依照《契税条例》规定的计税依据和税率计算征收。计算公式如下：

应纳税额 = 计税依据 × 税率

【例6-7】　居民甲有两套住房，将一套出售给居民乙，成交价格为315万元；将另一套两室住房与居民丙交换成两套一室住房，并支付给丙换房差价款21万元。试计算甲、乙、丙相关行为应缴纳的契税（假定税率为4%）。

（1）居民甲应缴纳契税 = 21 ÷ (1 + 5%) × 2% = 0.4 (万元)

（2）居民乙应缴纳契税 = 315 ÷ (1 + 5%) × 2% = 6 (万元)

（3）居民丙不缴纳契税。

（二）契税的会计处理

契税是承受单位取得不动产产权时发生的一项必然支出，企事业单位和个人承受房屋权属、土地使用权，不管是有偿取得还是无偿取得，按规定缴纳契税都应计入相关资产成本价值。缴纳契税时，借记"固定资产""无形资产——土地使用权"科目，贷记"银行存款"科目。

纳税人交换房产、土地使用权，如果两边报价相同，可免征契税；如果报价不相同，由支付补价人按其支付的补价和规定契税率缴纳契税。缴纳契税时，借记"固定资产""无形资产——土地使用权"科目，贷记"银行存款"科目。

【例6-8】　某企业2018年度发生如下经济业务：

（1）取得一处土地使用权，支付出让金2 300万元。

（2）某企业以一房产抵偿前欠本企业债务800万元，该房产账面价值700万元，公允价值780万元。

（3）本企业有一房产账面原值为1 000万元，已提折旧300万元，公允价值1 200万元。企业以现有该房产换入另一公允价值1 400万元的房产，并通过银行补付差价款200万元。

（4）购买房屋一栋，成交价格8 000万元。

（5）接受投资者投资的房产一套，双方协商确认价格为7 000万元。

当地政府规定的契税税率为5%，试计算该企业上述业务应缴纳的契税并进行账务处理。

（1）取得土地使用权应缴纳契税 = 2 300 × 5% = 115（万元）

借：无形资产——土地使用权　　　　　　　　　　　　　　　　24 150 000

贷：银行存款	24 150 000

（2）以房屋抵债为债务重组业务，应缴纳契税 = 780 × 5% = 39（万元），根据计算结果做如下会计分录：

借：固定资产	8 190 000
营业外支出——债务重组损失	200 000
贷：应收账款	8 000 000
银行存款	390 000

（3）房屋交换应缴纳契税 = 200 × 5% = 10（万元），根据支付补价、缴纳契税做如下会计分录：

借：固定资产	2 100 000
贷：银行存款	2 100 000

（4）购买房屋应缴纳契税 = 8 000 × 5% = 400（万元），根据计算结果做如下会计分录：

借：固定资产	84 000 000
贷：银行存款	84 000 000

（5）接受投资者投资的房产应缴纳契税 = 7 000 × 5% = 350（万元），根据计算结果做如下会计分录：

借：固定资产	73 500 000
贷：实收资本（股本）	70 000 000
银行存款	3 500 000

三、契税征管与纳税申报

（一）契税征管

契税的纳税义务发生时间为纳税人签订土地、房屋权属转移合同的当天，或者纳税人取得其他具有土地、房屋权属转移合同性质凭证的当天。纳税人应当自纳税义务发生之日起10日内，向土地、房屋所在地的契税征收机关办理纳税申报，并在契税征收机关核定的期限内缴纳税款。纳税人办理纳税事宜后，征收机关应向纳税人开具契税完税凭证。纳税人持契税完税凭证和其他规定的文件材料，依法向土地管理部门、房产管理部门办理有关土地、房屋的权属变更登记手续。纳税人未出具契税完税凭证，土地管理部门、房产管理部门不予办理有关土地、房屋的权属变更登记手续。

（二）纳税申报

契税纳税人应按照《契税暂行条例》的规定，及时办理纳税申报，并如实填写《契税纳税申报表》，进行纳税申报。契税纳税申报表格式如表6-6所示。

表6-6 契税纳税申报表

面积单位：平方米
金额单位：元至角分

填表日期： 年 月 日
纳税人识别号：□□□□□□□□□□

承受方信息	名称		登记注册类型	□单位 □个人
	登记注册类型		所属行业	
	身份证件类型	身份证□ 护照□ 其他□	身份证件号码	
	联系人		联系方式	
转让方信息	名称	登记注册类型		□单位 □个人
	纳税人识别号	登记注册类型	所属行业	
	身份证件类型	身份证件号码	联系方式	
	合同签订日期		土地房屋坐落地址	
土地房屋权属转移信息	权属转移对象	权属转移方式		用途
	家庭唯一住房 □90平方米以上 □90平方米及以下		家庭第二套改善性住房	□90平方米以上 □90平方米及以下
	权属转移面积	成交价格 □含税 □不含税		成交单价
税款征收信息	评估价格	计税价格		税率
	计征税额	减免性质代码 减免税额		应纳税额

以下由纳税人填写：

纳税人声明：此纳税申报表是根据《中华人民共和国契税暂行条例》和国家有关税收规定填报的，是真实的、可靠的、完整的。

纳税人签章	代理人签章	代理人身份证号
受理人	受理日期	以下由税务机关填写： 年 月 日 受理税务机关签章

本表一式两份，一份纳税人留存，一份税务机关留存。

契税纳税申报表填表说明二维码

第四节　车辆购置税法与车辆购置税会计

车辆购置税是以在中国境内购置规定车辆为课税对象，在特定的环节向车辆购置者征收的一种税。

一、车辆购置税法概述

（一）车辆购置税纳税义务人与征税范围

车辆购置税的纳税人是指在中国境内购置应税车辆的单位和个人。其中，购置是指购买、进口、受赠、自产、获奖以及以拍卖、抵债、走私、罚没等方式取得并使用的行为。上述单位，包括国有企业、集体企业、私营企业、股份制企业、外商投资企业、外国企业以及其他企业，事业单位、社会团体、国家机关、部队以及其他单位。个人包括个体工商户及其他个人，既包括中国公民又包括外国公民。

车辆购置税的征税范围包括汽车、摩托车、电车（无轨电车、有轨电车）、挂车（全挂车、半挂车）、农用运输车（三轮农用运输车、四轮农用运输车）。

（二）税率

车辆购置税实行统一比例税率，税率为10%。

（三）税收优惠

外国驻华使馆、领事馆和国际组织驻华机构及其外交人员自用车辆；军车和中国人民武装警察部队列入军队武器装备订货计划的车辆；设有固定装置的非运输车辆；国务院规定予以免税的其他车辆；自2016年1月1日起至2020年12月31日止，城市公交企业购置的公共汽电车辆，免征车辆购置税。

自2018年7月1日至2021年6月30日，对购置挂车减半征收车辆购置税。

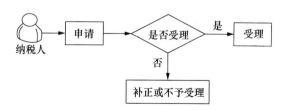

二、车辆购置税应纳税额的计算与会计处理

（一）车辆购置税应纳税额的计算

1. 纳税人购买自用的应税车辆

车辆购置税以应税车辆为课税对象，实行从价定率、价外征收的方法计算应纳税额。计算公式为：

应纳税额＝计税依据×税率

纳税人购买自用应税车辆计税依据，为纳税人购买应税车辆支付给销售方的全部价款和价外费用，不包含增值税税款。价外费用是指销售方在价外向购买方收取的基金、集资费、违约金（延期付款利息）和手续费、包装费、储存费、优质费、运输装卸费、保管费以及其他各种性质的价外收费，购买者随购买车辆支付的工具件和零部件价款、支付的车辆装饰费，但不包括销售方代办保险等而向购买方收取的保险费，以及向购买方收取的代购买方缴纳的车辆购置税、车辆牌照费。

【例6－9】 2018年9月，华某从某汽车4S店购买一辆小汽车供自己使用，支付了含增值税税款在内的款项348 000元，另支付代收临时牌照费550元、代收保险费1 775元，支付购买工具件和零配件价款3 000元，车辆装饰费1 292元。所支付的款项均由该4S店开具"机动车销售统一发票"和有关票据。计算华某应纳车辆购置税。

计税依据＝（348 000＋3 000＋1 292）÷（1＋16%）＝303 770（元）

应纳税额＝303 700×10%＝30 370（元）

2. 进口自用应税车辆

纳税人进口自用的应税车辆以组成计税价格为计税依据。组成计税价格的计算公式为：

组成计税价格＝关税完税价格＋关税＋消费税

进口自用应税车辆计征车辆购置税的计税依据，与进口环节计算增值税的计税依据一致。也可以用以下公式计算：

组成计税价格＝（关税完税价格＋关税）÷（1－消费税税率）

如果进口车辆是不属于消费税征税范围的大卡车、大客车，则组成计税价格公式简化为：

计税价格＝关税完税价格＋关税

纳税人购买自用或者进口自用应税车辆，申报的计税价格等于或高于同类型应税车辆的最低计税价格时，按申报的价格计税；申报的计税价格低于同类型应税车辆的最低计税价格又无正当理由的，计税价格为国家税务总局核定的最低计税价格。

【例6－10】 某外贸进出口公司因业务经营需要，2018年1月从国外进口10辆排量在4升以上的某牌号轿车自用，已知4升以上优惠关税率为25%，消费税率为40%。该公司报关进口这批小轿车时，经报关地海关审查确定关税完税价格为人民币30万元/辆，

车辆购置税率为10%，计算该公司进口轿车应缴纳的税额。

进口轿车应以含关税完税价格、缴纳的关税、消费税在内为车辆购置税计税依据，计算应缴纳车辆购置税款，同时还应计算应缴纳的增值税。

进口轿车应纳关税 = 300 000 × 10 × 25% = 750 000（元）

进口轿车应纳消费税 = （300 000 × 10 + 750 000）÷（1 - 40%）× 40% = 2 500 000（元）

计税依据 = 3 000 000 + 750 000 + 2 500 000 = 6 250 000（元）

进口轿车应纳税额 = 6 250 000 × 10% = 625 000（元）

3. 其他自用应税车辆应纳税额的计算

纳税人自产、受赠、获奖或者以其他方式取得并自用的应税车辆，凡不能取得购置价格或者低于最低计税价格的，以国家税务总局规定的最低计税价格为计税依据计算征收车辆购置税。

国家税务总局未核定最低计税价格的车辆，计税价格为纳税人提供的有效价格证明注明的价格。有效价格证明注明的价格明显偏低的，主管税务机关核定应税车辆的计税价格。计算公式为：

应纳税额 = 最低计税价格 × 税率

【例6-11】　某客车制造厂将自产的一辆某型号的客车用于本厂后勤服务，该厂在办理车辆上牌落籍前，出具该车的发票注明金额500 000元，并按此金额向主管税务机关申报纳税。国家税务总局对该车同类型车辆核定的最低计税价格为650 000元。计算该车应纳车辆购置税。

应纳税额 = 650 000 × 10% = 65 000（元）

（二）车辆购置税会计处理

购买车辆缴纳的车辆购置税，应当计入固定资产成本，借记"固定资产"科目，贷记"应交税费——应交车辆购置税"科目。缴纳车辆购置附加税时，借记"应交税费——应交车辆购置税"科目，贷记"银行存款"科目。

【例6-12】　承【例6-11】，该外贸进出口公司在支付车辆购置税时，做如下会计分录：

借：固定资产　　　　　　　　　　　　　　　　　　　　　　　65 000

　　贷：应交税费——应交车辆购置税　　　　　　　　　　　　　　65 000

三、车辆购置税征收管理与纳税申报

车辆购置税实行一车一申报制度，征税环节为使用环节。纳税人应当在向公安机关等车辆管理机构办理车辆登记注册手续前，缴纳车辆购置税。纳税人办理纳税申报时应如实填写《车辆购置税纳税申报表》（见表6-7），同时提供纳税人身份证明、车辆价格证明、车辆合格证明、税务机关要求提供的其他资料。

表6-7 车辆购置税纳税申报表

填表日期：　年　月　日　　　　　　　　　　　　　　　　　　　　　　　　金额单位：元

纳税人名称		证件名称	
行业代码		证件号码	
联系电话		注册类型代码	
车辆类别代码		地址	
合格证编号（或货物进口证明书号）		厂牌型号	
车辆识别号（车架号）		发动机号	
座位	吨位	排量（cc）	

机动车销售统一发票	代码			价外费用
	号码	机动车销售统一发票价格		合计
其它有效凭证名称		其它有效凭证价格		
进口自用车辆纳税人填写右侧项目	海关进口关税专用缴款书（或进出口货物征免税证明）号码		关税	
	关税完税价格		消费税	
购置日期		申报计税价格		

委托代办授权声明

为办理车辆购置税涉税事宜，现授权（　　）为代理申报人，提供的凭证、资料是真实、可靠、完整的。任何与本申报表有关的任务文件，都可交于此人。授权人（签名或盖章）：

申报人声明

此纳税申报表是根据《中华人民共和国车辆购置税暂行条例》《车辆购置税征收管理办法》的规定填报的，提供的凭证、资料真实、可靠、完整的。声明人（签名或盖章）：

如属委托代办的，应填写以下内容

代理人名称			代理人（签名盖章）
经办人姓名			
经办人证件名称			
经办人证件号码			
核定计税价格			

应纳税额		免（减）税额		滞纳金金额
税率 10%		实纳税额		

接收日期：　年　月　日　　　接收人：　　　　　　　　主管税务机关（章）：

备注：
车辆类别代码为：1.汽车；2.摩托车；3.电车；4.挂车；5.农用运输车。

车辆购置税纳税申报表填制说明二维码

主管税务机关应对纳税申报资料进行审核，确定计税依据，征收税款，核发完税证明。征税车辆在完税证明征税栏加盖车购税征税专用章，免税车辆在完税证明免税栏加盖车购税征税专用章。

纳税人购置车辆，应当向车辆登记注册地的主管税务机关办理纳税申报。不需要办理车辆登记注册手续的纳税人，向纳税人所在地的主管税务机关办理纳税申报。

 本章小结

财产税是以法人或自然人拥有和归其支配的财产为对象，以财产价值为计税依据征收的一类税收的总称。我国现行的财产税有房产税、车船税、契税和车辆购置税。本章简要阐述各财产税的征税范围、纳税人、税率、税收优惠和应纳税额，进而阐述各财产税征管纳税申报与会计的账务处理。营改增后，纳税人缴纳的各财产税，均借记"税金及附加""固定资产"等科目，贷记"应交税费"科目；缴纳各财产税的附加税，借记"应交税费——××税"科目，贷记"银行存款"科目。

即测即评
二维码

 本章重要名词概念

房产税　车船税　契税　车辆购置税
（请扫描右侧二维码进行即测即评）

 复习思考题

1. 简述我国房产税、车辆购置税的税收优惠政策与计税依据。
2. 契税的计税依据有哪些？怎样进行契税的账务处理？
3. 怎样进行房产税、车船税和车辆购置税的账务处理？

第七章
企业所得税法与企业所得税会计

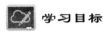 **学习目标**

通过本章学习，您应该了解：企业所得税的含义、纳税人的分类；征税对象的确定；企业所得税税率；核定征收企业所得税的适用范围与应纳税额的计算。熟悉：居民纳税人和非居民纳税人判断标准、来源所得的确定原则；资产的税务处理方法；暂时性差异的分类与形成；递延所得税资产与递延所得税负债的确认、计量。掌握：收入的内容与收入实现确认条件；扣除项目内容与各项目扣除标准；居民企业应纳税所得额与应纳所得税额的计算；企业所得税优惠的规定；所得税会计处理；企业所得税月（季）度和年度纳税申报表的填报方法与纳税申报。

本章知识结构图

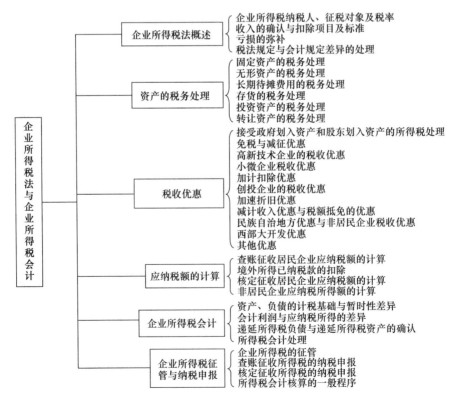

案例导入

宏泰公司位于东川市，主要生产各种机床。2017 年该公司实现利润 5 000 万元，已预交企业所得税 1 100 万元。2018 年 5 月末为企业所得税汇算清缴的最后期限，公司要在规定时间内准确计算 2017 年汇算清缴应纳税、进行纳税申报并退（补）税款。纳税会计岗位的景欣是一名新手，对《企业所得税法》及其实施条例了解不透彻。为了避免给公司造成损失，按期完成汇算清缴，报请领导同意聘请税务顾问谢刚对涉税会计人员进行企业所得税汇算清缴辅导。谢刚说：所得税会计核算与汇算清缴，必须掌握以下基本知识和技能：

- 企业所得税纳税人、征税对象、收入来源地、税率等基本规定，收入实现的确认扣除项目的内容及其标准。
- 资产的税务处理方法与企业所得税的优惠政策。
- 纳税调整项目和调整方法，准确计算应纳税所得额和应纳所得税额。
- 企业所得税的核算方法。
- 企业所得税纳税申报表填制方法并按期进行纳税申报。

第一节　企业所得税法概述

一、企业所得税的纳税人、征税对象及税率

（一）企业所得税的纳税人

企业所得税（Enterprise Income Tax）是对在我国境内的企业和其他取得收入的组织的生产经营所得和其他所得征收的一种税。企业所得税法的纳税人是指在中华人民共和国境内的企业和其他取得收入的组织（以下统称为企业）。个体工商户、个人独资企业和合伙企业适用个人所得税法，不是企业所得税的纳税人。

按其承担纳税义务的不同，企业所得税的纳税人分为居民企业和非居民企业。

居民企业是指依法在中国境内成立或者依照外国（地区）法律成立但实际管理机构在中国境内的企业，包括国有企业、集体企业、股份制企业、外商投资企业、外国企业、私营企业、联营企业以及有生产经营所得、其他所得的其他组织。前述的"实际管理机构"是指对企业的生产经营、人员、账务、财产等实施进行全面管理和控制的机构。有生产经营所得和其他所得的其他组织是指经国家有关部门批准，依法注册、登记的事业单位和社会团体等组织。

非居民企业是指依照外国（地区）法律成立且实际管理机构不在中国境内但在中国

境内设立机构、场所，或者在中国境内未设立机构、场所但有来源于中国境内所得的企业。

（二）征税对象

1. 企业所得税征税对象

居民企业应当就其来源于我国境内、境外的生产经营所得和其他所得缴纳企业所得税。具体包括：销售货物和提供劳务取得的所得；转让财产取得的所得；股息、红利等权益性投资收益所得；利息所得、租金所得和特许权使用费所得；接受捐赠所得和其他所得。

2. 非居民企业的征税对象

非居民企业在中国境内设立机构、场所的，应当就其所设机构、场所取得的来源于中国境内的所得以及发生在中国境外但与其所设机构、场所有实际联系的所得缴纳企业所得税；非居民企业在中国境内未设立机构、场所的，或者虽设立机构、场所但取得的所得与其所设机构、场所没有实际联系的，应当就其来源于中国境内的所得缴纳企业所得税。

来源于中国境内、境外所得确定方法如下：

（1）销售货物所得，按照交易活动发生地确定。

（2）提供劳务所得，按照劳务发生地确定。

（3）转让财产所得，不动产转让所得按照不动产所在地确定；动产转让所得按照转让动产的企业或者机构、场所所在地确定；权益性投资资产转让所得按照被投资企业所在地确定。

（4）股息、红利等权益性投资所得，按照分配所得的企业所在地确定。

（5）利息所得、租金所得、特许权使用费所得，按照负担、支付所得的企业或者机构、场所所在地确定，或者按照负担所得、支付所得的个人的住所地确定。

（6）其他所得，由国务院财政主管部门、税务主管部门确定。

（三）税率

1. 基本税率

基本税率为25%，适用于居民企业来源于境内、境外所得；在中国境内设有机构、场所且所得与机构、场所有关联的非居民企业。

2. 低税率

享受企业所得税优惠政策的技术先进型服务企业必须同时符合条件二维码

低税率为20%，适用于小型微利居民企业。在中国境内未设立机构、场所的非居民企业；设立机构、场所但取得的所得与其所设机构、场所没有实际联系的非居民企业，来源于中国境内的所得减按10%的税率。

3. 优惠税率

优惠税率 15%，适用于被认定为高新技术居民企业；试点地区技术先进型服务企业、对经认定的技术先进型服务企业（服务贸易类）；设在西部地区的国家鼓励类产业企业。

二、收入总额实现的确认与计量

（一）收入的确认与计量

1. 销售货物收入

销售货物收入是指企业销售商品、产品、原材料、包装物、低值易耗品以及其他存货取得的收入。销售货物收入应在同时满足以下条件时确认：商品销售合同已经签订，企业已将商品所有权相关的主要风险和报酬转移给购买方；企业对已售出的商品既没有保留通常与所有权相联系的继续管理权，也没有实施控制权；收入的金额能够可靠地计量；已发生或将发生的销售成本能够可靠地核算。

2. 提供劳务收入

提供劳务收入是指企业从事建筑安装、修理修配、交通运输、仓储租赁、金融保险、邮电通信、咨询经纪、文化体育、科学研究、技术服务、教育培训、餐饮住宿、中介代理、卫生保健、社区服务、旅游、娱乐、加工和其他劳务服务活动取得的收入。

企业在各个纳税期末，企业提供劳务结果能够可靠估计的，企业应按照从接受劳务方已收或应收的合同或协议价款确定劳务收入总额，根据纳税期末提供劳务收入总额乘以完工进度扣除以前纳税年度累计已确认提供劳务收入后的金额，确认为当期劳务收入；提供劳务交易的结果不够可靠估计的，企业应当按照从接受劳务方已收或估计能够收回的价款确定收入的金额。

3. 转让财产收入

转让财产收入是指企业转让固定资产、生物资产、无形资产、股权、债权等财产所取得的收入。

企业发生内部处置资产不视同销售确认收入，相关资产的计税基础延续计算。企业将资产移送他人不属于内部处置资产，应在财产所有权转移日按照企业同类资产同期对外销售价格确定销售收入。企业转让股权收入，应于转让协议生效且完成股权变更手续时，确认收入的实现。

4. 股息、红利等权益性投资收益

股息、红利等权益性投资收益是指企业因权益性投资从被投资方分配取得的收入，除国务院财政、税务主管部门另有规定外，按照被投资方作出利润分配决定的日期确认收入实现。

5. 利息收入

是指企业将资金提供他人使用但不构成权益性投资，或者因他人占用本企业资金所取得的利息收入，包括存款利息、贷款利息、债券利息、欠款利息等收入。利息收入按照合同约定的债务人应付利息的日期确认收入实现，按贷款本金、合同规定的利率和贷款时间计算的金额计量。符合规定条件的兼有权益和债权双重特性的混合性投资业务，投资企业应于被投资企业应付利息的日期，确认收入的实现并计入当期应纳税所得额。

6. 租金收入

是指企业提供固定资产、包装物和其他有形资产使用权取得的收入。租金收入应当按照合同约定的承租人应付租金的日期确认收入的实现，按合同约定的金额计量。

7. 特许权使用费收入

是指企业提供专利权、非专利技术、商标权、著作权以及其他特许权的使用权取得的收入。特许权使用费收入，应当按照合同约定的特许权使用人应付特许权使用费的日期确认收入实现，按合同约定的计算方式计算的金额计量。

8. 接受捐赠收入

是指企业接受来自其他企业、组织或者个人自愿和无偿给予的货币性资产和非货币性资产。接受捐赠收入应当在实际收到捐赠资产的日期确认收入实现，按照捐赠资产的公允价值计量。

9. 其他收入

是指企业取得的除上述规定的收入之外的其他收入，包括各类资产、股权、债权等转让收入，企业资产溢余收入，没收逾期未退包装物押金，债务重组收入，确实无法偿付的应付款项，已作坏账损失处理后又收回的应收款项，补贴收入，违约金收入，汇兑收益等，除另有规定外，均应一次性计入确认收入的年度计算缴纳企业所得税。

10. 特殊收入

（1）以分期收款方式销售货物的，按照合同约定的收款日期和金额确认收入的实现。

（2）企业受托加工制造大型机械设备、船舶、飞机，以及从事建筑、安装、装配工程业务或者提供其他劳务等，持续时间超过12个月的，应当按照纳税年度内完工进度或者完成的工作量确认收入的实现。

（3）采取产品分成方式取得收入的，按照企业分得产品的日期确认收入实现，其收入额按照产品的公允价值确定。

（4）企业发生非货币性资产交换，将货物、财产、劳务用于捐赠、赞助、集资、广告、样品、职工福利和利润分配等用途的，应视同销售货物、转让财产或者提供劳务，按照公允价值确定收入，但国务院财政、税务主管部门另有规定的除外。

（二）不征税收入

不征税收入是指从性质和来源上不属于企业营利活动带来的经济利益、不负有纳税义务、不作为应纳税所得额组成部分的收入。包括财政拨款、依法收取纳入财政管理的行政事业性收费、政府性基金、国务院规定的其他不征税收入。

（三）免税收入

免税收入是指属于企业的应税所得，政府根据经济政策目标的需要，在一定时间内免予征税而在未来某一定时期又有可能恢复征收的收入。包括国债利息收入；符合条件的居民企业之间的股息、红利等权益性投资收益；在中国境内设立机构、场所的非居民企业从居民企业取得与该机构、场所有实际联系的股息、红利等权益性投资收益；符合条件的非营利组织的收入。

三、准予扣除项目与不得扣除项目

（一）扣除项目确认应遵循的原则

扣除项目是指按照《企业所得税法》及其实施条例的规定，在计算应纳税所得额时准予扣除的与纳税人收入相关的成本、费用和损失。扣除项目的确认一般应遵循以下原则：

第一，真实、合法原则。真实是指能提供证明有关支出确属已经实际发生。合法是指符合国家税法规定；若其他法规规定与税法规定不一致，应当以税收法律、法规规定为标准。

第二，权责发生制原则。是指企业的费用应在发生的所属期间扣除，而不是在实际支付时确认扣除。

第三，配比原则。是指企业发生的费用应当与收入配比扣除。除特殊规定外，企业发生的费用不得提前或滞后申报扣除。

第四，相关性原则。企业可扣除的费用从性质和根源上必须与取得应税收入直接相关。

第五，确定性原则。即企业可扣除的费用不论何时支付，其金额必须是确定的。

第六，合理性原则。即符合生产经营活动常规，应当计入当期损益或有关资产成本的必要和正常支出。企业可扣除费用的计算和分配方法应符合一般的经营常规和会计惯例。

（二）准予扣除项目的基本范围

准予扣除项目是企业实际发生的与取得应税收入相关的、合理的、准予在计算应纳税所得额时扣除的支出，包括为取得收入而发生的成本、费用、税金及附加、损失和扣除的其他支出。

1. 成本

是指企业在生产经营活动中发生的销售成本、销货成本、业务支出以及其他耗费，即企业销售商品（产品、材料、下脚料、废料、废旧物资）、提供劳务、转让固定资产和无形资产（包括技术转让）的成本。销售成本与财务会计中的主营业务成本、其他业务成本密切联系，但不直接对应。

2. 费用

是指企业每一纳税年度为生产、经营商品和提供劳务等发生的销售（经营）费用、管理费用和财务费用，已计入成本的有关费用除外。

3. 税金及附加

是指企业缴纳的除所得税和允许抵扣的增值税以外的企业各种税金及附加，包括消费税、资源税、关税、城市维护建设税、土地增值税、教育费附加、房产税、车船税、土地使用税、印花税等。

4. 损失

是指企业在生产经营活动中发生的固定资产和存货的盘亏、毁损、报废损失，转让财产损失，呆账损失，坏账损失，自然灾害等不可抗力因素造成的损失以及其他损失。

5. 扣除的其他支出

是指除成本、费用、税金、损失外，企业在生产经营活动中发生的与生产经营活动有关的、合理的支出。

 相关链接

在计算应纳税所得额时应该注意：一是划清收益性支出和资本性支出。收益性支出应当计入当期损益，在发生当期直接扣除；资本性支出应当计入有关资产成本或者分期扣除，不得在发生当期直接扣除。企业的不征税收入用于支出形成的费用或资产，不得扣除或者计算对应的折旧、摊销扣除。二是除《企业所得税法》及其实施条例另有规定外，企业实际发生的成本、费用、税金、损失和其他支出，不得重复扣除。

（三）扣除项目具体范围及其标准

1. 企业发生合理的职工工资、薪金支出准予扣除

工资、薪金是指企业每一纳税年度支付给在本企业任职或与其有雇用关系的员工的所

有现金或非现金形式的劳动报酬，包括基本工资、奖金、津贴、补贴、年终加薪、加班工资，以及与任职或雇用有关的其他支出。

企业接受外部劳务派遣用工，按照协议（合同）约定直接支付给员工个人的费用，应作为工资、薪金支出和职工福利费支出。

合理的工资、薪金总额应掌握原则二维码

2. 社会保险费

是指企业依照国务院有关主管部门或省级人民政府规定的范围和标准，为职工缴纳的基本养老保险费、基本医疗保险费、失业保险费、工伤保险费、生育保险费等基本社会保险费和住房公积金（简称"五险一金"）。

企业依照国家有关规定为特殊工种职工支付的人身安全保险费和符合国务院财政、税务主管部门规定可以扣除的商业保险费，准予扣除。

企业为投资者或者职工支付的商业保险费，不得扣除。

3. 职工福利费、工会经费、职工教育经费

企业发生的职工福利费、工会经费、职工教育经费支出，未超过标准的按实际数扣除，超过标准的只能按标准扣除。

（1）企业发生的职工福利费支出，不超过工资、薪金总额14%的部分按实际数扣除，超过标准的只能按标准扣除。

（2）企业拨缴的工会经费支出，不超过工资、薪金总额2%的部分，凭工会组织开具的《工会经费收入专用收据》或凭合法、有效的工会经费代收凭据依法在税前扣除。

企业职工福利费适用范围二维码

（3）企业发生的职工教育经费支出，不超过工资薪金总额8%的部分，准予在计算企业所得税应纳税所得额时扣除；超过部分，准予在以后纳税年度结转扣除。软件生产企业发生的职工教育经费中的职工培训费用，可以全额在企业所得税前扣除。软件生产企业应准确划分职工教育经费中的职工培训费支出，对于不能准确划分的，一律按照工资薪金总额8%的比例扣除。

核力发电企业为培养核电厂操纵员发生的培养费用，可作为企业的发电成本在税前扣除。企业员工实际发生的职工教育经费支出，不得计入核电厂操纵员培养费直接扣除。

职工教育培训经费列支范围包括内容二维码

上述计算职工福利费、工会经费、职工教育经费的"工资、薪金总额"，是指企业实际发放的合理的工资薪金总和。属于国有性质的企业，其工资薪金不得超过政府有关部门给予的限定数额；超过部分，不得计入企业工资薪金总额，也不得在计算企业应纳税所得额时扣除。

4. 借款费用

企业在生产经营活动中发生的合理的不需要资本化的借款费用，准予扣除。

企业为购置、建造固定资产、无形资产和经过12个月以上的建造才能达到预定可销

售状态的存货，在有关资产交付使用后发生的借款利息，可在发生当期扣除。

企业通过发行债券、取得贷款、吸收保户储金等方式融资而发生的合理的费用支出，不符合资本化条件的，应作为财务费用，准予在企业所得税前据实扣除。

5. 利息费用

（1）非金融企业向金融机构借款的利息支出、金融企业的各项存款利息支出和同业拆借利息支出、企业经批准发行债券的利息支出可据实扣除。

（2）非金融企业向非金融企业借款的利息支出，不超过按照金融企业同类同期贷款利率计算的数额以内部分可据实扣除，超过部分不许扣除。

（3）企业从关联方取得的借款金额超过其注册资本50%的，超过部分的利息支出，不得在税前扣除；也不得在以后年度扣除。

（4）企业同时从事金融业务和非金融业务，其实际支付给关联方的利息支出，应按照合理方法分开计算；没有按照合理方法分开计算的，一律按上述（3）规定的比例计算准予税前扣除的利息支出。

（5）企业向本单位职工以及向其他人员借款而发生的经营性借款利息支出，按上述向非金融机构借款的利息支出规定执行。

6. 汇兑损失

企业在货币交易中产生的汇兑损失，以及纳税年度终了将人民币以外的货币性资产、负债按期末即期汇率中间价折算为人民币产生的汇兑损失，除已计入资产成本以及与向所有者进行利润分配相关的部分外，准予扣除。

7. 业务招待费

企业发生的与生产经营活动有关的业务招待费支出，按照发生额的60%扣除，但最高不得超过当年销售（营业）收入的5‰。

企业在筹建期间，发生的与筹办活动有关的业务招待费支出，可按实际发生额的60%计入企业筹办费，并按有关规定在税前扣除。

8. 广告费和业务宣传费

（1）企业发生的符合条件的广告费和业务宣传费支出，除国务院财政、税务主管部门另有规定外，不超过当年销售（营业）收入15%的部分，准予扣除；超过部分，准予结转以后纳税年度扣除。当年销售（营业）收入的标准同业务招待费。

（2）企业在筹建期间，发生的广告费和业务宣传费，可按实际发生额计入企业筹办费，可按上述规定在税前扣除。

（3）自2016年1月1日起至2020年12月31日止，对化妆品制造或销售、医药制造和饮料制造（不含酒类制造）企业发生的广告费和业务宣传费支出，不超过当年销售（营业）收入30%的部分，准予扣除；超过部分，准予在以后纳税年度结转扣除。

烟草企业的烟草广告费和业务宣传费支出，一律不得在计算应纳税所得额时扣除。

9. 用于环境保护、生态恢复等方面的专项资金

企业依照法律、行政法规有关规定提取的用于环境保护、生态恢复等方面的专项资金，准予扣除。上述专项资金提取后改变用途的，不得扣除。

企业申报扣除的广告费支出必须同时符合条件二维码

10. 财产保险费

企业参加财产保险按照规定缴纳的保险费用，准予扣除。保险公司给予企业的无赔款优待，应计入该企业当年应纳税所得额。

11. 企业转让各类固定资产发生的费用准予扣除

企业按照规定计算的固定资产折旧费、无形资产和递延资产的摊销费，准予扣除。

12. 企业当期发生的固定资产和流动资产盘亏毁损净损失

由其提供清查盘存资料经主管税务机关审核后，准予扣除。

13. 以经营租赁方式租入固定资产发生的租赁费支出，按照租赁期限均匀扣除

经营租赁是指所有权不转移的租赁。以融资租赁方式租入固定资产发生的租赁费支出，按照规定构成融资租入固定资产价值的部分应当提取折旧费用，分期扣除。

14. 企业发生的合理的劳动保护支出，准予扣除

企业根据其工作性质和特点，由企业统一制作并要求员工工作时统一着装所发生的工作服饰费用，可以作为企业合理的支出给予税前扣除。

15. 企业发生的与生产经营有关的手续费及佣金支出

不超过规定计算限额以内的部分，准予扣除；超过部分，不得扣除。

不得扣除手续费、佣金内容二维码

16. 公益事业

企业通过公益性社会组织或者县级以上（含县级）人民政府及其组成部门和直属机构，用于慈善活动、公益事业的捐赠支出，在年度利润总额12%以内的部分，准予在计算应纳税所得额时扣除；超过年度利润总额12%的部分，准予结转以后三年内在计算应纳税所得额时扣除。企业当年发生及以前年度结转的公益性捐赠支出，准予在当年税前扣除的部分，不能超过企业当年年度利润总额的12%。

企业发生的公益性捐赠支出未在当年税前扣除的部分，准予向以后年度结转扣除，但结转年限自捐赠发生年度的次年起计算最长不得超过三年。企业在对公益性捐赠支出计算扣除时，应先扣除以前年度结转的捐赠支出，再扣除当年发生的捐赠支出。

17. 准予扣除的其他项目

依照有关法律、行政法规和国家有关税法规定准予扣除的其他项目。如会员费、合理的会议费、差旅费、违约金、诉讼费用等，准予扣除。

用于公益事业的捐赠支出具体范围二维码

18. 非居民企业在中国境内设立的机构、场所

非居民企业在中国境内设立的机构、场所，就其中国境外总机构发生的与该机构、场所生产经营有关的费用，能够提供总机构出具的费用汇集范围、定额、分配依据和方法等证明文件并合理分摊的，准予扣除。

19. 企业实际发生的维简费支出

企业实际发生的维简费支出属于收益性质的，可作为当期费用在税前扣除；属于资本性支出的，应计入有关资产的成本，并按《企业所得税法》及其实施条例的规定计提折旧或摊销费用在税前扣除。

20. 棚户区改造

财税〔2013〕65号文规定，企业参与政府统一组织的工矿企业棚户区改造、林区棚户区改造，垦区危房改造并同时符合一定条件的棚户区改造支出，准予在企业所得税前扣除。

(四) 不得扣除的项目

纳税人在计算应纳税所得额时，下列支出不得扣除：
- 向投资者支付的股息、红利等权益性投资收益款项。
- 企业所得税税款。
- 税收滞纳金。是指纳税人违反税收法规，被税务机关处以的滞纳金。
- 罚金、罚款和被没收财物的损失。是指纳税人违反国家有关法律、法规规定，被有关部门处以的罚款，以及被司法机关处以的罚金和被没收财物损失。
- 超过规定标准的公益性捐赠支出、非公益性捐赠支出。
- 赞助支出。是指企业发生的与生产经营活动无关的各种非广告性质支出。
- 未经核定的准备金支出。是指不符合国务院财政、税务主管部门规定的各项资产减值准备、风险准备等准备金支出。
- 企业之间支付的管理费、企业内部营业机构之间的租金和特许权使用费，以及非银行企业内营业机构之间支付的利息。
- 与取得收入无关的其他支出。

四、资产损失的税前扣除

准予在企业所得税税前扣除的资产损失，是指企业在实际处置、转让上述资产过程中发生的合理损失（以下简称实际资产损失），以及企业虽未实际处置、转让资产，但符合财税〔2009〕57 号和国税公告〔2018〕15 号文规定条件计算确认的损失（以下简称法定资产损失）。

企业发生的资产损失，应按规定的程序和要求向主管税务机关申报后方能在税前扣除；未经申报的损失，不得在税前扣除。实际资产损失应当在其实际发生且会计上已做损失处理的年度申报扣除；法定资产损失，应当在企业向主管税务机关提供证据资料证明该项资产已符合法定资产损失确认条件，且会计上已做损失处理的年度申报扣除。

企业发生资产损失应当提供相关证据，证据包括具有法律效力的外部证据和特定事项的企业内部证据。具有法律效力的外部证据，是指司法机关、行政机关、专业技术鉴定部门等依法出具的与本企业资产损失相关的具有法律效力的书面文件。特定事项的企业内部证据，是指会计核算制度健全、内部控制制度完善的企业，对各项资产发生毁损、报废、盘亏、死亡、变质等内部证明或承担责任的声明等。

资产扣除
方法二维码

企业在计算应纳税所得额时已经扣除的资产损失，在以后纳税年度全部或者部分收回时，其收回部分应当作为收入计入收回当期的应纳税所得额。

相关知识

企业对其扣除的各项资产损失，应当提供能够证明资产损失确属已实际发生的合法证据，包括具有法律效力的外部证据、具有法定资质的中介机构的经济鉴定证明、具有法定资质的专业机构的技术鉴定证明等。

企业境内、境外营业机构发生的资产损失应分开核算，对境外营业机构由于发生资产损失而产生的亏损，不得在计算境内应纳税所得额时扣除。

五、亏损的弥补

亏损是指企业按照《企业所得税法》及其实施条例的规定，将每一纳税年度的收入总额减除不征税收入、免税收入和各项扣除后小于零的数额，是企业财务报表中的亏损额经税务机关按税法规定核实调整后的金额。

1. 企业纳税年度发生的亏损可以用下一纳税年度的所得弥补

企业纳税年度发生的亏损，可以用下一纳税年度的所得弥补。下一纳税年度的所得不足弥补的，可以逐年延续弥补，但结转年限最长不得超过5年（高新技术企业和科技型中小企业亏损结转年限延长至10年）。企业连续发生亏损，必须从第一个亏损年度算起，先亏先补，按顺序连续计算弥补期，不得将每个亏损年度的连续弥补期相加，更不得断开计算。

企业在汇总计算缴纳企业所得税时，其境外营业机构的亏损不得抵减境内营业机构的盈利。

2. 企业筹建期间不计算为亏损年度

企业从事生产经营之前进行筹建活动发生的开办费支出，可以在开始经营当年一次性扣除，也可以按照税法有关长期待摊费用处理规定处理，但一经选定不得改变。

3. 税务机关对企业进行检查时调增的应纳税所得额

凡企业以前年度发生亏损且该亏损属于《企业所得税法》规定允许弥补的，允许调增的应纳税所得额弥补该亏损；弥补该亏损后仍有余额的，按照《企业所得税法》的规定计算缴纳企业所得税。

4. 对企业发现以前年度实际发生的、按照税收规定应在企业所得税前扣除而未扣除或者少扣除的支出

企业作出专项申报及说明后，准予追补至该项目发生年度计算扣除，但追补确认期限不得超过5年。

企业由于上述原因多缴的企业所得税税款，可以在追补确认年度企业所得税应纳税款中抵扣，不足抵扣的，可以向以后年度递延抵扣或申请退税。

六、税法规定与会计规定差异的处理

在计算应纳税所得额时，企业财务会计处理与税收法律、法规的规定不一致的，采用"表调账不调"方法处理。即企业平时进行会计核算时，按照企业会计准则（制度）的有关规定进行，在计算应纳税所得额和申报纳税时，对税法规定和会计准则之间的差异按税法规定进行纳税调整，按照调整后的应纳税所得额计算缴纳企业所得税。

企业依法清算时，以其清算终了后的清算所得为应纳税所得额，按规定缴纳企业所得税。投资方企业从被清算企业分得的剩余资产中相当于从被清算企业累计未分配利润和累计盈余公积中应当分得的部分，应当确认为股息所得；剩余资产减除上述股息所得后的余额，超过或者低于投资成本的部分，应当确认为投资资产转让所得或者损失。

企业年度实际发生的相关成本、费用，由于各种原因未能及时取得该成本、费用的有效凭证，企业在预缴季度所得税时，可暂按账面发生金额进行核算；但在汇算清缴时，应补充提供该成本、费用的有效凭证。

第二节 资产的税务处理

《企业所得税法》规定：纳税人发生的资本性支出以及无形资产受让、开发等费用，不得作为成本费用从当期的收入总额中做一次性扣除，只能采用分次计提折旧或者分次摊销的方式予以扣除。企业持有各项资产期间资产增值或者减值，除国务院财政、税务主管部门规定可以确认损益的外，不得调整该资产的计税基础。

一、固定资产的税务处理

税法所称固定资产是指企业为生产产品、提供劳务、出租或者经营管理而持有的、使用时间超过 12 个月的非货币性资产，包括房屋、建筑物、机器、机械、运输工具以及其他与生产经营有关的设备、器具、工具等。

1. 固定资产的计税基础

（1）固定资产以使该资产达到预定用途发生的其他支出为计税基础。

（2）自行建造的固定资产，以竣工结算前发生的支出为计税基础。

（3）融资租入的固定资产，以租赁合同约定的付款总额和承租人在签订租赁合同过程中发生的相关费用为计税基础；租赁合同未约定付款总额的，以该资产的公允价值和承租人在签订租赁合同过程中发生的相关费用为计税基础。

（4）盘盈的固定资产，以同类固定资产的重置完全价值为计税基础。

（5）通过捐赠、投资、非货币性资产交换、债务重组等方式取得的固定资产，以该资产的公允价值和支付的相关税费为计税基础。

（6）改建的固定资产，除已足额提取折旧的固定资产和租入固定资产的改建支出以外的其他固定资产，以改建过程中发生的改建支出增加计税基础。

2. 固定资产折旧范围

企业的房屋及建筑物，在用的机器设备、以运输车辆、器具、工具、季节性停用和大修理停用的大机器设备，以经营租赁方式租出的固定资产和以融资租赁方式租入的固定资产等，在计算应纳税所得额时按规定计算的固定资产折旧，准予扣除。

下列固定资产计提的折旧，在计算应纳税所得额时不得扣除：

- 房屋、建筑物以外未投入使用的固定资产。
- 以经营租赁方式租入的固定资产。
- 以融资租赁方式租出的固定资产。
- 已足额提取折旧仍继续使用的固定资产。

- 与经营活动无关的固定资产。
- 单独估价作为固定资产入账的土地。
- 其他不得计算折旧扣除的固定资产。

3. 固定资产折旧方法

固定资产按照直线法计算的折旧准予扣除。企业一般应按月计提固定资产折旧，当月投入使用的固定资产自次月起计提折旧；停止使用的固定资产自次月起停止计算折旧。

4. 固定资产折旧的企业所得税处理

（1）企业固定资产会计折旧年短于税法规定的最低折旧年限，其按会计折旧年限计提折旧高于按税法规定最低折旧年限计提的折旧部分，应调增当期应纳税所得额；企业固定资产会计折旧年限已期满且会计折旧已提足，但税法规定的最低折旧年限尚未到期且税收折旧尚未足额扣除，其未足额扣除的部分准予在剩余的税收折旧年限继续按规定扣除。

（2）企业固定资产会计折旧年限如果长于税法规定的最低折旧年限，其折旧应按会计折旧年限计算扣除，税法另有规定除外。

（3）企业按会计准则（制度）规定提取的固定资产减值准备，不得税前扣除。

（4）企业按税法规定实行加速折旧办法计算的折旧额，可全额在税前扣除。

（5）全民所有制企业改制为国有独资公司或者国有全资子公司，改制中资产评估增值部分的折旧或者摊销不得在税前扣除。

5. 固定资产改扩建的税务处理

企业对房屋、建筑物等固定资产在未足额提取折旧前进行改扩建的，如属于推倒重置的，该资产原值减除提取折旧后的净值，应并入重置后的固定资产计税成本，并在该固定资产投入使用后的次月起，按照税法规定的折旧年限一并计提折旧；如属于提升功能、增加面积的，该固定资产的改扩建支出并入该固定资产计税基础，并从改扩建完工投入使用后的次月起，重新按税法规定的该固定资产折旧年限计提折旧，如该改扩建后的固定资产尚可使用的年限低于税法规定的最低年限的，可以按尚可使用的年限计提折旧。

二、无形资产的税务处理

无形资产是指企业长期使用的、没有实物形态的非货币性资产，包括专利权、商标权、著作权、土地使用权、非专利技术、商誉等。

1. 无形资产的计税基础

（1）外购的无形资产，以购买价款和支付的相关税费以及直接归属于使该资产达到预定用途发生的其他支出为计税基础。

（2）自行开发的无形资产，以开发过程中该资产符合资本化条件后至达到预定用途前发生的支出为计税基础。

（3）通过捐赠、投资、非货币性资产交换、债务重组等方式取得的无形资产，以该资产的公允价值和支付的相关税费为计税基础。

2. 无形资产的摊销

计算应纳税所得额时，企业自行开发的支出已在计算应纳税所得额时扣除的无形资产、自创商誉、与经营活动无关的无形资产、其他不得计算摊销费用扣除的无形资产，不得计算摊销费用，生产经营用无形资产按照税法规定计算的摊销费用，准予扣除。

无形资产的摊销采用直线法计算，无形资产的摊销年限不得少于 10 年。作为投资或者受让的无形资产，可以按其规定使用年限分期计算摊销。外购商誉的支出，在企业整体转让或清算时准予扣除。

三、长期待摊费用的税务处理

已足额提取折旧的固定资产的改建支出，按照固定资产预计尚可使用年限分期摊销；租入固定资产的改建支出，按照合同约定的剩余租赁期限分期摊销；其他固定资产发生改扩建支出延长固定资产使用年限的，应当适当延长折旧年限，并做相应调整计算折旧。

固定资产的大修理支出，按照固定资产尚可使用年限分期摊销。

其他应当作为长期待摊费用支出，自支出发生月份的次月起，按照不得少于 3 年分期摊销。

四、存货的税务处理

外购存货以购买价款和支付的相关税费作为计税基础；其他方式取得的存货，以该存货的公允价值和支付的相关税费作为计税基础。生产性生物资产收获的农产品，以产出或者采收过程中发生的必要支出作为计税基础。

企业使用或者销售存货的成本计算方法，可以在先进先出法、加权平均法、个别计价法等方法中选用一种。计价方法一经选用，不得随意改变。

五、投资资产的税务处理

1. 投资资产的计税基础

以支付现金方式取得的投资资产，以购买价款为成本。通过其他方式取得的投资资产，以该资产的公允价值和支付的相关税费为成本。

企业对外投资期间，投资资产的成本在计算应纳税所得额时不得扣除。企业在转让、处置投资资产时，投资的成本可从转让收入中扣除。

投资企业从被投资企业撤回或减少投资中相当于初始出资的部分，应确认为投资收回；相当于被投资企业累计未分配利润和累计盈余公积按减少实收资本比例计算的部分，应确认为股息所得；其余部分确认为投资资产转让所得。

2. 非货币性资产投资企业所得税处理

居民企业以非货币性资产对外投资确认的非货币性资产转让所得，应于投资协议生效并办理股权登记手续时，确认非货币性资产转让收入的实现。并可在不超过 5 年期限内，分期均匀计入相应年度按规定计算缴纳企业所得税。

企业转让以上资产在计算企业应纳税所得额时，资产的净值允许扣除。

除国务院财政、税务主管部门另有规定外，企业在重组过程中，应当在交易发生时确认有关资产的转让所得或者损失，相关资产应当按照交易价格重新确定计税基础。

六、企业转让资产与重组的税务处理

企业转让资产，该资产的净值准予在计算应纳税所得额时扣除。除国务院主管财税部门另有规定外，企业在重组过程中发生的有关资产转让所得或者损失，应当在交易发生时确认，相关资产应当按照交易价格重新确定计税基础。

七、接收政府划入资产和股东划入资产的所得税处理

1. 企业接收政府划入资产的企业所得税处理

县级以上人民政府（包括政府有关部门，下同）将国有资产明确以股权投资方式投入企业，企业应作为国家资本金（包括资本公积）处理。该项资产如为非货币性资产，应按政府确定的接收价值确定计税基础。

县级以上人民政府将国有资产无偿划入企业，凡指定专门用途并按财税〔2011〕70号文规定进行管理的，企业可作为不征税收入进行企业所得税处理。其中，该项资产属于非货币性资产的，应按政府确定的接收价值计算不征税收入。

县级以上人民政府将国有资产无偿划入企业，属于上述以外情形的，应按政府确定的接收价值计入当期收入总额计算缴纳企业所得税。政府没有确定接收价值的，按资产的公允价值计算确定应税收入。

2. 企业接收股东划入资产的企业所得税处理

企业接收股东划入资产，凡合同、协议约定作为资本金（包括资本公积）且在会计上已做实际处理的，不计入企业的收入总额，企业应按公允价值确定该项资产的计税基础。

企业接收股东划入资产，凡作为收入处理的，应按公允价值计入收入总额，计算缴纳

企业所得税，同时按公允价值确定该项资产的计税基础。

第三节　税收优惠

企业所得税税收优惠是指国家根据经济和社会发展的需要，在一定期限内对某一部分特定企业和课税对象给予减征或者免征税收的一种措施。我国税法规定企业所得税优惠方式如下：

一、减免企业所得税的收入优惠

（一）免征企业所得税优惠

企业取得的国债利息收入；取得的地方政府债券利息收入；符合条件的居民企业之间的股息、红利等权益性投资收益；在中国境内设立机构、场所的非居民企业从居民企业取得与该机构场所有实际联系的股息、红利等权益性投资收益；内地居民企业通过沪港通、深港通投资且连续持有 H 股满 12 个月取得的股息、红利所得；符合条件的非营利组织的收入；符合条件的非营利组织（科技企业孵化器）的收入、非营利组织（国家大学科技园）的收入；中央电视台的广告费和有线电视费收入，免征企业所得税。

纳税人从事农业蔬菜、谷物、薯类、油料、豆类、棉花、麻类、糖料、水果、坚果的种植；农作物新品种的选育；中药材的种植；林木的培育和种植；牲畜、家禽的饲养；林产品的采集；灌溉、农产品初加工、兽医、农技推广、农机作业和维修等农、林、牧、渔服务业项目；远洋捕捞所得，免征企业所得税。

投资者从证券投资基金分配中取得的收入，对证券投资基金从证券市场中取得的收入，对证券投资基金管理人运用基金买卖股票、债券的差价收入；中国清洁发展机制基金取得的收入，中国保险保障基金有限责任公司取得的保险保障基金等收入，免征企业所得税。

对为保护生态环境，退耕还林（生态林应在80%以上）、草产出的农业特产收入，自取得收入年份起 10 年内免征农业特产税。

对符合条件的生产和装配伤残人员专门用品企业，免征企业所得税。

从事新闻出版、广播影视和文化艺术的经营性文化事业单位转制为企业的，自转制注册之日起免征企业所得税。

（二）减征企业所得税优惠

居民企业在一个纳税年度内，转让技术权所得不超过 500 万元的部分，免征企业所得税；超过 500 万元的部分，减半征收企业所得税。

企业持有铁路债券取得的利息收入，减半征收企业所得税。

纳税人企业从事花卉、茶以及其他饮料作物和香料作物的种植；海水养殖、内陆养殖所得，减半征收企业所得税。

实行民族区域自治的自治机关，对本民族自治地方的企业应缴纳的企业所得税中属于地方分享的部分，可以决定减征或者免征企业所得税。

商贸企业、服务型企业、劳动就业服务企业中的加工型企业和街道社区具有加工性质的小型企业实体，在新增加的岗位中，当年新招用在人力资源社会保障部门公共就业服务机构登记失业半年以上且持《就业创业证》或《就业失业登记证》（注明"企业吸纳税收政策"）人员、自主就业退役士兵，与其签订1年以上期限劳动合同并依法缴纳社会保险费的，在3年内按实际招用人数予以定额依次扣减增值税、城市维护建设税、教育费附加、地方教育附加和企业所得税优惠。

二、减计收入优惠

企业以《资源综合利用企业所得税优惠目录》规定的资源作为主要原材料，生产国家非限制和非禁止并符合国家及行业相关标准的产品取得的收入。

金融机构对农户小额贷款的利息收入。

保险公司为种植业、养殖业提供保险业务的保费收入，对经省级金融管理部门（金融办、局等）批准成立的小额贷款公司取得的农户小额贷款利息收入，减按90%计入企业当年收入总额。

企业委托境外研发费用。综合利用资源生产产品取得的收入在计算应纳税所得额时减计收入；符合条件的技术转让所得减免征收企业所得税。

三、加计扣除优惠

企业为开发新技术、新产品、新工艺发生的研究开发费用，未形成无形资产计入当期损益的，在据实扣除的基础上，按照研究开发费用的50%加计扣除；形成无形资产的，按照无形资产成本150%摊销。

对从事文化产业支撑技术等领域的文化企业，开发新技术、新产品、新工艺发生的研究开发费用，允许按照税收法律法规的规定，在计算应纳税所得额时加计扣除。

企业为获得创新性、创意性、突破性的产品进行创意设计活动而发生的相关费用；科技型中小企业开发新技术、新产品、新工艺发生的研究开发费用。

企业安置残疾人员的，在按照支付给残疾职工工资据实扣除的基础上，按照支付给残疾职工工资的100%加计扣除。

享受上述规定的企业所得税优惠的企业，应当实际购置并自身实际投入使用前款规定的专用设备；企业购置上述专用设备在5年内转让、出租的，应当停止享受企业所得税优惠，并补缴已经抵免的企业所得税税款。

四、加速折旧优惠

对由于技术进步，产品更新换代较快的固定资产；常年处于强震动、高腐蚀状态的固定资产，企业可以采取缩短折旧年限或者采取加速折旧的方法。对上述规定将缩短折旧年限的固定资产，最低折旧年限不得低于《企业所得税法实施条例》规定折旧年限的60%。集成电路生产企业的生产设备，其折旧年限可以适当缩短，最短可为3年（含）。企业外购的软件，凡符合固定资产或无形资产确认条件的，可以按照固定资产或无形资产进行核算，其折旧或摊销年限可以适当缩短，最短可为2年（含）。

对生物药品制造业，专用设备制造业，铁路、船舶、航空航天和其他运输设备制造业，计算机、通信和其他电子设备制造业，仪器仪表制造业，信息传输、软件和信息技术服务业，轻工、纺织、机械、汽车等行业企业新购进的固定资产，可缩短折旧年限或采取加速折旧的方法。

所有行业企业新购进的专门用于研发的仪器、设备，单位价值不超过100万元的，允许一次性计入当期成本费用在计算应纳税所得额时扣除，不再分年度计算折旧；单位价值超过100万元的，可缩短折旧年限或采取加速折旧的方法。对所有行业企业持有的单位价值不超过5000元的固定资产，允许一次性计入当期成本费用在计算应纳税所得额时扣除，不再分年度计算折旧。

五、低税率优惠

以下企业享受减按15%税率缴纳企业所得税优惠：①国家需要重点扶持的高新技术企业；②对经认定的技术先进型服务企业；③在服务贸易创新发展试点地区，符合条件的技术先进型服务企业；④对设在西部地区的鼓励类产业企业；⑤在中国境内（不含港、澳、台地区）注册的企业、经认定的国家重点扶持的高新技术企业；⑥设在赣州市的鼓励类产业的内资企业和外商投资企业；⑦线宽小于0.25微米的集成电路生产企业；⑧投资额超过80亿元的集成电路生产企业。

财税〔2018〕44号文规定，自2018年1月1日起，对经认定的技术先进型服务企业（服务贸易类），减按15%的税率征收企业所得税。

以下企业自取得第一笔生产经营收入或者获利年度所属纳税年度起，可以享受从获利年度开始第1~2年免征企业所得税，第3~5年按照25%的法定税率减半征收企业所得税（以下简称"两免三减半"税收优惠）：①经认定的动漫企业自主开发、生产动漫产品的企业；我国境内新办的集成电路设计企业，我国境内符合条件的软件企业，集成电路封装、测试企业，集成电路关键专用材料生产企业、集成电路专用设备生产企业。②经济特区和上海浦东新区内，在2008年1月1日（含）之后完成登记注册的国家需要重点扶持的高新技术企业；就其在经济特区和上海浦东新区取得的所得，享受"两免三减半"优惠。

定期减免所得税优惠。以下企业自项目取得第一笔生产经营收入所属纳税年度起，第1~3年免征企业所得税，第4~6年按照25%的法定税率减半征收企业所得税（以下简称"三免三减半"税收优惠）：

（1）企业从事《公共基础设施项目企业所得税优惠目录》规定的港口码头、机场、铁路、公路、城市公共交通、电力、水利等项目的投资经营的所得；企业承包经营、承包建设和内部自建自用的项目，不得享受上述规定的企业所得税优惠。

（2）饮水工程运营管理单位从事《公共基础设施项目企业所得税优惠目录》规定的饮水工程新建项目投资经营的所得。

（3）企业从事《环境保护、节能节水项目企业所得税优惠目录》所列项目的所得。

（4）对符合条件的节能服务公司实施合同能源管理项目，符合企业所得税税法有关规定的。

（5）2018年1月1日以后投资于集成电路的，享受"两免三减半""五免五减半"所得税优惠。

国家规划布局内的重点软件企业，如当年未享受免税优惠的，可减按10%的税率征收企业所得税。

享受"两免三减半""五免五减半"所得税优惠二维码

六、定期减免所得税优惠

从事国家重点扶持的公共基础设施项目投资经营的所得定期减免企业所得税；从事符合条件的环境保护、节能节水项目的所得定期减免企业所得税；符合条件的节能服务公司实施合同能源管理项目的所得定期减免企业所得税。

财税〔2018〕77号文规定，自2018年1月1日至2020年12月31日，对年应纳税所得额低于100万元（含100万元）的小型微利企业，其所得减按50%计入应纳税所得额，按20%的税率缴纳企业所得税。

七、抵免应纳税额优惠

企业利用自筹资金和银行贷款购置并实际使用《环境保护专用设备企业所得税优惠目录》《节能节水专用设备企业所得税优惠目录》和《安全生产专用设备企业所得税优惠目录》规定的环境保护、节能节水、安全生产等专用设备，可按该专用设备的投资额的10%从企业当年应纳税额中抵免；当年不足抵免的，可以在以后5个纳税年度结转抵免。前述专用设备投资额不包括增值税进项税额；如增值税进项税额不允许抵扣，其专用设备投资额应为增值税专用发票上注明的价税合计金额。企业购买专用设备取得普通发票的，其专用设备投资额为普通发票上注明的金额。

企业购置上述专用设备在5年内转让、出租的，应在该专用设备停止使用当月停止享受企业所得税优惠，并补缴已经抵免的企业所得税税款。

八、抵扣应纳税所得额优惠

从事国家非限制和禁止行业，年应纳税所得额低于 50 万元（含 50 万元）的小型微利企业，其所得减按 50% 计入应纳税所得额，按 20% 的税率缴纳企业所得税。

集成电路投资减免企业所得税，符合条件的节能服务公司实施合同能源管理项目的所得定期减免企业所得税。

（1）创业投资企业采取股权投资方式投资于未上市的中小高新技术企业 2 年以上的，可以按照其投资额的 70% 在股权持有满 2 年的当年抵扣该创业投资企业的应纳税所得额；当年不足抵扣的，可以在以后纳税年度结转抵扣。

（2）公司制创业投资企业采取股权投资方式直接投资于种子期、初创期科技型企业满 2 年（24 个月）的，可以按照投资额的 70% 在股权持有满 2 年的当年抵扣该公司制创业投资企业的应纳税所得额；当年不足抵扣的，可以在以后纳税年度结转抵扣。

（3）有限合伙制创业投资企业采取股权投资方式投资于未上市的中小高新技术企业 2 年（24 个月）以上或直接投资于种子期、初创期科技型企业满 2 年的，该有限合伙制创业投资企业的法人合伙人，可按照其对未上市中小高新技术企业（或对种子期、初创期科技型企业）投资额的 70%，抵扣该法人合伙人从该有限合伙制创业投资企业分得的应纳所得，当年不足抵扣的，可以在以后纳税年度结转抵扣。

自 2018 年 1 月 1 日起，在 8 个全面创新改革试验地区和苏州工业园区试点的创业投资企业和天使投资个人投向种子期、初创期科技型企业，按投资额 70% 抵扣应纳税所得额。

企业同时从事适用不同企业所得税待遇的项目的，其优惠项目应当单独计算所得；否则，不得享受企业所得税优惠。

九、非居民企业的税收优惠

外国政府向中国政府提供贷款取得的利息所得，国际金融组织向中国政府和居民企业提供优惠贷款取得的利息所得，经国务院批准的其他所得，免征企业所得税。

非居民企业在中国境内未设立机构、场所的，或者虽设立机构、场所但取得的所得与其所设机构、场所没有实际联系的，应当就其来源于中国境内的所得减按 10% 税率征收企业所得税。

外国投资者取得外商投资企业 2008 年 1 月 1 日之前形成 2008 年以后分配的累计未分配利润，免征企业所得税；取得 2008 年及以后年度外商投资企业新增利润，依法缴纳企业所得税。

第四节　应纳税额的计算

一、居民企业查账征收应纳税额的计算

查账征收居民企业应纳所得税额（以下简称"应纳税额"）等于应纳税所得额（以下简称"应税所得"）乘以适用税率。其计算公式为：

应纳税额 = 应税所得 × 适用税率 − 减免税额 − 抵免税额

公式中的减免税额和抵免税额，是指依照《企业所得税法》和国务院税务主管部门税收优惠规定减征、免征和抵免的应纳税额。

在实际工作中，应税所得的计算有两种方法。

（一）直接计算法

在直接计算法下，应税所得是企业每一纳税年度的收入总额减除不征税收入、免税收入、各项扣除以及允许弥补以前年度亏损后的余额，计算公式如下：

应税所得 = 收入总额 − 不征税收入 − 免税收入 − 各项扣除金额 − 允许弥补以前年度亏损

（二）间接计算法

间接计算法是在会计利润总额的基础上，加减按税法规定调整的项目金额后计算应税所得。计算公式为：

应税所得 = 会计利润总额 ± 纳税调整项目金额

纳税调整项目金额包括两方面的内容：一是税收规定范围与企业会计准则（制度）规定不一致应予以调整的金额；二是税法规定扣除标准与会计规定不一致的应当予以调整的金额。

【例7-1】　海天公司为一科技型中小居民企业，2017年有关生产经营业务的资料如下：

（1）全年实现营业收入6 000万元；发生销售成本4 000万元；缴纳非增值税金及附加120万元。

（2）取得国债利息收入40万元；取得直接投资于其他居民企业的权益性投资收益25万元（已在投资方案按25%缴纳了企业所得税）。

（3）发生销售费用1 100万元，其中广告和业务宣传费1 100万元；发生管理费用500万元（其中业务招待费60万元、新产品开发费用400万元）；发生财务费用150万元。

（4）全年计入成本、费用中的实发工资总额1 000万元，实际支付职工福利费160万

元，支付职工教育经费30万元，拨缴工会经费25万元并取得了相关票据。

（5）营业外收入50万元；营业外支出124万元（其中，通过教育部门向农村义务教育捐款32万元；12月28日直接向某老年服务机构捐款4万元，税收滞纳金及罚款15万元）。

假设企业适用的所得税基本税率为25%，小型微利企业所得税税率为20%。根据前述资料计算该公司2017年应纳税所得额和应纳所得税额。

（1）会计利润总额 = 6 000 + 40 + 25 + 50 - 4 000 - 120 - 1 100 - 500 - 150 - 124 = 121（万元）

（2）国债利息所得免征企业所得税，应调减应纳税所得额40万元。

（3）职工福利费应调增应纳税所得额 = 160 - 1 000 × 14% = 20（万元）

（4）工会经费应调增应纳税所得额 = 25 - 1 000 × 2% = 5（万元）

（5）职工教育经费30万元小于扣除标准80万元（1 000 × 8%），允许据实扣除。

（6）广告和业务宣传费应调增应纳税所得额 = 1 100 - 6 000 × 15% = 200（万元）

（7）技术开发费用应调减应纳税所得额 = 400 × 75% = 300（万元）

（8）直接捐款不得扣除，应调增应纳税所得额 = 4（万元）

（9）税收滞纳金及罚款不得扣除，应调增应纳税所得额15万元。

（10）按实际发生业务招待费的60%计算 = 60 × 60% = 36（万元）

按营业收入5‰计算业务招待费 = 6 000 × 5‰ = 30（万元）

根据孰低原则，应调增应税所得 = 60 - 30 = 30（万元）

（11）取得直接投资于其他居民企业的权益性投资属于免税收入，应调减应纳税所得额15万元。

（12）应税所得 = 121 - 40 + 20 + 5 + 200 - 300 + 4 + 15 + 30 - 15 = 40（万元）

（13）全年应纳税额 = 40 × 50% × 20% = 4（万元）

二、境外所得已纳税款的扣除

居民企业来源于中国境外的应税所得，非居民企业在中国境内设立机构、场所，取得发生在中国境外但与该机构、场所有实际联系的应税所得，已在境外缴纳的所得税税额可以从其当期应纳税额中抵免，抵免限额为该项所得依照税法规定计算的应纳税额。超过抵免限额的部分，可以在以后五个年度内，用每年度抵免限额抵免当年应抵税额后的余额进行抵补。

居民企业从其直接或者间接控制的外国企业分得的来源于中国境外的股息、红利等权益性投资收益，外国企业在境外实际缴纳的所得税税额中属于该项所得负担的部分，可以作为该居民企业的可抵免境外所得税额，在上述规定的抵免限额内抵免。

已在境外缴纳的所得税税款，是指纳税人来源于中国境外的所得依照中国境外税收法律以及相关规定应当缴纳并已经实际缴纳的企业所得税性质的税款，不包括减免税或纳税后又得到的补偿，以及由他人代为承担的税款。企业依照企业所得税法规定抵免企业所得税额时，应当提供中国境外税务机关出具的税款所属年度的有关纳税凭证。

除国务院财政、税务主管部门另有规定外，该抵免限额应当分国（地区）不分项计算，计算公式为：

$$\text{境外所得} \atop \text{扣除限额} = \text{境内、境外所得按税} \atop \text{法计算的应纳税总额} \times \frac{\text{来源于外国（地区）的所得额}}{\text{境内、境外应纳税所得总额}}$$

抵免限额为纳税人来源于境外所得依照我国税法规定计算的应纳税额，是税收抵免的最高限额。纳税人来源于境外所得在境外实际缴纳的税款，低于按上述公式计算的扣除限额的，可以从应纳税额中按实扣除；超过抵免限额的部分，不得在本年度的应纳税额中扣除，也不得列为费用支出，但可在此后五个年度内，用每年度抵免限额抵免当年应抵税额后的余额进行抵补。上述五个年度，是指从纳税人取得的来源于中国境外的所得，已经在中国境外缴纳的企业所得税性质的税额超过抵免限额的当年的次年起连续五个纳税年度。

【例7-2】 鸿富达公司2017年度应纳税所得额为100万元，适用的企业所得税税率为25%。该公司分别在A、B两国设有分支机构（我国与A、B两国已经缔结避免双重征税协定），在A国分支机构的应税所得为50万元，A国税率为30%；在B国分支机构的应税所得为30万元，B国税率为20%。

假设该公司在A、B两国所得，按我国税法计算的应税所得和按该国税法计算的应税所得是一致的，两个分支机构在A、B两国分别缴纳15万元和6万元的所得税。计算该公司汇总在我国应缴纳的企业所得税税额。

该公司按我国税法计算的境内、境外所得的应纳税额：

境内、境外所得应纳税额 = (100 + 50 + 30) × 25% = 45（万元）

A国抵免限额 = 45 × 50 ÷ (100 + 50 + 30) = 12.5（万元）

B国抵免限额 = 45 × 30 ÷ (100 + 50 + 30) = 7.5（万元）

在A国缴纳的所得税为15万元，扣除限额12.5万元，其超过抵免限额的部分2.5万元不能在当年抵免，也不得作为费用支出，但可在以后年度税额抵免的余额中抵免。

在B国缴纳的所得税为6万元，低于抵免限额，可从应纳税额中全额抵免。

在我国应缴纳的所得税 = 45 - 12.5 - 6 = 26.5（万元）

三、居民企业核定征收应纳税额的计算

核定征收是由税务机关审核确定纳税人的应纳税额或者收入额、所得率等，据以征收税款的一种方式。核定征收主要包括定额征收、核定应税所得率征收、核定收入额征收等征收方式。

（一）核定征收企业所得税的适用范围

居民企业纳税人具有下列情形之一的，采取核定征收方式征收企业所得税：

● 依照法律、行政法规的规定可以不设置账簿的。

● 依照法律、行政法规的规定应当设置但未设置账簿的。

● 擅自销毁账簿或者拒不提供纳税资料的。

● 虽设置账簿，但账目混乱或者成本资料、收入凭证、费用凭证残缺不全，难以查账的。

● 发生纳税义务，未按照规定的期限办理纳税申报，经税务机关责令限期申报，逾期仍不申报的。

● 申报的计税依据明显偏低，又无正当理由的。

特殊行业、特殊类型的纳税人和一定规模以上的纳税人不适用核定征收。前述特定纳税人依据国税函〔2009〕377 号文件规定确定。

国税公告〔2017〕27 号文 2012 年第 27 号规定，专门从事股权（股票）投资业务的企业，不得核定征收企业所得税。依法按核定应税所得率方式核定征收企业所得税的企业，取得的股权（股票）收入等转让财产收入，应全额计入应税收入额，按照主营项目（业务）确定适用的应税所得率计算征收。

对依法按核定应税所得率方式核定征收企业所得税的企业，取得的转让股权（股票）收入等转让财产收入，应全额计入应税收入额，按照主营项目（业务）确定适用的应税所得率计算征收；若主营项目（业务）发生变化，应在当年汇算清缴时，按照变化后的主营项目（业务）重新确定适用的应税所得率计算征收。

（二）核定征收的办法

税务机关应根据纳税人具体情况，对核定征收企业所得税的纳税人，核定应税所得率或者核定应纳所得税额。

1. 核定应税所得率

核定应税所得率征收是指税务机关按照一定的标准、程序和方法，预先核定纳税人的应税所得率，由纳税人根据纳税年度的收入总额或者成本、费用等项目的实际发生额，按照预先核定的应税所得率计算缴纳所得税的一种征收方式。

纳税人具有下列情形之一的，税务机关核定其应税所得率：

● 能正确核算（查实）收入总额，但不能正确核算（查实）成本费用总额的。

● 能正确核算（查实）成本费用总额，但不能正确核算（查实）收入总额的。

● 通过合理方法，能计算和推定纳税人收入总额或成本费用总额的。

各行业应税所得率按规定的幅度标准确定如表 7-1 所示。

表 7-1 各行业应税所得率表

行　　业	应税所得率（%）	行　　业	应税所得率（%）
农、林、牧、渔业	3～10	建筑业	8～20
制造业	5～15	饮食业	8～25
批发和零售贸易业	4～15	娱乐业	15～30
交通运输业	7～15	其他行业	10～30

采用应税所得率方式核定征收企业所得税的，应纳所得税额计算公式为：

应纳税额 = 应税所得 × 适用税率

应税所得 = 应税收入额 × 应税所得率

应税所得 = 成本（费用）支出额 ÷（1 − 应税所得率）× 应税所得率

上式中应税收入额等于收入总额减去不征税收入、免税收入后的余额，用公式表示为：

应税收入额 = 收入总额 − 不征税收入 − 免税收入

实行应税所得率方式核定征收企业所得税的纳税人经营多业的，无论其经营项目是否单独核算，均由税务机关根据其主营项目确定适用的应税所得率。主营项目应为纳税人所有经营项目中，收入总额或者成本（费用）支出额或者耗用原材料、燃料、动力数量所占比重最大的项目。

纳税人的生产经营范围、主营业务发生重大变化，或者应纳税所得额或应纳税额增减变化达到20%的，应及时向税务机关申报调整已确定的应纳税额或应税所得率。

【例7−3】 某商贸企业能准确核算收入不能核算成本（费用），主管税务机关核定该企业所得税的应税所得率为4%，2018年收入总额为800万元（不考虑小微企业等因素），计算该企业应纳税所得额和应纳所得税额。

应税所得 = 800 × 4% = 32（万元）

应纳税额 = 32 × 20% = 6.4（万元）

【例7−4】 某公司能准确核算成本费用不能准确核算收入。主管税务机关核定应税所得率为20%。2017年全年发生费用200万元，计算其应纳企业所得税额。

应税所得 = 300 ÷（1 − 20%）× 20% = 75（万元）

应纳税额 = 75 × 25% = 18.7（万元）

2. 核定征收企业所得税额

税务机关采用下列方法核定征收企业所得税：

• 参照当地同类行业或者类似行业中经营规模和收入水平相近的纳税人税负水平核定。

• 按照应税收入额或成本费用支出额定率核定。

• 按照耗用的原材料、燃料、动力等推算或测算核定。

• 按照其他合理方法核定。

采用前款所列一种方法不足以正确核定应纳税所得额或应纳税额的，可以同时采用两种以上的方法核定。采用两种以上方法测算的应纳税额不一致时，可按测算的应纳税额从高核定。

纳税人不属于以上情形的，应核定其应纳所得税额。

四、非居民企业应纳税所得额的计算

（一）非居民企业应纳税所得额的计算

在中国境内未设立机构、场所的，或者虽设立机构、场所但取得的所得与其所设机构、场所没有实际联系的非居民企业，取得《企业所得税法》第三条第三款规定的所得，按照下列方法计算其应纳税所得额：

其一，股息、红利等权益性投资收益和利息、租金、特许权使用费所得，以收入全额为应税所得，不得扣除税法规定之外的税费支出。

其二，转让财产所得，以收入全额减除财产净值后的余额为应税所得。财产净值是指财产的计税基础减除已经按照规定扣除的折旧、折耗、摊销、准备金等后的余额。

其三，其他所得，参照前两项规定的方法计算应纳税所得额。

（二）非居民企业应纳税额的扣缴

非居民企业在中国境内未设立机构、场所的，或者虽设立机构、场所但取得的所得与其所设机构、场所没有实际联系的，应当就其来源于中国境内的所得，由扣缴义务人在每次支付或到期应支付时，依照《企业所得税法》第十九条的规定，从支付或到期应支付的款项中计算扣除应纳税额。扣缴企业所得税应纳税额计算公式如下：

扣缴企业所得税应纳税额 = 应纳税所得额 × 实际征收率

1. 扣缴义务人

扣缴义务人是指依照有关法律规定或者合同约定，对非居民企业直接负有支付相关款项义务的单位或者个人的可以指定扣缴义务人，包括：

（1）预计工程作业或者提供劳务期限不足一个纳税年度，且有证据表明不履行纳税义务的。

（2）没有办理税务登记或者临时税务登记，且未委托中国境内的代理人履行纳税义务的。

（3）未按照规定期限办理企业所得税纳税申报或者预缴申报的。

扣缴义务人由县级以上税务机关指定，并同时告知扣缴义务人所扣税款的计算依据、计算方法、扣缴期限和扣缴方式。

2. 到期应支付的款项

到期应支付的款项是指支付人按照权责发生制原则应当计入相关成本、费用的应付款项。支付包括现金支付、汇拨支付、转账支付和权益兑价支付等货币支付和非货币支付。

扣缴义务人对外支付或者到期应支付的款项为人民币以外货币的，在申报扣缴企业所

得税时，应当按照扣缴当日国家公布的人民币汇率中间价，折合成人民币计算应纳税所得额。

3. 纳税发生地

《企业所得税法》所称所得发生地，是指依照《企业所得税法实施条例》第七条规定的原则确定的所得来源发生地。在中国境内存在多处所得发生地的，由纳税人选择其中之一申报缴纳企业所得税。

第五节　企业所得税会计

一、企业所得税会计概述

财务会计和税收处理分别遵循不同的原则，服务于不同的目的。财务会计的确认、计量、报告遵循《企业会计准则（制度）》的规定，目的在于真实、完整地反映企业的财务状况、经营成果和现金流量等，为投资者、债权人以及其他会计信息使用者提供对其决策有用的信息。税法以课税为目的，根据国家有关税收法律、法规的规定，确定一定时期内纳税人应缴纳的税额。所得税核算以所得税法律制度为依据，计算确定企业应税所得并据以对企业的经营所得和其他所得征税，同时以企业会计准则为依据进行处理。由于《会计准则（制度）》与税法的差异，便产生了所得税会计。所得税会计（Income Tax Accounting）是研究处理会计收益和应税收益差异的会计理论和方法，反映企业所得税的确认、计量和报告的一整套会计原理、程序和方法。

所得税会计处理方法按其是否确认时间性差异对所得税的影响，分为应付税款法和纳税影响会计法。

（一）应付税款法

应付税款法是将本期税前会计利润和应税所得之间的差额造成影响纳税的金额，在当期确认所得税费用，计入本期损益，而不递延到以后各期。其基本观点是，所得税是因本期收益而发生的法定费用，与以后各个期间的收益无关，按收付实现制原则，理应由本期收益负担。采用应付税款法，无论企业采用何种会计政策，本期计入损益的所得税费等于本期应交的所得税，即不会影响计入本期的所得税费用，影响的只是税前会计利润和净利润。暂时性差异的所得税影响数不作跨期分摊，暂时性差异产生的影响所得税的金额在会计报表中不反映为一项负债或一项资产，仅在会计报表附注中说明其影响的程度。

应付税款法对暂时性差异产生的所得税影响的金额，在报表中不单独反映为一项资产或负债，在会计准则与税法存在较大差异的情况下，如存在大额超过税法规定的费用、广告和业务宣传费等，会导致按税法计算的应交所得税与按会计准则计算的所得税费用存在较大差异，从而不能真实地反映企业的财务成果和经营成果。

应付税款法的优点在于操作简便，缺点在于不符合权责发生制原则及配比原则。除小企业可使用应付税款法核算所得税费用外，一般企业不允许采用应付税款法。

（二）纳税影响会计法

纳税影响会计法是将本期税前会计利润与纳税所得之间的暂时性差异造成影响纳税的金额，递延和分配到以后各期。其基本观点是，交易或事项影响会计报表收益的期间，应当确认同期对所得税费用的纳税影响。所得税是由交易或事项引起的，一个期间的经营成果与所得税有密切关系，当交易或事项产生会计收益时，应同期确认所得税费用，以遵循配比原则。

纳税影响会计法认为，税前会计利润与应税所得之间的差异可分为永久性差异和时间性差异。永久性差异是指某一会计期间，由于会计制度和税法在计算收益、费用或损失时的口径不同，所产生的税前会计利润与应纳税所得额之间的差异。这种差异在本期发生，不会在以后各期转回，故被称为"永久性差异"。时间性差异又称暂时性差异，是由于税法规定与会计准则对收入、利得和费用、损失的计算、确认的口径虽然一致，但时间不一致，而是税前会计利润与应税所得产生的差异，同时会使资产或负债的计税基础与账面价值之间产生暂时性差异，这种差异会在以后期间转回，最终使得整个纳税期间税前会计利润和纳税所得趋于一致。

按照税率变动或新税开征时对"递延税款"科目余额是否进行调整，纳税影响会计法又分为递延法和债务法。

1. 递延法

递延法是按暂时性差异发生年度的税率计算其纳税影响数，作为递延所得税负债或递延所得税资产的一种方法。递延法将本期时间性差异产生影响所得税的金额递延和分配到以后各期，并同时转回原已确认的时间性差异对本期所得税的影响金额。在税率变动或开征新税时，对递延税款的账面余额不作调整。采用递延法，在资产负债表上反映的递延税款余额不符合负债和资产的定义，不代表收款的权利或付款的义务，不能完全反映为企业的一项资产或一项负债。

2. 债务法

债务法是指将本期由于时间性差异产生的影响所得税的金额，递延和分配到以后各期，并同时转回已确认的时间性差异的所得税影响金额，在税率变更或开征新税时，需要按现行税率计算调整递延税款的账面余额，以使余额反映出预付未来税款资产或将来应付税款债务的真实价值。

债务法又分可为利润表债务法与资产负债表债务法。

（1）利润表债务法是对时间性差异进行跨期核算的会计方法。利润表债务法是以利润表中的收入和费用项目为着眼点，逐一确认收入和费用项目在会计和税法上的时间性差异，并将差异对未来的影响看作是对本期所得税费用的调整；税率变动或新税开征时，利润表债务法是首先计算当期所得税费用，再以税率变动对以前递延税款的调整数，根据所得税费用与当期应交所得税之差额，倒挤出本期发生的递延所得税资产（或负债），该法处理所得税顺序是从损益表中项目推出资产负债表中项目。

（2）资产负债表债务法是指从资产负债表出发，比较按企业会计准则规定确定的资产、负债账面价值与按税法规定确定的计税基础，对于两者之间的差异分别应纳税暂时性差异与可抵扣暂时性差异，确认相关的递延所得税资产和递延所得税负债，并在此基础上确认每一会计期间利润表中所得税费用的。我国在 2006 年颁布的《企业会计准则》借鉴《国际财务准则第 12 号——所得税》做法，采用暂时性差异的概念，据此计算递延所得税资产和递延所得税负债。

二、资产负债表债务法所得税核算的一般程序

采用资产负债表债务法核算所得税，企业一般应在每一资产负债表日进行所得税的核算。发生特殊交易或事项时，如企业合并，在确认因交易或事项取得的资产、负债时即应确认相关的所得税影响。企业进行所得税核算一般应遵循以下程序：

第一，按照企业会计准则规定来确定资产负债表中除递延所得税资产和递延所得税负债以外的其他资产和负债项目的账面价值。资产、负债的账面价值，是指企业按照相关会计准则的规定进行核算后在资产负债表中列示的金额。对于计提减值准备的各项资产，是指其账面余额减去已计提减值准备后的金额。

第二，按照会计准则中对于资产和负债计税基础的确定方法，以适用的税收法规为基础，确定资产负债表中有关资产、负债项目的计税基础。资产、负债的计税基础，是指会计上的定义按照税法规定确定该类项目的计税基础。

第三，比较资产、负债的账面价值与其计税基础，对于两者之间存在差异的，分析其性质，除会计准则中规定的特殊情况外，分别应纳税暂时性差异与可抵扣暂时性差异，确定资产负债表日递延所得税负债和递延所得税资产的应有金额，并与期初递延所得税负债和递延所得税资产的余额相比，假定当期应予进一步确认的递延所得税负债和递延所得税资产的金额或应予转销的金额，作为构成利润表中所得税费用的其中一个组成部分——递延所得税。

第四，就企业当期发生的交易或事项，按照适用的税法规定计算确定当期应纳税所得额，将应纳税所得额与适用的所得税税率计算的结果确认为当期应交所得税，作为利润表中应予确认的所得税费用中的另外一个组成部分——当期所得税。

第五，确定利润表中的所得税费用。利润表中的所得税费用包括当期所得税（当期应交所得税）和递延所得税两个组成部分，企业在计算确定了当期所得税和递延所得

后，两者之和（或之差），是利润表中的所得税费用。

三、资产、负债的计税基础与暂时性差异

（一）资产计税基础与暂时性差异

企业取得的各项资产，初始确认时按照会计准则规定确定的入账价值税法是认可的，即取得时其账面价值一般等于计税基础。在资产持续持有的过程中，其计税基础是指资产取得成本减去以前期间按照税法规定已经税前扣除金额后的余额。用公式表示为：

资产计税基础 = 未来可在税前扣除的金额

或　　　　　　 = 取得资产时的成本 - 以前期间已在税前扣除的金额

计税基础表示按照税法规定所涉及的资产在未来期间计税时可以在税前应税经济利益中扣除的金额，即某项资产在未来期间使用或最终处置时，按税法规定可于税前扣除的金额。如固定资产、无形资产等长期资产的计税基础，是指在某一资产负债表日按照税法规定已在以前期间税前扣除的累计折旧额或累计摊销额后的金额。

资产账面价值是指某资产类科目的账面余额减去相关备抵项目后的净额。用公式表示为：

资产账面价值 = 取得资产时的成本 - 已发生的损耗（折旧或摊销）- 计提的资产减值损失

1. 固定资产的计税基础与暂时性差异

固定资产在持有期间进行后续计量时，账面价值与计税基础的差异主要是由于以下几种因素造成的：

（1）折旧方法与折旧年限不同产生的差异。《企业会计准则》规定，企业应当根据与固定资产有关的经济利益预期实现方式合理选择折旧方法，税法规定除可采用加速折旧固定资产外，其他均应按直线法计提的折旧。折旧方法不同，产生固定资产持有期间账面价值与计税基础的差异。另外，税法还就每一类固定资产的折旧年限做了规定，《企业会计准则》规定固定资产折旧年限由企业根据固定资产的性质和使用情况合理确定。会计与税法折旧年限规定不同，产生固定资产持有期间账面价值与计税基础的差异。

（2）计提固定资产减值准备产生的差异。《企业会计准则》规定：持有固定资产的期间，企业根据谨慎原则可以对固定资产计提减值准备；税法规定企业计提的资产减值准备在资产发生实质性损失前不允许税前扣除。计提减值准备规定的不同，形成固定资产的账面价值与计税基础的差异。

【例7-5】　海天公司于2017年12月以2 000万元购入一项生产设备交付使用，按照该项固定资产的预计使用情况，A企业估计其使用寿命为10年，按照直线法计提折旧，预计净残值为0元。税法规定折旧年限为5年，采用双倍余额递减法计提折旧，净残值与会计准则规定相同。2019年12月31日，该公司计提固定资产减值准备100万元。

财务会计上固定资产账面价值 $=2\,000-2\,000\div10\times2-100=1\,500$（万元）

税法确认固定资产的计税基础 $=2\,000-2\,000\div5\times2-(2\,000-2\,000\div5\times2)\div5\times2=720$（万元）

该项固定资产的账面价值 1500 万元与其计税基础 720 万元之间产生的 780 万元差额，是固定资产折旧年限、折旧方法和计提减值准备形成的暂时性差异。该差异于未来期间计入企业的应纳税所得额时可以转回。

2. 无形资产的计税基础与暂时性差异

无形资产在持有期间进行后续计量时，账面价值与计税基础的差异主要是由于以下几种因素造成的：

（1）内部研究开发形成的无形资产账面价值与计税基础不同产生的差异。企业会计准则规定，企业内部研究开发支出符合资本化条件以后至达到预定用途前发生的开发支出应当资本化，作为无形资产的成本登记入账；税法规定，企业内部研究开发支出形成无形资产的，应在初始确认时按发生额实际在所得税前加计扣除，在以后期间税前不得扣除，即计税基础为 0。

（2）无形资产在后续计量时摊销、提取无形资产减值准备产生的差异。企业取得的无形资产初始确认时，按照会计准则确定的入账价值与按照税法规定确定计税基础不存在差异。无形资产在后续持有期间，企业可以根据《企业会计准则》规定，将其区分为使用寿命有限的无形资产与使用寿命不确定的无形资产：使用寿命有限的无形资产根据为企业带来经济效益的方式计提摊销，使用寿命不确定的无形资产不摊销但每年应进行减值测试。税法规定企业取得的无形资产，其成本均应在一定期间内平均摊销。计提摊销方式的不同，造成无形资产的账面价值与计税基础之间的差异。

《企业会计准则》规定，无形资产计提的减值准备可以冲减无形资产账面价值，税法规定计提的无形资产减值准备在形成实质性损失前不允许税前扣除，无形资产的计税基础不会随减值准备的提取发生变化，但其账面价值会因资产减值准备的提取而下降，从而造成无形资产账面价值与计税基础的差异。

【例 7-6】 海天公司当期发生研究开发支出 2 000 万元，其中，研究阶段、开发阶段不符合资本化条件的支出各 200 万元，符合资本化条件的支出为 1 600 万元。假定开发形成的无形资产在当期末已达到预定用途（尚未开始摊销）。

海天公司开发支出形成无形资产的账面价为 1 600 万元（2 000-200-200）。

当期发生的 2 000 万元开发支出按照税法规定可在税前扣除的金额为 3 000 万元 $[(200+200)\times(1+50\%)+1\,600\times150\%]$。有关支出全部按照税法规定在发生当期税前扣除后，于未来期间就所形成的无形资产可税前扣除的金额为 0，开发形成无形资产的计税基础为 0。

该项无形资产的账面价值 1 600 万元与其计税基础 0 万元之间 1 600 万元的差额，是内部研究开发形成的无形资产产生的暂时性差异。

3. 以公允价值计量资产的计税基础与暂时性差异

（1）以公允价值计量且变动计入当期损益的资产（包括交易性金融资产、投资性房地产、可供出售金融资产等），其某一会计期末账面价值为公允价值，税法不考虑公允价值变动，其计税基础为其取得成本，两种不同的处理规定造成该类资产的账面价值与计税基础之间的差异。

【例7－7】　2018年9月1日，海天公司从证券市场取得一款权益性投资作为交易性金融资产，支付价款1 850万元，2018年12月31日账面价值为2 000万元。

交易性金融资产账面价值为2 000万元。

按照税法规定，交易性金融资产公允价值变动不计入应纳税所得额，其计税基础应维持原取得成本不变，即该交易性金融资产计税基础为1 850万元。

该交易性金融资产账面价值2 000万元与其计税基础1 850万元之间150万元的差额，是会计准则与税法规定计量基础不一致产生的暂时性差异。企业持有可供出售金融资产、投资性房地产账面价值与计税基础之间，因公允价值与计税基础之间产生的暂时性差异，与此相同。

（2）应收账款、存货等资产的计税基础与暂时性差异。以成本计量的应收账款、存货等资产发生减值迹象，按照会计准则规定期末通过计提减值准备确定其账面价值；税法规定计提减值准备的资产在形成实质性损失前不允许税前扣除，应按计税基础反映，由此产生账面价值与计税基础之间存在可抵扣暂时性差异。

【例7－8】　海天公司2018年年末库存原材料成本为4 000万元，考虑到该原材料的市价及用其生产产成品的市价情况，估计其可变现净值为3 200万元，应计提存货跌价准备800万元。假定该原材料在2018年期初余额为0。

原材料期末账面价值＝4 000－800＝3 200（万元）

计算缴纳所得税时，其计税基础应维持原取得成本4 000万元不变。

该存货的账面价值3 200万元与其计税基础4 000万元之间800万元的差额，是计提减值准备形成的暂时性差异，该差异会减少企业在未来期间应纳税所得额和应交所得税额。

【例7－9】　海天公司2018年12月31日应收账款余额为6 000万元，该公司期末对应收账款计提了600万元的坏账准备。假定该公司期初应收账款及坏账准备的余额均为0。

该项应收账款在2018年资产负债表日的账面价值为5 400万元（6 000－600），按税法规定计税基础为6 000万元，即计税基础6 000万元与其账面价值5 400万元之间的600万元暂时性差异，在应收账款发生实质性损失时，会减少未来期间的应纳税所得额和应交所得税额。

（二）负债的计税基础与暂时性差异

负债的计税基础是指负债的账面价值减去该负债在未来期间计算应纳税所得额时，按照税法规定可予抵扣的金额。用公式表示为：

负债计税基础 = 账面价值 - 未来期间负债在兑付时允许税前扣除的金额

负债的确认与偿还一般不会影响企业损益，也不会影响其应纳税所得额，未来期间计算应纳税所得额时按照税法规定可予抵扣的金额为0，计税基础即为账面价值。计税基础与账面价值之间的暂时性差异主要是从费用中计提的负债。

1. 企业因销售商品提供售后服务等原因确认的预计负债

按照《企业会计准则第13号——或有事项》的规定，企业预计售后服务将发生的支出在满足有关确认条件时，销售当期即应确认为费用，同时确认预计负债。税法规定，与销售产品相关的售后服务支出应于发生时税前扣除。因该类事项产生的预计负债在期末的计税基础为其账面价值与未来期间可税前扣除的金额之间的差额，因有关的支出实际发生时可全部税前扣除，其计税基础为0。

因其他事项确认的预计负债，应按照税法规定的计税原则确定其计税基础。某些情况下，因有些事项确认的预计负债，税法规定其支出无论是否实际发生，均不允许税前扣除，即未来期间按照税法规定可予抵扣的金额为0，账面价值等于计税基础。

【例7-10】 海天公司2018年销售产品承诺提供3年的保修服务，在当年度利润表中确认了400万元的销售费用，同时确认为预计负债，当年度未发生任何保修支出。税法规定，与产品售后服务相关的费用在实际发生时允许税前扣除。

该项预计负债在海天公司2018年12月31日资产负债表中账面价值为400万元。该项负债的计税基础等于账面价值减去未来期间计算应纳税所得额时按照税法规定可予抵扣的金额为400万元，该项负债的计税基础 = 400 - 400 = 0（万元）。

2. 预收账款

企业在收到客户预付的款项时，会计上将其未确认为收入一项负债。税法对会计上未确认的收入一般亦不计入应纳税所得额，但国税发〔2009〕31号文第九条规定：企业销售未完工开发产品取得的收入，应先按预计计税毛利率分季（或月）计算出预计毛利额，计入当期应纳税所得额。开发产品完工后，企业应将其实际毛利额与其对应的预计毛利额之间的差额，计入当年度企业本项目与其他项目合并计算的应纳税所得额。即按税法规定已计入收款当期的应纳税所得额，在未来清偿该负债时不需再缴纳所得税，预收账款的计税基础等于其账面价值减去未来清偿负债时不需纳税的。计税基础为0。

按照税法规定应计入当期应纳税所得额时，有关预收账款的计税基础为0，即因其产生时已经计算缴纳所得税，未来期间可全额税前扣除。

【例7-11】 海天公司于2018年12月预收2 000万元客户购房款，因不符合收入确认条件，将其作为预收账款核算，按照适用税法规定该款项应计入取得当期应纳税所得额计算缴纳所得税。

该预收账款在海天公司2018年12月31日资产负债表中的账面价值为2 000万元。按照税法规定，该项预收款应计入取得当期的应纳税所得额预缴所得税，与该项负债相关的经济利益已在取得当期计算缴纳所得税，未来期间按照会计准则规定应确认收入时，不再计入应纳税所得额，即其于未来期间计算应纳税所得额时，可于税前扣除的金额为2 000万元，计税基础等于账面价值2 000万元减去未来期间计算应纳税所得额时按照税法规定可予抵扣的金额2 000万元，即为0。

该负债账面价值2 000万元与其计税基础0之间产生的2 000万元暂时性差异，在未来期间可以转回。

3. 应付职工薪酬

企业为获得职工提供的服务给予各种形式的报酬以及其他相关支出均应作为企业的成本费用，在未支付之前确认为负债。税法中对于职工薪酬基本允许税前扣除，但明确规定了税前扣除标准的，按照会计准则规定计入成本费用的金额超过税法规定标准的部分，应进行纳税调整。如果企业当期发生的工资薪金性质的支出超过了税法规定允许税前扣除的标准，超过部分在发生当期不允许税前扣除，在以后期间也不允许税前扣除，即该部分差额对未来期间计税不产生影响，所产生应付职工薪酬负债的账面价值等于计税基础。

【例7-12】　某企业2018年12月计入成本费用的职工工资总额为3 200万元，至2018年12月31日尚未支付，在资产负债表中列示为应付职工薪酬负债。按照《企业所得税法》规定，在当期计入成本费用的3 200万元职工薪酬中，可予税前扣除的金额为3 200万元。

企业为获得职工提供的服务给予的各种形式的报酬以及其他相关支出均应作为成本费用，在未支付之前确认为负债。该项应付职工薪酬负债账面价值为3 200万元。

税法规定企业实际发生工资支出3 200万元与按照税法规定允许税前扣除的金额2 400万元之间所产生的800万元差额，在发生当期即应进行纳税调整，以后期间不能够在税前扣除。该项应付职工薪酬负债的计税基础等于账面价值3 200万元减去未来期间按照税法规定可予抵扣的金额0，即为3 200（万元）。该项负债的账面价值3 200万元与其计税基础3 200万元相同，不形成暂时性差异。

4. 其他负债

企业的其他负债项目，如应交的罚款和滞纳金等，在尚未支付之前按照会计准则规定确认为费用，同时作为负债反映。税法规定，罚款和滞纳金不能税前扣除，即该部分费用无论是在发生当期还是在以后期间均不允许税前扣除。其计税基础为账面价值减去未来期间计税时可予税前扣除金额之间的差额，即计税基础等于账面价值。

其他交易或事项产生的负债，其计税基础应当按照适用税法的相关规定确定。

【例7-13】　华强公司2018年12月因违反有关环保法规的规定，接到当地环保部门的处罚通知，要求其支付罚款100万元。2018年12月31日，该项罚款尚未支付。

对于该项罚款，华强公司应计入2018年利润表，同时确认为资产负债表中的负债。

税法规定，企业违反国家有关法律法规规定支付的罚款和滞纳金不允许税前扣除，与该项负债相关的支出在未来期间计税时，按照税法规定准予税前扣除的金额为0，其计税基础等于账面价值100万元减去未来期间按照税法规定可予抵扣的金额0，即为100

万元。

该项负债的账面价值 100 万元与其计税基础 100 万元相同，不形成暂时性差异。

（三）特殊交易或事项中产生资产、负债计税基础的确定

除企业在正常生产经营活动过程中取得的资产和负债以外，对于某些特殊交易中产生的资产、负债，如企业合并过程中取得资产、负债，其计税基础的确定应遵从税法规定。《企业会计准则第 20 号——企业合并》规定，视参与合并各方在合并前及合并后是否为同一方或相同的多方最终控制，分为同一控制下的企业合并与非同一控制下的企业合并两种类型。对同一控制下的企业合并，合并中取得的有关资产、负债维持其原账面价值不变，合并中不产生新的资产和负债。对于非同一控制下的企业合并，合并中取得的有关资产、负债应按其在购买日的公允价值计量，合并成本大于合并中取得可辨认净资产公允价值的份额部分确认为商誉，合并成本小于合并中取得可辨认净资产公允价值的份额部分计入合并当期损益。

对于企业合并的税收处理，通常情况下被合并企业应视为按公允价值转让、处置全部资产，计算资产的转让所得，依法缴纳所得税。合并企业接受被合并企业的有关资产，计税时可以按经评估确认的价值确定计税成本。合并企业支付给被合并企业或其股东的收购价款中，除合并企业股权以外的现金、有价证券和其他资产（非股权支付额），不高于所支付的股权票面价值 20% 的，经税务机关审核确认，当事各方可选择进行免税处理，即被合并企业不确认全部资产的转让所得或损失，不计算缴纳所得税；被合并企业的股东以其持有的原被合并企业的股权交换合并企业的股权，不视为出售旧股，购买新股处理；免税合并中合并企业接受被合并企业全部资产的计税成本，须以被合并企业原账面价值为基础确定。

由于会计准则与税收法规对企业合并的划分标准不同，处理原则不同，某些情况下会造成企业合并中取得的有关资产、负债的入账价值与其计税基础的差异。

四、税前会计利润与应纳税所得的差异

（一）永久性差异

永久性差异是指某一会计期间，由于会计准则（制度）和税法在计算收益、费用或损失时的口径、标准不同所产生的税前会计利润与应税所得之间的差异。这种差异不影响其他会计报告期间，在本期发生不会在以后各期转回。永久性差异有以下几种类型：

第一，按企业会计准则（制度）规定核算时作为收入（收益）计入利润表，在计算应税所得时不确认为应税所得。例如，企业购买国债产生的利息收入、企业对外进行股权投资分得的净利润（被投资企业与投资企业所得税率相同时）等，按企业会计准则（制度）的规定应计入收益，按企业所得税法的规定在计算应税所得时不作为收益计算。

第二，按企业会计准则（制度）规定核算时不作为收入、收益计入利润表，在计算

应税所得时作为应税所得，需要缴纳所得税。如企业以自己生产的产品用于在建工程、对外捐赠等非应税项目，企业会计准则（制度）规定按成本结转；税法规定应按该产品的售价计入收入总额，按该产品收入与成本之间的差额计入当期应税所得。

第三，按企业会计准则（制度）规定核算时确认为费用、损失计入利润表，在计算应税所得时则不允许扣减。如各种赞助支出，各项税收的滞纳金、罚金和罚款，企业违法经营罚款和被没收的财物损失，非公益救济性捐赠、超过规定标准的业务招待费等，按会计企业准则（制度）规定应计入当期损益，减少利润；但在计算应税所得时不允许扣减。

第四，按企业会计准则（制度）规定核算时不确认为费用和损失，在计算应税所得时则允许扣减。如企业进行新产品、新技术、新工艺的研究开发，企业支付残疾人的工资等，会计准则规定可据实扣除，税法规定除全额扣除外还可加计扣除。

（二）暂时性差异

暂时性差异是指资产、负债的账面价值与其计税基础不同产生的差额。由于资产、负债的账面价值与其计税基础不同，产生了在未来收回资产或清偿负债的期间内，应纳税所得额增加或减少并导致未来期间应交所得税增加或减少的情况，形成企业的资产和负债。这些暂时性差异发生的当期，应当确认相应的递延所得税负债或递延所得税资产。根据暂时性差异对未来期间应纳税所得额的影响，分为应纳税暂时性差异和可抵扣暂时性差异。

1. 应纳税暂时性差异

应纳税暂时性差异是指在确定未来收回资产或清偿负债期间的应纳税所得额时，将导致产生应税金额的暂时性差异，该差异在未来期间转回时，会增加转回期间的应纳税所得额，即在未来期间由于该暂时性差异的转回，会增加转回期间的应纳税所得额和应交所得税额。在应纳税暂时性差异产生当期，应当确认相关的递延所得税负债。

应纳税暂时性差异通常产生于以下情况：

（1）资产的账面价值大于其计税基础。该项资产未来期间产生的经济利益不能全部税前抵扣，两者之间的差额需要缴税，产生应纳税暂时性差异。

（2）负债的账面价值小于其计税基础。该项负债在未来期间可以税前抵扣的金额为负数，即应在未来期间应纳税所得额的基础上调整，增加应纳税所得额和应交所得税金额，产生应纳税暂时性差异，应确认相关的递延所得税负债。

2. 可抵扣暂时性差异

可抵扣暂时性差异指在确定未来收回资产或清偿负债期间的应纳税所得额时，将导致产生可抵扣金额的暂时性差异。该差异在未来期间转回时会减少转回期间的应纳税所得额，减少未来期间的应交所得税。在可抵扣暂时性差异产生当期，应当确认相关的递延所得税资产。

可抵扣暂时性差异一般产生于以下情况：

（1）资产的账面价值小于其计税基础。表明资产在未来期间产生的经济利益少，按照税法规定允许税前扣除的金额多，就其账面价值与计税基础之间的差额，可以减少企业在未来期间的应纳税所得额，进而减少应交所得税，符合有关条件时，应当确认相关的递延所得税资产。

（2）负债的账面价值大于其计税基础，负债产生的暂时性差异实质上是税法规定就该项负债可以在未来期间税前扣除的金额。即：

$$负债产生的暂时性差异 = 账面价值 - 计税基础$$
$$= 账面价值 - （账面价值 - 未来期间计税时按照税法$$
$$规定可予税前扣除的金额）$$
$$= 未来期间计税时按照税法规定可予税前扣除的金额$$

负债的账面价值大于其计税基础，表明未来期间按照税法规定与该项负债相关的全部或部分支出可以从未来应税经济利益中扣除，减少未来期间的应纳税所得额和应交所得税。符合有关确认条件时，应确认相关的递延所得税资产。

3. 特殊项目产生的暂时性差异

（1）未作为资产、负债确认的项目产生的暂时性差异。某些交易或事项发生以后，因为不符合资产、负债的确认条件而未列为资产负债表中的资产或负债，但按照税法规定能够确定其计税基础的，其账面价值"零"与计税基础之间的差异也构成暂时性差异。如企业筹建期间发生的费用计入当期损益，不体现为资产负债表上的资产，但按照税法规定的该类费用可以在开始正常经营活动后的5年内分期自税前扣除。该类事项不形成资产负债表上的资产，但按照税法规定可以确定其计税基础，两者之间的差异也形成暂时性差异。

（2）可抵扣亏损及税款抵减产生的暂时性差异。按照税法规定可以结转以后年度的未弥补亏损及税款抵减，虽不是因资产、负债的账面价值与计税基础不同产生的，但本质上与可抵扣暂时性差异具有同样的作用，均能够减少未来期间的应纳税所得额，进而减少未来期间的应交所得税，在会计处理上视同可抵扣暂时性差异，符合条件的情况下，应确认与其相关的递延所得税资产。

五、递延所得税负债与递延所得税资产的确认与计量

企业在计算确定了应纳税暂时性差异与可抵扣暂时性差异后，应当按照所得税会计准则规定的原则确认递延所得税负债以及递延所得税资产。

（一）递延所得税负债的确认和计量

因应纳税暂时性差异，在转回期间将增加企业的应纳税所得额和应交所得税，导致企业经济利益的流出，在其发生当期，构成企业应支付税金的义务，应作为负债确认。

1. 递延所得税负债的确认

（1）确认的一般原则。除所得税准则中明确规定可不确认递延所得税负债的情况以外，企业对于所有的应纳税暂时性差异均应确认相关的递延所得税负债。除与直接计入所有者权益的交易或事项以及企业合并中取得资产、负债相关的所得税影响以外，在确认递延所得税负债的同时，应增加利润表中的所得税费用。

（2）不确认递延所得税负债的特殊情况。在有些情况下，虽然资产、负债的账面价值与其计税基础不同，产生了应纳税暂时性差异，但出于各方面考虑，不确认相应的递延所得税负债，主要包括以下几种情况：

第一，商誉的初始确认。非同一控制下的企业合并中，企业合并成本大于合并中取得的被购买方可辨认净资产公允价值份额的差额，按照会计准则规定应确认为商誉。因会计与税收的划分标准不同，会计上作为非同一控制下的企业合并按照税收法规规定作为免税合并的情况下，商誉的计税基础为零，其账面价值与其计税基础不同产生的该应纳税暂时性差异，准则中规定不确认与其相关的递延所得税负债。

第二，除企业合并以外的其他交易或事项中，如果该项交易或事项发生时，既不影响会计利润，也不影响应纳税所得额，则所产生的资产、负债的初始确认金额与其计税基础不同，形成应纳税暂时性差异的，交易或事项发生时不确认相应的递延所得税负债。

第三，与子公司、联营企业、合营企业投资等相关的应纳税暂时性差异，一般应确认相应的递延所得税负债，但同时满足以下两个条件的除外：一是投资企业能够控制暂时性差异转回的时间；二是该暂时性差异在可预见的未来很可能不会转回。满足上述条件时，投资企业可以运用自身的影响力决定暂时性差异的转回，如果不希望其转回，则在可预见的未来期间该项暂时性差异即不会转回，对未来期间计税不产生影响，无须确认相应的递延所得税负债。

2. 递延所得税负债的计量

资产负债表日，对于递延所得税负债，应当根据适用税法规定，按照预期收回该资产或清偿该负债期间的适用税率计量，即递延所得税负债应以相关应纳税暂时性差异转回期间按照税法规定适用的所得税税率计量。无论应纳税暂时性差异的转回期间如何，递延所得税负债不要求折现。

（二）递延所得税资产的确认和计量

1. 递延所得税资产的确认

（1）确认的一般原则。递延所得税资产产生于可抵扣暂时性差异。在估计未来期间能够取得足够的应纳税所得额用以利用该可抵扣暂时性差异时，应当以很可能取得用来抵扣可抵扣暂时性差异的应纳税所得额为限，确认相关的递延所得税资产。

有关交易或事项发生时，对税前会计利润或是应纳税所得额产生影响的，所确认的递延所得税资产应作为利润表中所得税费用的调整。有关可抵扣暂时性差异产生于直接计入所有者权益的交易或事项，则确认的递延所得税资产也应计入所有者权益。企业合并中取得的有关资产、负债产生的可抵扣暂时性差异，其所得税影响应相应调整合并中确认的商誉或是应计入当期损益的金额。

确认递延所得税资产时，应关注以下问题：

第一，递延所得税资产的确认应以未来期间可能取得的应纳税所得额为限。在可抵扣暂时性差异转回的未来期间内，企业无法产生足够的应纳税所得额用以利用可抵扣暂时性差异的影响，使得与可抵扣暂时性差异相关的经济利益无法实现的，则不应确认递延所得税资产。企业有明确的证据表明其于可抵扣暂时性差异转回的未来期间，能够产生足够的应纳税所得额，进而利用可抵扣暂时性差异的，应以可能取得的应纳税所得额为限，确认相关的递延所得税资产。

第二，对于子公司、联营企业、合营企业的与投资相关的可抵扣暂时性差异，同时满足下列条件的，应当确认相应的递延所得税资产：一是可抵扣暂时性差异在可预见的未来很可能转回；二是未来很可能获得用来抵扣可抵扣暂时性差异的应纳税所得额。

第三，对于按照税法规定可以结转以后年度的未弥补亏损等，应视同可抵扣暂时性差异处理。在有关的亏损等的金额得到税务部门的认可或预计能够得到税务部门的认可且预计可利用可弥补亏损的未来期间内，能够取得足够的应纳税所得额时，应当以很可能取得的应纳税所得额为限，确认相应的递延所得税资产，同时减少确认当期的所得税费用。

（2）不确认递延所得税资产的特殊情况。如果企业发生的交易或事项不属于企业合并，并且交易发生时既不影响会计利润也不影响应纳税所得额，且该项交易中产生的资产、负债的初始确认金额与其计税基础不同，产生可抵扣暂时性差异的，在交易或事项发生时，不确认相应的递延所得税资产。

2. 递延所得税资产的计量

（1）适用税率的确定。确认递延所得税资产时，应当以预期收回该资产期间的适用所得税税率为基础计算确定。无论相关的可抵扣暂时性差异转回期间如何，递延所得税资产均不要求折现。

（2）递延所得税资产的减值。企业在确认了递延所得税资产以后，资产负债表日，企业应当对递延所得税资产的账面价值进行复核。如果未来期间很可能无法取得足够的应纳税所得额用以利用可抵扣暂时性差异带来的经济利益，应当减计递延所得税资产的账面价值。减记的递延所得税资产，除原确认时计入所有者权益的递延所得税资产，减记金额也应计入所有者权益外，其他情况均应增加所得税费用。

因无法取得足够的应纳税所得额利用可抵扣暂时性差异减计递延所得税资产账面价值的，以后期间根据新的环境和情况判断能够产生足够的应纳税所得额利用可抵扣暂时性差异，使得递延所得税资产包含的经济利益能够实现的，应相应恢复递延所得税资产的账面价值。

无论是递延所得税资产还是递延所得税负债的计量，均应考虑资产负债表日企业预期收回资产或清偿负债方式的所得税影响，在计量递延所得税资产和递延所得税负债时，应当采用与收回资产或清偿债务的预期方式相一致的税率和计税基础。

六、所得税会计处理

（一）会计科目的设置

为了核算采用资产负债表债务法企业所得税费用发生及增减变动情况，应设置以下会计科目：

1. "所得税费用" 科目

核算企业确认的应从当期利润总额中扣除的所得税费用，属损益类科目。借方登记所得税费用的增加数，贷方登记期末转入 "本年利润" 科目的所得税费用，结转后本科目无余额。本科目可按 "当期所得税费用" "递延所得税费用" 进行明细核算。

2. "递延所得税资产" 科目

核算企业确认的可抵扣暂时性差异产生的递延所得税资产，根据税法规定可用以后年度税前利润弥补的亏损产生的所得税资产，属资产类科目。借方登记资产负债表日递延所得税资产的增加数，企业合并中可抵扣暂时性差异形成的固定资产；贷方登记资产负债表日递延所得税资产的减少数；期末借方余额反映企业确认的递延所得税资产。本科目应按可抵扣暂时性差异项目进行明细核算。

3. "递延所得税负债" 科目

核算企业确认的应纳税暂时性差异产生的递延所得税负债，属负债类科目。贷方登记资产负债表日递延所得税负债的增加数；借方登记资产负债表日递延所得税负债的减少数；期末贷方余额反映企业确认的递延所得税负债。本科目应按应纳税暂时性差异项目进行明细核算。

（二）所得税费用的确认与计量

1. 当期所得税费用

当期所得税是指企业按照税法规定计算确定的当期发生的交易和事项应缴纳给税务部门的所得税金额，即应交所得税。当期所得税应以适用的税收法规为基础计算确定。

企业在确定当期所得税时，对于当期发生的交易或事项，会计处理与税收处理不同的，应在会计利润的基础上，按照适用税收法规的规定进行调整，计算出当期应纳税所得额，按照应纳税所得额与适用所得税税率计算确定当期应交所得税。一般情况下，应纳税所得额可在会计利润的基础上，考虑会计与税收之间的差异，按照以下公式计算确定：

$$应纳税所得额 = 税前会计利润 \pm 永久性差异$$
$$\pm 其他需要调整的因素 - 税法规定的不征税收入和免税收入$$
$$应纳所得税额 = 应纳税所得额 \times 适用税率$$

2. 递延所得税

递延所得税是指按照《企业会计准则第 18 号——所得税》规定应予确认的递延所得税资产和递延所得税负债在期末应有的金额相对于原已确认金额之间的差额，即递延所得税资产及递延所得税负债当期发生额的综合结果。用公式表示为：

$$递延所得税 = \left\{ \begin{array}{c} 期末递延 \\ 所得税负债 \end{array} - \begin{array}{c} 期初递延 \\ 所得税负债 \end{array} \right\} - \left\{ \begin{array}{c} 期末递延 \\ 所得税资产 \end{array} - \begin{array}{c} 期初递延 \\ 所得税资产 \end{array} \right\}$$

应予说明的是，企业因确认递延所得税资产和递延所得税负债产生的递延所得税，一般应当计入所得税费用，但以下两种情况除外：

（1）某项交易或事项按照会计准则规定应计入所有者权益的，由该交易或事项产生的递延所得税资产或递延所得税负债及其变化也应计入所有者权益，不构成利润表中的递延所得税费用（或收益）。

【例 7 - 14】　海天公司持有的某项可供出售金融资产，成本为 400 万元，会计期末，其公允价值为 480 万元，该公司适用的所得税税率为 25%。除该事项外，该公司不存在其他会计与税收之间的差异，且递延所得税资产和递延所得税负债不存在期初余额。

会计期末在确认 80 万元的公允价值变动时，做如下会计分录：

借：可供出售金融资产　　　　　　　　　　　　　　　　　　　800 000
　　贷：其他综合收益　　　　　　　　　　　　　　　　　　　　800 000

（2）企业合并中取得的资产、负债，其账面价值与计税基础不同，应确认相关递延所得税的，该递延所得税的确认影响合并中产生的商誉或是计入合并当期损益的金额，不影响所得税费用。

3. 所得税费用的会计处理

计算确定了当期所得税及递延所得税以后，利润表中应予确认的所得税费用为两者之和，即：

$$所得税费用 = 当期所得税 + 递延所得税$$

【例 7 - 15】　海天公司 2018 年度利润表中利润总额为 2 400 万元，该公司适用的所得税税率为 25%。递延所得税资产及递延所得税负债不存在期初余额。该公司资产负债表中相关项目的账面价值与其计税基础的相关资料如表 7 - 2 所示。

表7-2 账面价值与计税基础 单位：元

项 目	账面价值	计税基础	差 异	
			应纳税暂时性差异	可抵扣暂时性差异
存货	16 000 000	16 600 000		600 000
固定资产				
固定资产原价	12 000 000	12 000 000		
减：累计折旧	2 400 000	1 200 000		
固定资产减值准备	0	0		
固定资产账面价值	9 600 000	10 800 000		1 200 000
无形资产	6 000 000		6 000 000	
其他应付款	2 000 000	2 000 000		
合 计			6 000 000	1 800 000

2018年发生的交易和事项中，会计处理与税务处理有差别的是：

（1）2018年1月开始计提折旧的一项固定资产，成本为1 200万元，使用年限为10年，净残值为0，会计处理按双倍余额递减法计提折旧，税收处理按直线法计提折旧。假定税法规定的使用年限及净残值与会计规定相同。

（2）直接向灾区捐赠现金400万元。税法规定，企业直接向受赠人捐赠不允许税前扣除。

（3）当年度发生研究开发支出1 000万元，其中600万元资本化计入无形资产成本。税法规定企业发生的研究开发支出可按实际发生额的150%加计扣除。假定所开发无形资产于期末达到预定使用状态。

（4）违法经营和违反环保规定支付罚款200万元。

（5）期末对持有的存货计提了60万元的存货跌价准备。

2018年度应交所得税：

应纳税所得额 = 2 400 + 120 + 400 - 1 100 + 200 + 60 = 2 080（万元）

应交所得税 = 2 080 × 25% = 520（万元）

2018年度递延所得税：

该公司2018年资产负债表相关项目金额及其计税基础见表7-2。

递延所得税资产 = 180 × 25% = 45（万元）

递延所得税负债 = 600 × 25% = 150（万元）

递延所得税 = 150 - 45 = 105（万元）

利润表中应确认的所得税费用：

所得税费用 = 520 + 105 = 625（元）

借：所得税费用 6 250 000

| | | | 450 000 |

递延所得税资产

贷：应交税费——应交所得税   5 200 000

      递延所得税负债   1 500 000

【例7-16】 沿用**【例7-15】** 的资料，假定海天公司2019年当期应交所得税为924万元。资产负债表中有关资产、负债的账面价值与其计税基础相关资料见表7-3，除所列项目外，其他资产、负债项目不存在会计和税收的差异。

表7-3 账面价值与计税基础   单位：元

项　目	账面价值	计税基础	差　异	
			应纳税暂时性差异	可抵扣暂时性差异
存货	32 000 000	33 600 000		1 600 000
固定资产				
固定资产原价	12 000 000	12 000 000		
减：累计折旧	4 320 000	2 400 000		
固定资产减值准备	400 000			
固定资产账面价值	7 280 000	9 600 000		2 320 000
无形资产	5 400 000		5 400 000	
预计负债	2 000 000			2 000 000
合计			5 400 000	5 920 000

（1）当期所得税＝当期应交所得税＝924（万元）

（2）递延所得税：

期末递延所得税负债＝540×25%＝135（万元）

期初递延所得税负债＝150（万元）

递延所得税负债减少＝150－135＝15（万元）

期末递延所得税资产＝592×25%＝148（万元）

期初递延所得税资产＝45（万元）

递延所得税资产增加＝148－45＝103（万元）

递延所得税＝－15－103＝－118（万元）

（3）所得税费用＝924－118＝806（万元）

借：所得税费用   8 060 000

    递延所得税资产   1 030 000

    递延所得税负债   150 000

    贷：应交税费——应交所得税   9 240 000

第六节　企业所得税征管与纳税申报

一、企业所得税征管

（一）纳税年度

企业所得税纳税年度自公历 1 月 1 日起至 12 月 31 日止。企业在一个纳税年度中间开业，或者由于合并、终止经营活动，使该纳税年度的实际经营期不足 12 个月的，应当以其实际经营期为一个纳税年度。

企业依法清算时，应当以清算期间作为一个纳税年度。

（二）纳税申报的时间

企业所得税按年计征，分月或分季预缴，年终汇算清缴，多退少补。

企业应当自月份或季度终了之日起 15 日内，向税务机关报送预缴企业所得税纳税申报表，预缴税款。

企业在纳税年度内无论盈利或者亏损，都应当自年度终了之日起 5 个月内，向税务机关报送年度企业所得税申报表，并汇算清缴，结清应缴应退税款。

企业在报送预缴企业所得税纳税申报表、年度企业所得税纳税申报表时，还应同时报送财务会计报告和税务机关规定应当报送的其他有关资料。

企业在年度中间终止经营活动的，应当自实际经营终止之日起 60 日内，向税务机关办理当期企业所得税汇算清缴。

（三）纳税地点

除税收法律、行政法规另有规定外，居民企业以企业登记注册地为纳税地点，但登记注册地在境外的，以实际管理机构所在地为纳税地点。

居民企业在中国境内设立不具有法人资格的营业机构的，应当汇总计算并缴纳企业所得税。企业汇总缴纳企业所得税时，应当统一核算应纳税所得额，具体办法由国务院财政、税务主管部门另行规定。

非居民企业在中国境内设立机构、场所的，以其机构、场所所在地为纳税地点。非居民企业在中国境内设立两个或者两个以上机构、场所的，经税务机关审核批准，可以选择由其主要机构、场所汇总缴纳企业所得税。非居民企业在中国境内未设立机构、场所的，或者虽设立机构、场所但取得的所得与其所设机构、场所没有实际联系的所得，应当就其来源于中国境内的所得，以扣缴义务人所在地为纳税地点。

（四）纳税方法

企业所得税的法定税率和优惠税率都是以年应纳税所得额设计的。企业分月或者分季预缴企业所得税时，应当按照月度或者季度的实际利润额预缴。按照月度或者季度的实际利润额预缴有困难的，可以按照上一纳税年度应纳税所得额的 1/12 或 1/4 预缴，或者按照经税务机关认可的其他方法预缴。预缴方法一经确定，该纳税年度内不得随意变更。

企业所得以人民币以外的货币计算的，预缴企业所得税时，应当按照月度或者季度最后一日的人民币汇率中间价，折合成人民币计算应纳税所得额。年度终了汇算清缴时，对已经按照月度或者季度预缴税款的，不再重新折合计算，只就该纳税年度内未缴纳企业所得税的部分，按照纳税年度最后一日的人民币汇率中间价，折合成人民币计算应纳税所得额。

企业应当在办理注销登记前，就其清算所得向税务机关申报并依法缴纳企业所得税。所谓"清算所得"，是指企业的全部资产可变现价值或者交易价格减除资产净值、清算费用以及相关税费等后的余额。

经税务机关检查确认，企业少计或者多计上述规定所得的，应当按照检查确认补税或者退税时的上一个月最后一日的人民币汇率中间价，将少计或者多计的所得折合成人民币计算应纳税所得额，再计算应补缴或者应退的税款。

二、查账征收所得税的纳税申报

（一）企业所得税月（季）度预缴纳税申报表（A）

中华人民共和国企业所得税月（季）度预缴纳税申报表（A 类，2018 年版）的格式见表 7-4。

表 7-4　A200000 中华人民共和国企业所得税月（季）度预缴纳税申报表（A 类　2018 年版）

税款所属期间：　　年　月　日至　　年　月　日

纳税人识别号（统一社会信用代码）：□□□□□□□□□□□□□□□□□□

纳税人名称：　　　　　　　　　　　　　　　　　金额单位：人民币元（列至角分）

预缴方式	□按照实际利润额预缴　　□按照上一纳税年度应纳税所得额平均额预缴　　□按照税务机关确定的其他方法预缴	
企业类型	□一般企业　　□跨地区经营汇总纳税企业总机构　　□跨地区经营汇总纳税企业分支机构	
预缴税款计算		
行次	项　　目	本年累计金额
1	营业收入	
2	营业成本	
3	利润总额	
4	加：特定业务计算的应纳税所得额	

续表

行次	项 目	本年累计金额
5	减：不征税收入	
6	减：免税收入、减计收入、所得减免等优惠金额（填写 A201010）	
7	减：固定资产加速折旧（扣除）调减额（填写 A201020）	
8	减：弥补以前年度亏损	
9	实际利润额（3＋4－5－6－7－8)/按照上一纳税年度应纳税所得额平均额确定的应纳税所得额	
10	税率（25%）	
11	应纳所得税额（9×10）	
12	减：减免所得税额（填写 A201030）	
13	减：实际已缴纳所得税额	
14	减：特定业务预缴（征）所得税额	
15	本期应补（退）所得税额（11－12－13－14)/税务机关确定的本期应纳所得税额	
汇总纳税企业总分机构税款计算		
16	总机构填报	总机构本期分摊应补（退）所得税额（17＋18＋19）	
17		其中：总机构分摊应补（退）所得税额（15×总机构分摊比例____%）	
18		财政集中分配应补（退）所得税额（15×财政集中分配比例____%）	
19		总机构具有主体生产经营职能的部门分摊所得税额（15×全部分支机构分摊比例____%×总机构具有主体生产经营职能部门分摊比例____%）	
20	分支机构填报	分支机构本期分摊比例	
21		分支机构本期分摊应补（退）所得税额	
附报信息		

小型微利企业	□是 □否	科技型中小企业	□是 □否
高新技术企业	□是 □否	技术入股递延纳税事项	□是 □否
期末从业人数			

谨声明：此纳税申报表是根据《中华人民共和国企业所得税法》《中华人民共和国企业所得税法实施条例》以及有关税收政策和国家统一会计制度的规定填报的，是真实的、可靠的、完整的。

法定代表人（签章）：　　　　年 月 日

纳税人公章： 会计主管： 填表日期：　年 月 日	代理申报中介机构公章： 经办人： 经办人执业证件号码： 代理申报日期：　年 月 日	主管税务机关受理专用章： 受理人： 受理日期：　年 月 日

国家税务总局监制

资料来源：国税公告（2018）第 26 号。

企业所得税月季
度预缴纳税申报
表（A）填报说
明二维码

（二）企业所得税年度纳税申报表

企业所得税年度纳税申报表分为主表和明细表，主表格式见表 7－5，明细表格式见表 7－6 至表 7－10。

表 7 – 5　A100000 中华人民共和国企业所得税年度纳税申报表（A 类　2017 年版）

行次	类别	项　目	金　额
1	利润总额计算	一、营业收入（填写 A101010/101020/103000）	
2		减：营业成本（填写 A102010/102020/103000）	
3		减：税金及附加	
4		减：销售费用（填写 A104000）	
5		减：管理费用（填写 A104000）	
6		减：财务费用（填写 A104000）	
7		减：资产减值损失	
8		加：公允价值变动收益	
9		加：投资收益	
10		二、营业利润（1 – 2 – 3 – 4 – 5 – 6 – 7 + 8 + 9）	
11		加：营业外收入（填写 A101010/101020/103000）	
12		减：营业外支出（填写 A102010/102020/103000）	
13		三、利润总额（10 + 11 – 12）	
14	应纳税所得额计算	减：境外所得（填写 A108010）	
15		加：纳税调整增加额（填写 A105000）	
16		减：纳税调整减少额（填写 A105000）	
17		减：免税、减计收入及加计扣除（填写 A107010）	
18		加：境外应税所得抵减境内亏损（填写 A108000）	
19		四、纳税调整后所得（13 – 14 + 15 – 16 – 17 + 18）	
20		减：所得减免（填写 A107020）	
21		减：弥补以前年度亏损（填写 A106000）	
22		减：抵扣应纳税所得额（填写 A107030）	
23		五、应纳税所得额（19 – 20 – 21 – 22）	
24	应纳税额计算	税率（25%）	
25		六、应纳所得税额（23 × 24）	
26		减：减免所得税额（填写 A107040）	
27		减：抵免所得税额（填写 A107050）	
28		七、应纳税额（25 – 26 – 27）	
29		加：境外所得应纳所得税额（填写 A108000）	
30		减：境外所得抵免所得税额（填写 A108000）	
31		八、实际应纳所得税额（28 + 29 – 30）	
32		减：本年累计实际已缴纳的所得税额	
33		九、本年应补（退）所得税额（31 – 32）	
34		其中：总机构分摊本年应补（退）所得税额（填写 A109000）	
35		财政集中分配本年应补（退）所得税额（填写 A109000）	
36		总机构主体生产经营部门分摊本年应补（退）所得税额（填写 A109000）	

企业所得税年度
预缴纳税申报表
（A2017 年版）
填报说明二维码

表7－6 A101010 一般企业收入明细表

行次	项　　　　目	金　额
1	一、营业收入（2＋9）	
2	（一）主营业务收入（3＋5＋6＋7＋8）	
3	1. 销售商品收入	
4	其中：非货币性资产交换收入	
5	2. 提供劳务收入	
6	3. 建造合同收入	
7	4. 让渡资产使用权收入	
8	5. 其他	
9	（二）其他业务收入（10＋12＋13＋14＋15）	
10	1. 销售材料收入	
11	其中：非货币性资产交换收入	
12	2. 出租固定资产收入	
13	3. 出租无形资产收入	
14	4. 出租包装物和商品收入	
15	5. 其他	
16	二、营业外收入（17＋18＋19＋20＋21＋22＋23＋24＋25＋26）	
17	（一）非流动资产处置利得	
18	（二）非货币性资产交换利得	
19	（三）债务重组利得	
20	（四）政府补助利得	
21	（五）盘盈利得	
22	（六）捐赠利得	
23	（七）罚没利得	
24	（八）确实无法偿付的应付款项	
25	（九）汇兑收益	
26	（十）其他	

一般企业收入明
细表填报说明二
维码

表 7 - 7　A102010 一般企业成本支出明细表

行次	项　　　　目	金　额
1	一、营业成本（2 + 9）	
2	（一）主营业务成本（3 + 5 + 6 + 7 + 8）	
3	1. 销售商品成本	
4	其中：非货币性资产交换成本	
5	2. 提供劳务成本	
6	3. 建造合同成本	
7	4. 让渡资产使用权成本	
8	5. 其他	
9	（二）其他业务成本（10 + 12 + 13 + 14 + 15）	
10	1. 材料销售成本	
11	其中：非货币性资产交换成本	
12	2. 出租固定资产成本	
13	3. 出租无形资产成本	
14	4. 包装物出租成本	
15	5. 其他	
16	二、营业外支出（17 + 18 + 19 + 20 + 21 + 22 + 23 + 24 + 25 + 26）	
17	（一）非流动资产处置损失	
18	（二）非货币性资产交换损失	
19	（三）债务重组损失	
20	（四）非常损失	
21	（五）捐赠支出	
22	（六）赞助支出	
23	（七）罚没支出	
24	（八）坏账损失	
25	（九）无法收回的债券股权投资损失	
26	（十）其他	

一般企业成本支
出明细表填报说
明二维码

表 7 - 8　A104000 期间费用明细表

行次	项　　目	销售费用	其中：境外支付	管理费用	其中：境外支付	财务费用	其中：境外支付
		1	2	3	4	5	6
1	一、职工薪酬		*		*	*	*
2	二、劳务费					*	*
3	三、咨询顾问费					*	*
4	四、业务招待费		*		*	*	*
5	五、广告费和业务宣传费		*		*	*	*
6	六、佣金和手续费						
7	七、资产折旧摊销费		*		*	*	*
8	八、财产损耗、盘亏及毁损损失		*		*	*	*
9	九、办公费		*		*	*	*
10	十、董事会费		*		*	*	*
11	十一、租赁费					*	*
12	十二、诉讼费		*		*	*	*
13	十三、差旅费		*		*	*	*
14	十四、保险费				*	*	*
15	十五、运输、仓储费					*	*
16	十六、修理费					*	*
17	十七、包装费		*		*	*	*
18	十八、技术转让费					*	*
19	十九、研究费用					*	*
20	二十、各项税费		*		*	*	*
21	二十一、利息收支	*	*	*	*		
22	二十二、汇兑差额	*	*	*	*		
23	二十三、现金折扣	*	*	*	*		*
24	二十四、其他						
25	合计（1 + 2 + 3 + …24）						

期间费用明细表
填报说明二维码

表 7 – 9　A105000 纳税调整项目明细表

行次	项　　目	账载金额	税收金额	调增金额	调减金额
		1	2	3	4
1	一、收入类调整项目（2 + 3 + 4 + 5 + 6 + 7 + 8 + 10 + 11）	*	*		
2	（一）视同销售收入（填写 A105010）	*			*
3	（二）未按权责发生制原则确认的收入（填写 A105020）				
4	（三）投资收益（填写 A105030）				
5	（四）按权益法核算长期股权投资对初始投资成本调整确认收益	*	*	*	
6	（五）交易性金融资产初始投资调整	*	*		*
7	（六）公允价值变动净损益		*		
8	（七）不征税收入	*	*		
9	其中：专项用途财政性资金（填写 A105040）	*	*		
10	（八）销售折扣、折让和退回				
11	（九）其他				
12	二、扣除类调整项目（13 + 14 + 15 + 16 + 17 + 18 + 19 + 20 + 21 + 22 + 23 + 24 + 26 + 27 + 28 + 29）	*	*		
13	（一）视同销售成本（填写 A105010）	*		*	
14	（二）职工薪酬（填写 A105050）				
15	（三）业务招待费支出				*
16	（四）广告费和业务宣传费支出（填写 A105060）	*	*		
17	（五）捐赠支出（填写 A105070）				*
18	（六）利息支出				
19	（七）罚金、罚款和被没收财物的损失		*		
20	（八）税收滞纳金、加收利息		*		
21	（九）赞助支出		*		*
22	（十）与未实现融资收益相关在当期确认的财务费用				
23	（十一）佣金和手续费支出				*
24	（十二）不征税收入用于支出所形成的费用	*	*		*
25	其中：专项用途财政性资金用于支出所形成的费用（填写 A105040）	*	*		*
26	（十三）跨期扣除项目				
27	（十四）与取得收入无关的支出		*		*
28	（十五）境外所得分摊的共同支出	*	*		*
29	（十六）其他				
30	三、资产类调整项目（31 + 32 + 33 + 34）	*	*		
31	（一）资产折旧、摊销（填写 A105080）				
32	（二）资产减值准备金		*		
33	（三）资产损失（填写 A105090）				
34	（四）其他				
35	四、特殊事项调整项目（36 + 37 + 38 + 39 + 40）	*	*		
36	（一）企业重组（填写 A105100）				
37	（二）政策性搬迁（填写 A105110）	*	*		
38	（三）特殊行业准备金（填写 A105120）				
39	（四）房地产开发企业特定业务计算的纳税调整额（填写 A105010）	*			
40	（五）其他	*	*		
41	五、特别纳税调整应税所得	*	*		
42	六、其他	*	*		
43	合计（1 + 12 + 30 + 35 + 41 + 42）	*	*		

纳税调整明细表
填制说明二维码

表7-10　A105010 视同销售和房地产开发企业特定业务纳税调整明细表

行次	项　　　　目	税收金额	纳税调整金额
		1	2
1	一、视同销售（营业）收入（2+3+4+5+6+7+8+9+10）		
2	（一）非货币性资产交换视同销售收入		
3	（二）用于市场推广或销售视同销售收入		
4	（三）用于交际应酬视同销售收入		
5	（四）用于职工奖励或福利视同销售收入		
6	（五）用于股息分配视同销售收入		
7	（六）用于对外捐赠视同销售收入		
8	（七）用于对外投资项目视同销售收入		
9	（八）提供劳务视同销售收入		
10	（九）其他		
11	二、视同销售（营业）成本（12+13+14+15+16+17+18+19+20）		
12	（一）非货币性资产交换视同销售成本		
13	（二）用于市场推广或销售视同销售成本		
14	（三）用于交际应酬视同销售成本		
15	（四）用于职工奖励或福利视同销售成本		
16	（五）用于股息分配视同销售成本		
17	（六）用于对外捐赠视同销售成本		
18	（七）用于对外投资项目视同销售成本		
19	（八）提供劳务视同销售成本		
20	（九）其他		
21	三、房地产开发企业特定业务计算的纳税调整额（22-26）		
22	（一）房地产企业销售未完工开发产品特定业务计算的纳税调整额（24-25）		
23	1. 销售未完工产品的收入		*
24	2. 销售未完工产品预计毛利额		
25	3. 实际发生的营业税金及附加、土地增值税		
26	（二）房地产企业销售的未完工产品转完工产品特定业务计算的纳税调整额（28-29）		
27	1. 销售未完工产品转完工产品确认的销售收入		*
28	2. 转回的销售未完工产品预计毛利额		
29	3. 转回实际发生的营业税金及附加、土地增值税		

视同销售和房地
产开发企业特定
业务纳税调整明
细表填报说明二
维码

三、核定征收所得税的纳税申报

纳税人实行核定应税所得率方式的，按下列规定申报纳税：

（1）主管税务机关根据纳税人应纳税额的大小确定纳税人按月或者按季预缴，年终汇算清缴。预缴方法一经确定，一个纳税年度内不得改变。

（2）纳税人应依照确定的应纳税所得率计算纳税期间实际应缴纳的税额，进行预缴。按实际数额预缴有困难的，经主管税务机关同意，可按上一年度应纳税额的 1/12 或 1/4 预缴，或者按经主管税务机关认可的其他方法预缴。

（3）纳税人预缴税款或年终进行汇算清缴时，应按规定填写《中华人民共和国企业所得税月（季）度预缴纳税申报表（B 类)》（见表 7 – 11），在规定的纳税申报时限内报送主管税务机关。

表 7 – 11　B100000 中华人民共和国企业所得税月（季）度预缴纳税申报表（B 类，2018 年版）

税款所属期间：　　　　年　　月　　日至　　　　年　　月　　日

纳税人识别号（统一社会信用代码）：□□□□□□□□□□□□□□□□□□

纳税人名称：　　　　　　　　　　　　　　　　　　金额单位：人民币元（列至角分）

核定征收方式	□核定应税所得率（能核算收入总额的）　　□核定应税所得率（能核算成本费用总额的） □核定应纳所得税额	
行次	项　　　　目	本年累计金额
1	收入总额	
2	减：不征税收入	
3	减：免税收入（4 + 5 + 8 + 9）	
4	国债利息收入免征企业所得税	
5	符合条件的居民企业之间的股息、红利等权益性投资收益免征企业所得税	
6	其中：通过沪港通投资且连续持有 H 股满 12 个月取得的股息红利所得免征企业所得税	
7	通过深港通投资且连续持有 H 股满 12 个月取得的股息红利所得免征企业所得税	
8	投资者从证券投资基金分配中取得的收入免征企业所得税	
9	取得的地方政府债券利息收入免征企业所得税	
10	应税收入额（1 – 2 – 3）/成本费用总额	
11	税务机关核定的应税所得率（%）	

续表

行次	项　　目	本年累计金额
12	应纳税所得额（10×11）/10÷（1－11）×11	
13	税率（25%）	
14	应纳所得税额（12×13）	
15	减：符合条件的小型微利企业减免企业所得税	
16	减：实际已缴纳所得税额	
17	本期应补（退）所得税额（14－15－16）/税务机关核定本期应纳所得税额	

月（季）度申报填报	小型微利企业	□是　□否	期末从业人数	
年度申报填报	所属行业明细代码		国家限制或禁止行业	□是　□否
	从业人数		资产总额（万元）	

谨声明：此纳税申报表是根据《中华人民共和国企业所得税法》《中华人民共和国企业所得税法实施条例》以及有关税收政策和国家统一会计制度的规定填报的，是真实的、可靠的、完整的。

法定代表人（签章）：　　年　月　日

纳税人公章： 会计主管： 填表日期：　　年　月　日	代理申报中介机构公章： 经办人： 经办人执业证件号码： 代理申报日期：　　年　月　日	主管税务机关受理专用章： 受理人： 受理日期：　　年　月　日

国家税务总局监制

企业所得税月季度预
缴和年度纳税申报表
（B类，（2018）版）
填报说明二维码

 本章小结

　　本章简明、精练地讲述了企业所得税法纳税人的分类、收入来源地判定、税率、企业所得税征管与纳税申报等基本理论；系统、精练地讲述了不同收入项目的确认与计量、扣除项目与扣除标准、资产的税务处理、税收优惠、居民企业应税所得与应纳税额计算、所得税会计实务、暂时性差异等基本知识与基本技能。收入的确认与计量、扣除项目与扣除标准、资产的税务处理、税收优惠、应税所得与应纳税额的计算、所得税会计、暂时性差异的确认与计量是本章的重点与难点。

 本章重要名词概念

　　居民企业　非居民企业　收入总额　不纳税收入　免税收入　资产计税基础　负债计税基础　长期待摊费用　应纳税暂时性差异　可抵扣暂时性差异　应纳税所得额　应纳所得税额　所得税费用　递延所得税资产　递延所得税负债

（请扫描右侧二维码进行即测即评）

复习思考题

1. 如何区分居民纳税人与非居民纳税人？收入来源地如何确定？

2. 收入包括哪些内容？如何确认收入的实现？

3. 准予扣除项目包括哪些具体内容？如何确定准予扣除项目的扣除标准？

4. 不得扣除项目有哪些具体内容？

5. 如何确定资产的应税基础？怎样进行资产的税务处理？

6. 企业所得税的税收优惠有哪些？

7. 如何计算居民纳税企业的应纳税所得额、应纳所得税额？怎样计算居民企业境外所得抵免税额？

8. 怎样计算非居民应缴纳企业所得税？

9. 什么是资产、负债的计税基础？如何确定资产、负债的计税基础？

10. 如何区别应纳税暂时性差异、可抵扣暂时性差异？

11. 怎样进行所得税的会计处理？

12. 企业所得税征管规定有哪些？怎样进行企业所得税的纳税申报？

综合实训题

一、目的：练习暂时性差异的计算与所得税会计处理。

二、资料。

（一）ABC 公司基本情况资料：

企业名称：ABC 公司

纳税人识别号：3501 0682 0099 369

企业地址：临海市临海路 3 号

企业类型：有限责任公司

经营范围：机床制造、销售

开户银行及账号：工行银行临海市分行临海路支行 7512 6712 6089 0859 352

法定代表人：景振华

会计主管：许韬

办税人员：刘艳

（二）ABC 公司为增值税一般纳税人。2018 年经营资料如表 7-12 至表 7-15 所示。

1. 2018 年收入汇总表

表 7-12 2018 年收入汇总表 单位：万元

项　目	第一季度	第二季度	第三季度	第四季度	合　计
主营业务收入	4 250	4 650	4 950	5 200	19 050
销售货物收入	3 450	3 800	4 000	4 200	15 450
提供劳务收入	800	850	950	1 000	3 600
其他业务收入	40	80	80	120	320
材料销售收入	30	50	55	70	205
提供运输劳务收入	10	30	25	50	115
投资收益	15	20	30	50	115
营业外收入	20	40	45	155	260
固定资产盘盈				60	60
处置固定资产收益	20	35	20	35	110
出售无形资产收益				45	45
罚款净收入		5		15	20
捐赠收入			25		25
合计	4 325	4 790	5 105	5 525	19 745

2. 2018 年成本费用汇总表

表 7-13 2018 年成本费用汇总表 单位：万元

项　目	第一季度	第二季度	第三季度	第四季度	合　计
主要业务成本	2 060	2 450	2 660	2 730	9 900
销售货物成本	1 650	2 000	2 160	2 180	7 990
提供劳务成本	410	450	500	550	1 910
其他业务成本	29.5	60	58.5	89	237
材料销售成本	22	38	41	53	154
提供运输服务成本	7.5	22	17.5	36	83
营业外支出			30	38	68
固定资产盘亏				30	30
罚款支出			10		10
捐赠支出			20	8	28
期间费用小计	1 425	1 395	1 435	1 468	5 733
销售费用	600	590	615	628	2 433
管理费用	810	790	805	820	3 225
财务费用	15	15	15	30	75
总计	3 514.5	3 905	4 183.5	4 325	15 938

3. 2018 年流转税金及附加汇总表

表 7-14　2018 年流转税及附加汇总表　　　　　　　　单位：万元

项　目	第一季度	第二季度	第三季度	第四季度	合　计
增值税	153	145	172.5	215	685.5
城市维护建设税	10.71	10.15	12.075	15.05	47.985
教育费附加	4.59	4.35	5.175	6.45	20.565
合　计	168.3	159.5	189.75	236.5	754.05

4. 2008 年 1~3 季度会计利润及已纳所得税汇总表

表 7-15　2018 年 1~3 季度企业利润及已纳所得税总表　　　　单位：万元

项　目	第一季度	第二季度	第三季度	第四季度	合　计
利润总额	642.2	725.5	731.75		
企业所得税	160.55	181.375	182.9375		

（三）2018 年 ABC 公司会计核算与税收不一致的资料

1. 扣除的成本费用中包括：职工工资 1 000 万元，支付职工福利费 180 万元，支付职工教育经费 30 万元，拨付工会组织经费 25 万元，其中 18 万元取得工会经费专用收款收据。

2. 全年计提固定资产减值准备 100 万元，计提无形资产减值准备 10 万元。

3. 收入总额中有国债利息收入 50 万元，从被投资单位分回净利润 40 万元（被投资方所得税税率为 25%）。

4. 全年发生业务招待费 80 万元，广告费和业务宣传费 2 000 万元，全部进行了扣除。

5. 本年 1 月 1 日，为购建固定资产向银行借款 500 万元，购建的固定资产于当年 9 月 30 日竣工交付使用并办理了竣工结算，借款利息 36 万元全部计入财务费用（本例不考虑固定资产折旧）。

6. 处置一项无形资产所有权取得价款 60 万元未作收入，也未转销该无形资产账面成本 40 万元。

7. 向当地福利院直接捐赠家电一批，成本价 10 万元，市场价 15 万元。企业核算时直接按成本价 10 万元加增值税 2.55 万元计入"营业外支出"科目。

8. "营业外支出"中列支有税收滞纳金 5 万元，银行借款罚息 5 万元，非广告性赞助 10 万元，全部予以扣除。

9. "管理费用"中有新技术研究开发费60万元。

三、要求：

1. 根据资料（二）计算四个季度应纳税额，编制企业所得税月（季）度预缴纳税申报表。

2. 根据资料（一）（二）（三）进行纳税调整，计算公司2018年度应纳所得税额。

3. 编制2018年度纳税申报表及附表。

4. 进行所得税费用的会计处理。

第八章
个人所得税法与个人所得税会计

 学习目标

通过本章学习，您应该了解：个人所得税纳税义务人，税目、税率及其适用范围，税收优惠。熟悉：不同税目个人所得税应纳税额的计算与账务处理方法。掌握：个人所得税征管与纳税申报。

本章知识结构图

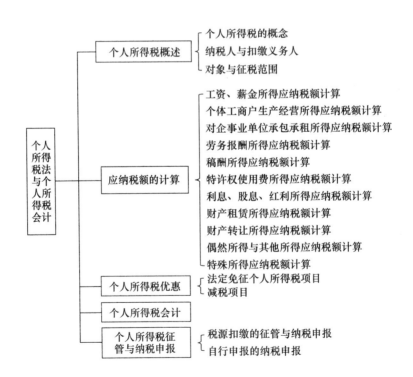

黄教授是著名高校一名负责讲授"管理会计"课程的教师，月工资收入12 000元，月扣除"四险一金"2 000元；2018年外出培训讲课五次，得劳务费80 000元；经营一家小超市，年利润100 000元；在高教出版社出版教材一部，得稿酬15 000元；利用业余时间从事股票投资，年获利50 000元；将两套住房出租，月收取房租9 500元。黄教授拟聘你作为他的财务顾问，向你咨询（2018年）哪些收入应该缴纳个人所得税？该项收入如何计算个人所得税？在哪些方面可以享受税收优惠？为避免因纳税申报不及时被处罚，应在何时、何地向何机关缴纳个人所得税？

第一节 个人所得税法概述

一、个人所得税的概念

个人所得税（Personal Income Tax）是以个人（自然人）取得的应税所得为征税对象而征收的一种所得税，是国家利用税收对个人收入进行调节的一种手段。这里所说的个人不仅包括自然人，还包括具有自然人性质的特殊主体（个人独资企业、合伙企业）。

我国个人所得税有以下特点：

第一，以个人为计税单位，实行分类征收。我国个人所得税计算缴纳以取得收入的个人为计税单位，不考虑其家庭供养人口及整体收入状况。

从世界范围看，个人所得税制有分类税制、综合税制和混合税制三种类型。目前，我国个人所得税采用分类征收制，将个人取得的各种所得划分为11类，按类适用不同税率和不同的计税方法。

第二，超额累进税率与比例税率并用。分类所得税制一般采用比例税率，综合所得税制通常采用累进税率。我国现行个人所得税法对工资薪金所得，个体工商户的生产经营所得，对企事业单位的承包经营、承租经营所得，采用超额累进税率；除此之外的劳务报酬所得，稿酬所得，财产租赁所得，财产转让所得，利息、股息、红利所得，偶然所得和其他所得等采用比例税率征收。

第三，采取税源扣缴和自行申报两种征纳方法。我国现行的《个人所得税法》规定：应纳税额采取由支付单位源泉扣缴和纳税人自行申报两种方法。凡可以在应税所得的支付环节扣缴个人所得税的，均由扣缴义务人履行代扣代缴义务；对于没有扣缴义务人、在两处以上取得工资薪金所得，以及个人年所得12万元以上等情况的，由纳税人自行申报纳税。

第四，费用扣除定额和定率相结合。我国《个人所得税法》规定居民取得的工资、薪金所得每月定额扣除 3 500 元，对非居民工资、薪金所得每月定额扣除 4 800 元；劳务报酬所得、稿酬所得、特许权使用费所得、财产租赁所得，每次收入不超过 4 000 元的，定额减除费用 800 元，每次收入超过 4 000 元的，定率减除 20% 的费用。

我国个人所得税
改革方向二维码

二、纳税人与扣缴义务人

（一）居民纳税人与非居民纳税人及判断标准

个人所得税的纳税人是指取得应税所得的个人，包括中国公民、个体工商户、个人独资企业的投资者与合伙企业的合伙人，在中国境内有所得的外籍个人（包括无国籍人员、下同）和港、澳、台同胞等。依据纳税人住所和居住时间两个标准，区分为居民纳税人和非居民纳税人。

1. 居民纳税人及判断标准

居民纳税人是指在中国境内有住所，或者无住所而在中国境内居住满 1 年的个人。在中国境内有住所的个人，是指因户籍、家庭、经济利益关系而在中国境内习惯性居住的个人。中国境内是指中国大陆地区，暂不包括港、澳、台地区。习惯性居住是指个人因学习、工作、探亲、旅游等原因消除之后，没有理由在其他地方继续居住时所要回到的地方，而不是指实际居住或在某一特定时期内的居住地。

在中国境内居住满 1 年，是指在一个纳税年度（公历 1 月 1 日起至 12 月 31 日止，下同）内，在中国境内居住满 365 日。在计算居住天数时，对临时离境视同在华居住，不扣除其在华居住天数。所谓临时离境，是指在一个纳税年度中一次离境不超过 30 日或者多次累计不超过 90 日。

居民纳税人负有无限纳税义务，其来源于中国境内和境外的所得，都要在中国缴纳个人所得税。

个人独资企业以投资者为纳税人，合伙企业以每一个合伙人为纳税人（以下简称投资者）。

2. 非居民纳税人及判断标准

非居民纳税人是指在中国境内无住所又不居住，或者无住所而在境内居住不满 1 年的个人。包括在一个纳税年度内没有在中国居住，或者在中国境内居住不满一年的外籍个人、华侨或港、澳、台同胞等。

非居民纳税人承担有限纳税义务，其仅就来源于中国境内的所得向中国缴纳个人所得税。

在中国境内无住所但一个纳税年度内在中国境内连续或累计居住不超过 90 日的个人，其来源于中国境内的所得由中国境外雇主支付并且不是由该雇主设在中国境内的机构、场所负担的部分，免予缴纳个人所得税。

（二）扣缴义务人

税法规定，凡支付应纳税所得的单位或个人，都是个人所得税的扣缴义务人。扣缴义务人在向纳税人支付各项应纳税所得（个体工商户的生产、经营所得除外）时，必须履行代扣代缴税款的义务。

三、征税范围与所得来源地的确定

（一）征税范围对象的具体内容

《个人所得税法》列举个人所得税征税项目有 11 项，其具体范围如下：

1. 工资薪金所得

是指个人因任职或者受雇而取得的工资、薪金、奖金、年终加薪、劳动分红、津贴、补贴以及与任职或者受雇有关的其他所得。工资、薪金所得收入不包括独生子女补贴；执行公务员工资制度未纳入基本工资总额的补贴、津贴差额和家属成员的副食品补贴；托儿补助费；差旅费津贴、误餐补助。

2. 个体工商户的生产经营所得

个体工商户生产经营所得是指个体工商户、个人独资企业、合伙企业从事生产经营活动以及与生产经营活动有关的活动取得的货币形式和非货币形式的所得。

3. 对企事业单位的承包经营、承租经营所得

是指个人承包经营、承租经营以及转包、转租取得的所得，还包括个人按月或者按次取得的工资、薪金性质的所得。

4. 劳务报酬所得

是指个人独立从事自由职业取得的所得或属于独立个人劳动所得。包括设计、装潢、安装、制图、化验、测试、医疗、法律、会计、咨询、讲学、新闻、广播、翻译、审稿、书画、雕刻、影视、录音、录像、演出、表演、广告、展览、技术服务、介绍服务、经纪服务、代办服务以及其他劳务报酬的所得。

个人担任董事职务所取得的董事费收入，应按"劳务报酬所得"项目征税。

5. 稿酬所得

是指个人因其作品以图书、报刊形式出版、发表而取得的所得。上述作品包括文学作品、书画作品、摄影作品，以及其他作品。

6. 特许权使用费所得

是指个人提供专利权、商标权、著作权、非专利技术以及其他特许权的使用权取得的所得。提供著作权的使用权取得的所得，不包括稿酬的所得。

7. 利息、股息、红利所得

是指个人拥有债权、股权而取得的利息、股息、红利所得。

8. 财产租赁所得

是指个人出租房屋及建筑物、土地使用权、机器设备、车船以及其他财产取得的所得。

9. 财产转让所得

是指个人转让有价证券、股权、建筑物、土地使用权、机器设备、车船以及其他财产所有权取得的所得。

10. 偶然所得

偶然所得是指个人得奖、中奖、中彩以及其他偶然性质的所得。

11. 其他所得

是指除上述 10 项应税所得以外的所得。

(二) 所得来源的确定

纳税人的下列所得，不论支付地点是否在中国境内，均为来源于中国境内的所得：

- 因任职、受雇、履约等而在中国境内提供劳务取得的所得。
- 将财产出租给承租人在中国境内使用而取得的所得。
- 转让中国境内的建筑物、土地使用权等财产或者在中国境内转让其他财产取得的所得。
- 许可各种特许权在中国境内使用而取得的所得。
- 从中国境内的公司、企业以及其他经济组织或者个人取得的利息、股息、红利所得。

四、税率

(一) 超额累进税率

工资、薪金所得适用税率，适用3% ~45%的七级超额累进税率。税率表见表8-1。

表 8-1 工资薪金所得超额累进税率表

级数	全月应税所得（含税级距）	全月不含税级距	税率（%）	速算扣除数
1	不超过 1 500 元的部分	不超过 1 455 元的部分	3	0
2	超过 1 500～4 500 元的部分	超过 1 455～4 155 元的部分	10	105
3	超过 4 500～9 000 元的部分	超过 4 155～7 755 元的部分	20	555
4	超过 9 000～35 000 元的部分	超过 7 755～27 255 元的部分	25	1 005
5	超过 35 000～55 000 元的部分	超过 27 255～41 255 元的部分	30	2 755
6	超过 55 000～80 000 元的部分	超过 41 255～57 505 元的部分	35	5 505
7	超过 80 000 元的部分	超过 57 505 元的部分	45	13 505

注：本表所称全月应税所得是指依照个人所得税法第六条的规定，以每月工资、薪金收入减除"社会保险费"、住房公积金和扣除费用 3500 元以及附加减除费用后的余额。全月不含税应税所得是指应税所得扣除个税后的金额。

个体工商户生产、经营所得，对企事业单位的承包经营、承租经营所得，适用税率为 5%～35% 五级超额累进税率，税率表如表 8-2 所示。

表 8-2 生产、经营所得和承包经营、承租经营所得超额累进税率表

级数	全年应税所得（含税级距）	不含税级距	税率（%）	速算扣除数
1	不超过 15 000 元的部分	不超过 14 250 元的部分	5	0
2	超过 15 000～30 000 元的部分	超过 14 250～27 550 元的部分	10	750
3	超过 30 000～60 000 元的部分	超过 27 550～51 750 元的部分	20	3 750
4	超过 60 000～100 000 元的部分	超过 51 750～79 750 元的部分	30	9 750
5	超过 100 000 元的部分	超过 79 750 元的部分	35	14 750

注：本表所称全年应税所得级距是指个体工商户的生产、经营所得，是指以每一纳税年度的收入总额减除成本、费用以及损失后的余额。含税级距适用于个体工商户的生产、经营所得和对企事业单位的承包经营、承租经营所得。不含税级距适用于由他人（单位）代付税款的承包经营、承租经营所得。

个人独资企业和合伙企业的生产经营所得，也适用 5%～35% 的五级超额累进税率。

对企事业单位的承包经营、承租经营所得来源，是指以每一纳税年度的收入总额，减除必要费用（每月 3 500 元）后的余额。

（二）比例税率

比例税率（20%）适用于除工资薪金所得、个体工商户生产经营所得和对企事业单位承包承租经营所得的以外的各项所得。包括稿酬所得，劳务报酬所得，特许权使用费所得，财产租赁所得，财产转让所得，利息、股息、红利所得，偶然所得和其他所得。

（三）减征和加成征税规定

1. 减征

减征是按照税收法律、行政法规规定减除某些纳税人、征税对象税收负担的一种优惠措施。个人所得税减征的内容有：

（1）稿酬所得。稿酬所得适用20%税率征税时，按应纳税额减征30%，即只征应纳税款的70%。

（2）自2016年5月1日起，个人出租住房取得的所得按5%的征收率减按1.5%征收个人所得税。

2. 加成

加成是指在按规定税率计算出税额后，再加征一定成数的税额。《个人所得税法实施条例》对劳务报酬所得一次畸高采取加成超额累进办法征税，应税所得一次超过2万元至5万元的部分，依照税法规定计算应纳税额后再按照应纳税额加征五成；超过5万元的部分加征十成。劳务报酬所得税率表见表8－3。

表8－3　劳务报酬所得适用的速算扣除数表

级数	每次应税所得（含税级距）	不含税级距	税率（%）	速算扣除数
1	不超过20 000元的部分	不超过16 000元的部分	20	0
2	超过20 000元不超过50 000元的部分	超过16 000元不超过37 000元的部分	30	2 000
3	超过50 000元的部分	超过37 000元的部分	40	7 000

注：表中每次应税所得是指每次收入额减除费用800元（每次收入不足4 000元）或者减除20%（每次收入超过4 000元）后的余额额。含税级距、不含税级距均为按照税法规定减除有关费用后（成本、损失）的所得额。

表中不含税级距适用于由他人（单位）代付税款的劳务报酬所得。

第二节　应纳税额的计算

一、应纳税额计算概述

个人所得税应纳税额等于应税所得乘以适用税率。基本计算公式为：

应纳税额 = 应税所得 × 适用税率

应税所得是以某项应税项目的收入额减去税法规定的该项目费用减除标准后的余额。

● 个人取得的收入形式包括现金、实物、有价证券和其他形式的经济利益。纳税人所得为实物的，应当按照所取得凭证上注明的价格计算应税所得；无凭证的实物或者凭证上所注明价格明显偏低的，由主管税务机关参照当地的市场价格核定应税所得；所得为有价证券的，由主管税务机关根据票面价格和市场价格核定应税所得。所得为其他形式的经济利益的，参照市场价格核定应税所得。

● 费用扣除的方法。

1）对工资、薪金所得涉及的个人生计费用，采取定额扣除的办法。

2）个体工商户的生产经营所得，对企事业单位的承包经营、承租经营所得及财产转让所得，采取会计核算办法扣除有关成本、费用或规定的必要费用。

3）对劳务报酬所得、稿酬所得、特许权使用费所得、财产租赁所得，采取定额和定率比例相结合的扣除办法。

4）对利息、股息、红利所得，偶然所得和其他所得，不扣除任何费用。

5）个人将其所得通过中国境内的社会团体、国家机关向教育和其他社会公益事业以及遭受严重自然灾害地区、贫困地区捐赠，捐赠额未超过纳税人申报的应税所得30%的部分，可以从其应税所得中扣除。

6）个人的所得（不含偶然所得和经国务院财政部门确定征税的其他所得）用于资助非关联的科研机构和高等学校研究开发新产品、新技术、新工艺所发生的研究开发经费，经主管税务机关确定，可以全额在下月（工资薪金所得）或下次（按次计征的所得）或当年（按年计征的所得）计征个人所得税时，从应税所得中扣除，不足抵扣的，不得结转抵扣。

二、工资、薪金所得应纳税额的计算

（一）应税所得的确定

工资、薪金所得以每月工资、薪金（含公务用车补贴收入、提前退休后获得的一次性补贴收入、月季度奖金等）收入，扣除其每月计提的"四险一金"和3 500元后的余额，为每月应纳税所得额。对个人购买的符合条件的商业保险支出，可按每年最高2 400元的限额税前扣除。

退休人员再任职取得的收入，在减除按《个人所得税法》规定的费用扣除标准后，按"工资、薪金所得"应税项目缴纳个人所得税。

对在中国境内无住所而在中国境内取得工资薪金所得的纳税人和在中国境内有住所而在中国境外取得工资薪金所得的纳税人，在每月扣除标准的基础上，每月还可扣除再附加减除费用。其应税所得的计算公式为：

应税所得 = 月工资、薪金收入 − 费用扣除标准 − 附加减除费用

上式中，附加减除费用标准为1 300元。附加减除费用所适用的具体范围：

● 在中国境内的外商投资企业和外国企业中工作取得工资、薪金的外籍人员。

● 应聘在中国境内企业、事业单位、社会团体、国家机关中工作取得工资、薪金的外籍专家。

● 在中国境内有住所而在中国境外任职或者受雇取得工资、薪金所得的个人。

● 财政部确定的取得工资、薪金的其他人员。

此外，附加减除费用也适用于华侨和香港、澳门、台湾同胞。

（二）工资、薪金应纳税额的计算

1. 一般工资薪金应纳税额的计算

一般工资薪金应纳税额的计算按应税所得和适用税率计算应纳税额。其计算公式为：

应纳税额 = 应税所得 × 适用税率 − 速算扣除数

或　　　　 = （每月收入额 − 3 500 元或 4 800 元 − 个人负担的"三险一金"）× 适用税率 − 速算扣除数

【例 8 - 1】　郑某为中国公民，2017 年的每月工资收入 8 000 元，每月扣除自己负担的"三险一金" 600 元，计算郑某每月应缴纳的个人所得税。

每月应纳税额 = （8 000 − 3 500 − 600）× 10% − 105 = 285（元）

【例 8 - 2】　美国公民 Smith 为某公司聘请工作的专家，每月工资为 30 000 元人民币，计算其每月应纳个人所得税额为：

每月应纳税额 = （30 000 − 4 800）× 25% − 1 005 = 5 295（元）

2. 个人取得全年一次性奖金个人所得税的计算

纳税人取得含税全年一次性奖金，按以下程序和计税办法计算个人所得税：

第一步，先将雇员当月内取得的含税全年一次性奖金，除以 12 个月，按其商数确定适用税率和速算扣除数。如果在发放年终一次性奖金的当月，雇员当月工资、薪金所得低于税法规定的费用扣除额，应将全年一次性奖金减除"雇员当月工资薪金所得与费用扣除额的差额"后的余额，按上述办法确定全年一次性奖金的适用税率和速算扣除数。

第二步，将雇员个人当月内取得的全年一次性奖金，按上述第（1）项确定的适用税率和速算扣除数计算征税，计算公式如下：

● 如果雇员当月工资、薪金所得高于（或等于）税法规定的费用扣除额的，计算公式为：

应纳税额 = 雇员当月取得全年一次性奖金 × 适用税率 − 速算扣除数

● 如果雇员当月工资、薪金所得低于税法规定的费用扣除额的，计算公式为：

应纳税额 = （雇员当月取得的全年一次性奖金 − 雇员当月工资薪金所得与费用扣除额之间差额）× 适用税率 − 速算扣除数

第三步，一个纳税人在一个纳税年度内，该计税办法只允许采用一次。

第四步，实行年薪制和绩效工资的单位，个人取得年终兑现的年薪和绩效工资按上述第二步规定执行。

第五步，雇员取得除全年一次性奖金以外的其他各种名目奖金，如半年奖、季度奖、加班奖、先进奖、考勤奖等，一律与当月工资、薪金收入合并，按税法规定缴纳个人所得税。

【例8-3】 中国公民马某2017年在我国境内1~12月每月工资为3 000元，12月31日又一次性领取年终奖金54 500元。计算马某取得该笔奖金应缴纳的个人所得税（适用税率和速算扣除数见表8-1）。

（1）计算该笔奖金适用的税率和速算扣除数。

按12个月分摊后，每月的奖金 = [54 500 - (3 500 - 3 000)] ÷ 12 = 4 500(元)

根据工资、薪金所得七级超额累进税率的规定，适用税率为10%、速算扣除数为105元。

（2）计算应缴纳个人所得税。

应纳税额 = （奖金收入 - 当月工资与扣除标准的差额）×适用税率 - 速算扣除数
= [54 500 - (3 500 - 3 000)] ×10% - 105 = 5 295 （元）

3. 雇主为雇员承担全年一次性奖金部分税款有关个人所得税的计算

雇主为雇员负担全年一次性奖金个人所得税款，属于雇员又额外增加了收入，应将雇主负担的这部分税款并入雇员的全年一次性奖金，换算为应纳税所得额后，按照规定方法计征个人所得税。

（1）雇主为雇员定额或全额负担税款个人所得税的计算公式。将不含税全年一次性奖金换算为应纳税所得额的计算方法：

应纳税所得额 = 雇员取得的全年一次性奖金 + 雇主替雇员定额负担的税款 - 当月工资薪金低于费用扣除标准的差额

（2）雇主为雇员按一定比例负担税款个人所得税的计算：①查找不含税全年一次性奖金的适用税率和速算扣除数，未含雇主负担税款的全年一次性奖金收入除以12个月，根据其商数找出不含税级距对应的适用税率A和速算扣除数A。②计算含税全年一次性奖金。

$$应纳税所得额 = \frac{\left(\begin{array}{c}未含雇主负担税款的\\全年一次性奖金收入\end{array} - \begin{array}{c}当月工资薪金低于\\费用扣除标准的差额\end{array} - \begin{array}{c}不含税级距的\\速算扣除数A\end{array} \times \begin{array}{c}雇主负\\担比例\end{array}\right)}{(1 - 不含税级距的适用税率A \times 雇主负担比例)}$$

（3）对上述应税所得，扣缴义务人应按照国税发〔2005〕9号文件规定的方法计算应扣缴税款。即将应税所得除以12个月，根据其商数找出对应的适用税率A和速算扣除数B，据以计算税款。计算公式为：

应纳税额 = 应纳税所得额×适用税率A - 速算扣除数B

实际缴纳税额 = 应纳税额 - 雇主为雇员负担的税额

（4）雇主为雇员负担的个人所得税款，应属于个人工资薪金的一部分。凡单独作为企业管理费列支的，在计算企业所得税时不得税前扣除。

【例8-4】 中国公民魏雄月工资5 200元，2019年1月获得上年度不含雇主负担的全年一次性奖金收入25 000元，雇主同意负担40%的个人所得税税款。计算其应纳个人所得税额。

不含税全年一次性奖金 = 25 000 ÷ 12 = 2083.33元，查找税率表中不含税税率级距，适用税率和速算扣除数A分别为10%和105元。

含税全年一次性奖金应税所得 = 25 000 − 105 × 40% ÷ （1 − 10% × 40%）

= 24 956.25（元）

分摊到12个月后，每月含税奖金 = 24 956.25 ÷ 12 = 2 079.69（元），查含税税率级次适用税率和速算扣除数A分别为10%和105元。

应纳税额 = 25 000 × 10% − 105 = 2 395（元）

其中雇主负担的税款 = 2 395 × 40% = 958（元）

员工负担的税款 = 997.92 ×（1 − 40%） = 1 437（元）

（三）雇佣单位和派遣单位分别支付工资、薪金应纳税额的计算

在外商投资企业、外国企业和外国驻华机构工作的中方人员取得的工资、薪金收入，凡是由雇佣单位和派遣单位分别支付的，雇佣单位在支付工资、薪金时按税法规定减除费用，计算扣缴个人所得税款；派遣单位支付的工资、薪金不再减除费用，以支付金额直接确定适用税率，计算扣缴个人所得税。

上述纳税义务人，应持两处支付单位提供的原始明细工资薪金单（书）和完税凭证原件，选择并固定到一地税务机关申报每月工资、薪金收入，汇算清缴其工资、薪金收入的个人所得税，多退少补。

【例8-5】 武某为一外商投资企业的中方派出人员，2018年3月，该外商投资企业支付给武某的薪金为9 200元；同月，武某还收到其所在派遣单位发给的工资3 000元。计算该外商投资企业、派遣单位如何扣缴个人所得税和武某实际应缴的个人所得税。

外商投资企业应扣缴武某的个人所得税 = （9 200 − 3 500）×20% − 555

= 585（元）

派遣单位代扣武某个人所得税 = 3 000 × 10% − 105 = 195（元）

武某4月实际应纳税额 = （9 200 + 3 000 − 3 500）×20% − 555 = 1 185（元）

次月初，武某应向当地主管税务机关申报时，应补缴税款 = （1 185 − 585 − 195） = 405（元）

1. 雇主为其雇员负担个人所得税额

（1）雇主为雇员承担全部个人所得税额的计算。雇主为雇员负担全部个人所得税款，是指雇员个人应缴纳的个人所得税额由雇主代为缴纳。这种情况应纳税额计算程序是：将纳税人的不含税收入换算为应税所得（含税收入），然后再计算应纳税额。计算公式为：

应税所得 = （不含税收入额 − 费用扣除标准3 500 − 速算扣除数）÷（1 − 税率）

(8-1)

$$应纳税额 = 应税所得 \times 适用税率 - 速算扣除数 \qquad (8-2)$$

在上式中，公式（8－1）中的税率，是指不含税所得按不含税率级距对应的税率，用"不含税收入额－费用扣除标准"后的余额查找表；公式（8－2）中的税率，是指应税所得按含税级距对应的税率。

【例8－6】 境内某公司代其雇员（中国居民）负担个人所得税。2018年5月支付给陈某的不含税工资为8 000元人民币。计算该公司为陈某代缴的个人所得税。

应税所得 ＝（8 000 － 3 500 － 105）÷（1 － 10%）＝4 883.33（元）

应代缴个人所得税 ＝ 4 883.33 × 20% － 555 ＝ 421.67（元）

2. 雇主为其雇员负担部分税款

（1）雇主为其雇员定额负担部分税款的，应将雇员取得的工资、薪金所得换算成应税所得后，计算单位应当代扣代缴的税款。

$$应税所得 = 雇员取得的工资 + 雇主代雇员负担的税款 - 费用扣除标准 \qquad (8-3)$$
$$应纳税额 = 应税所得 \times 适用税率 - 速算扣除数 \qquad (8-4)$$

（2）雇主为其雇员定率负担部分税款，是指雇主为雇员负担一定比例的工资应纳的税款或负担一定比例的实际应纳税款。当发生这种情况时，应将雇员取得的"不含税收入额"替换为"未含雇主负担的税款的收入额"，同时，将公式（8－4）中的适用税率和速算扣除数分别乘以雇主为雇员负担税款的比例，从而将未含雇主负担的税款的收入额换算成应税所得，计算单位应当代扣代缴的税款。计算公式为：

应税所得 ＝（未含雇主负担的税款的收入额 － 费用扣除标准 － 速算扣除数 × 负担比例）÷（1 － 税率 × 负担比例）

应纳税额 ＝ 应税所得 × 适用税率 － 速算扣除数

【例8－7】 某外商投资企业雇员（外国居民）某月工资收入12 000元，雇主负担其工资所得30%部分的税款。计算该纳税人当月应纳的个人所得税。

应税所得 ＝（12 000 － 4 800 － 555 × 30%）÷（1 － 20% × 30%）＝7 482.45（元）

应纳税额 ＝ 7 482.45 × 20% － 555 ＝ 941.49（元）

公司为其负担所得税额 ＝ 941.49 × 30% ＝ 282.45（元）

公司代扣的个人所得税 ＝ 941.49 － 282.45 ＝ 659.04（元）

三、个体工商户、个人独资企业和合伙企业投资者应纳税额的计算

（一）个体工商户应税所得的计算

1. 应税所得的计算

个体工商户的应税所得，为每一纳税年度的收入总额，减除成本、费用、准予扣除的税金、损失、其他支出以及允许弥补的以前年度亏损后的余额。用公式表示为：

$$应税所得 = 收入总额 - （成本 + 费用 + 准予扣除的税金及附加 + 损失 + 其他支出） -$$
$$弥补以前年度亏损 - 当年投资者本人的费用减除标准$$

式中，收入总额是个体工商户从事生产经营以及与生产经营有关的活动（以下简称生产经营活动）取得的货币形式和非货币形式的收入，包括：销售货物收入、提供劳务收入、转让财产收入、利息收入、租金收入、接受捐赠收入、其他收入。上述其他收入包括个体工商户资产溢余收入、逾期一年以上的未退包装物押金收入、确实无法偿付的应付款项、已作坏账损失处理后又收回的应收款项、债务重组收入、补贴收入、违约金收入、汇兑收益等。

成本是指个体工商户在生产经营活动中发生的销售成本、销货成本、业务支出以及其他耗费。

费用是指个体工商户在生产经营活动中发生的销售费用、管理费用和财务费用，已经计入成本的有关费用除外。

税金及附加是指个体工商户在生产经营活动中发生的除个人所得税和允许抵扣增值税以外的各项税金及其附加，包括消费税、城建税和教育费附加、资源税、土地增值税、房产税、城镇土地使用税、印花税等。

损失是指个体工商户在生产经营活动中发生的固定资产和存货的盘亏、毁损、报废损失，转让财产损失，坏账损失，自然灾害等不可抗力因素造成的损失以及其他损失。个体工商户已经作为损失处理的资产，在以后纳税年度又全部收回或者部分收回时，应当计入收回当期的收入。

其他支出。是指除成本、费用、税金、损失外，个体工商户在生产经营活动中发生的与生产经营活动有关的、合理的支出。除税收法律法规另有规定外，个体工商户实际发生的成本、费用、税金及附加、损失和其他支出，不得重复扣除。

个体工商户下列支出不得扣除：资本性支出（包括：为购置和建造固定资产、无形资产以及其他资产的支出，对外投资的支出）；缴纳的个人所得税，以及各种税收滞纳金、罚金、罚款和被没收财物的损失；各种赞助支出；用于个人家庭的支出；不符合扣除规定的捐赠支出；与取得生产经营无关的其他支出；自然灾害或者意外事故损失有赔偿的部分；国家税务总局规定不准扣除的支出。

个体工商户代其从业人员或者他人负担的税款不得在事前扣除；个体工商户直接对受益人的捐赠不得扣除。

2. 扣除项目及扣除标准

（1）个体工商户实际支付给从业人员的、合理的工资薪金支出，允许在税前据实扣除。个体工商户业主的工资薪金不得税前扣除，费用扣除标准为 3 500 元/月（即 42 000 元/年）。

（2）个体工商户按照国务院有关主管部门或者省级人民政府规定的范围和标准为其业主和从业人员缴纳的"五险一金"，准予扣除。个体工商户为从业人员缴纳的补充养老保险费、补充医疗保险费，分别在不超过从业人员工资总额 5% 标准内的部分据实扣除；

超过部分，不得扣除。

个体工商户业主本人缴纳补充养老保险费、补充医疗保险费，以当地（地级市）上年度社会平均工资的 3 倍为计算基数，分别在不超过该计算基数 5% 标准内的部分据实扣除；超过部分不得扣除。

（3）个体工商户在生产经营活动中发生的下列利息支出，准予扣除：①向金融企业借款的利息支出；②向非金融企业和个人借款的利息支出，不超过按照金融企业同期同类贷款利率计算的数额的部分。

（4）个体工商户向当地工会组织拨缴的工会经费、实际发生的职工福利费支出、职工教育经费支出分别在工资薪金总额的 2% 、14% 、2.5% 的标准内据实扣除。个体工商户本人向当地工会组织缴纳的工会经费、实际发生的职工福利费支出、职工教育经费支出，以当地（地级市）上年度社会平均工资的 3 倍为计算基数，在前款规定比例内据实扣除。职工教育经费实际发生数额超出规定比例的部分，准予在以后纳税年度结转扣除。

（5）个体工商户按规定缴纳的摊位费、行政性收费、协会会费等，按实际发生数额扣除。

（6）个体工商户每一纳税年度发生的与其生产经营活动直接相关的广告费和业务宣传费，不超过当年销售（营业）收入 15% 的部分，可以据实扣除；超过部分，准予在以后纳税年度结转扣除。

（7）个体工商户研究开发新产品、新技术、新工艺所发生的开发费用，以及研究开发新产品、新技术而购置单台价值在 10 万元以下的测试仪器和试验性装置的购置费，准予直接扣除；单台价值在 10 万元以上（含 10 万元）的测试仪器和试验性装置，按固定资产管理，不得在当期直接扣除。

（8）个体工商户自申请营业执照之日起至开始生产经营之日止所发生符合规定的费用，除为取得固定资产、无形资产的支出以及应计入资产价值的汇兑损益、利息支出外，作为开办费，个体工商户可以选择在开始生产经营的当年一次性扣除，也可自生产经营月份起在不短于 3 年期限内摊销扣除，但一经选定，不得改变。开始生产经营之日为个体工商户取得第一笔销售（营业）收入的日期。

（9）个体工商户通过公益性社会团体或者县级以上人民政府及其部门，用于规定的公益事业的捐赠，捐赠额不超过其应纳税所得额 30% 的部分可以据实扣除。

（10）个体工商户生产经营活动中应当分别核算生产经营费用和个人、家庭费用。对混用难以分清的费用，其 40% 视为生产有关费用准予扣除。

个体工商户发生的固定资产租赁费支出、业务招待费支出、纳税年度发生的亏损，以及其他未提及事项的费用扣除，与《企业所得税法》相同，参照企业所得税的规定执行。

（二）个人独资企业应税所得的计算

根据《关于个人独资企业和合伙企业投资者征收个人所得税的规定》规定，个人独资企业按照现行税法规定不交企业所得税，缴纳个人所得税。投资者的生产经营所得，比照个体工商户的生产、经营所得征收个人所得税，适用5%~35%的五级超额累进税率。

个人独资企业除以下项目外，应税所得比照个体工商户生产经营所得的计算方法确定：

●个人独资企业的投资者每一纳税年度的收入总额减除成本、费用以及损失后的余额，作为投资者个人的生产经营所得为应税所得。

●投资者兴办两个或两个以上企业的，其费用扣除标准只能由投资者选择在其中一个企业的生产经营所得中扣除。

●投资者及其家庭发生的生活费用不允许在税前扣除。投资者及其家庭发生的生活费用与企业生产经营费用混合在一起并且难以划分的，全部视为投资者个人及其家庭发生的生活费用，不允许在税前扣除。

●投资者兴办两个或两个以上企业的（包括参与兴办），年度终了时，应汇总其投资兴办的所有企业取得的应税所得，据此确定适用税率并计算缴纳个人所得税。计算出全年经营所得的应纳税额，再根据每个企业的经营所得占所有企业经营所得的比例，分别计算出每个企业的应纳税额和应补缴税额。计算公式如下：

应税所得 = Σ各个企业的经营所得

应纳税额 = 应税所得 × 税率 − 速算扣除数

本企业应纳税额 = 应纳税额 × 本企业的经营所得 ÷ 各个企业的经营所得

本企业应补缴的税额 = 本企业应纳税额 − 本企业预缴的税额

（三）合伙企业合伙人应纳税额的计算

合伙企业是指依照中国法律、行政法规成立的合伙企业。合伙企业有三种形式：普通合伙、特殊普通合伙以及有限合伙。自然人、法人和其他组织可以成为合伙人。

1. 纳税义务人

合伙企业以每一个合伙人为纳税义务人。合伙企业合伙人是自然人的，缴纳个人所得税；合伙人是法人和其他组织的，缴纳企业所得税。

2. 纳税原则

合伙企业生产经营所得和其他所得采取"先分后税"的原则。前款所称生产经营所得和其他所得，包括合伙企业分配给所有合伙人的所得和企业当年留存的所得（利润）。合伙企业自身不需要缴纳所得税，所有所得分配至各个合伙人，计算各个合伙人应缴纳的所得税。在税务处理上，将企业的利润按相关规定计算分派给各个合伙人名下，以合伙人为纳税主体计算应税所得，缴纳所得税。

3. 应税所得的计算

（1）合伙企业的合伙人以合伙企业的生产经营所得和其他所得，按照合伙协议约定的分配比例确定应纳税所得额。

（2）合伙协议未约定或者约定不明确的，以全部生产经营所得和其他所得，按照合伙人协商决定的分配比例确定应纳税所得额。

（3）协商不成的，以全部生产经营所得和其他所得，按照合伙人实缴出资比例确定应纳税所得额。

（4）无法确定出资比例的，以全部生产经营所得和其他所得，按照合伙人数量平均计算每个合伙人的应纳税所得额。

合伙协议不得约定将全部利润分配给部分合伙人。

4. 合伙企业应纳税额的计算

（1）查账征收。个人独资企业和合伙企业（以下简称企业）每一纳税年度的收入总额减除成本、费用以及损失后的余额，作为投资者个人的生产经营所得，比照《个人所得税法》的"个体工商户的生产经营所得"应税项目，适用5%～35%的五级超额累进税率，计算征收个人所得税。

有下列情形之一的，主管税务机关应采取核定征收方式征收个人所得税：企业依照国家有关规定应当设置但未设置账簿的；企业虽设置账簿，但账目混乱或者成本资料、收入凭证、费用凭证残缺不全，难以查账的；纳税人发生纳税义务，未按照规定的期限办理纳税申报，经税务机关责令限期申报，逾期仍不申报的。

（2）核定征收。核定征收方式征收个人所得税范围与企业所得税核定征收方式相同。

核定征收方式，包括定额征收、核定应税所得率征收以及其他合理的征收方式。

实行核定应税所得率征收方式的，应纳所得税额的计算公式为：

应纳所得税额＝应纳税所得额×适用税率－速算扣除数

应纳所得税额＝收入总额×适用税率

或　　　　　＝成本费用支出额÷（1－应税所得率）×应税所得率

应税所得率按规定的标准执行，如表8－4所示。

表8－4　个人所得税应税所得率表

行　业	应税所得率（％）
工业、交通运输业、商业	5～20
建筑业、房地产开发业	7～20
饮食服务业	7～25
娱乐业	20～40
其他行业	10～30

实行核定征税的投资者，不能享受个人所得税的优惠政策。

实行查账征税方式的个人独资企业和合伙企业改为核定征税方式后，在查账征税方式下认定的年度经营亏损未弥补完的部分，不得再继续弥补。

企业经营多业的，无论其经营项目是否单独核算，均应根据其主营项目确定其适用的应税所得率。

投资者应纳的个人所得税税款，按年计算，分月或者分季预缴，由投资者在每月或者每季度终了后 7 日内预缴，年度终了后 3 个月内汇算清缴，多退少补。

（四）应纳税额的计算

1. 个体工商户应纳税额的计算

个体工商户的生产经营所得适用五级超额累进税率，以其应税所得按适用税率计算应纳税额。其计算公式为：

应纳税额 = 应税所得×适用税率 – 速算扣除数

= （全年收入总额 – 成本、费用以及损失）×适用税率 – 速算扣除数

个体工商户生产经营所得应纳个人所得税额实行按年计算、分月（季）预缴、年终汇算清缴、多退少补。月预缴税款计算公式为：

本月应预缴税额 = 本月累计应税所得×适用税率 – 速算扣除数 – 上月累计已预缴税额

年终汇算清缴税额计算公式如下：

汇算清缴应补（退）税额 = 全年应纳税额 – 全年累计已预缴税额

【例 8 – 8】 B 市老家味酒家系个体工商户，账证比较健全，2018 年 12 月实现营业收入 158 500 元，购进菜、肉、蛋、面粉、大米等原料费为 60 000 元，缴纳房租、水电费、煤气费等 15 000 元，缴纳其他税费合计为 6 600 元。当月支付给 4 名雇员工资共 12 000 元，业主个人费用扣除 3 500 元。1~11 月累计应税所得为 66 000 元（未扣除业主应计费用），1~11 月累计已预缴个人所得税为 15 000 元。计算该个体业户 12 月份应缴纳的个人所得税。

因个体工商户应纳税额实行按年计算、分月或分季预缴。为此，要计算 12 月份应交个人所得税，应先计算全年应税所得，在此基础上再计算当月应交个人所得税：

（1）全年应税所得 = 66 000 + （158 500 – 60 000 – 15 000 – 6 600 – 12 000）–

3 500×12 = 88 900 （元）

（2）全年应缴纳个人所得税 = 88 900×30% – 9 750 = 16 920 （元）

（3）该个体工商户（2018 年）应补缴个人所得税 = 16 920 – 15 000 = 1 920 （元）

2. 个人独资企业应纳税额的计算

【例 8 – 9】 某个投资者投资 A、B 两个企业，两个企业均实行查账方式计征个人所得税，2018 年 A 企业全年应税所得为 10 000 元，B 企业全年应税所得为 45 000 元。A、B 两个企业已分别预交个人所得税 29 600 元和 132 000 元。

A、B 两个企业应补缴个人所得税计算如下：

应纳税所得额 = 100 000 + 450 000 = 550 000（元）

应纳税额 = 550 000 × 35% - 14 750 = 177 750（元）

A 企业应纳个人所得税 = 177 750 × 100 000/（100 000 + 450 000）= 32 318.18（元）

B 企业应纳个人所得税 = 177 750 × 450 000/（100 000 + 450 000）= 145 431.82（元）

A 企业应补缴个人所得税 = 32 318.18 - 29 600 = 2 718.18（元）

B 企业应补缴个人所得税 = 145 431.82 - 132 000 = 13 431.82（元）

3. 经营期不足 1 年应纳税额的计算

个体工商户、个人独资企业和合伙企业因在纳税年度中间开业、合并、注销及其他原因，导致该纳税年度的实际经营期不足 1 年的，对个体工商户业主、个人独资企业投资者与合伙企业自然人和合伙人的生产经营所得计算个人所得税时，以其实际经营期为 1 个纳税年度。投资者本人的费用扣除标准，应按照其实际经营月份数，以每月 3 500 元的减除标准确定。计算公式如下：

应税所得 = 该年度收入总额 - 成本、费用及损失 - 当年投资者本人的费用扣除额

当年投资者本人的费用扣除额 = 月减除费用（3 500 元/月）×当年实际经营月份数

应纳税额 = 应税所得 × 税率 - 速算扣除数

四、对企事业单位承包经营、承租经营所得应纳税额的计算

（一）应税所得的确定

国税发〔1994〕179 号文规定：个人对企事业单位承包经营、承租经营所得，应税所得为每一纳税年度的收入总额减除必要扣除费用后的余额。其计算公式为：

应税所得 = 每一年度收入总额 - 必要扣除费用

减除必要扣除费用是指按月减除个人必要生计费用 3 500 元。

（二）应纳税额的计算方法

应纳税额的计算分为以下两种情况：

第一种情况。企业实行个人承包、承租经营后，未变更工商登记，不论被承租企业与承租方如何分配经营成果，均以被承租企业为纳税人，先按照《企业所得税法》的规定缴纳企业所得税，然后再按承包经营、承租经营者个人取得的承包、承租经营所得，依照《个人所得税法》的有关规定缴纳个人所得税，具体如下：

其一，承包、承租人对企业经营成果不拥有所有权，仅是按合同（协议）规定取得一定所得的，其所得按工资薪金所得项目征税，适用 3%~45% 的七级超额累进税率。

月应纳税额 = 月应税所得 × 适用税率 - 速算扣除数

年应纳税额 = 月应纳税额 × 12

或　　　　　= （应税所得 × 适用税率 - 速算扣除数）×12

【例8－10】 2017年陈某承包经营某企业招待所，承包期3年，承包合同规定每年实现利润200 000元（含）及以上，陈某每月可取得工资（薪金）收入7 000元。2017年招待所全年共实现利润220 000元，计算陈某全年应纳个人所得税额。

陈某全年应纳个人所得税额＝[（7 000－3 500）×10%－105]×12＝2 940（元）

其二，承包、承租人按合同（协议）规定只向发包、出租方缴纳一定费用后，企业经营成果归承包人所有的，承包、承租人取得的所得按个体工商户生产经营所得，适用5%~35%的五级超额累进税率缴纳个人所得税。

应税所得＝该年度承包、承租经营所得－缴纳承包费－必要费用

应纳税额＝应税所得×适用税率－速算扣除数

【例8－11】 华某2017年开始承包某企业宾馆，承包期限3年，华某每年向出包方缴纳承包费10万元。2017年该招待所共实现营业收入280万元，营业成本150万元，缴纳税金及附加15.4万元。期间费用80万元（其中，包括50名员工的工资46万元以及王某的工资6万元，向非金融机构借款的利息支出7万元，按同期金融机构借款利率计算可扣除利息6万元）。计算华某应交个人所得税。

应交企业所得税＝[280－150－15.4－80＋（7－6）]×50%×20%＝3.56（万元）

个人所得税应税所得＝[280－150－15.4－（80－6）＋（7－6）－3.56]－
10－0.35×12＝23.84（万元）

应交个人所得税＝238 400×35%－14 750＝68 690（元）

第二种情况。企业实行个人承包、承租经营后，如工商登记改变为个体工商户的，应依照个体工商户的生产经营所得项目计征个人所得税，不再征收企业所得税。

五、劳务报酬所得应纳税额的计算

（一）应税所得的确定

劳务报酬所得根据不同项目的特点分别规定如下：只有一次性收入的，以取得该项收入为一次；属于同一事项连续取得收入的，以1个月内取得的收入为一次。

劳务报酬所得以个人每次取得的收入，定额或定率减除规定费用后的余额为应税所得。每次收入不超过4 000元的，定额减除费用800元；每次收入在4 000元以上的，定率扣除20%的费用。其计算公式：

（1）每次收入不超过4 000元的，计算公式为：

应税所得＝每次收入额－800

（2）每次收入在4 000元以上的，计算公式为：

应税所得＝每次收入额×（1－20%）

（3）证券经纪人以一个月内取得的佣金收入为一次收入，其每次收入先减去实际缴纳的税金及附加，再减去规定的展业成本，余额按《个人所得税法》规定计算缴纳个人所得税。

证券经纪人佣金收入由展业成本和劳务报酬构成，对展业成本部分不征收个人所得税。根据目前实际情况，证券经纪人展业成本的比例暂定为每次收入额的40%。计算公式为：

应税所得＝每次收入额－实际缴纳的税金及附加－展业成本

（二）应纳税额的计算方法

劳务报酬所得适用20%的比例税率，其应纳税额的计算公式为：

1. 每次收入不足4 000元的

应纳税额＝（每次收入额－800）×20%

2. 每次收入在4 000元以上的

应纳税额＝每次收入额×（1－20%）×20%

3. 每次收入的应纳税所得额超过20 000元的

应纳税额＝每次收入额×（1－20%）×适用税率－速算扣除数

【例8－12】　艺人赵某于2018年9月外出参加一次走穴演出，取得劳务报酬60 000元。计算其应缴纳的个人所得税（不考虑其他税费）。

该纳税人一次演出取得的应税所得超过20 000元，按税法规定应实行加成征税。

应税所得＝60 000×（1－20%）＝48 000（元）

应纳税额＝48 000×30%－2 000＝12 400（元）

（三）为纳税人代付税款应纳税额的计算

单位或个人为纳税人代付税款，应当将单位或个人支付给纳税人的不含税支付额（纳税人取得的不含税收入额）换算为应税所得，然后按规定计算应代付的个人所得税款。计算公式为：

1. 不含税收入额不超过3 360元的

应税所得＝（不含税收入额－800）÷（1－税率）　　　　　　　　　　　（8－5）

应纳税额＝应税所得×适用税率　　　　　　　　　　　　　　　　　　　（8－6）

2. 不含税收入额超过3 360元的

应税所得＝（不含税收入额－速算扣除数）×（1－20%）÷当级换算系数　（8－7）

应纳税额＝应税所得×适用税率－速算扣除数　　　　　　　　　　　　　（8－8）

式（8－5）和式（8－7）中的税率，是指不含税劳务报酬收入所对应的税率，如表8－3所示；式（8－6）和式（8－8）中的税率，是指应税所得按含税级距所对应的税率，如表8－3所示。

表 8-5 不含税劳务报酬收入适用税率表

级数	不含税劳务报酬收入额	税率（%）	速算扣除数（元）	换算系数（%）
1	未超过 3 360 元的部分	20	0	—
2	超过 3 360~21 000 元的部分	20	0	84
3	超过 21 000~49 500 元的部分	30	2 000	76
4	超过 49 500 元的部分	40	7 000	68

【例 8-13】 2018 年末，如意公司邀请张山、李四为年终总结会做魔术表演和演唱，双方协商同意，此次演出如意公司支付张山 8 000 元，支付李四 30 000 元，与报酬相关的个人所得税由公司代付。不考虑其他税收的情况下，计算公司代付张山、李四的个人所得税额。

因为如意公司代张山、李四缴纳个人所得税，为此，应先计算张山、李四个人的应税所得，再计算分别为张山、李四代缴的个人所得税额。

张山应税所得 =（8 000 - 0）×（1 - 20%）÷ 0.84 = 7 619.05（元）

代张山缴纳的个人所得税额 = 7 619.05 × 20% = 1 523.81（元）

李四应税所得 =（30 000 - 2 000）×（1 - 20%）÷ 0.76 = 29 473.69（元）

代李四缴纳的个人所得税额 = 29 473.69 × 30% - 2 000 = 6 842.11（元）

六、稿酬所得应纳税额的计算

（一）应税所得的确定

稿酬所得以个人每次取得的收入，定额或定率减除规定费用后的余额为应税所得。每次收入不超过 4 000 元的，定额减除费用 800 元；每次收入在 4 000 元以上的，定率减除 20% 的费用。费用扣除计算方法与劳务报酬所得相同。

（二）应纳税额的计算

稿酬所得适用 20% 的比例税率，并按规定对应纳税额减征 30%，其计算公式：

应纳税额 = 应税所得 × 20% ×（1 - 30%）

【例 8-14】 王教授 2018 年 3 月出版教材一本，获得稿酬 9 000 元，2018 年 10 月因教材加印又得到稿酬 4 000 元。计算王教授取得稿酬应缴纳的个人所得税。

同一作品出版、发表后，因添加印数而追加稿酬的，应与以前出版、发表时取得的稿酬合并计算为一次，计征个人所得税。因其所得分两次取得，税款也应分两次缴纳：

第一次实际缴纳税额 = 9 000 ×（1 - 20%）× 20% ×（1 - 30%）= 1 008（元）

第二次实际缴纳税额 =（9 000 + 4 000）×（1 - 20%）× 20% ×（1 - 30%）- 1 008

= 448（元）

（三）两个以上纳税人共同取得同一项目收入应纳税额的计算

两个或两个以上的个人共同取得同一项目收入的，应当对每个人取得的收入分别按照税法规定减除费用后计算纳税，即实行"先分、后扣、再税"的办法。

【例8-15】 2018年10月，某高校5位教师共同编写出版一本50万字的教材，共取得稿酬收入21 000元。其中主编1人得主编费1 000元，其余稿酬5人平分。计算各教师应缴纳的个人所得税。

扣除主编费后每人所得 = （21 000 - 1 000）÷5 = 4 000（元）

主编应纳税额 = （1 000 + 4 000）×（1 - 20%）×20%×（1 - 30%）= 560（元）

其余4人每人应纳税额 = （4 000 - 800）×20%×（1 - 30%）= 448（元）

七、特许权使用费所得应纳税额的计算

特许权使用费所得以个人一项特许权的一次许可使用所取得的收入为一次，定额或定率减除规定费用后的余额为应税所得，适用20%的比例税率，计征个人所得税。如果该次转让取得的收入是分笔支付的，则应将各笔收入相加为一次的收入。计算公式如下：

其一，每次收入不足4 000元的，应纳税额的计算公式为：

应纳税额 = 应税所得×适用税率 = （每次收入额 - 800）×20%

其二，每次收入在4 000元以上的，应纳税额的计算公式为：

应纳税额 = 应税所得×适用税率 = 每次收入额×（1 - 20%）×20%

【例8-16】 高工华某2018年5月份将自己所有非专利技术使用权提供给A公司使用，取得技术转让费收入4 000元；转让一项专利使用权给B公司，取得转让收入30万元，计算其应纳个人所得税。

华某将非专利技术、专利权分别转让使用权和所有权，应当分别计算各自应缴纳的个人所得税。

转让非专利技术应纳个人所得税额 = （4 000 - 800）×20% = 640（元）

出售专利权应纳个人所得税额 = 300 000×（1 - 20%）×20% = 48 000（元）

八、利息、股息、红利所得应纳税额的计算

（一）应税所得额的确定

利息、股息、红利所得，按次征收个人所得税。股息、红利所得包括：

1. 利息、股息、红利所得

利息、股息、红利所得按次征收个人所得税。以个人每次从支付单位或个人支付利息、股息、红利时取得的收入为一次，不得扣除任何费用。

2. 转增股、送红股、派现所得

（1）股份制企业用股票溢价发行收入形成的资本公积金转增个人股本，不征收个人所得税；与此不相符合的其他资本公积金（包括企业接受捐赠、拨款转入、外币资本折算差额、资产评估增值等形成资本公积金）转增个人股本，应当依法征收个人所得税。

（2）个人拥有债权、股权而取得的股息、红股，个人股东获得转增的股本，按"利息、股息、红利所得"项目，征收个人所得税。上述取得的利息、股息、红利所得，包括现金、实物、有价证券和其他形式的经济利益，属于《个人所得税法》规定的应税所得。

（二）应纳税额的计算

财税〔2015〕101号文规定，自2015年9月8日起，对个人从公开发行和转让市场取得的上市公司股票的股息、红利，实行差别化个人所得税政策：

• 持股期限在1个月以内（含1个月）的，其股息、红利所得全额计入应税所得，即按20%税率计征个人所得税。

• 持股期限在1个月以上至1年（含）的，暂减按50%计入应税所得，即按10%的税率计征个人所得税。

• 持股期限超过1年的，股息、红利所得暂免征收个人所得税。

个人股东获得的股息、红利所得，其应纳税额的计算公式为：

应纳税额 = 应税所得（每次收入额）×20%

【例8-17】 A股份公司为一上市公司，2016年6月10日宣告2015年分派方案为：以公司2015年5月31日现有总股本170 000 000股为基数，向全体股东每10股送红股3股，派0.4元现金股利（含税）；同时向全体股东每10股转增7股。股民王先生持该公司股票10 000股10个月，计算个人所得税。

以股票溢价发行收入形成的资本公积金转增个人股本，不需要缴纳个人所得税；向股东赠送红股，派发现金股利，按适用税率缴纳个人所得税。

赠送红股应纳税额 = 10 000 ÷ 10 × 3 × 10% = 300（元）

派息应纳税额 = 10 000 ÷ 10 × 0.4 × 10% = 40（元）

九、财产租赁所得应纳税额的计算

（一）应纳税额的计算

1. 应税所得的确定

财产租赁所得以个人每次取得的收入，定额或定率减除规定费用后的余额为应税所得。每次收入不超过 4 000 元的，定额减除费用 800 元；每次收入在 4 000 元以上的，定率减除 20% 的费用。财产租赁以一个月内取得的收入为一次。

在确定财产租赁的应纳税所得额时，纳税人在出租财产过程中缴纳的税金和教育费附加，可持完税（缴款）凭证，从其财产租赁收入中扣除。准予扣除的项目除了规定费用和有关税、费外，还准予扣除能够提供有效、准确凭证，证明由纳税人负担的该出租财产实际开支的修缮费用。允许扣除的修缮费用，以每次 800 元为限。一次扣除不完的，准予在下一次继续扣除，直到扣完为止。

个人出租财产取得的财产租赁收入，在计算缴纳个人所得税时，应依次扣除以下费用：财产租赁过程中缴纳的税费；由纳税人负担的该出租财产实际开支的修缮费用；税法规定的费用扣除标准。

应税所得的计算公式：

（1）每次（月）收入不超过 4 000 元的，计算公式为：

应税所得 = 每次（月）收入额 − 准予扣除项目 − 修缮费用（800 元为限）− 800

（2）每次（月）收入超过 4 000 元的，计算公式为：

应税所得 = 每次（月）收入额 − 准予扣除项目 − 修缮费用（800 元为限）× (1 − 20%)

2. 应纳税额的计算

财产租赁所得适用 20% 的比例税率。对个人按市场价格出租的居民住房取得的所得，暂减按 10% 的税率征收个人所得税，应纳税额的计算公式为：

应纳税额 = 应税所得 × 适用税率

【例 8 - 18】　郑某于 2017 年 1 月将其自有的面积为 150 平方米公寓按市场价出租给张某居住，租期 3 年。郑某每月取得租金收入 3 500 元，全年租金收入 42 000 元。当年 2 月份因下水道堵塞找人修理，发生修理费用 1 200 元，有维修部门的正式发票。计算郑某 1 月、2 月、3 月及全年租金收入应缴纳的个人所得税。

财产租赁收入以每月内取得的收入为一次，按市场价出租给个人居住适用 10% 的税率，因此，郑某每月及全年应纳税额为：

1 月应纳税额 = （3 500 − 800）× 10% = 270（元）

2 月应纳税额 = （3 500 − 800 − 800）× 10% = 190（元）

3 月应纳税额 = （3 500 − 400 − 800）× 10% = 230（元）

全年应纳税额 = 270 × 10 + 190 + 230 = 3 120（元）

例 8 - 19 中在计算个人所得税时未考虑其他税、费。如果对租金收入计征城建设、房产税和教育费附加等，还应将其从税前的收入中先扣除后再计算应缴纳的个人所得税。

在实际征税过程中，对财产租赁所得纳税人不明确的，应以产权凭证为依据。无产权凭证的，由主管税务机关根据实际情况确定纳税人。如果产权所有人死亡，在未办理产权继承手续期间，该财产出租且有租金收入的，以领取租金收入的个人为纳税人。

（二）转租财产应纳税额的计算

1. 转租房屋收入应税所得的计算

个人将承租房屋转租取得的租金收入，应按"财产租赁所得"项目计算缴纳个人所得税。应税所得为转租收入减去在转租过程发生的实际支出。扣除顺序具体规定为：取得转租收入的个人向房屋出租方支付的租金，凭房屋租赁合同和合法支付凭据允许在计算个人所得税时，从该项转租收入中扣除；财产租赁过程中缴纳的税费；向出租方支付的租金；由纳税人负担的租赁财产实际开支的修缮费用；税法规定的费用扣除标准。

2. 应纳税额的计算

转租房产应纳税额计算方法与出租财产所得相同，略。

考考你

劳务报酬所得、稿酬所得、财产租赁所得、特许权使用费所得在计算个人所得税时有何异同？

十、财产转让所得应纳税额的计算

（一）应税所得的确定

财产转让所得以个人每次转让财产取得的收入额减除财产原值和合理税费后的余额为应税所得。"每次"是指以一件财产的所有权一次转让取得的收入为一次。计算公式为：

应税所得 = 转让财产的收入额 – 财产原值 – 合理税费

（二）应纳税额的计算

财产转让所得适用 20% 的比例税率。其应纳税额的计算公式为：

应纳税额 = 应税所得 × 适用税率

= （转让财产的收入额 – 财产原值 – 合理税费）× 20%

【例 8–19】 刘某于 2017 年 2 月在 N 市拍卖 2014 年购入住房一套，取得拍卖收入 120 万元。该套住房购进时的原价为 80 万元，转让时支付税费 6.6 万元，取得合法票据。计算刘某转让私房应缴纳的个人所得税。

应税所得 = 120 – 80 – 6.6 = 33.4（万元）

应纳税额 = 33.4 × 20% = 6.68（万元）

【例 8 - 20】 张涛购入债券 100 份，每份买入价 10 000 元，支付购进买入债券的税费共计 30 000 元。本期内以 10 700 元价格卖出 80 份，支付卖出债券的税费共计 25 000 元。计算张涛售出债券应缴纳的个人所得税。

允许扣除的金额 = (10 000 × 100 + 30 000) ÷ 100 × 80 + 25 000 = 849 000(元)

应缴纳的个人所得税 = (10 700 × 80 - 849 000) × 20% = 1 400(元)

(三) 个人转让住房应税所得的计算

个人转让住房所得应纳个人所得税的计算具体规定如下：

个人转让房产以实际成交价格为转让收入。纳税人申报的住房成交价格明显低于市场价格且无正当理由的，征收机关依法有权根据有关信息核定其转让收入。

纳税人可凭原购房合同、发票等有效凭证，经税务机关审核后，允许从其转让收入中减除房屋原值、转让住房过程中缴纳的税金及有关合理费用。

房屋原值按如下方法确定：商品房为购置该房屋时实际支付的房价款及缴纳的相关税费；自建住房为实际发生的建造费用及建造和取得产权时实际缴纳的相关税费；经济适用房为原购房人实际支付的房价款及相关税费以及按规定缴纳的土地出让金；已购公有住房为原购公有住房标准面积按当地经济适用房价格计算的房价款，加上超标准面积实际支付的房价款以及按规定向财政部门缴纳的所得收益及相关税费；城镇拆迁安置住房为购置该房屋实际支付的房价款及缴纳的相关税费。

税金是指纳税人在转让住房时实际缴纳的城市维护建设税、教育费附加、土地增值税、印花税等税费。

合理费用是指纳税人按照规定实际支付的住房装修费用、住房贷款利息、手续费、公证费等费用。

(四) 个人股权转让收入

个人股权转让收入，是指转让方因股权转让而获得的现金、实物、有价证券和其他形式的经济利益。转让方取得与股权转让相关的各种款项，包括违约金、补偿金以及其他名目的款项、资产、权益等，均应当并入股权转让收入。股权转让收入明显偏低且无正当理由的，主管税务机关应依次按照净资产核定法、类比法核定股权转让收入。

个人转让股权的原值依照以下方法确认：

(1) 以现金出资方式取得的股权，按照实际支付的价款与取得股权直接相关的合理税费之和确认股权原值。

(2) 以非货币性资产出资方式取得的股权，按照税务机关认可或核定的投资入股时非货币性资产价格与取得股权直接相关的合理税费之和确认股权原值。

(3) 通过无偿让渡方式取得股权，具备按取得股权发生的合理税费与原持有人的股权原值之和确认股权原值。

十一、偶然所得应纳税额的计算

偶然所得是指个人得奖、中奖、中彩以及其他偶然性质的所得。偶然所得以每次取得的收入额为应税所得，不扣除任何费用，适用 20% 的比例税率。具体计算方法如下：①个人购买福利彩票奖券、体育彩票奖券和公益性彩票奖券的中奖所得，不论是奖金还是实物，一万元以下的免税，超过一万元的全额计征个人所得税。②个人取得的有奖竞猜、有奖储蓄的中奖所得，以及其他性质的偶然所得，不论是奖金还是实物，全额计算缴纳个人所得税。

应纳税额 = 应税所得 × 适用税率 = 每次收入额 × 20%

十二、其他所得应纳税额的计算

其他所得以个人每次取得的收入额为应税所得，不扣除任何费用。除有特殊规定外，每次收入额就是应税所得，以每次取得该项收入为一次。其他所得适用 20% 的比例税率，其应纳税额的计算公式为：

应纳税额 = 应税所得 × 适用税率 = 每次收入额 × 20%

其他所得的
内容二维码

十三、应纳税额计算中的特殊问题

城镇企业事业单位及其职工个人按照《失业保险条例》规定的比例实际缴付的失业保险费，均不计入职工个人当期工资、薪金收入，免予征收个人所得税；超过《失业保险条例》规定的比例缴付失业保险费的，应将其超过规定比例缴付的部分计入职工个人当期的工资、薪金收入，依法计征个人所得税。具备规定条件的失业人员领取的失业保险金，免予征收个人所得税。

企业为员工支付各项免税之外的保险金，应在企业向保险公司缴付时并入员工当期的工资收入，按"工资、薪金所得"项目计征个人所得税，税款由企业负责代扣代缴。

（一）个人因解除劳动合同取得经济补偿收入应纳税额的计算

财税〔2001〕157 号、国税发〔2000〕77 号文件规定，个人因解除劳动合同取得经济补偿金按以下规定处理：

（1）对国有企业职工，因企业依照《中华人民共和国企业破产法（试行）》宣告破产，从破产企业取得的一次性安置费收入，免予征收个人所得税。

（2）个人因与用人单位解除劳动关系而取得的一次性补偿收入，国有企业职工与企业解除劳动合同取得的一次性补偿收入，其收入在当地上年职工平均工资 3 倍数额以内的部分，免征个人所得税；超过的部分按照国税发〔1999〕178 号文的有关规定，计算征收个人所得税。方法为：以超过 3 倍数额部分的一次性补偿收入，除以个人在本企业的工作年限数（超过12年的按12年计算），以其商数作为个人的月工资、薪金收入，按照税法规定计算缴纳个人所得税。个人领取一次性补偿收入时按照国家和地方政府规定的比例实际缴纳的住房公积金、医疗保险费、基本养老保险费、失业保险费，可以在计征其一次性补偿收入的个人所得税时予以扣除。

个人在解除劳动合同后又再次任职、受雇的，已纳税的一次性补偿收入不再与再次任职、受雇的工资、薪金所得合并计算补缴个人所得税。

个人领取一次性补偿收入时按照国家和地方政府规定的比例实际缴纳的住房公积金、医疗保险费、基本养老保险费、失业保险费，可以在计征其一次性补偿收入的个人所得税时予以扣除。

【例8-21】 孙某在某国有机械厂工作20年，2018年7月与企业解除劳动合同，该厂向孙某支付一次性补偿金300 000元，同时，从补偿金中拿出42 000元为孙某缴纳"三险一金"，孙某所在地2017年职工平均工资为54 000元。计算孙某取得的补偿金应缴纳的个人所得税款。

（1）计算应税补偿金数额和补偿金应税所得：

免纳个人所得税的补偿金 = 54 000 × 3 = 162 000（元）

补偿金应税所得 = 300 000 - 162 000 - 42 000 = 96 000（元）

（2）计算应纳税款：

孙某虽然在该企业工作20年，根据现行税收政策规定，只能按12个月进行分摊、计税。

每月应税所得 = （96 000 ÷ 12）- 3 500 = 4 500（元）

每月应纳税款 = 4 500 × 10% - 105 = 345（元）

该笔补偿金应纳税额 = 345 × 12 = 4 140（元）

（二）个人提前退休取得补贴收入应纳个人所得税的计算

机关、企事业单位对未达到法定退休年龄、正式办理提前退休手续的个人，按照统一标准向提前退休工作人员支付一次性补贴，不属于免税的离退休工资收入，应按照"工资、薪金所得"项目征收个人所得税。

个人因提前办理退休手续而取得的一次性补贴收入，应按照提前办理退休手续至法定退休年龄之间所属月份平均分摊计算个人所得税。计税公式为：

应纳税额 = [（一次性补贴收入 ÷ 提前办理退休手续至法定退休年龄的实际月份数 - 费用减除标准）× 适用税率 - 速算扣除数] × 提前办理退休手续至法定退休年龄的实际月份数

（三）企事业单位低价向职工售房个人所得税的计算

国家机关、企事业单位及其他组织（以下简称单位）在住房制度改革期间，按照所在地县级以上人民政府规定的房改成本价格向职工出售公有住房，职工因支付的房改成本价格低于房屋建造成本价格或市场价格而取得的差价收益，免征个人所得税。

单位按低于购置或建造成本价格出售住房给职工，职工实际支付的购房价款低于该房屋的购置或建造成本价格的差价部分，应按照"工资、薪金所得"项目全年一次性奖金征税办法缴纳个人所得税。

【例8-22】 某单位建造了一幢住宅楼，单位成本为3 000元/平方米，对本单位职工销售价为2 500元/平方米，对外售价为4 500元/平方米。职工华某买一套120平方米住房，试计算应交个人所得税额。

计算低于成本价部分适用的税率和速算扣除数，按12个月分摊后：

每月分摊的金额=(3 000-2 500)×120/12=5 000(元)

根据工资、薪金所得七级超额累进税率的规定，适用税率为20%、速算扣除数为555元。

应纳税额=60 000×20%-555=11 445（元）

（四）境内、境外分别取得工资、薪金所得应纳税额的计算

纳税人因在中国境内单位任职、受雇、履约等取得的所得，无论支付地点是否在中国境内，均为来源于中国境内的所得。纳税人能够提供在境内、境外同时任职或者受雇及其工资、薪金标准的有效证明文件，可判定其所得是分别来自境内和境外的，应分别减除费用后计算纳税；纳税人不能提供上述证明文件，则应视为来源于一国所得。

（五）个人取得有奖发票奖金征免个人所得税

个人取得单张有奖发票奖金所得不超过800元（含800元）的，暂免征收个人所得税；个人取得单张有奖发票奖金所得超过800元的，应全额按照《个人所得税法》规定的"偶然所得"项目征收个人所得税。

（六）关于保险费（金）征税问题

城镇企业事业单位及其职工个人按照《失业保险条例》规定的比例，实际缴付的失业保险费，均不计入职工个人当期工资、薪金收入，免予征收个人所得税；超过《失业保险条例》规定的比例缴付失业保险费的，应将其超过规定比例缴付的部分计入职工个人当期的工资、薪金收入，依法计征个人所得税。具备《失业保险条例》规定条件的失业人员，领取的失业保险金，免予征收个人所得税。

企业为员工支付各项免税之外的保险金，应在企业向保险公司缴付时（即该保险落到被保险人的保险账户）并入员工当期的工资收入，按"工资、薪金所得"项目计征个人所得税，税款由企业负责代扣代缴。

（七）从事建筑安装业个人所得税的计算

从事建筑安装业并取得个人所得的工程承包人、个体工商户及其他个人为纳税人。

（1）经营成果归承包人个人的所得，或按合同（协议）规定将一部分经营成果留归承包人个人的所得，按"对企事业单位的承包经营、承租经营所得"项目征税；对承包人以其他方式取得的所得，按"工资、薪金所得"项目征税。

（2）从事建筑安装业的个体工商户和未领取营业执照承揽建筑安装业工程作业的建筑安装队和个人，以及建筑安装企业实行个人承包后工商登记改变为个体经济性质的，其从事建筑安装业取得的收入，应依照"个体工商户的生产、经营所得"项目计征个人所得税。

（3）对从事建筑安装业工程作业的其他人员取得的所得，分别按照"工资、薪金所得"项目和劳务报酬所得项目计征个人所得税。

（八）拍卖收入个人所得税的计算

1. 作者将自己的文字作品手稿原件或复印件拍卖取得的所得

作者将自己的文字作品手稿原件或复印件拍卖取得的所得，应以其转让收入额减除800元（转让收入额4 000元以下）或者20%（转让收入额4 000元以上）后的余额为应税所得，按照"特许权使用费"所得项目适用20%税率缴纳个人所得税。个人拍卖除文字作品原稿及复印件外的其他财产，应以其转让收入额减除财产原值和合理费用后的余额为应税所得，按照"特许权使用费"项目适用20%税率缴纳个人所得税。

2. 对个人财产拍卖征收个人所得税

对个人财产拍卖征收个人所得税，以该项财产最终拍卖成交价格为其转让收入额。计算应税所得时，纳税人凭合法有效凭证（税务机关监制的正式发票、相关境外交易单据或海关报关单据、完税证明等），从其转让收入额中减除相应的财产原值、拍卖财产过程中缴纳的税金及有关合理费用。纳税人不能提供合法、完整、准确的财产原值凭证，不能正确计算财产原值的，按转让收入额的3%征收率计算缴纳个人所得税；拍卖品为经文物部门认定是海外回流文物的，按转让收入额的2%征收率计算缴纳个人所得税。

纳税人的财产原值凭证内容填写不规范或者拍卖品无法确认原值的，或者一份财产原值包括多件拍卖品且无法确认每件拍卖品原值的，应视为不能提供合法、完整、准确的财产原值凭证，按上述规定的征收率计算缴纳个人所得税。

纳税人能够提供合法、完整、准确的财产原值凭证，但不能提供有关税费凭证的，不得按征收率计算纳税，应当就财产原值凭证上注明的金额据实扣除，并按照税法规定计算缴纳个人所得税。

3. 个人财产拍卖所得应纳的个人所得税

个人财产拍卖所得应纳的个人所得税，由拍卖单位代扣代缴，并按规定向拍卖单位所在地主管税务机关办理纳税申报。拍卖单位代扣代缴个人所得税时，应给纳税人填开完税凭证，并详细标明每件拍卖品的名称、拍卖成交价格、扣缴税款额。

【例8－23】　舒雅拍卖通过画廊购买的一幅字画，拍卖所得30万元，该字画购买发票载明支付价款 25 万元，拍卖时支付相关税费 2 万元并取得合法票据。计算舒雅拍卖字画应缴个人所得税额。

应纳税额 = (30 − 25 − 2) × 20% = 0.6(万元)

如果舒雅未保留字画购买发票、填写不规范或者拍卖品无法确认原值，应按拍卖价收入的 3% 计算应缴个人所得税。

应纳税额 = 30 × 3% = 0.9（万元）

（九）个人股票期权所得个人所得税的计税方法

1. 应税所得的计算

企业授予该企业员工个人的股票期权所得，应按《个人所得税法》及其实施条例有关规定征收个人所得税。

员工接受实施股票期权计划企业授予的股票期权时，除另有规定外，一般不作为应税所得征税。员工行权时，其从企业取得股票的实际购买价（施权价）低于购买日公平市场价（指该股票当日收盘价，下同）的差额，应按"工资薪金所得"适用的规定计算缴纳个人所得税。员工因参加股票期权计划而从中国境内取得的所得，应按工资薪金所得计算纳税的，对该股票期权形式的工资薪金所得应与当月月度工资薪金区分，各自缴纳个人所得税。

对因特殊情况，员工在行权日之前将股票期权转让的，以股票期权的转让净收入，作为"工资薪金所得"征收个人所得税。

员工行权日所在期间的工资、薪金所得，应按下列公式计算工资、薪金应税所得：

$$\begin{matrix}\text{股票期权形式工资}\\\text{薪金应税所得}\end{matrix} = \left(\begin{matrix}\text{行权股票的}\\\text{每股市场价}\end{matrix} - \begin{matrix}\text{员工取得该股票期权}\\\text{支付的每股施权价}\end{matrix}\right) \times \text{股票数量}$$

员工将行权后的股票再转让时获得的高于购买日公平市场价的差额，应按照"财产转让所得"适用的征免规定计算缴纳个人所得税。

员工因拥有股权而参与企业税后利润分配取得的所得，应按照"利息、股息、红利所得"适用的规定计算缴纳个人所得税。

2. 应纳税款的计算

（1）认购股票所得（行权所得）的税款计算。员工因参加股票期权计划而从中国境内取得的所得，应按工资、薪金所得计算纳税的，对该股票期权形式的工资、薪金所得可区别于所在月份的其他工资、薪金所得，单独按下列公式计算当月应纳税款：

$$\text{应纳税额} = \left(\begin{matrix}\text{股票期权形式的}\\\text{工资薪金应税所得}\end{matrix} \Big/ \text{规定月份数} \times \text{适用税率} - \text{速算扣除数}\right) \times \begin{matrix}\text{规定}\\\text{月份数}\end{matrix}$$

公式中的规定月份数，是指员工取得来源于中国境内的股票期权形式的工资、薪金所得的境内工作期间月份数，长于 12 个月的，按 12 个月计算；公式中的适用税率和速算扣除数，以股票期权形式的工资、薪金应税所得除以规定月份数后的商数，对照"工资薪金所得个人所得税税率"确定。

（2）转让股票（销售）取得所得的税款计算。个人将行权后的境内上市公司股票再行转让而取得的所得，暂不征收个人所得税；个人转让境外上市公司的股票而取得的所得，应按税法的规定计算应税所得和应纳税额，依法缴纳税款。

（3）参与税后利润分配取得所得的税款计算。员工因拥有股权参与税后利润分配而取得的股息、红利所得，除依照有关规定可以免税或减税之外，应全额按规定税率计算纳税。

（十）捐赠款的计税方法

个人将其所得通过中国境内的社会团体、国家机关向教育和其他社会公益事业以及遭受严重自然灾害地区、贫困地区的捐赠。捐赠额未超过纳税人申报的应税所得 30% 的部分，可以从其个人所得税应税所得中扣除。计算公式为：

捐赠扣除限额 = 应税所得 × 30%

个人通过非营利性的社会团体和国家机关向红十字事业、农村义务教育、公益性青少年活动场所、福利性老年服务机构、非关联的科研机构和高等学校开发新产品、新技术、新工艺所发生研究开发经费（偶然所得、其他所得除外）的捐赠，准予从其个人所得税应税所得中全额扣除。

个人对外捐赠允许按照比例进行扣除，实际捐赠额等于或小于捐赠扣除限额的部分，可以据实扣除；实际捐赠额大于捐赠扣除限额时，只能按捐赠扣除限额扣除。实际捐赠额超过捐赠扣限限额的，除文件特殊规定外，不得结转到下期结转抵扣。

应纳税额 = （应税所得 − 允许扣除的捐赠额）× 适用税率 − 速算扣除数

【例 8 − 24】　艺人杨某参加某单位举办的演唱会，取得出场费收入 80 000 元，将其中 30 000 元通过当地教育机构捐赠给某灾区。计算杨某应缴纳的个人所得税。

未扣除捐赠的应税所得 = 80 000 × （1 − 20%）= 64 000（元）

捐赠的扣除限额 = 64 000 × 30% = 19 200（元）

由于实际捐赠额大于扣除标准，税前只能按扣除标准扣除。

应缴纳的个人所得税额 = （64 000 − 19 200）× 30% − 2 000 = 11 440（元）

（十一）企业年金和职业年金缴费的个人所得税处理

企事业单位根据国家有关政策规定的办法和标准，为在本单位任职或者受雇的全体职工缴付的企业年金或职业年金（以下统称年金），单位缴费部分，在计入个人账户时，个人暂不缴纳个人所得税。

个人根据国家有关政策规定缴付的年金个人缴费部分，在不超过本人缴费工资计税基数的 4% 标准内的部分，暂从个人当期的应纳税所得额中扣除。

超过上述规定的标准缴付的年金单位缴费和个人缴费部分，应并入个人当期的工资、薪金所得，依法计征个人所得税。税款由建立年金的单位代扣代缴，并向主管税务机关申报解缴。

企业年金个人缴费工资计税基数为本人上一年度月平均工资。月平均工资按国家统计局规定列入工资总额统计的项目计算。月平均工资超过职工工作地所在设区城市上一年度职工月平均工资300%以上的部分，不计入个人缴费工资计税基数。

第三节　个人所得税优惠

一、免征个人所得税的项目

（1）省级人民政府、国务院部委和中国人民解放军军以上单位，以及外国组织、国际组织颁发的科学、教育、技术、文化、卫生、体育、环境保护等方面的奖金。

（2）国债和国家发行的金融债券利息。

（3）按照国家统一规定发给的补贴、津贴。是指按照国务院规定发给的政府特殊津贴、院士津贴、资深院士津贴和国务院规定免纳个人所得税的补贴、津贴。

（4）福利费、抚恤金、救济金。

（5）保险赔款。

（6）军人的转业安置费、复员费。

（7）按照国家统一规定发给干部、职工的安家费、退职费、退休工资、离休工资、离休生活补助费。

（8）企业和个人按照省级以上人民政府规定的比例提取并向指定机构缴付的"四险一金"，免予征收个人所得税。超过规定的比例缴付的部分计征个人所得税。

（9）个人领取原提存的"四险一金"，以及具备《失业保险条例》规定条件的失业人员领取的失业保险金。

二、减税项目

（1）残疾、孤老人员和烈属的所得。残疾人员免征个人所得税仅适用于对残疾人个人取得的劳动所得。

（2）因严重自然灾害造成重大损失的。

（3）其他经国务院财政部门批准减税的。

上述减税项目的减征幅度和期限，由省、自治区、直辖市级人民政府规定。

自2018年7月1日起，非营利性科研机构和高校从职务科技成果转化收入中给予科技人员的现金奖励，可减按50%计入科技人员当月"工资、薪金所得"，依法缴纳个人所得税。

纳税人实际应缴纳的增值税、城市维护建设税、教育费附加、地方教育附加和个人所得税小于减免税限额的，以实际应缴纳的增值税、城市维护建设税、教育费附加、地方教育附加和‖个人所得税税额为限；实际应缴纳的增值税、城市维护建设税、教育费附加、地方教育附加和个人所得税大于减免税限额的，以减免税限额为限。

上述城市维护建设税、教育费附加、地方教育附加的计税依据，是享受本项税收优惠政策前的增值税应纳税额。

三、暂免征税项目

（1）个人举报、协查各种违法、犯罪行为而获得的奖金。

（2）个人办理代扣代缴手续，按规定取得的扣缴手续费。

（3）个人转让自用达 5 年以上并且是唯一的家庭生活用房取得的所得。

（4）生育妇女取得符合规定的生育津贴、生育医疗费或其他属于生育保险性质的津贴、补贴，免征个人所得税。

（5）超国民待遇。

1）外籍个人以非现金形式或实报实销形式取得的住房补贴、伙食补贴、搬迁费、洗衣费。

2）外籍个人按合理标准取得的境内、境外出差补贴。

3）外籍个人取得的语言训练费、子女教育费等，经当地税务机关审核批准为合理的部分。

4）外籍个人取得探亲费，每年两次。

5）外籍个人从外商投资企业取得的股息、红利所得。

（6）对内地个人投资者通过深港通投资香港联交所上市股票取得的转让差价所得，自 2014 年 12 月 5 日起至 2019 年 12 月 4 日止，暂免征收个人所得税；对香港市场投资者（包括企业和个人）投资上交所上市 A 股取得的转让差价所得，暂免征收个人所得税。

对符合地方政府规定条件的低收入住房保障家庭从地方政府领取的住房租赁补贴，免征个人所得税。

国务院税务主管部门规定的其他免征个人所得税项目。

第四节　个人所得税会计

一、会计科目的设置

个人所得税的账务处理方法取决于纳税申报方法，个人所得税的纳税方法有自行申报和代扣代缴两种。本节讲授代扣代缴个人所得税的账务处理和个体工商户与合伙企业个人所得税的账务处理，个人独资企业的账务处理参照企业所得税的账务处理方法进行。

企、事业单位为了核算代扣代缴的个人所得税，应设置"应交税费——应交代扣个人所得税"明细科目。该明细科目贷方登记应缴代扣的个人所得税，借方登记已缴纳的代扣个人所得税，期末贷方余额表示尚未缴纳的代扣个人所得税。

个体工商户应交所得税的核算程序、方法与企业所得税基本相同，即通过"所得税费用""应交税费——应交个人所得税"科目。

二、工资、薪金代扣代缴个人所得税的账务处理

单位作为个人所得税的扣缴义务人，按规定代扣职工应缴个人所得税时，借记"应付职工薪酬"科目，贷记"应交税费——应交代扣个人所得税"明细科目；实际缴纳代扣的个人所得税时，借记"应交税费——应交代扣个人所得税"科目，贷记"银行存款"科目。

企业为职工代交个人所得税有两种情况：一是职工自己承担个人所得税，企业只负有扣缴义务；二是企业既承担税款，又负有扣缴义务。负担方式不同，账务处理随之而异。

【例 8 – 25】 承【例 8 – 2】， 单位代扣美国公民 Smith 工资个人所得税时，做如下会计分录：

借：应付职工薪酬 5 295
    贷：应交税费——应交代扣个人所得税 5 295

【例 8 – 26】 ABC 公司 4 月份为职工张亮、景涛每月各发放工资 6 300 元，合同约定张亮个人所得税由张亮自己承担，景涛个人所得税由该公司定额承担 100 元。每月发放工资时，ABC 公司账务处理如下所示。

（1）代扣张亮个人所得税 = (6 300 – 3 500) × 10% – 105 = 175（元）

发放工资、代扣代缴时，做如下会计分录：

借：应付职工薪酬——应付工资 6 300
    贷：银行存款 6 125
        应交税费——应交代扣个人所得税 175

（2）公司为景涛承担税款，发放工资时需要换算为税前所得，再计算个人所得税。

企业为景涛承担税款 = (6 300 – 3 500 – 105) ÷ (1 – 10%) × 10% – 105
               = 194.44（元）

发放工资时做如下会计分录：

借：应付职工薪酬 6 300
    贷：银行存款或库存现金 6 205.56
        应交税费——代交个人所得税 94.44

分配工资费用时，做如下会计分录：

借：生产成本（管理费用等）　　　　　　　　　　　　　　　　　　6 300
　　贷：应付职工薪酬　　　　　　　　　　　　　　　　　　　　　　　　　6 300

结转公司负担景涛个人所得税时，做如下会计分录：

借：营业外支出　　　　　　　　　　　　　　　　　　　　　　　　　100
　　贷：应交税费——代交个人所得税　　　　　　　　　　　　　　　　　　100

【例 8－27】　　裴某为某上市公司高管，2018 年 1 月税前工资 20 000 元，获得上年年终一次性奖金 300 000 元，计算裴某应交个人所得税并进行会计处理。

工资和年终一次性奖金应该分别计算个人所得税。

工资薪金应扣缴个人所得税 =（20 000 － 3 500）×25% － 1 005 = 3 120（元）

将年终一次性奖金÷12，查找适用税率与速算扣除数：300 000÷12 = 25 000（元），适用税率为 25%，速算扣除数为 1 005。

年终一次性奖金应交个人所得税 = 300 000×25% － 1 005 = 73 995（元）

分配工资、年终奖时，做如下会计分录：

借：管理费用　　　　　　　　　　　　　　　　　　　　　　　　320 000
　　贷：应付职工薪酬　　　　　　　　　　　　　　　　　　　　　　　320 000

发放工资、年终奖、计提代扣个人所得税时，做如下会计分录：

借：应付职工薪酬　　　　　　　　　　　　　　　　　　　　　　320 000
　　贷：银行存款　　　　　　　　　　　　　　　　　　　　　　　　242 885
　　　　应交税费——应交代扣个人所得税　　　　　　　　　　　　　　77 115

三、承包、承租经营所得个人所得税的账务处理

承包、承租人对企业经营成果不拥有所有权，仅是按合同（协议）规定取得一定所得的，其所得按工资、薪金所得项目征税，适用 3%～45% 的七级超额累进税率。这种情况的账务处理方法与工资、薪金所得代扣应缴个人所得税账务处理相同。

承包、承租人按合同（协议）的规定向发包、出租方缴纳一定费用后，企业经营成果归其所有。承包、承租人取得的所得适用 5%～35% 的五级超额累进税率征税。此种情况发包方、出租方不做扣缴所得税的账务处理，由承包、承租人按个体工商户自行申报缴纳个人所得税。

四、代扣代缴劳务报酬、特许权使用费、稿酬、财产租赁所得以及偶然所得和其他所得个人所得税的账务处理

单位支付个人劳务报酬、特许权使用费、稿酬、财产租赁费，由支付单位作为扣缴义务人向纳税人扣缴税款。企业在支付前述费用并结转代扣个人所得税款时，借记"管理费用"等科目，贷记"应交税费——应交代扣个人所得税"科目。单位缴纳代扣个人所

得税时，借记"应交税费——应交代扣个人所得税"科目，贷记"银行存款""库存现金"等科目。

【例8-28】 高级工程师华为向ABC公司提供一项设计服务，取得一次性收入80 000元。计算该高级工程师应交所得税。

代扣个人所得税 $=80\,000\times(1-20\%)\times40\%-7\,000=18\,600$（元）

ABC公司支付设计费并代扣个人所得税时，做如下会计分录：

借：管理费用   80 000

　　贷：库存现金（或银行存款）   61 400

　　　　应交税费——应交代扣个人所得税   18 600

五、向股东支付股利代扣代缴个人所得税的账务处理

公司制企业向法人股东支付股票股利、现金股利时，因法人股东不交个人所得税，无所得税代扣代缴问题。若以资本公积、未分配利润转增股本，不属股息、红利性质的分配，不征个人所得税，也无代扣代缴个人所得税问题。

公司制企业宣告向个人发放现金股利时，借记"利润分配——未分配利润"科目，贷记"应付股利"科目。公司实际向个人支付现金股利时，按应付股利金额，借记"应付股利"科目；按实际支付的金额，贷记"库存现金""银行存款"等科目，按代扣的个人所得税，贷记"应交税费——应交代扣个人所得税"科目。

派发股票股利或以盈余公积对个人转增股本时，从中扣除应代扣代缴个人所得税，借记"利润分配——未分配利润"科目，贷记"股本""实收资本"科目，按代扣个人所得税额，贷记"应交税费——应交代扣个人所得税"科目。

六、个体工商户个人所得税的账务处理

个体工商户、个人独资企业的个人投资者，生产经营所得通过"本年应税所得"科目核算，应缴个人所得税通过"应交税费——应交个人所得税"科目核算。

年末，将本年营业收入、营业成本、税金及附加、损失、期间费用等损益类科目发生额，转入"本年应税所得"科目的账务处理与企业将损益类科目发生额结转"本年利润"科目账务处理相同，此处不再赘述。按期预交个人所得税时，借记"应交税费——应交个人所得税"科目，贷记"银行存款"科目。

年终，计算出本年应缴的个人所得税，借记"留存收益"科目，贷记"应交税费——应交个人所得税"科目。补交个人所得税的账务处理与预交所得税相同；退回多交的个人所得税时，做相反的会计分录。

年终，将本年应税所得转入"留存收益"科目时，借记"本年应税所得"科目，贷记"留存收益"科目。

【例8-29】 沿用【例8-8】的资料，年终，公司应做如下账务处理。

年终，计算全年应税所得 = 660 000 + （158 500 - 60 000 - 15 000 - 6 600 - 12 000）

　　　　　　　　　　　　 - 3 500 × 12 = 88 900 （元）

全年应缴纳个人所得税 = 88 900 × 30% - 9 750 = 16 920 （元）

该个体工商户 2017 年应补缴个人所得税 = 16 920 - 15 000 = 1 920 （元）

借：留存收益　　　　　　　　　　　　　　　　　　　　　　　　　16 920

　　贷：应交税费——应交个人所得税　　　　　　　　　　　　　　16 920

本年 1～11 月已经预缴个人所得税 15 000 元，已计入 "应交个人所得税" 明细科目借方，借方与贷方的差额 1 920 元为应补缴的个人所得税。补缴个人所得税时，做如下会计分录：

借：应交税费——应交个人所得税　　　　　　　　　　　　　　　 1 920

　　贷：银行存款　　　　　　　　　　　　　　　　　　　　　　　 1 920

七、合伙企业个人所得税的会计处理

合伙企业的个人所得税不属于合伙企业所得税，不能计入合伙企业的损益。企业年末按规定向合伙人分配所得时，借记 "利润分配" 科目，贷记 "应付利润" 科目。向各合伙人实际支付利润时，按应支付的利润，借记 "应付利润" 科目，按代扣代缴的增值税，贷记 "应交税费——应交代扣个人所得税" 科目，按实际支付的金额，贷记 "银行存款" 科目。

【例 8 - 30】　冯嘉欣与天仁公司各出资 50% 设立经营嘉仁酒楼，合伙协议约定按出资比例分配利润。假设酒楼每季度末代冯嘉欣预交所得税 80 000 元，2018 年该酒楼生产经营所得为 200 万元。冯嘉欣分得利润 100 万元，应缴纳个人所得税 335 250 元 （1 000 000 × 35% - 14 750）。相关会计处理如下：

酒楼每季度预提冯嘉欣个人所得税时，做如下会计分录：

借：应付利润——冯嘉欣　　　　　　　　　　　　　　　　　　　 80 000

　　贷：应交税费——应交代扣个人所得税　　　　　　　　　　　　80 000

年终分配经营利润时，做如下会计分录：

借：利润分配——应付利润　　　　　　　　　　　　　　　　　　2 000 000

　　贷：应付利润——天仁公司　　　　　　　　　　　　　　　 1 000 000

　　　　　　　　——冯嘉欣　　　　　　　　　　　　　　　　　 664 750

　　　应交税费——应交代扣个人所得税 （冯嘉欣）　　　　　　　335 250

实际支付利润、补交个人所得税时，做如下会计分录：

借：应付利润　　　　　　　　　　　　　　　　　　　　　　　　 664 750

　　应交税费——应交代扣个人所得税　　　　　　　　　　　　　 15 250

　　贷：银行存款　　　　　　　　　　　　　　　　　　　　　　 680 000

天仁公司分得利润，缴纳企业所得税与一般企业缴纳企业所得税会计处理相同，略。

第五节　个人所得税征管与纳税申报

一、个人所得税计征办法与纳税申报

（一）税源扣缴的纳税申报

源泉扣缴以取得应税所得的自然人为纳税人，以支付所得的单位或个人为扣缴义务人。扣缴义务人每月扣缴的税款，应当在次月15日内缴入国库，并向主管税务机关报送《扣缴个人所得税报告表》以及相关涉税信息，并缴纳扣缴税款。

（二）自行申报的纳税申报

年所得超过12万元以上的纳税人，在年度终了后3个月内向主管税务机关办理纳税申报。从中国境内两处或两处以上取得工资、薪金的纳税人，从境外取得所得的，在每次取得所得后的次月15日内，可选择向境内户口所在地或经常居住地税务机关申报纳税。纳税年度终了后3个月内汇算清缴，多退少补。

个体工商户和个人独资、合伙企业投资者取得的生产、经营所得，对企事业单位的承包经营、承租经营所得，分月（季）预缴的，纳税人在每月（季）终了后15日内，向实际经营所在地主管税务机关办理纳税申报；纳税年度终了后3个月内进行汇算清缴，多退少补。

企业在纳税年度的中间开业，或者由于合并、关闭等原因，使该纳税年度的实际经营期不足12个月的，应当以其实际经营期为一个纳税年度。

兴办的企业是个人独资性质的，向企业的实际经营管理所在地主管税务机关申报；合伙企业的个人投资者向经常居住地与兴办的某一合伙企业的经营管理所在地主管税务机关申报；除以上情形外，纳税人应当向取得所得所在地主管税务机关申报。

二、扣缴个人所得税纳税申报

扣缴个人所得税报告表格式如表8-6所示。

三、个人所得税纳税申报表

（一）个人所得税自行纳税申报表（A表）

个人所得税自行纳税申报表（A表）格式如表8-7所示。

（二）个人所得税自行纳税申报表（B表）

个人所得税自行纳税申报表（B表）格式如表8-8所示。

表 8 - 6　扣缴个人所得税报告表

税款所属期限：　　年　月　日　至　　年　月　日

扣缴义务人名称：

扣缴义务人编码：

扣缴义务人所属行业：□一般行业　□特定行业月份申报

金额单位：人民币元（列至角分）

序号	姓名	身份证件类型	身份证件号码	所得项目	所得期间	收入额	免税所得	税前扣除项目										减除费用	准予扣除的捐赠额	应纳税所得额	税率（%）	速算扣除数	应纳税额	减免税额	应扣缴税额	已扣缴税额	应补（退）税额	备注
								基本养老保险费	基本医疗保险费	失业保险费	住房公积金	财产原值	允许扣除的税费	其他	合计												
1	2	3	4	5	6	7	8	9	10	11	12	13	14	15	16	17	18	19	20	21	22	23	24	25	26	27
合计																										

谨声明：此扣缴报告表是根据《中华人民共和国个人所得税法》及其实施条例和国家有关税收法律法规规定填写的，是真实的、完整的、可靠的。

扣缴义务人公章：　　　　　　　　法定代表人（人）签字：

扣缴义务人：

经办人：

填表日期：　　年　月　日　　　　　　法定代表人（负责人）签字：　　年　月　日

代理机构（人）签章：

经办人：

经办人执业证件号码：

代理申报日期：　　年　月　日

主管税务机关受理专用章：

受理人：

受理日期：　　年　月　日

扣缴个人所得税纳税申报表填报说明二维码

国家税务总局监制

表8-7 个人所得税自行纳税申报表（A表）

金额单位：人民币元（列至角分）

税款所属期限：自 年 月 日至 年 月 日

姓名　　　　身份证件类型　　　　身份证件号码

国籍（地区）

自行申报情形 □从中国境内两处或者两处以上取得工资、薪金所得 □没有扣缴义务人 □其他情形

任职受雇单位名称	所得项目	所得期间	收入额	免税所得	税前扣除项目								减除费用	准予扣除的捐赠额	应纳税所得额	税率（%）	速算扣除数	应纳税额	减免税额	已缴税额	应补（退）税额
					基本养老保险费	基本医疗保险费	失业保险费	住房公积金	财产原值	允许扣除的税费	其他	合计									
1	2	3	4	5	6	7	8	9	10	11	12	13	14	15	16	17	18	19	20	21	22

谨声明：此表是根据《中华人民共和国个人所得税法》及其实施条例和国家相关法律规定填写的，是真实的、完整的、可靠的。

纳税人签字：

年 月 日

代理机构（人）公章：

经办人：

经办人执业证件号码：

代理申报日期： 年 月 日

主管税务机关受理专用章：

受理人：

受理日期： 年 月 日

个人所得税自行纳税申报表（A表）填制说明二维码

国家税务总局监制

表8-8　个人所得税自行纳税申报表（B表）

税款所属期限：自　年　月　日　至　年　月　日

金额单位：人民币元（列至角分）

姓名

国籍（地区）

身份证件类型

身份证件号码

所得来源国（地区）	所得项目	收入额	基本养老保险费	基本医疗保险费	失业保险费	住房公积金	财产原值	允许扣除的税费	其他	合计	减除费用	准予扣除的捐赠额	应纳税所得额	工资薪金所得项目月应纳税所得额	税率（％）	速算扣除数	应纳税额
	2	3	4	5	6	7	8	9	10	11	12	13	14	15	16	17	18
1																	

本期应缴税额计算

国别（地区）	扣除限额	境外已纳税额	五年内超过扣除限额未补扣余额	本期应补缴税额	未扣除余额
19	20	21	22	23	24

谨声明：此表是根据《中华人民共和国个人所得税法》及其实施条例和国家相关法律法规填写的，是真实的、完整的、可靠的。

纳税人签字：

年　月　日

代理机构（人）签章：

经办人：

经办人执业证件号码：

代理申报日期：　年　月　日

主管税务机关受理专用章：

受理人：

受理日期：　年　月　日

个人所得税自行纳税申报表（B表）填制说明二维码

四、生产经营所得个人所得税申报表

生产经营所得个人所得税申报表 A 表、B 表、C 表格式如表 8 - 9、表 8 - 10、表 8 - 11 所示。

表 8 - 9　个人所得税生产经营所得纳税申报表（A 表）

税款所属期限：　　年　月　日至　　年　月　日　　　　　　　金额单位：人民币元（列至角分）

投资者信息	姓名		身份证件类型		身份证件号码	
	国籍（地区）				纳税人识别号	
被投资单位信息	名称				纳税人识别号	
	类型	□个体工商户　□承包、承租经营单位　□个人独资企业　□合伙企业				
	征收方式	□查账征收（据实预缴）　□查账征收（按上年应纳税所得额预缴）　□核定应税所得率征收 □核定应纳税所得额征收　□税务机关认可的其他方式_____				

行次	项　目	金　额
1	一、收入总额	
2	二、成本费用	
3	三、利润总额	
4	四、弥补以前年度亏损	
5	五、合伙企业合伙人分配比例（%）	
6	六、投资者减除费用	
7	七、应税所得率（%）	
8	八、应纳税所得额	
9	九、税率（%）	
10	十、速算扣除数	
11	十一、应纳税额（8×9-10）	
12	十二、减免税额（附报《个人所得税减免税事项报告表》）	
13	十三、已预缴税额	
14	十四、应补（退）税额（11-12-13）	

谨声明：此表是根据《中华人民共和国个人所得税法》及有关法律法规规定填写的，是真实的、完整的、可靠的。 　　　　　　　　　　　　　　　　　　　　　　纳税人签字：　　　　　　年　　　月　　　日	
感谢您对税收工作的支持！	
代理申报机构（负责人）签章： 经办人： 经办人执业证件号码： 　　　　　　　　　代理申报日期：　　年　月　日	主管税务机关印章： 受理人： 　　　受理日期：　　年　　月　　日

国家税务总局监制

生产经营个人所得税申报表（B表）填制说明二维码

表 8 - 10　生产经营所得个人所得税纳税申报表（B 表）

税款所属期限：　　年　月　日至　　年　月　日　　　　　　　　金额单位：人民币元（列至角分）

投资者信息	姓名		身份证件类型		身份证件号码	
	国籍（地区）				纳税人识别号	
被投资单位信息	名称				纳税人识别号	
	类型	□个体工商户　□承包、承租经营单位　□个人独资企业　□合伙企业				

行次	项　　目	金额
1	一、收入总额	
2	其中：国债利息收入	
3	二、成本费用（4＋5＋6＋7＋8＋9＋10）	
4	（一）营业成本	
5	（二）营业费用	
6	（三）管理费用	
7	（四）财务费用	
8	（五）税金	
9	（六）损失	
10	（七）其他支出	
11	三、利润总额（1－2－3）	
12	四、纳税调整增加额（13＋27）	
13	（一）超过规定标准的扣除项目金额(14＋15＋16＋17＋18＋19＋20＋21＋22＋23＋24＋25＋26)	
14	(1) 职工福利费	
15	(2) 职工教育经费	
16	(3) 工会经费	
17	(4) 利息支出	
18	(5) 业务招待费	
19	(6) 广告费和业务宣传费	
20	(7) 教育和公益事业捐赠	
21	(8) 住房公积金	
22	(9) 社会保障费	
23	(10) 折旧费用	
24	(11) 无形资产摊销	
25	(12) 资产损失	
26	(13) 其他	
27	（二）不允许扣除的项目金额（28＋29＋30＋31＋32＋33＋34＋35＋36）	
28	(1) 个人所得税税款	
29	(2) 税收滞纳金	
30	(3) 罚金、罚款和被没收财物的损失	
31	(4) 不符合扣除规定的捐赠支出	

续表

行次	项　　目	金额
32	（5）赞助支出	
33	（6）用于个人和家庭的支出	
34	（7）与取得生产经营收入无关的其他支出	
35	（8）投资者工资薪金支出	
36	（9）国家税务总局规定不准扣除的支出	
37	五、纳税调整减少额	
38	六、纳税调整后所得（11 + 12 - 37）	
39	七、弥补以前年度亏损	
40	八、合伙企业合伙人分配比例（%）	
41	九、允许扣除的其他费用	
42	十、投资者减除费用	
43	十一、应纳税所得额(38 - 39 - 41 - 42)或[(38 - 39)×40 - 41 - 42]	
44	十二、税率（%）	
45	十三、速算扣除数	
46	十四、应纳税额（43×44 - 45）	
47	十五、减免税额（附报《个人所得税减免税事项报告表》）	
48	十六、实际应纳税额（46 - 47）	
49	十七、已预缴税额	
50	十八、应补（退）税额（48 - 49）	
附列资料	年平均职工人数（人）	
	工资总额（元）	
	投资者人数（人）	

谨声明：此表是根据《中华人民共和国个人所得税法》及有关法律法规规定填写的，是真实的、完整的、可靠的。

　　　　　　　　　　　　　　　　　　　　　　纳税人签字：　　　年　　月　　日

感谢您对税收工作的支持！

代理申报机构（负责人）签章： 经办人： 经办人执业证件号码： 　　　　　　　代理申报日期：　　年　月　日	主管税务机关印章： 受理人： 　　　　受理日期：　　年　月　日

　　　　　　　　　　　　　　　　　　　　　　　　　　　　　　国家税务总局监制

个人所得税生产
经营所得纳税申
报表（B 表）填
制说明二维码

表 8 – 11 生产经营所得个人所得税纳税申报表（C表）

税款所属期限：　年　月　日至　年　月　日　　　　　　金额单位：人民币元（列至角分）

投资者信息	姓名		身份证件类型		身份证件号码		
	国籍（地区）				纳税人识别号		

各被投资单位信息	被投资单位编号	被投资单位名称	被投资单位纳税人识别号	分配比例（%）	应纳税所得额
	1. 汇缴地				
	2. 其他				
	3. 其他				
	4. 其他				
	5. 其他				
	6. 其他				
	7. 其他				
	8. 其他				

行次	项　目	金额
1	一、被投资单位应纳税所得额合计	
2	二、应调增的投资者减除费用	
3	三、调整后应纳税所得额（1＋2）	
4	四、税率（%）	
5	五、速算扣除数	
6	六、应纳税额（3×4－5）	
7	七、本单位经营所得占各单位经营所得总额的比重（%）	
8	八、本单位应纳税额（6×7）	
9	九、减免税额（附报《个人所得税减免税事项报告表》）	
10	十、实际应纳税额	
11	十一、已缴税额	
12	十二、应补（退）税额（10－11）	

谨声明：此表是根据《中华人民共和国个人所得税法》及有关法律法规规定填写的，是真实的、完整的、可靠的。

纳税人签字：　　　　　　　年　月　日

感谢您对税收工作的支持！	
代理申报机构（负责人）签章： 经办人： 经办人执业证件号码： 　　　　　代理申报日期：　年　月　日	主管税务机关印章： 受理人： 受理日期：　年　月　日

国家税务总局监制

个人所得税生产
经营所得纳税申
报表（C表）填
制说明二维码

本章小结

本章概括介绍了我国现行个人所得税法的基本法规，全面、系统地阐述了个人所得税各税目与特殊应税所得应纳税额的计算、纳税申报方法与账务处理。《个人所得税法》依据住所和居住时间两个标准，将纳税人区分为居民纳税人和非居民纳税人，分别承担不同纳税义务。应纳税额须按不同应税项目适用不同税率进行计算，纳税申报分为代扣代缴和自行申报两种方法。判断纳税人身份、不同税目的扣除标准、正确确定有关"次"的规定，减免税优惠，境外所得已纳税额的抵扣等内容是本章的重点和难点。

 本章重要名词概念

个人所得税	超额累进税率	比例税率	工资薪金所得	劳务报酬所得
生产经营所得	附加减除费用	自行申报	代扣代缴	

（请扫描右侧二维码进行即测即评）

 复习思考题

1. 工资、薪金、劳务报酬所得如何区分？

2. 怎样进行工资薪金、劳务报酬、稿酬所得、资产租赁所得、资产转让所得应纳税额的计算，代扣代缴的会计处理？

即测即评
二维码

3. 怎样计算个体工商户、合伙企业、个人独资企业应税所得与应纳税额？怎样进行个体工商户个人所得税的会计处理？

4. 怎样计算年终一次性奖金应纳个人所得税额？

5. 代扣代缴与代付代缴个人所得税有何不同？怎样计算代扣代缴与代付代缴个人所得税？

6. 你认为我国个人所得税制存在什么问题？应该如何改革？

 **综合实训题**

习题一

一、目的：练习个体工商户生产经营所得个人所得税的计算与会计处理。

二、资料：王某自 2017 年 1 月 1 日起承包一家位于市内的企业招待所，根据承包合同规定，承包后的招待所经济性质不变，承包期为3年，每年上交承包费50 000元，经营成果归承包者，承包期内应缴纳的各项税款（包括教育费附加）均由王某负责。2018年3月，王某到地方税务局报送了所得税纳税申报表等有关纳税资料。资料显示：2017年招待所营业收入210万元，营业成本120万元，增值税、城建税及教育费附加11.55万元，期间费用80万元（其中，包括50名员工的工资46万元以及王某的工资8万元），亏损1.55万元。

2018年4月，地方税务局对招待所进行税收检查，发现该所在2017年存在以下问题：

1. 客房收入中有转账收入20万元未入账。

2. 向非金融机构借款的利息支出8万元全部计入了费用（按金融机构同类、同期贷款计算利息为6万元）。

3. 期间费用中包括广告支出5万元，市容、环保、卫生罚款3万元，业务招待费4万元（王某取得的工资收入未申报缴纳个人所得税）。

三、要求：根据上述经济业务，计算王某2017年应补（退）的各种税款，填报个人所得税纳税申报表，并编制会计分录。

习题二

一、目的：练习个人所得税的计算。

二、资料：王教授2017年12月份取得的收入如下：

1. 该月从单位领取工资收入8 500元。

2. 在A国讲学取得收入8万元，已在国外缴纳个人所得税8 000元。在B国出版著作一本，取得稿酬收入23 000元，在B国缴纳个人所得税2 700元。

3. 出售已居住4年的自有住房取得收入100万元，支付交易费用5万元，住房原值70万元。

4. 取得特许权使用费20万元。

5. 国内出版著作一本，取得稿费3万元，该著作又被某报刊连载，取得连载收入1.8万元。

6. 本月取得股息6 000元，红利收入2.8万元。

7. 本月彩票收入50万元，当即通过非营利机构向灾区捐赠5万元，向农村义务教育捐赠5万元。

8. 取得年终一次性奖金10万元，取得省政府发放的科技进步奖10万元。

9. 出租房屋取得租金5 000元，当月支付房屋修缮费1 800元。

三、要求：根据以上经济业务事项，计算王教授12月应该缴纳的个人所得税。

习题三

一、目的：练习个人所得税法的综合运用。

二、资料：中国公民张某 2017 年共取得七项收入（见下表中的"收入情况"栏目）。年底，张某要求其财务顾问逐项计算应纳个人所得税税额，该财务顾问即予办理并将计算结果告知（见下表中的"财务顾问计算在我国缴纳的税额"栏目）。

收入情况	财务顾问计算在我国缴纳的税额
(1) 1~5 月份，每月参加文艺演出一次，每次收入 20 000 元	$(20\,000 - 3\,500) \times 20\% \times 5 = 18\,000$（元）
(2) 在 A 国出版图书取得稿酬 250 000 元，在 B 国参加演出取得收入 10 000 元，已分别按来源收入国税法缴纳个人所得税 30 000 元和 1 500 元	0
(3) 取得中彩收入 50 000 元，当场通过社会团体向教育机构捐赠 30 000 元	$(50\,000 - 30\,000) \times 20\% = 4\,000$（元）
(4) 取得国债利息收入 3 000 元	$3\,000 \times 5\% = 150$（元）
(5) 取得保险赔款 25 000 元	0
(6) 转让居住 4 年的私有住房，取得收入 300 000 元，该房的原购入价为 150 000 元，发生合理费用 30 000 元	0
(7) 1 月 1 日投资兴办个人独资企业，当年取得收入 300 000 元，营业成本 140 000 元，允许扣除的税费 40 000 元	$[(300\,000 - 138\,000 - 30\,000) \div 12 - 3\,500 \times 20\% - 555] \times 12 = 11\,340$（元）

三、要求：根据《个人所得税法》及有关规定，逐项判断该项财务顾问计算的应纳税额是否正确，简要说明依据，并正确计算应在我国缴纳的个人所得税税额。

主要参考文献

企业所得税法　国家主席令第 63 号

个人所得税法　国家主席令第 48 号

中华人民共和国增值税暂行条例　国务院令第 691 号

中华人民共和国企业所得税法实施条例　国务院令第 512 号

中华人民共和国消费税暂行条例　国务院令第 135 号

中华人民共和国土地增值税税法实施条例　国务院令第 138 号

中华人民共和国个人所得税实施条例　国务院令第 600 号

财政部关于印发《增值税会计处理规定》的通知　财会〔2016〕22 号

关于消费税会计处理的规定　财会字（1999）83 号

财政部关于印发企业缴纳土地增值税会计处理规定的通知　财会〔1995〕15 号

企业会计准则第 18 号——所得税

国家税务总局　关于明确个人所得税若干政策执行问题的通知　国税发〔2009〕121 号

关于科技人员取得职务科技成果转化现金奖励有关个人所得税政策的通知　财税〔2018〕58 号

关于将服务贸易创新发展试点地区技术先进型服务企业所得税政策推广至全国实施的通知　财税〔2018〕44 号

关于发布《中华人民共和国企业所得税月（季）度预缴纳税申报表（A 类，2018 年版)》等报表的公告　国税公告（2018）第 26 号

关于继续实施企业改制重组有关土地增值税政策的通知　财税〔2018〕57 号

关于贯彻落实降低残疾人就业保障金征收标准政策的通知　税总函〔2018〕175 号

关于设备　器具扣除有关企业所得税政策的通知　财税〔2018〕54 号

关于企业职工教育经费税前扣除政策的通知　财税〔2018〕51 号

关于对营业账簿减免印花税的通知　财税〔2018〕50 号

关于发布修订后的《企业所得税优惠政策事项办理办法》的公告　国税公告（2018）第 23 号

关于统一小规模纳税人标准等若干增值税问题的公告　国税公告（2018）第 18 号

关于调整增值税纳税申报有关事项的公告　国税公告（2018）第 17 号

关于延续动漫产业增值税政策的通知　财税〔2018〕38 号

关于统一增值税小规模纳税人标准的通知　财税〔2018〕33号

关于调整增值税税率的通知　财税〔2018〕32号

关于发布《资源税征收管理规程》的公告　国税公告（2018）第13号

关于环境保护税有关问题的通知　财税〔2018〕23号

关于对页岩气减征资源税的通知　财税〔2018〕26号

关于集成电路生产企业有关企业所得税政策问题的通知　财税〔2018〕27号

关于继续支持企业　事业单位改制重组有关契税政策的通知　财税〔2018〕17号

关于公益性捐赠支出企业所得税税前结转扣除有关政策的通知　财税〔2018〕15号

关于非营利组织免税资格认定管理有关问题的通知　财税〔2018〕13号

关于调整湖南省砂石资源税适用税率的批复　财税〔2018〕9号

关于长期来华定居专家免征车辆购置税有关问题的公告　国税公告（2018）第2号

关于境外投资者以分配利润直接投资暂不征收预提所得税政策有关执行问题的公告国税公告（2018）第3号

关于成品油消费税征收管理有关问题的公告　国税公告（2018）第1号

关于发布《中华人民共和国企业所得税年度纳税申报表（A类，2017年版）》的公告　国税公告2017年第54号

关于调整增值税纳税申报有关事项的公告　国税公告2017年第53号

增值税一般纳税人登记管理办法　国家税务总局令第43号

关于完善企业境外所得税收抵免政策问题的通知　财税〔2017〕84号

关于发行2017年印花税票的公告　国税公告2017年第51号

关于小微企业免征增值税有关问题的公告　国税公告2017年第52号

关于免征新能源汽车车辆购置税的公告　财政部公告2017年第172号

关于租入固定资产进项税额抵扣等增值税政策的通知　财税〔2017〕90号

关于境外投资者以分配利润直接投资暂不征收预提所得税政策问题的通知财税〔2017〕88号

关于增值税发票管理若干事项的公告　国税公告2017年第45号

关于增值税普通发票管理有关事项的公告　国税公告2017年第44号

关于纳税人转让加油站房地产有关土地增值税计税收入确认问题的批复税总函〔2017〕513号

关于印发《扩大水资源税改革试点实施办法》的通知　财税〔2017〕80号

关于发布《涉税专业服务信息公告与推送办法（试行）》的公告　国税公告2017年第42号

关于废止《中华人民共和国营业税暂行条例》和修改《中华人民共和国增值税暂行条例》的决定　国令第691号

关于研发费用税前加计扣除归集范围有关问题的公告　国税公告2017年第40号

关于将技术先进型服务企业所得税政策推广至全国实施的通知　财税〔2017〕79号

关于印发《增值税纳税申报比对管理操作规程（试行）》的通知　税总发〔2017〕

124 号

关于支持小微企业融资有关税收政策的通知　财税〔2017〕77 号

关于延续小微企业增值税政策的通知　财税〔2017〕76 号

关于非居民企业所得税源泉扣缴有关问题的公告　国税公告 2017 年第 37 号

关于全民所有制企业公司制改制企业所得税处理问题的公告　国税公告 2017 年第 34 号

关于加强企业研发费用税前加计扣除政策贯彻落实工作的通知　税总发〔2017〕106 号

关于卷烟消费税计税价格核定管理有关问题的公告　国税公告 2017 年第 32 号

关于 2017 年种子种源免税进口计划的通知　财关税〔2017〕19 号

关于进一步做好企业研发费用加计扣除政策落实工作的通知　国科发政〔2017〕211 号

关于建筑服务等营改增试点政策的通知　财税〔2017〕58 号

关于实施高新技术企业所得税优惠政策有关问题的公告　国税公告 2017 年第 24 号

关于继续实施扶持自主就业退役士兵创业就业有关税收政策的通知　财税〔2017〕46 号

关于继续实施支持和促进重点群体创业就业有关税收政策的通知　财税〔2017〕49 号

关于贯彻落实扩大小型微利企业所得税优惠政策范围有关征管问题的公告国税公告 2017 年第 23 号

关于扩大小型微利企业所得税优惠政策范围的通知　财税〔2017〕43 号

关于广告费和业务宣传费支出税前扣除政策的通知　财税〔2017〕41 号

关于调整增值税纳税申报有关事项的公告　国税公告 2017 年第 19 号

关于提高科技型中小企业研究开发费用税前加计扣除比例有关问题的公告国税公告 2017 年第 18 号

关于提高科技型中小企业研究开发费用税前加计扣除比例的通知　财税〔2017〕34 号

关于 2016 年度企业研究开发费用税前加计扣除政策企业所得税申报问题的公告国税公告 2017 年第 12 号

关于继续执行有线电视收视费增值税政策的通知　财税〔2017〕35 号

关于简并增值税税率有关政策的通知　财税〔2017〕37 号

关于继续实施物流企业大宗商品仓储设施用地城镇土地使用税优惠政策的通知财税〔2017〕33 号

关于进一步明确营改增有关征管问题的公告　国税公告 2017 年第 11 号

关于承租集体土地城镇土地使用税有关政策的通知　财税〔2017〕29 号

关于个人转让住房享受税收优惠政策判定购房时间问题的公告　国税公告 2017 年第 8 号

关于发布《研发机构采购国产设备增值税退税管理办法》的公告　国税公告 2017 年

第 5 号

关于集成电路企业增值税期末留抵退税有关城市维护建设税　教育费附加和地方教育费附加政策的通知财税〔2017〕17 号

关于加强海关进口增值税抵扣管理的公告　国税公告 2017 年第 3 号

关于落实资源税改革优惠政策若干事项的公告　国税公告 2017 年第 2 号

关于修订企业所得税 2 个规范性文件的公告　国税公告 2016 年第 88 号

关于土地价款扣除时间等增值税征管问题的公告　国税公告 2016 年第 86 号

关于进一步做好企业研究开发费用税前加计扣除政策　贯彻落实工作的通知税总函〔2016〕685 号

企业所得税实施条例　国务院总理令第 512 号

国家税务总局　关于企业处置资产所得税处理问题的通知　国税函（2008）828 号

国家税务总局　关于确认企业所得税收入若干问题的通知　国税函（2008）875 号

财政部　国家税务总局　商务部　科学技术部　国家发展和改革委员会　关于技术先进型服务企业有关企业所得税政策问题的通知　财税〔2010〕65 号

财政部、国家税务总局关于企业资产损失税前扣除政策的通知　财税（2009）57 号

财政部　税务总局　水利部　关于印发《扩大水资源税改革试点实施办法》的通知　财税〔2017〕80 号

国家税务总局　关于研发费用税前加计扣除归集范围有关问题的公告　国税公告 2017 年第 40 号

财政部　国家税务总局　商务部　科学技术部　国家发展和改革委员会　关于技术先进型服务企业有关企业所得税政策问题的通知　财税（2010）65 号

国家税务总局　关于扩大小型微利企业减半征收企业所得税范围有关问题的公告　国税公告 2014 年第 23 号

国务院　关于经济特区和上海浦东新区新设立高新技术企业实行过渡性税收优惠的通知　国发〔2007〕40 号

财政部　国家税务总局　关于期货投资者保障基金有关税收政策继续执行的通知　财税〔2013〕80 号

财政部　国家税务总局　关于保险保障基金有关税收政策继续执行的通知　财税〔2013〕81 号

财政部　税务总局　商务部　科技部　国家发展改革委　关于将技术先进型服务企业所得税政策推广至全国实施的通知　财税〔2017〕79 号

财政部　增值税会主处理规定　财会〔2016〕22 号

财政部　企业会计准则第 18 号—所得税

财政部　关于消费税会计处理的规定

财政部　关于土地增值税会计处理规定　财会字〔1995〕15 号

中国注册会计师协会　2018 年注册会计师全国统一考试辅导教材—税法［M］北京　中国财政经济出版社　2018